ANA CRISTINA MELO DE PONTES BOTELHO

GUARDA COMPARTILHADA DA CONSTITUIÇÃO

ANA CRISTINA MELO DE PONTES BOTELHO
Doutora em Direito pela Universidade de Brasília/UnB
Mestre em Direito Constitucional pelo Instituto Brasiliense de Direito Público/IDP
Auditora Federal de Controle Externo do Tribunal de Contas da União

GUARDA COMPARTILHADA DA CONSTITUIÇÃO

Construção Dialógica entre o Parlamento e a Suprema Corte

Del Rey editora
Belo Horizonte
2021

EDITORIAL DEL REY LTDA

www.editoradelrey.com.br

Editor: Arnaldo Oliveira

Editor Adjunto: Ricardo A. Malheiros Fiuza (*in memoriam*)

Diagramação: Studio Schaffer

Revisão: Maria Elisabeth de Souza

Editora:
Rua dos Goitacazes, 71 – Lojas 20 a 24
Centro - Belo Horizonte-MG
CEP 30190-909

Comercial:
Tel.: (31) 3284-3284 | 3293-8233
vendas@editoradelrey.com.br

Editorial:
editorial@editoradelrey.com.br

B748g Botelho, Ana Cristina Melo de Pontes

Guarda Compartilhada da Constituição: Construção Dialógica entre o Parlamento e a Suprema Corte / Ana Cristina Melo de Pontes Botelho; Prefácio de Paulo Sergio Daflon Barrozo. - 1. ed. - Belo Horizonte, MG : Editora Del Rey, 2020.
334 p.; 15,5x22,5 cm.

Inclui bibliografia.
ISBN 978-65-5791-010-8

1. Constituição. 2. Direito. 3. Parlamento. 4. Suprema Corte. I. Título. II. Assunto. III. Botelho, Ana Cristina Melo de Pontes.

CDD 341.2534191
20-990680014 CDU 342.53:347.991

ÍNDICE PARA CATÁLOGO SISTEMÁTICO
1. Direito Constitucional: Parlamentos e assembleias; Cortes e tribunais superiores.
2. Direito Constitucional: Parlamento; Supremo tribunal

Ficha catalográfica elaborada pelo bibliotecário Pedro Anizio Gomes CRB-8 8846

AGRADECIMENTOS

Agradeço a Deus, em primeiro lugar, pela vida, pela família, pelas oportunidades de estudo e trabalho que tem me proporcionado.

Dedico este trabalho ao meu marido Márlon, pelo apoio e incentivo, às minhas filhas Mariana e Maria Luiza e ao meu filho Mateus, maiores presentes de Deus em minha vida.

Dedico-o, igualmente, à minha mãe Lindaci Melo de Pontes que, diante da grandiosidade do seu amor, sempre apoiou meus estudos; à memória de meu pai, Francisco de Assis Pontes; à minha Tia Teresinha Melo, pela acolhida e suporte.

AGRADECIMENTO ESPECIAL

Ao *Boston College Law School* (Massachusetts/USA), agradeço, imensamente, na pessoa da Professora Dra. Susan Simone Kang, *Director of the Graduate Legal Education and International Programs*, pelo acolhimento e disponibilização do acervo físico e digital da Biblioteca, o que ampliou, sobremaneira, a minha compreensão sobre o objeto de estudo.

Enquanto eu tiver perguntas e não houver respostas continuarei a escrever. (Clarice Lispector)

Mesmo quando tudo parece desabar, cabe a mim decidir entre rir ou chorar, ir ou ficar, desistir ou lutar; porque descobri, no caminho incerto da vida, que o mais importante é decidir. (Cora Coralina)

One person plus one typewriter constitutes a movement. (Pauli Murray)

Nunca se esqueça que basta uma crise política, econômica ou religiosa para que os direitos das mulheres sejam questionados. Esses direitos não são permanentes, você terá que manter-se vigilante durante toda a sua vida. (Simone de Beauvoir)

Estar em solidão significa estar consigo mesmo; e, portanto, o ato de pensar, embora possa ser a mais solitária das atividades, nunca é realizado inteiramente sem um parceiro e sem companhia. (Hannah Arendt)

PREFÁCIO

Democracias dão trabalho. O trabalho é dobrado em democracias constituídas como estado de direito. O esforço triplica-se quando estados democráticos de direito abraçam como condição de legitimidade e compasso orientador de suas políticas a ideia de direitos fundamentais justicializáveis. Multiplica-se ainda mais a labuta quando o estado liberal democrático de direito, e de direitos, organiza-se como um sistema jurídico que comporta uma hierarquia de normas no ápice da qual está uma constituição que, dentre outras matérias, subordina a ela, como condição de sua validade, todo o ordenamento jurídico e codifica a relação entre poderes do Estado. Esse arcabouço institucional – o do estado democrático constitucional de direito e de direitos – requer ainda comprometimento, paciência, diálogo, aprendizado e tempo para amadurecer e aperfeiçoar-se.

Por que então adotar como forma de vida coletiva um estado democrático constitucional de direito e de direitos? Porque tal forma de vida coletiva é a maior conquista civilizatória da experiência humana.

Embora febres proto-fascistas e simplificadoras de uma complexidade social em última instância irreduzível, apareçam de quando em quando, elas passam, deixando rastros mais ou menos trágicos na história dos países. O que não é passageiro na história do estado democrático constitucional de direito e de direitos é a necessidade de constante postura crítico-construtiva em relação a ele.

Crítica porque submete essa conquista civilizatória ao escrutínio cerrado tanto quanto à sua eficiência em resolver problemas da convivência social como quanto à sua incorporação e promoção dos seus valores fundantes. Construtiva porque voltada ao aperfeiçoamento responsável da compatibilização entre eficiência adaptativa e aspiração axiológica.

O "Guarda compartilhada da Constituição: cumprindo a promessa do constitucionalismo democrático?" que os afortunados leitores agora têm em mãos faz importante e oportuna contribuição ao pensar crítico-construtivamente o Estado constituído pela Constituição de 1988. Sua autora, a Dra. Ana Cristina Melo de Pontes Botelho, apresentou esta obra como tese doutoral junto à Faculdade de Direito da Universidade de Brasília, cuja banca examinadora tive a honra de integrar. A autora conduziu parte de sua formação e pesquisa avançada de doutorado sob minha orientação na *Boston College Law School*, o que me propiciou oportunidade não apenas de engajar em diálogos substanciais com a Dra. Ana Cristina, mas também de observar seus exemplares processos de trabalho e reflexão.

Fazendo justiça à enormidade da complexidade de sua problemática, o "Guarda compartilhada da Constituição", em verdadeiro *tour de force* jurídico, aponta e integra atores (cortes constitucionais e parlamentos nacionais), princípios (constitucionalismo e democracia) e tipos de racionalidade (instrumental e comunicativa) em cuidadosa análise que é tanto descritiva quanto prescritiva. Para auxiliar a análise, a autora mobiliza ainda importantes recursos jusfilosóficos e de direito comparado.

Tal análise de relacionamentos interinstitucionais entre tribunais constitucionais e parlamentos nacionais, no que toca aos grandes temas constitucionais, gera modelos baseados em tipos de racionalidade que são fascinantes e de grande potencial heurístico. Assim, o intuito da autora em pensar a moldura de uma "prática dialógica interinstitucional que sirva como elemento de fortalecimento do constitucionalismo democrático" é ao mesmo tempo uma forma elevada de honrar o legado da Constituição de 1988 e essencial para garantir o continuado aperfeiçoamento desse marco jurídico-político da experiência democrática brasileira.

Talvez, sobretudo, a obra da Dra. Ana Cristina é um convite destemido para que nos debrucemos sobre o arcabouço institucional que herdamos do imaginário institucional do século XVIII, tanto com reverência quanto com imaginação e determinação para aperfeiçoá-lo. Em jogo está nada menos do que o futuro da maior conquista civilizatória da experiência humana.

No que congratulo a Dra. Ana Cristina pela importante contribuição que faz, fico na esperança de que outras vozes juntem-se à dela no incessante trabalho de manter e aperfeiçoar nossas instituições.

Estou confiante na recepção que esta obra terá, e ansioso para acompanhar de perto o trabalho da Dra. Ana Cristina no futuro.

Outono de 2019.

Professor Dr. Paulo Barrozo
Boston College Law School
Newton, MA EUA

APRESENTAÇÃO

Ana Cristina Melo de Pontes Botelho, na obra que agora a Editora torna acessível ao grande público, conduz o leitor a uma instigante e profunda reflexão crítica acerca da tensão interinstitucionalmente instaurada pelo controle de constitucionalidade das leis.

Muito embora a Constituição de 1988, segundo a nossa tradição republicana, atribua o controle de constitucionalidade *stricto sensu* das leis ao Judiciário, consoante as modalidades de controle direto nela já inscritas ou mesmo previstas, promoveu a crescente concentração dessas decisões de efeito vinculante geral no STF, reunindo ali os feitos que diretamente questionam ou afirmam a constitucionalidade de leis, bem como mandados de injunção para suprir eventuais ausências legislativas.

A autora retraça criticamente a via percorrida pelo STF na construção das leituras e releituras empreendidas com vistas a responder ao desafio da guarda da Constituição em face dos riscos decorrentes da atividade ou da inatividade legislativas. O foco recai sobre o desenvolvimento da leitura reconstrutiva do STF na compreensão de suas atribuições em sede de matéria constitucional. Assim como bem revela a linha de compreensão do papel institucional do órgão na seara das decisões sobre o mandado de injunção, onde, partindo de uma postura inicial extremamente tímida e autocontida, o STF alcança assumir um papel de co-legislador criativo, a fixar políticas públicas complexas em muitos de seus julgados, ampliando-o, desde então, também para muito além das decisões sobre o mandado de injunção.

A Proposta de Emenda à Constituição nº 33/2011, conquanto não tenha logrado ser aprovada, revelou um momento de profunda tensão institucional entre o Legislativo e o Judiciário, precisamente no que se refere ao questionamento do valor da tradição herdada, construída desde o início da República, de um controle judicial forte de constitucionalidade das leis (*Strong Judicial Review*). A autora, apoiando-se, sobretudo, nas profícuas reflexões de Jürgen Habermas, nos conduz a mergulhar na tensão entre a democracia participativa e o controle judicial de constitucionalidade das leis.

Com esse apoio teorético, agora, retomado no âmbito do Direito Constitucional Comparado, Ana Cristina nos conduz, como contraponto, a aprofundar na experiência canadense do controle judicial fraco de constitucionalidade das leis (*Weak Judicial Review*) potencialmente mais apto a promover o Constitucionalismo democrático: a guarda compartilhada da Constituição, pois busca envolver nessa tarefa tanto o Legislativo quanto o Judiciário.

Proposta complexa que é aprofundada mediante a análise crítica de duas decisões do STF, os casos da antecipação de parto de fetos anencéfalos e da união homoafetiva, em contraposição ao estudo dos *Hard Cases* que marcaram a história constitucional recente do Canadá.

Desde a reflexão teorética, passando pela teoria constitucional (Dworkin, de um lado, Tushnet, Bork e Kramer, de outro), para chegar ao estudo de casos selecionados em ambas as tradições, de tal modo que, o texto alcança introduzir o leitor no domínio de uma matéria complexa, com cuidado e sem parcialidades gratuitas.

Uma leitura, a um só tempo, provocativa, instigante e fascinante, sem respostas fáceis, que induz o leitor, constante e recorrentemente, a cada vez mais profundas reflexões.

Professor Dr. Menelick de Carvalho Netto

SUMÁRIO

INTRODUÇÃO

A clássica tripartição dos poderes, teorizada por Montesquieu[1], tem ensejado várias discussões, ao longo dos séculos, sobre os limites para as interferências de um poder sobre as competências dos outros, bem assim acerca das diretrizes necessárias ao exercício de funções atípicas de cada poder.

Ao lançarmos um olhar pregresso sobre a história política e jurídica do Brasil, vemos, claramente, que mesmo diante das alternâncias entre modelos de Constituições autoritárias e democráticas, a tripartição de poderes tem sido uma realidade desde a Constituição de 1824, que dividia os poderes em: Legislativo, Moderador, Executivo e Judicial (art. 10, Título 3º). Nas Cartas Magnas que se seguiram, excluído o Poder Moderador, os demais mantiveram-se. Frise-se que a CF/1937 não fez menção, expressamente, ao princípio da separação de poderes independentes e harmônicos entre si, muito embora houvesse a previsão das competências a serem desempenhadas pelos poderes Executivo, Legislativo e Judiciário.

Em apertada síntese, é importante registrar que nas Constituições anteriores à de 1988 parecia existir uma preocupação maior com as interferências recíprocas entre os poderes, razão pela qual havia previsões expressas a respeito de limitações à delegação de atribuições próprias de cada poder. Na CF/1934, os §§1º e 2º do art. 3º continham as seguintes previsões, respectivamente: "É vedado aos Poderes constitucionaes delegar suas attribuições"; e 2º: "O cidadão investido na funcção de um delles não poderá exercer a de outro".

---

1 Numa visão mais moderna, Habermas nos ensina que: "A clássica tripartição dos poderes é explicada através de uma diferenciação das funções do Estado: enquanto o legislativo fundamenta e vota programas gerais e a justiça soluciona conflitos de ação, apoiando-se nessa base legal, a administração é responsável pela implementação de leis que necessitam de execução. Ao decidir autoritariamente no caso particular o que é direito e o que não é, a justiça elabora o direito vigente sob o ponto de vista normativo da estabilização de expectativas de comportamento. A realização administrativa elabora o conteúdo teleológico do direito vigente, na medida em que este confere forma de lei a políticas e dirige a realização administrativa de fins coletivos. Sob pontos de vista da lógica da argumentação, os discursos jurídicos servem para a aplicação de normas, ao passo que a racionalidade da atividade administrativa é assegurada através de discursos pragmáticos" (HABERMAS, 2003, p. 232).

Mesmo assim, deu-se ao Senado, em 1934, a função de Poder Coordenador, competência considerada, por muitos, como uma reminiscência da ideia de Poder Moderador, pois consistia em fiscalizar a legalidade dos regulamentos expedidos pelo Poder Executivo, suspendendo a execução dos dispositivos considerados ilegais. Era uma função política, mas também jurisdicional.

Em 1967 fortaleceu-se, sobremaneira, o Executivo, com a ampliação de seu poder de iniciativa das leis e a limitação de tempo para a aprovação, pelo Congresso, dos projetos do Governo. Havia, outrossim, restrição em relação à apresentação de emendas aos projetos governamentais, tendo, por outro lado, o Presidente da República a faculdade de expedir decretos-leis ao seu bel prazer.

Vê-se, então, que em períodos de experiências democráticas liberais (1934), a tendência era dar mais poder ao Parlamento, corroborando a visão de Locke de que o homem, com poder, tende a abusar dele, o que impõe sejam estabelecidos limites. Em contrapartida, em períodos de regimes ditatoriais (1967), dava-se prevalência ao Executivo, servindo a Constituição como um instrumento que conferia, tão só, feição jurídica a um regime de poder de fato[2].

A Carta Magna de 1988, de seu lado, albergou uma fisionomia de justiça constitucional, já assumida na última metade do século XX, que se propunha a estar em estreita sintonia com o princípio democrático e com as ideias de liberdade e de respeito da dignidade de todo o homem e dos direitos invioláveis que lhe são inerentes.

Importa rememorar, nesse ponto, que durante a Segunda Guerra Mundial, a Casa Legislativa alemã uniu-se ao Executivo autoritário para editar normas que não só oprimiam os cidadãos, como também feriam valores primordiais relacionados à dignidade da pessoa humana. Com o *post-holocaustal age* instaurou-se uma desconfiança nos Poderes Legislativo e Executivo e a ideia de que o Poder Judiciário[3] deveria assumir o papel de guardião das normas constitucionais e dos valores associados com a dignidade da pessoa humana.

---

[2] Karl Loewenstein identificou esse tipo de Constituição como Semântica.

[3] Abordando a questão do *judicial review*, Adrian Vermeule acentuou que: "Judicial review, I mean to sugest, poses questions of interpretative choice. Even given some high level conception of the aims of constitutionalism, it is further question whether judges should be given interpretive authority over the Constitution, and in what domains. There are further questions as well: Should judges' interpretive authority be initial or final, supplemental to legislatures or exclusive of legislatures? What decision-procedures for interpreting the Constitution should judges use, given some allocation of interpretive authority across institutions? Remarkably, a great deal of prominent constitutional theory is oblivious to these questions. Theorists proceed without regard to the institutional capacities of legislatures and judges, or at the best on the basis of stylized abstraction about institutional capacities; often systemic effects and the interactions among institutions are neglected" (VERMEULE, 2006, p. 237).

Nessa linha, como a Constituição Federal de 1988 veio consolidar a caída de um longo período autoritário militar, associada a ela tivemos o fortalecimento dos mecanismos de justiça constitucional, como também foi o caso da Alemanha, Itália e Japão após a Segunda Guerra Mundial. Hoje, temos um modelo misto de controle de constitucionalidade das normas, no qual se mescla o controle difuso americano com o controle concentrado alemão.

Destarte, a partir de 1988 o protagonismo do Judiciário e a judicialização da política têm dado ensejo a discussões acaloradas sobre os temas "ativismo judicial" e "limites ao exercício das competências da jurisdição constitucional". De um lado, os que se socorrem do Supremo Tribunal Federal (STF) esperam que o Órgão dê a "última palavra" sobre temas polêmicos como: união homoafetiva; troca de partidos políticos; cláusula de barreira partidária; aborto do feto anencéfalo; processo legislativo etc. De outro lado, o Legislativo sente-se usurpado em seu poder de legislar.

Diante da realidade sintomática de tudo exigir a intervenção do STF, este Órgão tem se tornado um "superpoder", o que termina por distorcer a ideia marcante de nossa Constituição que é a valorização da soberania popular e do princípio democrático.

Nesse cenário, o ativismo judicial da nossa Corte Constitucional tem gerado muitas discussões e controvérsias por parte dos doutrinadores pátrios. Ocorre que, mesmo lhe faltando a legitimidade eleitoral que sobra ao Legislativo[4], não se pode perder de vista o fato de que é a omissão e a morosidade legislativa, bem assim a emissão de normas inconstitucionais (mesmo diante do trabalho desenvolvido pela Comissão de Constituição e Justiça), que contribuem para que a Suprema Corte tenha esse "superpoder", embora deficitário em termos democráticos.

É bom destacar que esse ativismo judicial tão criticado não é uma particularidade só da Suprema Corte Brasileira, mas é uma realidade que perpassa nossas fronteiras nacionais e ganha especial relevo em países de *strong judicial review*, como nos Estados Unidos, onde a Suprema Corte além de interpretar a constitucionalidade de textos legais, determina políticas públicas. Feeley e Rubin (1999) advertem-nos que muitos outros doutrinadores consideram

[4] Temos consciência de que o sistema partidário brasileiro é muito poroso e que a legitimação eleitoral está longe de ser perfeita, por causa do coeficiente partidário. Demais disso, queremos deixar assente que quando falamos em legitimidade eleitoral do Parlamento estamos nos referindo a uma legitimidade direta que advém do processo eleitoral (do voto), o que não que dizer que a Suprema Corte não tenha uma certa forma de legitimidade, mas esta pode ser considerada indireta, tendo em vista que os membros da Corte são escolhidos pelo Presidente e precisam da confirmação do Senado Federal.

que essa função exercida pela Corte é "freighted with the force of blasphemy" (RUBIN, 1999, p. 1). Por outro lado, outros reconhecem que traçar políticas públicas é um elemento universal da ação judicial.

Em sendo assim, do mesmo modo que há opiniões que consideram que a elaboração de políticas públicas pelo Judiciário é uma disfunção que precisa ser combatida (BICKEL, 1962; BORK, 2003; KRAMMER, 2004; TUSHNET, 2008), outros entendem que essa função surge naturalmente do papel político institucional das modernas Cortes e não viola nenhum dos seus princípios operativos (DAHL, 1957; RUBIN; FEELEY, 1998; SHAPIRO, 1999; DWORKIN, 2014).

Os juristas do primeiro grupo supramencionado demonstram, pois, a toda hora, preocupação com a judicialização da política e com o *judicial review*, por entenderem que causam lesão ao princípio da participação democrática. Os juristas do segundo grupo, ao reconhecerem a natureza política dos tribunais constitucionais, percebem que não há saída para que, em certos casos, as Cortes terminem exercendo um certo grau de ativismo judicial, formulando, inclusive, políticas públicas.

Quando Kelsen teorizou sobre o monopólio que o Tribunal Constitucional deveria assumir em relação ao controle de constitucionalidade das leis (1928), deu o devido destaque para a natureza peculiar de legislador negativo do Órgão. Buscou, com isso, demonstrar que o Tribunal Constitucional deveria assumir um papel de complementariedade em relação ao Poder Legislativo. Mas não é isso que vem acontecendo, especialmente nos países que adotam o sistema de *strong judicial review*.

No que diz respeito ao contexto brasileiro, o que percebemos é que a partir do novo constitucionalismo de 1988 houve um desencadeamento da superação da neutralidade (como legislador negativo) e a afirmação ativista do Judiciário (como legislador positivo). Para suprir a deficiência de legitimidade eleitoral democrática e em observância ao nosso *design* de constitucionalismo democrático, o Supremo Tribunal Federal tem usado mecanismos que buscam incrementar a participação popular nas deliberações judiciais, como é o caso das audiências públicas e da participação do *amicus curiae*.

Porém, a utilização dos mecanismos acima descritos não assegura, por si só, a concretização do constitucionalismo democrático. Demais disso, há um evidente desequilíbrio no sistema brasileiro de tripartição de poderes, diante da supremacia do Judiciário. Por conseguinte, parlamentares brasileiros, em sintonia com discursos doutrinários de peso no meio acadêmico, cada vez mais assumem um discurso de que a Suprema Corte tem ultrapassado os limites das competências constitucionais que lhe foram atribuídas, assumindo, com frequência, o papel de legislador positivo. Com a proposição da PEC 33/2011[5], que demonstrou bem essa insatisfação, os parlamentares partiram para o contra-ataque[6].

A PEC supramencionada buscou, em essência, reduzir os poderes da Corte Constitucional com as seguintes proposições: ampliar o quórum para decisões judiciais de inconstitucionalidade; condicionar o efeito vinculante das súmulas à sua aprovação no Congresso Nacional; impedir o controle judicial da constitucionalidade de emendas à Constituição. A pergunta que surge é: a legitimidade democrática do Poder Legislativo permite esse tipo de intervenção, frente aos importantes papéis contramajoritário e de defesa de minorias exercidos pelo Supremo Tribunal Federal?

Diante desse cenário de questionamentos acerca dos papéis institucionais e das competências da Suprema Corte e do Parlamento para o desenvolvimento e aprimoramento do constitucionalismo democrático, entendemos ser necessário deflagrar estudos mais profundos, inclusive de Direito Constitucional Comparado, para captar uma compreensão mais precisa tanto da importância de cada Órgão para a democracia deliberativa[7] quanto da importância do diá-

---

[5] A PEC 33/2011 foi arquivada em 31/01/2015, nos termos do art. 105 do Regimento Interno da Câmara dos Deputados.

[6] Nesse contexto de contra-ataque, Ran Hirschl pontua que: "Legislatures in most countries in the world of new constitutionalism have been able to respond effectively to such unfavorable judgments or to hinder their implementation. As the recent history of comparative constitutional politics tells us, recurrent manifestations of unsolicited judicial intervention in the political sphere in general – and unwelcome judgments concerning contentious political issues in particular – *have triggered significant political backlashes aimed at clipping the wings of overactive courts.* These include legislative overrides of controversial rulings, political tinkering with judicial appointment and tenure procedures to ensure the appointment of compliant judges and/or to block the appointment of undesirable judges, 'court-packing' attempts by political powerholders, disciplinary sanctions, impeachment or removal of judges deemed objectionable or overactive, the introduction of jurisdictional constraints, or limiting jurisdictional boundaries and judicial review powers" (HIRSCHL, 2008, p. 109) (grifamos).

[7] Ao longo da obra, quando falarmos em *democracia deliberativa* estaremos nos referindo a uma visão mais abrangente que a contida na ideia de *democracia participativa*. Nesta, a participação democrática está relacionada com a ação de votar para eleger os nossos representantes (democracia indireta) e com as escolhas feitas em plebiscitos, referendos e iniciativas populares (democracia direta). Noutros termos, os cidadãos fazem suas escolhas sem submetê-las ao crivo de ninguém, pois não precisam obter consenso. Já na democracia deliberativa há uma abertura muito mais ampla para a discussão de problemas sociais na esfera pública. Escolas, indústrias, empresas, organizações não governamentais, universidades, convocam os interessados a participarem, efetivamente, do processo discursivo e buscarem soluções para os problemas detectados. A participação ativa torna

logo interinstitucional no processo de aprimoramento da guarda da Constituição e do próprio constitucionalismo democrático.

Ao diagnosticarmos que nos últimos anos a tensão entre Legislativo e Suprema Corte vem se acentuando no Brasil, vislumbramos a relevância de estudar um novo paradigma de *judicial review*, no qual essa tensão seja diluída por mecanismos de diálogo interinstitucional e de compartilhamento das responsabilidades de guarda dos preceitos constitucionais entre esses dois Órgãos.

Assim, de modo mais específico, verificamos que no Canadá, a partir da Carta de Direitos e Liberdades de 1982 (*Canadian Charter of Rights and Freedoms*), estabeleceu-se um perfil de *judicial review* que é compartilhado entre os dois poderes políticos: Legislativo e Judiciário. Por meio desse novo paradigma, viabiliza-se a participação dos cidadãos que, em última instância, podem dar a "última palavra" sobre a constitucionalidade das leis. Esse modelo de revisão das decisões da Suprema Corte pelo Parlamento canadense, encontra-se inserido em um cenário que busca privilegiar a democracia deliberativa[8] e concretizar o princípio democrático.

---

os interessados comprometidos com a adoção das soluções encontradas. Nesse contexto, o modelo de democracia deliberativa precisa dar conta de uma ideia mais robusta de democracia, na qual os cidadãos, ao confluírem para a esfera pública, mostrem-se dispostos a trocar ideias e razões, buscando o consenso.

8 Ao falarmos em democracia deliberativa, que trata da participação efetiva dos cidadãos nos rumos do seu país, faz-se interessante trazer à baila ensinamento de Bruce Ackerman sobre a noção de cidadania comum, o qual, mesmo pensado num contexto estaduinense, pode ser também aplicado à realidade brasileira e mostra a confiança do autor na capacidade decisiva dos cidadãos. Senão vejamos:
"O que é bom para mim? O que é bom para o País? O cidadão comum tem sempre essas questões em mente. Ele não considera importante, como sugere o homem público, somente a segunda pergunta. Ele não supõe, como o faz o chamado 'perfect privatist', que o bem comum simplesmente não existe, que há algo além da satisfação dos interesses pessoais.
Além disso, ele reconhece que as duas questões primordiais podem produzir respostas conflitantes: o que é bom para mim pode não ser bom para o país e vice-versa. É claro que tais conflitos nem sempre ocorrem. A busca do meu interesse próprio pode estar no âmbito do interesse público. Contudo, o cidadão comum não supõe que esse fato seja verdadeiro por definição. É por isso que Charles Wilson conquistou um lugar especial na História insistindo notoriamente na famosa afirmação de que 'o que é bom para a General Motors é bom para o País', como se fosse inimaginável que os propósitos de cada uma das instituições pudesse divergir. Para o cidadão comum tal inserção é sempre concebível" (ACKERMAN, 2006, p. 412).

Nesses termos, entendemos relevante estudar as possibilidades de privilegiar a democracia deliberativa[9] no nosso sistema de *strong judicial review*, a partir das ideias de guarda compartilhada da Constituição e de limitação da expansão do Poder Judiciário sobre a arena política, aplicadas no modelo de *weak judicial review* canadense.

Por conseguinte, a investigação que deu origem à presente obra é justificada em função dos seguintes fatores: mesmo vivendo num sistema jurídico de constitucionalismo democrático, o que observamos é que a adoção de um *design* de *strong judicial review* favorece o incremento da tensão entre constitucionalismo e democracia, o que torna cada vez mais difícil que democracia deliberativa possa ganhar maior concretude; a crescente tensão obstaculiza qualquer tentativa de diálogo interinstitucional, o que resulta num vai e vem de ataques e contra-ataques entre Legislativo e Suprema Corte; surge daí uma necessidade premente de discutir sobre caminhos juridicamente viáveis para que a promessa do constitucionalismo democrático possa ser cumprida e para isso a investigação de outros sistemas jurídicos se faz essencial.

---

9 É importante destacar que ao falar sobre democracia deliberativa, Amy Gutmann dedica um capítulo do seu livro para buscar explicar porque democracia deliberativa é diferente e destaca logo no início que: "In modern pluralist societies, political disagreement often reflects moral disagreement, as citizens with conflicting perspectives on fundamental values debate the laws that govern their public life. Any satisfatory theory of democracy must provide ways of dealing with this moral disagreement. A fundamental problem confronting all democratic theorists is to find morrally justifiable ways of making binding collective decisions in the face of continuing moral conflict. The solutions that most theorists propose make the problem seen more tractable than it is. Because their solutions require the rejection of rival theories, they discount much of the disagreement that gives rise to the problem in the first place. But if, as is the case in pluralist societies and in current theoretical literature, no single theory can reasonably claim to be morally sovereign, the most difficult part of the problem persists: how to deal with the moral conflict that these competing theoretical perspectives express. Furthermore, the problem in not only that the theories conflict with one another but also that fundamental disagreements arise even within a single theory. We argue that a deliberative theory of democracy provides a different – and better – approach to this problem because it leaves open the possibility that the moral values expressed by a wide range of theories may be justifiable. On our view, a deliberative theory contains a set of principles that prescribe fair terms of cooperation. Its fundamental principle is that citizens owe one another justifications for the laws they collectively impose on one another. The theory is deliberative because the therms of cooperation that is recomends are conceived as reasons that citizens or their accountable representatives give to one another in an ongoing process of mutual justification. Because the range of acceptable reasons is wider than that in most other theories, the principles of deliberative democracy are (in specific ways we describe below) more open to revision than those of most other theories" (GUTMANN; THOMPSON, 2004, p. 125-126).

Esse espectro de fundamentos busca evidenciar a relevância do tema abordado nesta obra e mostrar que, numa sociedade democrática, as instituições têm que trabalhar em conjunto para que o constitucionalismo democrático não seja tão somente uma promessa não cumprida, mas possa se concretizar a partir de posturas institucionais mais cooperativas, dialógicas e respeitosas.

Ao longo dos estudos desenvolvidos percebemos que o Supremo Tribunal Federal tem assumido o papel de "superego da sociedade", porque não apenas age como guardião da Constituição, mas também atua intensamente na produção legislativa e de políticas públicas e que a inércia do Legislativo brasileiro é um dos fatores que têm impulsionado o crescimento do ativismo judicial. Embora os poderes devidamente constituídos tenham o dever de desempenhar suas competências constitucionais de forma independente e harmoniosa entre si, precisam manter ações cooperativas que permitam que o modelo de democracia deliberativa funcione e traga os resultados positivos para a sociedade.

A ideia de guarda compartilhada da Constituição, contida na Carta Canadense de Direitos e Liberdades (artigo 33) é uma possibilidade real de democratização da revisão judicial da constitucionalidade e limita a expansão da Suprema Corte na arena política. Mas o *design* constitucional não é o único fator que determina se o *judicial review* é forte ou fraco, haja vista que a postura institucional de promover o diálogo cooperativo para o contínuo aprimoramento da legislação e do constitucionalismo democrático também desempenha papel relevante na caracterização do *weak or strong judicial review*.

Definimos, pois, algumas diretrizes para nortear a investigação. A primeira foi a opção por fazer uma abordagem mais abrangente, tanto em termos teóricos quanto em termos práticos do protagonismo da Suprema Corte brasileira pós-Constituição Federal de 1988, e a seguir explorar como o Parlamento tem reagido ao ativismo judicial do STF, que tem ultrapassado, com frequência, os limites constitucionais de suas competências.

Partimos do pressuposto de que essa tensa relação entre as instituições não poderia ser estudada de forma consistente sem que empreendêssemos um esforço em examinar aspectos práticos desse relacionamento. Em decorrência, integra o escopo desta obra conciliar estudos teóricos e práticos para propiciar uma adequada contextualização da crescente tensão entre a Suprema Corte brasileira e o Legislativo.

Tendo em conta que essa tensão se estabelece entre constitucionalismo e democracia, entendemos que como segunda diretriz seria primordial explorar a relação que existe entre constitucionalismo democrático e *judicial review*.

Norteamos a investigação dessa diretriz utilizando autores como Habermas e Mark Tushnet, para mostrarmos que embora haja fortes críticas ao *strong judicial review*, há autores que defendem que um certo grau de ativismo judicial e produção de políticas públicas por parte das Cortes Constitucionais é aceitável, o que não dispensa que essas instituições estejam atentas para a necessidade de escutar os discursos populares produzidos na esfera pública e exercitem continuamente o *judicial self restraint*.

Habermas mostra-nos que o diálogo é o caminho para se chegar ao consenso, que é a base central da teoria da ação comunicativa, e distingue essa ação de outros tipos de ação, como a estratégica em que se busca maximizar a eficiência do uso dos meios para o atingimento dos fins previamente traçados. Ao reconhecer que não só a política como também o direito é regido pelo poder, Habermas nos traz um importante ensinamento no sentido de que a racionalidade moderna não é só estratégica/instrumental[10], mas também comunicativa. É, justamente, o uso dessa racionalidade que deve ser incentivado pelas instituições democráticas relacionadas com o direito e com a política, para que os espaços destinados à formação da vontade possam funcionar de modo que o constitucionalismo democrático não reste enfraquecido, mas fortalecido (HABERMAS, 2012).

Em Tushnet temos uma contundente crítica ao *strong judicial review* e ao ativismo judicial, com a acusação de que os juízes agem com fome de poder e as cortes são imperialistas, comportamentos esses que levam à expropriação

---

10 Para tornar mais claro o conceito de racionalidade instrumental, buscamos o ensinamento de Mangabeira Unger que, tal como Habermas, tem Kant e Weber em mente. Ele coloca o seguinte sobre meios e fins relacionados a esse tipo de racionalidade: "The same relationship to the world that is expressed in conduct as manipulation reappears in thought as instrumental rationalily. The characteristic operation of mind is the choice of means to the attainment of given ends. Reason Works in the neutral realm of means; the choice of ends is beyond its reach. The distiction between means and ends parallels that of facts and values. There are a number of difficulties in defining the conception of instrumental rationality, difficulties already encountered in the discussion of substantive justice. At the root of these difficulties is the problem of reciprocal depndence of judgments according to rules and judgments according to values, purposes, or ends. What is a means in one context may be an end for another. There must be a criteria to distinguish the category of things that may count as means. Moreover, instrumental rationality as a device for the organization of knowledge or of society requires a procedure for the definition of the ends for whose benefit the means are to be chosen. Yet is precisely because reason cannot choose ends that instrumental rationality is accepted as the characteristic mode of thinking. The dominant consciousness deals with these problems by supplementing instrumental rationality with the formal conception of reason, and with the notions of prescriptive rules and shared values" (UNGER, 1975, p. 153-154).

da Constituição, pois com a adoção de decisões de cunho moral e político terminam desconsiderando princípios fundamentais da separação de poderes e a própria necessidade de governança democrática (TUSHNET, 2008). Contudo, não deixamos de levar em consideração a existência de importantes divergências teóricas traçadas por outros doutrinadores.

A busca da melhor compreensão do sistema de *weak judicial review* do Canadá encontra-se refletida na terceira diretriz que norteia esta obra. Optamos por examinar, em termos de Direito Constitucional Comparado, casos práticos resolvidos no âmbito das Supremas Cortes brasileira e canadense, para a partir de uma análise do processo dialógico que foi desenvolvido entre essas Cortes e os respectivos Parlamentos, buscar verificar se a guarda compartilhada da Constituição é o melhor caminho para a concretização do constitucionalismo democrático.

Nessa linha de raciocínio, os resultados das investigações teóricas e práticas estão distribuídos ao longo de quatro capítulos, nos quais delineamos uma abordagem progressiva do tema, o que permite que haja uma complementação lógica e concatenada dos raciocínios desenvolvidos a cada capítulo.

Em consequência, no Capítulo 1 faz-se uma exposição teórica do protagonismo do Judiciário, para depois contextualizar algumas das situações práticas que permitiram que o protagonismo da Suprema Corte brasileira fosse ganhando relevo a partir do novo cenário político democrático trazido pela Constituição Federal de 1988, sendo considerado, por vezes, como uma tirania do Judiciário diante do superpoder exercido pelo STF nas esferas jurídica e política.

Nesse capítulo também tratamos da insatisfação do Parlamento brasileiro com o ativismo da Suprema Corte. Mostramos que a PEC 33/2011 representou não só uma tentativa de reduzir os poderes do STF, como também de mostrar a importância do Parlamento para o Estado Democrático de Direito e da atividade legiferante para a democracia deliberativa.

O questionamento que veio à tona a partir do estudo desenvolvido no Capítulo 1 foi como reduzir a crescente tensão entre o Parlamento e a Suprema Corte diante da importância da produção normativa e da necessidade que o ativismo judicial se faça presente em casos nos quais é essencial garantir direitos e liberdades fundamentais de minorias previstos na Carta?

A partir da sociologia habermasiana, buscamos entender se a prática dialógica traçada na teoria do agir comunicativo pode funcionar como elemento transformador da atuação do Legislativo e da Suprema Corte em prol do constitucionalismo democrático. Verificamos que a ação comunicativa pode fazer a diferença na interação entre instituições democráticas, que o consenso pode ser conseguido a partir dessa prática e que o intercâmbio linguístico racional (diálogo interinstitucional) entre essas instituições pode facilitar sobremaneira o progresso do constitucionalismo democrático.

No Capítulo 2 colocamos em destaque o *judicial review* e sua relação com o constitucionalismo democrático. Deixamos evidente que muitas críticas doutrinárias são direcionadas ao *strong judicial review*, haja vista que a Suprema Corte termina ultrapassando os limites das competências constitucionais, resultando não só na produção legislativa, como também na feitura de políticas públicas sem que haja a competência técnica e administrativa para tal.

A partir daí, embora a supremacia judicial dificulte o exercício da democracia deliberativa, afirmamos que o papel contramajoritário[11] das Supremas Cortes não é incompatível com o constitucionalismo democrático, que a defesa de minorias é essencial para a garantia de direitos não concedidos no âmbito Legislativo e que há uma necessidade de escuta dos discursos produzidos na esfera pública.

Aqui também, mais uma vez com base em Habermas, destacamos que tanto o Parlamento quanto a Suprema Corte têm que estar atentos para a necessidade de privilegiar o processo inclusivo de formação democrática da vontade e o autogoverno. Nesse ponto, enfatizamos que Habermas, embora defenda a interpretação construtiva, põe restrições à criação, pelo Tribunal Constitucional, de direitos sob inspiração política, diante da importância de observação da lógica da separação de poderes.

Com base no questionamento colocado no primeiro capítulo sobre a necessidade de reduzir a tensão entre o Legislativo e a Suprema Corte brasileira, vislumbramos que o estudo do Direito Constitucional Comparado seria uma

---

[11] Em relação ao papel contramajoritário das Cortes Constitucionais, Susan Alberts enfatiza que: "Countermajoritarian constitutional provisions come in many varieties, but all share the common characteristic of protecting the rights and interests of minorities from infringement by a mojority. Many of the standard rights entrenched in democractic constitutions are meant to guard against the abuse of power by majorities, and thus can be considered countermajoritarian elements. Other countermajoritarian provisions, however, are more narrowly conceived and often respond to unique, contextual circumstances. Given the variety of countermajoritarian provisions and their role in a number of successful transitions to democracy, it is useful to distinguish among them" (ALBERTS *et al.*, 2012).

alternativa não só para repensar antigos modelos, como também para examinar reais possibilidades de mudanças de posturas institucionais.

Por esse motivo, estruturamos o Capítulo 3 **para mostrar a importância de estudar o** *weak judicial review* e visualizar que, em termos práticos, a "última palavra" a ser dada em questões de alta relevância nacional em democracias constitucionais pode não pertencer, exclusivamente, às Supremas Cortes.

Frisamos que a Carta Canadense de Direitos e Liberdades de 1982, previu em seu artigo 33 (cláusula *notwithstanding*) que a "última palavra" sobre a interpretação de direitos e garantias fundamentais previstos nos artigos 2º e 7º a 15 da Carta seria dada pelo Parlamento. Noutros termos, na prática, o Parlamento canadense pode permitir que normas consideradas inconstitucionais continuem válidas, desde que nelas estejam sendo tratadas questões essenciais para a definição da identidade da Nação.

Essa disposição constitucional significa, a nosso ver, a possibilidade de "guarda compartilhada" da Constituição, haja vista que não é a Suprema Corte que dita a "última palavra" sobre questões relevantes apontadas pela Carta. Assim, os dispositivos que foram considerados inconstitucionais pela Corte Constitucional continuam sendo válidos num prazo de 5 (cinco) anos, ou seja, dentro da legislatura, período esse que pode ser renovado.

Trata-se de uma alternativa de *judicial review* plausível no contexto da democracia deliberativa, que permite aos cidadãos, em última instância, decidir sobre questões de grande importância para a Nação e que, normalmente, estão sujeitas a constantes desacordos. O modelo canadense reconhece a capacidade do povo de fazer julgamentos sobre questões essenciais para a definição dos rumos sociais, morais, culturais, políticos e econômicos do País.

Sendo assim, salientamos que, se por um lado o *strong judicial review* termina acentuando a tensão que existe entre constitucionalismo e democracia, por outro lado o novo paradigma de *weak judicial review* se propõe não só a reduzir essa tensão como também a destacar a importância do constitucionalismo democrático.

Finalmente, o Capítulo 4 é dedicado à investigação de casos práticos resolvidos no âmbito das Supremas Cortes brasileira e canadense. As incursões empíricas em detalhes das discussões travadas nas Cortes têm o objetivo de lançar luzes para a construção de uma resposta consistente para a indagação que dá título a esta obra.

CAPÍTULO 1

PROTAGONISMO DA SUPREMA CORTE BRASILEIRA *VERSUS* REAÇÕES DO LEGISLATIVO

> Whoever attentively considers the different departments of power must perceive, that, in a government in which they are separeted from each other, *the judiciary, from the nature of its functions, will always be the least dangerous to the political rights of the Constitution; because it will be least in a capacity to annoy or injure them.* The Executive not only dispenses the honors, but holds the sword of the community. The legislature not only commands the purse, but prescribes the rules by which the duties and rights of every citizen are to be regulated. The Judiciary, on the contrary, has no influence over either the sword or the purse; no direction either of the strength or of the wealth of the society; and can take no active resolution whatever. It may truly be said to have neither FORCE nor WILL, but merely judgment, and must ultimately depend upon the aid of the executive arm even for the efficacy of its judgments. (grifamos) (Alexander Hamilton, in the 78th Federalist, "The Judges as Guardians of the Constitution")
>
> A Lei é a expressão da vontade geral. Todos os cidadãos têm o direito de concorrer, pessoalmente ou através dos seus representantes, para a sua formação. Ela deve ser a mesma para todos, quer se destine a proteger quer a punir. Todos os cidadãos são iguais a seus olhos, são igualmente admissíveis a todas as dignidades, lugares e empregos públicos, segundo a sua capacidade, e sem outra distinção que não seja a das suas virtudes e dos seus talentos. (Declaração dos Direitos do Homem e do Cidadão, 1789, artigo VI)

1.1 Considerações iniciais

A judicialização da vida e da política são fatos incontestes no mundo globalizado em que vivemos. Muitos países tiveram que criar novas Cortes e incrementar a estrutura do Poder Judiciário para buscar dar solução ao crescente número de casos levados à apreciação desse Poder.

No Brasil não tem sido diferente. É só acessar os dados do Conselho Nacional de Justiça (Justiça em Números 2017) para perceber que existem quase 80 milhões de ações judiciais a serem decididas (casos pendentes), o que significa que mais de um em cada dois adultos estão litigando perante as cortes.

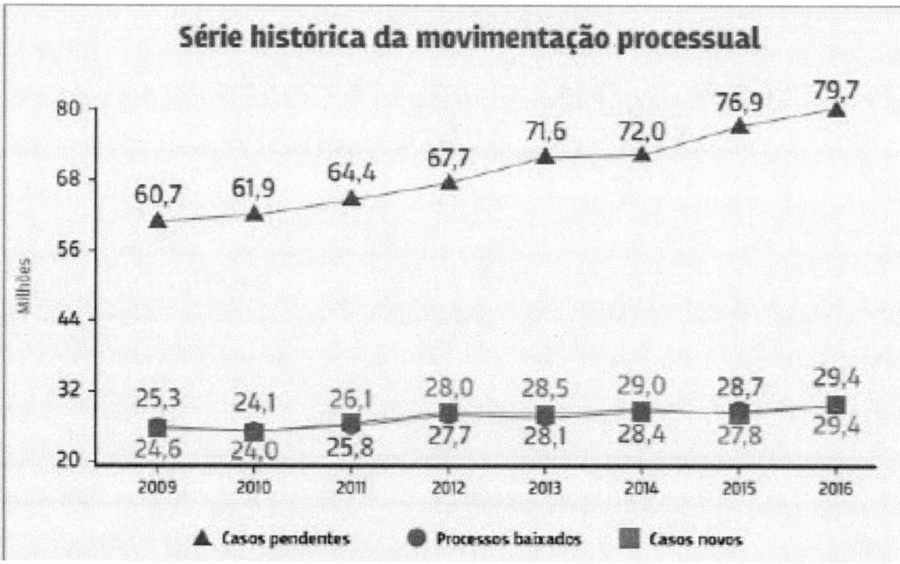

Fonte: CNJ (2017, p. 5)

Mas a judicialização da vida e da política[12] chama a atenção não só em

[12] Segundo Ran Hirschl "Works that attempt to explain (not merely describe) the judicialization of politics may be grouped, for the sake of simplicity, into four main categories: functionalist, rights-centered, institutionalist, or court-centered. The functionalist approach attributes the judicialization of recent decades to the proliferation in levels of government and the corresponding emergence of a wide variety of semiautonomous administrative and regulatory state agencies (Shapiro & Stone-Sweet 2002). According to this approach, independent and active judiciaries armed with judicial-review practices are necessary for the efficient monitoring of the ever expanding administrative state. Moreover, the modern administrative state embodies notions of government as an active policy maker rather than a passive adjudicator of conflicts. It therefore requires an active, policy-making judiciary (Feeley & Rubin 1998). Along the same lines, the judicialization of politics may also stem from the increasing complexity and contingency of modern societies (Luhmann 1985) and/or from the creation and expansion of the modern welfare state with its numerous regulatory agencies (Teubner 1987, Habermas 1988). Some accounts of the rapid growth of judicialization at the supranational judicial level portray it as an inevitable institutional response to complex coordination problems deriving from the systemic need to adopt standardized legal norms and administrative regulations across member-states in an era of converging economic markets (Stone-Sweet 2000). In some instances, economic liberalization may be an important projudicialization factor. In the regulatory arena, the combination of privatization and liberalization may encourage "juridical regulation" (Vogel 1998, Kelemen & Sibbitt 2004).

termos quantitativos, como também qualitativos, haja vista que, cada vez mais, questões de natureza política, econômica, social, ética têm seu último capítulo decidido perante as Supremas Cortes.

No Brasil, a judicialização tanto quantitativa quanto qualitativa tem sido reforçada pelo fato de nossa Constituição, além ser muito detalhada, também trazer consigo muitas questões políticas a serem resolvidas por lei. Demais disso, há ainda fácil acesso ao Supremo Tribunal Federal por meio de ações diretas.

É bom lembrar que foi no âmbito da Suprema Corte brasileira que foram resolvidas questões de extrema relevância política e social para a Nação, como: união homoafetiva; aborto de feto anencefálico; construção de usina hidroelétrica na Amazônia; publicação de biografias não autorizadas; incidência do

---

The second approach emphasizes the prevalence of rights discourse or the greater awareness of rights issues, which is both reflective of and contributing to what may be termed judicialization from below. An authentic, 'bottom up' judicialization is more likely when judicial institutions are perceived by social movements, interest groups, and political activists as more reputable, impartial, and effective decision-making bodies than other institutions, which are viewed as bureaucracy-heavy or biased (Tate & Vallinder 1995). Judicialization of this kind relies on a perceived contrast between the relative openness and integrity of the judicial process and the corruptibility of political bargaining (Scheingold 1974). A well-developed support structure for legal mobilization may aid this kind of judicialization by allowing historically under-represented or disenfranchised groups and individuals to invoke potentially favorable laws and constitutional provisions through strategic litigation (Epp 1998).
A third approach emphasizes institutional features that are, ceteris paribus, hospitable to judicialization. At a bare minimum, the judicialization of politics requires acceptance of the rule of law, some level of legitimacy of the legal system, and a relatively independent and well-respected apex court armed with some form of judicial-review power. Hence, the proliferation of democracy worldwide is said to be a main cause of judicialization and the expansion of judicial power more generally. By its very nature, the establishment of a democratic regime entails some form of separation of powers among the major branches of government, as well as between the central and provincial/regional legislatures. It also entails setting up procedural governing rules and decision-making processes to which all political actors are required to adhere. The persistence and stability of such a system requires at least a semiautonomous, supposedly apolitical judiciary to serve as an impartial umpire in disputes concerning the scope and nature of the fundamental rules of the political game. Active judicial review is both a prerequisite and a byproduct of viable democratic governance in multi-layered federalist countries (Shapiro 1999). In other words, more democracy equals more courts. However, the 'proliferation of democracy' thesis cannot account for the judicialization of politics in non – or quasi-democratic polities, nor account for significant variations in levels of judicialization among new democracies. And it does not adequately explain increased levels of judicialization in stable democracies with no apparent changes in their political regime" (HIRSCHL, 2008, p. 95-96).

Imposto sobre Serviços (ISS) sobre a atividade de operadoras de planos de saúde, dentre tantas outras. Esses casos serão oportunamente abordados.

Tantas demandas, além de dar mais poder e visibilidade à Corte, vem incrementando uma postura cada vez mais ativista, o que tem gerado não só críticas doutrinárias, como também reações no âmbito do Legislativo Federal.

1.2 A Constituição brasileira de 1988: o contexto político transicional do seu surgimento

Mas o que justifica tanto poder conferido à Suprema Corte brasileira? Para responder a esse questionamento temos que rememorar o contexto político transicional do surgimento da Carta Política de 1988. É bom frisar que a transição política brasileira foi possível graças à Emenda Constitucional 26/1985[13] à Constituição de 1967, que estabeleceu que o Congresso Nacional, eleito em 1986, teria como missão elaborar e aprovar uma nova Constituição para o País.

Para Pinto Ferreira, o processo político de sua elaboração foi inclusivo na medida em que, a despeito da existência de vários grupos de interesses e da forte pressão de grupos econômicos, muitos anseios populares terminaram sendo contemplados na Carta Política de 1988. Assim se pronuncia, *verbis*:

> Na prática, o processo ficou à altura do regimento. Os trabalhos da Constituinte foram marcados por intensa participação da sociedade. Cerca de 120 emendas populares foram propostas, escudadas em mais de 12 milhões de assinaturas; mais de 70 mil sugestões de cidadãos e organizações sociais foram recebidas pelos congressistas e organizadas no Centro Informático de Dados do Senado Federal; mais de 180 audiências públicas foram realizadas, com grande participação da sociedade civil. (PINTO, 2009, p. 81)

Num tom mais crítico, Zaiden destaca as turbulências, as contradições, as incertezas e a força que as elites exerceram durante os trabalhos da Assembleia Constituinte brasileira, o que dificultou, sobremaneira, que o povo fosse ouvido durante o processo de elaboração da nova Constituição. Coloca que:

> The opening session was, in fact, marked by boos and demonstrations, even though the people were kept away from the activities that were taking place

---

[13] Por meio da Emenda 26/1985 convocou-se a Assembleia Nacional Constituinte, tendo o seu artigo primeiro estabelecido que "Os Membros da Câmara dos Deputados e do Senado Federal reunir-se-ão, unicameralmente, em Assembléia Nacional Constituinte, livre e soberana, no dia 1º de fevereiro de 1987, na sede do Congresso Nacional".

> inside Congress. It was a turbulent moment, when many voices and contradictions transpired. This environment marked by a high level of uncertainty is thereby a perfect example to observe whether the negotiated settlements on the part of elites were powerful enough to control all the process of transition to democracy. If the words of the dictatorship still resonate so clearly in the opening session of the Constituent Assembly, the question that remains is: were they capable of blocking the democratic step forward to the point that, in the end, instead of a vibrant democracy, there was a 'perverted one skewed toward the representation of elite interests,' incapable then of overcoming its very limitations? (ZAIDEN, 2017, p. 332-357)

O fato é que o poder constituinte transicional estabelecido no Brasil não correspondeu, exatamente, à prescrição doutrinária traçada por Sieyès no século XVIII, segundo a qual para que uma Constituição possa ser digna desse nome deve ser estabelecida por uma assembleia de representantes do povo, especialmente escolhidos para essa tarefa: a Assembleia Constituinte.

A participação popular, certamente, ainda foi muito tímida diante do poder e da influência das elites no decorrer da elaboração da nova Constituição, mas uma coisa é certa: o cenário transicional da ditadura para a democracia trouxe consigo uma necessidade premente de coibir os abusos de poderes e abrir caminho para a instalação de um regime democrático representativo.

Demais disso, o *design* de nossa Constituição foi uma resposta legal para os abusos do regime ditatorial[14] passado. Noutros termos, foi moldado pela demanda de um governo com poderes limitados e de uma revisão judicial forte. Tem-se aqui um modelo de constitucionalismo que protege os direitos individuais contra a ação do Estado e que é uma resposta aos abusos de um passado repressivo e autoritário.

O intento da transição trazida pela Constituição foi também proteger minorias e não comprometer o desenvolvimento de um processo democrático, por tantas vezes interrompido por regimes totalitários. Destarte, a preservação da autodeterminação democrática é o alvo a ser atingido para que a história política possa seguir novos rumos, não esquecendo o passado, mas aprendendo com ele.

---

14 C. Neal Tate, ao buscar responder à indagação "Why the Expansion of Judicial Power?", registra que "It is hard to imagine a dictator, regardless of his or her uniform or ideological stripe, (1) inviting or allowing even nominally independent judges to increase their participation in the making of major public policies, or (2) tolerating decision-making process that place adherence to legalistic procedural rules and rights above the rapid achievement of desired substantive outcomes. The presence of democratic government thus appears to be a necessary, though certainly not a sufficient, condition for the judicialization of politics" (TATE, 1995, p. 28-29).

1.3 O protagonismo da Suprema Corte brasileira no novo contexto político democrático

Importa relembrar que os modelos de revisão judicial adotados entre nós variou. *Ab initio*, a Carta Política de 1824 não conheceu um controle de constitucionalidade verdadeiro. O modelo de controle difuso de constitucionalidade já era utilizado nos Estados Unidos desde 1803, todavia, entre nós, vigorou o modelo do constitucionalismo francês, segundo o qual cabia ao Poder Legislativo, não ao Supremo Tribunal de Justiça, a defesa da superioridade da norma constitucional[15].

As ideias oriundas da Revolução Francesa, sobretudo as relacionadas com a repartição de poderes, certamente tiveram grande influência durante o período imperial. Tanto que, transparece na Constituição de 1824, uma visão mais compartimentalizada do poder, de forma a evitar intromissões indevidas de um poder sobre o outro.

Destarte, a nossa forma de controlar a constitucionalidade das leis estava relacionada com o conceito material de Constituição, descrito no artigo 178[16] da Constituição de 1824, e com a existência de um Poder Moderador que conferia ao Imperador a competência de velar pela independência, equilíbrio e harmonia dos demais poderes políticos (artigo 98[17]).

Em relação ao conceito material supramencionado, a Constituição disciplinou que só era constitucional o que estava relacionado aos limites e atribuições dos poderes políticos e aos direitos políticos e individuais dos cidadãos. Por conseguinte, tudo o que não era de natureza constitucional poderia ser alterado pelas legislaturas ordinárias.

---

15 Artigos 13, 14, 15, incisos VIII e IX da Constituição de 1824:
"Art. 13. O Poder Legislativo é delegado á Assembléa Geral com a Sancção do Imperador.
Art. 14. A Assembléa Geral compõe-se de duas Camaras: Camara de Deputados, e Camara de Senadores, ou Senado.
Art. 15. E' da atribuição da Assembléa Geral
VIII. Fazer leis, interpretal-as, suspendel-as, e revogal-as.
IX. Velar na guarda da Constituição, e promover o bem geral da Nação" (*sic*).

16 Art 178 da Constituição de 1824: "E' só Constitucional o que diz respeito aos limites, e atribuições respectivas dos Poderes Politicos, e aos Direitos Politicos, e individuaes dos Cidadãos. Tudo, o que não é Constitucional, póde ser alterado sem as formalidades referidas, pelas Legislaturas ordinarias" (*sic*).

17 Art. 98 da Constituição de 1824: "O Poder Moderador é a chave de toda a organisação Politica, e é delegado privativamente ao Imperador, como Chefe Supremo da Nação, e seu Primeiro Representante, para que incessantemente vele sobre a manutenção da Independencia, equilíbrio, e harmonia dos mais poderes politicos" (*sic*).

No que diz respeito ao Poder Moderador, releva destacar que a teoria traçada por Benjamim Constant criada para neutralizar o Poder do Rei nunca funcionou no Brasil como idealizada durante o período imperial, pois o Imperador D. Pedro II exercia as funções de Chefe de Estado e de Governo e centralizava o poder.

Diante desse quadro, vê-se que embora a compreensão de Constituição esteja tradicionalmente associada à função de limitação do poder, a primeira ordem constitucional brasileira não foi bem sucedida no alcance desse mister. Tampouco era compatível com o regime democrático, haja vista que a semântica democrática foi reduzida a um regime puramente representativo, piorado pelo sufrágio restrito, no qual os argumentos censitários, capacitários e sexistas prevaleciam.

Nesse cenário político altamente centralizado, o controle jurisdicional da constitucionalidade inexistia, pois cabia ao Poder Moderador a inspeção suprema dos demais poderes, não havendo qualquer espaço para que o Poder Judiciário pudesse controlar os atos advindos do Congresso.

Com a Proclamação da República em 1889, sob a intensa influência de Rui Barbosa, o constitucionalismo brasileiro deu uma guinada histórica e passou a ter a influência direta do modelo americano. O Decreto 848, de 11/10/1890, organizou a Justiça Federal, o *judicial control* (artigo 9º) e estabeleceu as competências do Supremo Tribunal Federal[18].

Ocorre que, em estudo denominado "A Evolução do Controle da Constitucionalidade no Brasil", o Ministro Moreira Alves nos adverte que, no início, os Ministros da Nova Corte (Supremo Tribunal Federal), em sua maioria advindos do Supremo Tribunal de Justiça do Império[19], não sabiam de suas reais competências (ALVES, 1993, p. 1-14). Veio de Rui Barbosa a lição no sentido de que era atribuição desses juízes e tribunais não só examinar a constitucionalidade dos atos legislativos e executivos, como também negar-lhes aplicação ou execução quando violadores da Constituição[20].

---

18 O artigo 8º do Decreto estabeleceu que "O Tribunal decidirá as questões affectas á sua competencia, ora em primeira e unica instancia, ora em segunda e ultima, conforme a natureza ou o valor da causa" (*sic*).

19 Lei de 18/9/1828 criou o Supremo Tribunal de Justiça (9/1/1829 a 27/2/1891).

20 A CF/1891 determinava:
"Art. 60 Compete aos Juízes ou Tribunais Federais processar e julgar:
a) as causas em que alguma das partes fundar a ação ou defesa, em disposição da Constituição Federal".

O Supremo Tribunal Federal[21] incorporou, então, o poder do controle de constitucionalidade de leis e atos administrativos de forma difusa, a exemplo do modelo americano, segundo o qual tal controle era feito a partir do caso concreto analisado, e não de forma abstrata (*in abstracto*), a qual resulta na declaração de inconstitucionalidade em tese.

Com o advento da Constituição Federal de 1934, manteve-se o controle difuso de constitucionalidade[22], todavia foram trazidas inovações que tiveram influência direta da teoria constitucional de Kelsen e de seu modelo de jurisdição constitucional (Constituição de Weimar). Criou-se, na época, a Ação Direta de Inconstitucionalidade, que só podia ser proposta ao Supremo Tribunal Federal pelo Procurador-Geral da República[23].

A Lei 221/1894 determinava:
"Art. 13 Os juízes e tribunais federais processarão e julgarão as causas que se fundarem na lesão de direitos individuais por atos ou decisão das autoridades administrativas da União.
§10: os juízes e tribunais apreciarão a validade das leis e regulamentos e deixarão de aplicar aos casos ocorrentes as leis manifestamente inconstitucionais e os regulamentos manifestamente incompatíveis com as leis ou com a Constituição".

21 O Decreto 848, de 11/10/1890, organizou o órgão de Cúpula do Judiciário Brasileiro "Supremo Tribunal Federal". Os artigos 55 e 56 da Constituição Republicana de 1891, por sua vez, assim preconizaram:
"Art. 55. O Poder Judiciario da União terá por órgãos um Supremo Tribunal Federal, com sede na Capital da Republica e tantos juizes e tribunaes federaes, distribuidos pelo paiz, quantos o Congresso crear" (*sic*).
"Art. 56. O Supremo Tribunal Federal compor-se-ha de quinze juizes, nomeados na fórma do art. 48, n. 12, dentre os cidadãos de notável saber e reputação, elegíveis para o Senado" (*sic*).

22 Constou o seguinte no Art. 76, III, alíneas *b* e *c*:
"Art. 76. A Côrte Suprema compete:
III – em recurso extraordinario, as causas decididas pelas justiças locaes em unica ou ultima instancia:
b) quando se questionar sobre a vigencia ou validade de lei federal em face da Constituição, e a decisão do tribunal local negar aplicação á lei impugnada;
c) quando se contestar a validade de lei ou acto dos governos locaes em face da Constituição, ou de lei federal, e a decisão do tribunal local julgar valido o acto ou a lei impugnado; (...)" (*sic*).

23 Art. 12, inciso V, § 2º da CF/34:
"Art. 12. A União não intervirá em negócios peculiares aos Estados, salvo:
(...)
V, para assegurar a observancia dos principios constitucionaes especificados nas letras *a* a *h* do art. 7º, n. I, e a execução das leis federaes;
(...)

Outra inovação da Carta de 1934 foi a atribuição ao Senado Federal[24] da competência de suspender a execução de lei declarada inconstitucional pela Suprema Corte, com a concessão de efeitos *erga omnes* à decisão que, quando proferida de forma incidental, só produzia efeitos interpartes.

Não tardou para que a Carta Política do Estado Novo (1937), com sua feição autoritária, substituísse o Senado por um Conselho Federal. Não mais se previu a competência para a suspensão da execução de lei ou ato declarado inconstitucional pela Suprema Corte.

Além de dificultar a declaração de inconstitucionalidade de lei ou de ato normativo, pois ela só poderia ser declarada pela maioria absoluta de votos da totalidade dos juízes, a "última palavra" sobre o controle de constitucionalidade passou a ser competência do Poder Legislativo, vez que a juízo do Presidente da República este poderia submeter novamente a norma à apreciação parlamentar. Caso houvesse confirmação por dois terços dos votos em cada uma das Câmaras, a decisão do Supremo Tribunal Federal ficaria sem efeito[25].

Tem-se aí um claro exemplo de controle de constitucionalidade fraco (*weak judicial review*), que à época era necessário para a permanência do Estado ditatorial. O Estado Novo, com o seu autoritarismo, desconsiderava as decisões tomadas pela Suprema Corte de declaração de inconstitucionalidade, vez que sujeitava as matérias a reexame do Parlamento.

Doravante, a Constituição de 1946, ao albergar em sua concepção um ângulo político democrático, trouxe o reestabelecimento de pontos esquecidos pelos modelos constitucionais adotados em 1934 e 1937. A declaração de inconstitucionalidade só poderia ser feita por maioria absoluta dos membros do

---

§ 2º Occorrendo o primeiro caso do n. V a intervenção só se effectuará depois que a Côrte Suprema, mediante provocação do Procurador Geral da República, tomar conhecimento da lei que a tenha decretado e lhe declarar a constitucionalidade" (*sic*).

[24] Art. 91, inciso IV, da CF/34:
"Art. 91. Compete ao Senado Federal:
(...)
IV, suspender a execução, no todo ou em parte, de qualquer lei ou acto, deliberação ou regulamento, quando hajam sido declarados inconstitucionais pelo Poder Judiciario" (*sic*).

[25] Art. 96 Só por maioria absoluta de votos da totalidade de seus juízes poderão os tribunais declarar a inconstitucionalidade de lei ou de ato do Presidente da República.
Parágrafo Único. No caso de ser declarada a inconstitucionalidade de uma lei, que a juízo do Presidente da República, seja necessária ao bem estar do povo, à promoção ou defesa de interesse nacional da alta monta, poderá o Presidente da República submetê-la novamente ao exame do Parlamento: se esta a confirmar por dois terços de votos em cada uma das Câmaras, ficará sem efeito a decisão do Tribunal.

Tribunal[26] (artigo 200). Além disso, foram mantidas competências previstas na Carta de 1891 (artigo 101, III, *b* e *c*[27] da CF/1946).

No que concerne à competência do Senado Federal para suspender a execução de lei ou decretos declarados inconstitucionais pelo Supremo Tribunal Federal, tem-se que ao mesmo tempo em que esta foi reafirmada, o novel texto tornou mais claro o fato de que essa suspensão só poderia ser feita em relação às declarações incidentais proferidas no âmbito do STF e não de qualquer órgão do Judiciário (artigo 64[28]).

Anos mais tarde, adveio a Emenda Constitucional 16, de 26/11/1965 (Reforma do Judiciário), a qual deu nova redação ao artigo 101, I, *k* da CF/46[29] e introduziu no Direito brasileiro o controle de constitucionalidade por via de ação direta (o artigo 2º dispunha que as alíneas *c*, *f*, *i* e *k* do artigo 101, inciso I teriam redação diferenciada). Consolidou-se aí a Ação Direta de Inconstitucionalidade, com a correspondente competência do STF para processar e julgar representação de inconstitucionalidade encaminhada pelo Procurador-Geral da República.

Após o advento da emenda constitucional mencionada no parágrafo retro, a outorga ao Ministério Público da iniciativa do controle de constitucionalidade *in abstrato* (controle principal, controle não incidental), passou também a ser prevista nas Constituições de 1967/1969 (artigo 119, inciso I, alínea *l*[30]). Essa titularidade

---

26 "Art. 200. Só pelo voto da maioria absoluta dos seus membros poderão os tribunais declarar a inconstitucionalidade de lei ou de ato do poder público."

27 "Art. 101. Ao Supremo Tribunal Federal compete:
III – julgar em recurso extraordinário as causas decididas em única ou última instância por outros tribunais ou juízes:
b) quando se questionar sôbre a validade de lei federal em face desta Constituição, e a decisão recorrida negar aplicação à lei impugnada;
c) quando se contestar a validade de lei ou ato de govêrno local em face desta Constituição ou de lei federal, e a decisão recorrida julgar válida a lei ou o ato; (...)" (*sic*).

28 Constituição Federal de 1946: "Art 64 - incumbe ao Senado Federal suspender a execução, no todo ou em parte, de lei ou decreto declarados inconstitucionais por decisão definitiva do Supremo Tribunal Federal".

29 "Art. 101 – Ao Supremo Tribunal Federal compete:
I – processar e julgar originariamente:
(...)
k) a representação contra inconstitucionalidade de lei ou ato de natureza normativa, federal ou estadual, encaminhada pelo Procurador-Geral da República; (Redação dada pela Emenda Constitucional nº 16, de 1965)."

30 "Art. 119. Compete ao Supremo Tribunal Federal:
I – processar e julgar originariamente;

conferida ao Procurador-Geral da República gerou a seguinte polêmica: seria uma faculdade ou obrigação encaminhar a representação que lhe fosse noticiada?

Embora não haja dúvida que, à época, a legitimação ativa para promover a ação direta de inconstitucionalidade perante o Supremo Tribunal Federal cabia tão só ao Procurador-Geral da República, em relação à obrigatoriedade da remessa da representação, questionava-se que a previsão constitucional se prestava a atender aos interesses do Executivo Federal, pois como o Procurador-Geral era nomeado pelo Presidente da República, por lógico, não atuaria contra os interesses deste. Resta claro, pois, que se de um lado tínhamos a força do Executivo, do outro o Legislativo e Judiciário mostravam-se fracos e apáticos.

Com a Constituição de 1967 novo golpe foi desferido contra o controle de constitucionalidade. Ao mesmo tempo em que se previa que a lei não poderia excluir da apreciação do Judiciário qualquer lesão de direito individual (artigo 150, parágrafo quarto[31]), incoerentemente colocava-se na parte das Disposições Gerais e Transitórias (artigo 173) que os atos praticados pelo Conselho Supremo da Revolução, de 31 de março de 1964, estariam excluídos da apreciação judicial.

É importante que se diga também que a despeito da previsão contida no artigo 114 da CF/67 que previa que competia ao STF processar e julgar originariamente a representação do Procurador-Geral da República, por inconstitucionalidade de lei ou ato normativo federal ou estadual, essa atribuição, na prática, foi bastante reduzida, uma vez que não poderiam ser objeto de representação os atos emanados sob a proteção do artigo 173, incisos I a IV da Carta Política[32] (ADGT). Mas é importante perceber que tanto na Constituição de

---

(...)
l) a representação do Procurador-Geral da República, por inconstitucionalidade de lei ou ato normativo federal ou estadual; (...)."

31 "Art 150 - A Constituição assegura aos brasileiros e aos estrangeiros residentes no Pais a inviolabilidade dos direitos concernentes à vida, à liberdade, à segurança e à propriedade, nos termos seguintes:
(...)
§ 4º - A lei não poderá excluir da apreciação do Poder Judiciário qualquer lesão de direito individual."

32 "Art 173 – Ficam aprovados e excluídos de apreciação judicial os atos praticados pelo Comando Supremo da Revolução de 31 de março de 1964, assim como:
I – pelo Governo federal, com base nos Atos Institucionais nº 1, de 9 de abril de 1964; nº 2, de 27 de outubro de 1965; nº 3, de 5 de fevereiro de 1966; e nº 4, de 6 de dezembro de 1966, e nos Atos Complementares dos mesmos Atos Institucionais;
II – as resoluções das Assembléias Legislativas e Câmaras de Vereadores que hajam cassado mandatos eletivos ou declarado o impedimento de Governadores, Deputados, Prefeitos e Vereadores, fundados nos referidos Atos institucionais;

1967 quanto na Emenda 1/69 coexistiram o controle incidental e o controle abstrato, reservado à iniciativa do Procurador-Geral da República.

> Em relação ao controle de constitucionalidade, o que temos é que ele busca garantir a supremacia da Constituição. Ele precisa ser eficaz para que as normas contidas na Constituição não representem apenas meras recomendações.

Diante da experiência histórica europeia, na qual as constituições eram depreciadas por um perigoso ceticismo, e da sofrida transição da ditatura para a democracia, a saída mais prudente do constitucionalismo brasileiro foi incrementar as competências do Poder Judiciário e providenciar as condições para que a Suprema Corte pudesse desempenhar uma revisão judicial forte (*strong judicial review*).

No atual cenário, quando os Ministros do STF deparam-se com "razões de segurança jurídica ou de excepcional interesse social"[33] e ao se manifestarem avaliam a conveniência e oportunidade da decisão, estão levando em conta o caráter político da apreciação. A cautela exigida, nesse caso, é que o quórum seja qualificado, ou seja, de dois terços dos membros da Corte, pois como se trata de apreciação essencialmente política, a maioria absoluta exigida para a decretação de inconstitucionalidade não é mais suficiente (artigo 27 da Lei nº 9.868/99).

O artigo 28 da Lei nº 9.868/99[34], ao estabelecer a atribuição de efeito vinculante em relação aos órgãos do Poder Judiciário e à Administração Pública

---

III – os atos de natureza legislativa expedidos com base nos Atos Institucionais e Complementares referidos no item I;
IV – as correções que, até 27 de outubro de 1965, hajam incidido, em decorrência da desvalorização da moeda e elevação do custo de vida, sobre vencimentos, ajuda de custo e subsídios de componentes de qualquer dos Poderes da República."

33 Art. 27 da Lei 9.868/99: "Ao declarar a inconstitucionalidade de lei ou ato normativo, e tendo em vista razões de segurança jurídica ou de excepcional interesse social, poderá o Supremo Tribunal Federal, por maioria de dois terços de seus membros, restringir os efeitos daquela declaração ou decidir que ela só tenha eficácia a partir de seu trânsito em julgado ou de outro momento que venha a ser fixado".

34 Art. 28 da Lei 9.868/99: "Dentro do prazo de dez dias após o trânsito em julgado da decisão, o Supremo Tribunal Federal fará publicar em seção especial do Diário da Justiça e do Diário Oficial da União a parte dispositiva do acórdão.
Parágrafo único. A declaração de constitucionalidade ou de inconstitucionalidade, inclusive a interpretação conforme a Constituição e a declaração parcial de inconstitucionalidade sem redução de texto, têm eficácia contra todos e efeito vinculante em relação aos órgãos do Poder Judiciário e à Administração Pública federal, estadual e municipal".

Federal, Estadual e Municipal, nos casos de declaração de inconstitucionalidade, inclusive a interpretação conforme à Constituição e a declaração parcial de inconstitucionalidade sem redução de texto, está, na verdade, ampliando a atuação política da Suprema Corte, pois a decisão adotada tem força de lei.

Demais disso, o que ressalta ainda mais o protagonismo da Suprema Corte é o fato de que todas as questões podem ser elevadas à apreciação do Poder Judiciário (artigo 5º, inciso XXXV da CF/88), o que representa uma amplíssima esfera de intervenção na vida social e política da Nação e termina por afastar o *judicial restraint* e reforçar o ativismo judicial, tamanho o poder da Suprema Corte brasileira, já denominado por muitos de tirania do Judiciário[35].

1.4 Judicialização da política pós-CF/88

Diante da superação da neutralidade, da afirmação ativista e política da Corte e do evidente desequilíbrio do sistema de tripartição de poderes, analisaremos, nas linhas que se seguem, casos concretos relacionados a mandados de injunção já interpostos perante o STF, a fim de buscarmos perceber como ocorreu a evolução da interpretação constitucional do Supremo Tribunal Federal nesses casos.

Faremos um estudo preliminar sobre o histórico de mandados de injunção interpostos perante o STF, para verificar a evolução jurisprudencial no tratamento dos casos concretos que foram levados à apreciação.

A partir desse estudo, serão pontuadas algumas discussões travadas acerca: da aplicabilidade do mandado de injunção, sem a existência de norma regulamentadora específica; da extensão dos efeitos das decisões proferidas em sede de mandado de injunção; do poder de criação do direito pelo STF, em confronto com o princípio da reserva legal.

Poder-se-á notar, ao longo do relato histórico sobre mandados de injunção interpostos perante o STF, que a jurisprudência foi tomando novos rumos e sofrendo revisões significativas, sempre tendentes a conferir uma conformação mais ampla ao remédio constitucional sob enfoque.

---

35 Muitos autores/jornalistas pontuam, com frequência, a tirania do Judiciário. Em pesquisas realizadas na internet, pudemos extrair os seguintes excertos: "Como o Judiciário Fraudou a Democracia Brasileira" (ALMEIDA, 2016); "A tirania do Judiciário" (VERRI, 2017); "O STF contra o Brasil: um país escravizado pela tirania da toga" (KERTZMAN, 2017).

Em seguida, faremos uma análise sobre as razões que basearam os discursos jurídicos no âmbito do STF, almejando perceber as consequências de um discurso monológico do STF perante o Parlamento na ressignificação de entendimentos anteriores, discurso esse que terminou desencadeando uma postura mais ativista, em termos de produção legislativa de normas faltantes no ordenamento jurídico.

Queremos, ao fim e ao cabo, responder a seguinte questão nesse item: houve racionalidade da jurisprudência constitucional no processo de evolução dos julgamentos de mandados de injunção, a partir do momento em que foi ultrapassada a fase de autocontenção?

1.4.1 Mandados de Injunção interpostos perante o Stf como elementos impulsionadores do ativismo judicial do "Guardião da Constituição"

Por oportunidade da análise do Mandado de Injunção (MI) 107, que teve por fim discutir a estabilidade de servidor público militar, conforme artigo 42, parágrafo 9º da Constituição Federal de 1988, ainda discutiam-se questões inerentes à natureza jurídica do novel instituto, diante do pouco tempo de vigência da Carta Magna de 1988.

De acordo com o Ministro Moreira Alves, para enfrentar a questão da autoaplicabilidade do art. 5º, inciso LXXI da CF/88 era necessário discutir qual seria a natureza jurídica do MI que, nos termos do art. 5º, inciso LXXI, será concedido "sempre que a falta de norma regulamentadora torne inviável o exercício dos direitos e liberdades constitucionais e das prerrogativas inerentes à nacionalidade, à soberania, à cidadania" (BRASIL, 1988).

Diante dos debates suscitados acerca das características e da eficácia do Mandado de Injunção, foi levantada questão de ordem a fim de acalmar os ânimos e trazer luzes a questionamentos cujas respostas ainda restavam obscuras. O Ministro Moreira Alves, Relator do feito, solicitou, por despacho, o pronunciamento da Procuradoria-Geral da República acerca da questão de ordem (MI 107-QO).

O Subprocurador-Geral da República, Inocêncio Mártires Coelho, ao pronunciar-se sobre se o Mandado de Injunção era ou não autoaplicável, após invocar várias lições doutrinárias pátrias da época que tratavam sobre o tema, adotou uma postura mais conservadora. Entendeu que enquanto não fosse regulamentado o preceito instituidor do Mandado de Injunção ele não poderia ser utilizado, o que levaria à impossibilidade do exercício dos direitos e prerrogativas constitucionais, cujas normas consagradoras não possuíssem elementos mínimos de que necessitavam juízes e tribunais para a emissão de provimentos jurisdicionais. Nesses termos, assim finalizou seu Parecer, assinado em 21/08/1989, *litteris*:

> Para dar eficácia a tais preceitos constitucionais, para tornar efetiva a fruição de direitos e liberdades que neles se consagram, cumpre à Sociedade Civil manter permanentemente acesa a luta política e tornar atuantes os mecanismos democratizadores criados pelo constituinte de 1988, o que somente conseguiremos se exercermos pressão legítima sobre os nossos representantes, para que legislem e, assim, concretizem e densifiquem a Constituição.
>
> Em suma, se nós quisermos, se o legislador quiser e se houver vontade política e vontade de Constituição (Hesse), poderemos regulamentar o exercício de todos os direitos, liberdades e prerrogativas de que cogita o artigo 5º, inciso LXXI, de nossa Carta Política, transformando em texto de ficção aquele preceito constitucional. (MI 107-QO).

O Procurador-Geral da República, Aristides Junqueira Alvarenga, mesmo entendendo brilhante o Parecer do Subprocurador-Geral, em toda a sua extensão, não aderiu à parte conclusiva, por compreender que o Mandado de Injunção foi um instituto criado com a finalidade de conferir operatividade aos direitos constitucionais, de forma a impedir que a ausência de norma regulamentadora tornasse "inviável o exercício dos direitos e liberdades constitucionais e das prerrogativas inerentes à nacionalidade, à soberania e à cidadania".

Destarte, considerou que o entendimento de que o preceito carecia de complementação legislativa esvaziava a utilidade do instrumento. Em relação ao fato de o Mandado de Injunção reclamar um processo especial, entendeu que o rito processual adotado para o Mandado de Segurança poderia ser aplicado por analogia (percepção de muitos constitucionalistas da época).

Após longo Voto do Relator, Ministro Moreira Alves, houve entendimento unânime no sentido de reconhecer a autoaplicabilidade da norma do art. 5º, inciso LXXI da CF/88 e a natureza mandamental do Mandado de Injunção, com a adoção, no que coubesse, do procedimento do Mandado de Segurança.

A Ementa da Decisão prolatada na questão de Ordem foi vazada nos seguintes termos[36], *verbis*:

> Mandado de Injunção. Questão de ordem sobre sua auto-aplicabilidade, ou não. Em face dos textos da Constituição Federal relativos ao mandado de

---

[36] Disponível em: http://redir.stf.jus.br/paginadorpub/paginador.jsp?docTP=AC&docID=81745. Acesso em: 25 mar. 2016.

> injunção, é ele ação outorgada ao titular de direito, garantia ou prerrogativa a que alude o artigo 5º, LXXI, dos quais o exercício está inviabilizado pela falta de norma regulamentadora, e ação que visa a obter do Poder Judiciário a declaração de inconstitucionalidade dessa omissão se estiver caracterizada a mora em regulamentar por parte do Poder, órgão, entidade ou autoridade de que ela dependa, com a finalidade de que se lhe dê ciência dessa declaração, para que adote as providências necessárias, à semelhança do que ocorre com a ação direta de inconstitucionalidade por omissão (artigo 103, §2º da Carta Magna), e de que se determine, se se tratar de direito constitucional oponível contra o Estado, a suspensão dos processos judiciais ou administrativos de que possa advir para o impetrante dano que não ocorreria se não houvesse a omissão inconstitucional.
> Assim fixada a natureza jurídica desse mandado, é ele, no âmbito da competência desta Corte – que está devidamente definida pelo artigo 102, I, *q* – auto-executável, uma vez que para ser utilizado, não depende de norma jurídica que o regulamente, inclusive quanto ao procedimento, aplicável que lhe é analogicamente o procedimento do mandado de segurança, no que couber.
> Questão de ordem que se resolve no sentido da auto-aplicabilidade do mandado de injunção, nos termos do voto do relator.

Diante da autoaplicabilidade do Mandado de Injunção e de sua natureza mandamental, em relação ao ponto de a Constituição Federal não conter preceito expresso acerca da natureza jurídica do Mandado de Injunção, tem-se que a percepção do Relator, Ministro Moreira Alves, foi no sentido de que o MI teria que propiciar uma decisão declaratória da omissão inconstitucional, com o fito de que a entidade, autoridade ou órgão omisso adotasse as providências necessárias para que a omissão fosse eliminada.

Outras percepções defendidas eram no sentido de que só decisões de natureza constitutiva seriam capazes de viabilizar o exercício de direitos limitados pela omissão impugnada, haja vista que a mera ciência da autoridade omissa, sem qualquer sanção, não combateria eficazmente a inércia. Noutras palavras, alguns entendiam que a decisão deveria ser uma sentença constitutiva favorável ao requerente, na qual restasse descrita a regulamentação necessária para o exercício dos direitos protegidos no artigo 5º, inciso LXXI da CF/88.

Travou-se, assim, discussão intensa sobre a natureza declaratória ou constitutiva do novel instituto. Discutia-se, outrossim, se a regulamentação expedida seria estendida a pessoas em situações idênticas ou se teria eficácia restrita às partes.

O Ministro Moreira Alves não entendia que decisões de natureza constitutiva solucionariam o problema, pois além de haver limitação constitucional para que a regulação normativa fosse expedida pelo Supremo Tribunal Federal, a maior parte dos casos de omissão existentes estaria fora do campo regulável pelo Órgão. A falta de condições técnicas e o fato de a Constituição não permitir ao Poder Judiciário regulamentar dispositivo constitucional por meio de Ação Declaratória de Omissão/ADO foram pontos também invocados para acentuar a tese de que a expedição de decisões de natureza constitutiva seria inviável em sede de Mandado de Injunção, sob pena de inobservância aos princípios da separação de poderes e da legalidade, previstos pelos artigos 2º e 5º, inciso II da Constituição Federal. Ao ver do Relator:

> Essa solução, acolhida pela Constituição atual, é, sem dúvida alguma, a que se compatibiliza com o sistema constitucional vigente que deu particular relevo à separação de Poderes (arts. 2º e 60, §4º, III), que continuou a inserir entre os direitos fundamentais o de que ninguém é obrigado a fazer ou deixar de fazer alguma coisa senão em virtude da lei (art. 5º, II), e que, também, *atento ao princípio democrático, estabeleceu um processo legislativo em que o Poder Judiciário só tem iniciativa legislativa nos casos expressos na própria Constituição e com relação a matérias a ele estritamente vinculadas, sendo que as decisões políticas de que afinal resultam os textos legais se subordinam a um sistema de freios e contra-freios de que participam exclusivamente os Poderes Legislativo e Executivo, eleitos diretamente pelo povo.* (BRASIL, 1990, p. 39) (grifos nossos)

Os Ministros Aldir Passarinho e Octavio Gallotti, por exemplo, encamparam a tese sustentada pelo Relator, por entenderem, de modo semelhante, que havia impossibilidade de que o Poder Judiciário pudesse suprir omissões de órgãos dos poderes Executivo ou Legislativo.

O Ministro Sepúlveda Pertence, também na linha hermenêutica adotada pelo Relator, buscou dados históricos das discussões que permearam a Assembleia Nacional Constituinte, assim se pronunciando, *verbo ad verbum*:

> A solução de entregar ao Supremo esse poder de suprir a omissão normativa foi posta perante a Assembléia Nacional Constituinte, e mais, foi posta no campo que lhe seria adequado, que é o da ação direta, sem necessidade de construir todo o sistema da questão prejudicial, imaginado por Calmon de Passos, para compatibilizar a destinação de solução de lide individual, que era a do mandado de injunção, com a necessidade de concentrar o controle de inconstitucionalidade por omissão, sem o qual ele leva – a expressão é do Professor Calmon – necessariamente ao caos.
>
> Essa questão, repito, foi posta perante a Assembléia Nacional Constituinte. Lembro-me do anteprojeto do nobre Deputado Egídio Ferreira Lima, Relator da Comissão dos Poderes, no qual se estatuía que, declarada a omissão, na ação direta, o Supremo Tribunal assinaria prazo ao Poder competente

> e, exaurido esse prazo, supriria, mediante resolução, a omissão normativa com eficácia de lei, se fosse o caso.
> Ora, esse poder normativo do Supremo Tribunal, proposto e aprovado nos primeiros passos da Assembléia Nacional Constituinte, veio a ser suprimido, a partir da Comissão de Sistematização e não logrou voltar ao texto constitucional. Tratou-se de uma decisão política da Assembléia Constituinte.
> *E digo, sinceramente, decisão política, que me parece absolutamente coerente com a inspiração democrática da Constituição. No meu modo de ver, de duas uma: ou a norma infraconstitucional não é imprescindível, porque a própria constituição dá princípios que possibilitam a construção integradora dos preceitos, e até aí vai a função jurisdicional, ou a norma inferior é, realmente, imprescindível, e por que imprescindível? Porque depende de opções políticas novas, não contidas nem explícita nem implicitamente na disciplina constitucional; e essa decisão entre opções políticas novas é função indeclinável dos órgãos da representação popular.* (BRASIL, 1990, p. 72-73) (grifos nossos)

Nessa linha de pensamento, o Ministro Pertence disse estar convencido de ser impresumível a deslealdade do Legislativo às suas missões constitucionais, por entender que a própria declaração de inconstitucionalidade da omissão dos poderes políticos obtida do STF na Ação Direta ou no Mandado de Injunção, teria um papel de extrema relevância enquanto instrumento de legitimação das pressões sociais para a conquista efetiva da regulamentação necessária à implementação constitucional.

A discussão da questão de ordem levantada quando da apreciação do MI 107[37] (BRASIL, 1990) tornou-se *leading case* acerca da eficácia das decisões proferidas em sede de MI e ADO, embora constasse de alguns votos, como o do Ministro Paulo Brossard, a possibilidade de vir a ocorrer a modificação posterior desse entendimento.

Resolvida a questão de ordem, cujo Acórdão foi assinado em 23/11/89, no mérito o MI 107 não foi conhecido, tendo sido a Ementa vazada nos seguintes termos:

> Ementa: Mandado de Injunção. Estabilidade de servidor público militar. Artigo 42, parágrafo 9º da Constituição Federal. Falta de legitimação para agir.
> – Esta Corte, recentemente, ao julgar o mandado de injunção 188, decidiu por unanimidade que só tem *legitimatio ad causam*, em se tratando de mandado de injunção, quem pertença a categoria a que a Constituição Federal haja outorgado abstratamente um direito, cujo exercício esteja obstado por omissão com mora na regulamentação daquele.

[37] MI 107, Rel. Min. Moreira Alves, *DJ* de 02.08.91.

> – Em se tratando, como se trata, de servidores públicos militares, não lhes concedeu a Constituição Federal direito à estabilidade, cujo exercício dependa de regulamentação desse direito, mas, ao contrário, determinou que a lei disponha sobre a estabilidade dos servidores públicos militares, estabelecendo quais os requisitos que estes devem preencher para que adquiram tal direito.
> – Precedente do STF: MI 235.
> Mandado de Injunção não conhecido. (BRASIL, 1990, p. 11-60)

Mesmo diante do conservadorismo dos posicionamentos iniciais mostrado linhas acima, doravante, nos novos casos concretos trazidos à apreciação do STF em sede de Mandado de Injunção, não era mais vista como inadequada a pressuposição de que havia um descompromisso do Poder Legislativo quanto à concretização das normas constitucionais. Com isso, a jurisprudência foi tomando novos rumos e os entendimentos foram sofrendo revisões significativas, o que conferiu uma conformação mais ampla ao remédio constitucional aqui mencionado.

Diante da ineficácia das decisões de caráter mandamental, em março de 1991, quando do julgamento do MI 283, de relatoria do Ministro Sepúlveda Pertence, os posicionamentos foram evoluindo, de forma que, no caso concreto, estipulou-se, como consequência do descumprimento do prazo definido no MI, o reconhecimento do direito do impetrante de obter reparação por perdas e danos. O avanço, embora ainda muito tímido, buscava aplicar mecanismos acautelatórios do direito que não poderia ser exercitado diante da omissão estatal. Trazemos à baila excerto da ementa do Acórdão prolatado no MI 283, para melhor explicitar o posicionamento do STF[38]:

> (...)
> Premissas, de que resultam, na espécie, o deferimento do Mandado de Injunção para:
> a) declarar em mora o legislador com relação à ordem de legislar contida no art. 8º, §3º, ADCT, comunicando-o ao Congresso Nacional e à Presidência da República;
> b) assinar o prazo de 45 dias, mais 15 dias para a sanção presidencial, a fim de que se ultime o processo legislativo da lei reclamada;
> c) se ultrapassado o prazo acima, sem que esteja promulgada a lei, reconhecer ao impetrante a faculdade de obter, contra a União, pela via processual adequada, sentença líquida de condenação à reparação constitucional devida, pelas perdas e danos que se arbitrem;

[38] MI 283, Rel. Min. Sepúlveda Pertence, *DJ* de 14.11.91.

> d) declarar que, prolatada a condenação, a superveniência de lei não prejudicará a coisa julgada, que, entretanto, não impedirá o impetrante de obter os benefícios da lei posterior, nos pontos em que lhe for mais favorável. (BRASIL, 1991c, p. 882-904)

Quando do julgamento do MI 232-RJ[39], de relatoria do Ministro Moreira Alves, reconheceu-se, em relação ao dever de legislar sobre o imposto previsto no artigo 195, §7º da CF/88, que, mais uma vez, o Congresso Nacional quedava-se em mora. Juntamente com a fixação de prazo para o saneamento da demora, decidiu-se que a requerente passaria a gozar da imunidade requerida, caso a mora persistisse. A Ementa foi vazada nos seguintes termos, *litteris*:

> Mandado de Injunção. - Legitimidade ativa da requerente para impetrar mandado de injunção por falta de regulamentação do disposto no §7º do artigo 195 da Constituição Federal. - Ocorrência, no caso, em face do disposto no artigo 59 da ADCT, de mora, por parte do Congresso, na regulamentação daquele preceito constitucional. Mandado de injunção conhecido, em parte, e, nessa parte, deferido para declarar-se o estado de mora em que se encontra o Congresso Nacional, a fim de que, no prazo de seis meses, adote ele as providências legislativas que se impõem para o cumprimento da obrigação de legislar decorrente do art. 195, §7º, da Constituição, sob pena de, vencido esse prazo sem que essa obrigação se cumpra, passar o requerente a gozar da imunidade requerida. (BRASIL, 1991, p. 965-984)

Em adição, importa destacar que também no MI 284[40], de relatoria do Ministro Celso de Mello, assim como nos MI 283 e 232 pontuados acima, sinaliza-se para uma nova compreensão do instituto e a admissão de uma solução "normativa" para a decisão judicial. No MI 284 acentuou-se que:

> O caráter essencialmente mandamental da ação injuncional - consoante tem proclamado a jurisprudência do Supremo Tribunal Federal - impõe que se defina, como passivamente legitimado 'ad causam', na relação processual instaurada, o órgão público inadimplente, em situação de inércia inconstitucional, ao qual é imputável a omissão causalmente inviabilizadora do exercício de direito, liberdade e prerrogativa de índole constitucional. (BRASIL, 1991, p. 1-52)

Doravante, outros mandados de injunção paradigmáticos foram julgados, o que permitiu alterações significativas no instituto do Mandado de Injunção a partir de uma reavaliação de antigos pressupostos. Quando da apreciação

---

39 MI 232-RJ, Rel. Min. Moreira Alves, *DJ* de 27.3.92.

40 MI 284-DF, Rel. Min. Celso de Mello, *DJ* de 26.6.92.

do MI 721[41] (BRASIL, 2008d), o Ministro Marco Aurélio, Relator do processo, convocou seus pares a voltarem a refletir sobre o entendimento inicialmente adotado sobre o alcance do MI, partindo do ponto de vista de que o instituto foi transformado em algo inútil.

Em relação, especificamente, ao direito de a servidora pública exercer a aposentadoria especial prevista no artigo 40, §4º da CF/88 (MI 721), diante da falta de regulamentação sobre a matéria, concluiu pela aplicação do art. 57 da Lei nº 8.213/91 (Regime Geral de Previdência Social), na busca de viabilizar a fruição do direito à aposentadoria especial (julgamento proferido em 30/8/2007). Estabeleceu-se, na ocasião, que os efeitos da decisão seriam somente *inter partes* (Teoria Concretista Individual), por se tratar de processo subjetivo (essa orientação foi também aplicada quando do julgamento do MI 758, em 1/7/2008).

No voto-vista do Ministro Eros Grau, em relação ao MI 721, constou sua discordância com referência ao alcance da decisão. Em sua opinião, a decisão teria que ser estendida à totalidade dos casos que contivessem os mesmos elementos objetivos. Destarte, a norma formulada serviria não só para o caso concreto, como também como norma geral. Essa situação foi comparada à edição de uma Súmula Vinculante.

Registre-se, por importante, que se passaram quase 20 anos para que o entendimento adotado fosse diametralmente oposto ao inicial. Em outubro de 2007, depois de muitos debates sobre a necessidade de revisão da jurisprudência do STF no que concerne ao direito de greve do servidor público e sobre o alcance das decisões proferidas em MI, ocorreu o julgamento conjunto dos MIs 670, 708[42] e 712[43] (os dois primeiros de Relatoria do Ministro Gilmar Mendes e o último de Relatoria do Ministro Eros Grau). Constou do Informativo 485 o seguinte: "a Corte (no julgamento de outubro/2007), afastando-se da orientação inicialmente perfilhada no sentido de estar limitada a declaração da existência de mora legislativa, passou a aceitar a possibilidade de uma regulação provisória pelo próprio Judiciário". Nessa ocasião, foi atribuído efeito *erga omnes* às decisões proferidas.

Percebe-se que a Corte expandiu o alcance normativo do remédio constitucional, o qual, num primeiro momento parecia fadado a desaparecer, caso

---

41 MI 721, Rel. Min. Marco Aurélio, *DJ* de 30.11.2007.

42 MIs 670 e 708, Relator do Ministro Gilmar Mendes, ambos publicados no *DJ* de 31.10.2008.

43 MI 712, Relator Ministro Eros Grau, *DJ* de 31.10.2008.

fosse mantida a orientação traçada na decisão do MI-107. Com o uso reiterado do enunciado jurídico na práxis jurídica, o Mandado de Injunção passou a viabilizar não só o conhecimento, como também o exercício de direitos individuais e coletivos, que na sua ausência restariam privados de uma realização mínima. A decisão contida no MI-712, que mandou aplicar às greves no serviço público, no que coubesse, a Lei nº 7783/89[44], bem evidencia a extensão do alcance normativo do instituto.

Como se vê, a evolução hermenêutica acerca da aplicação do remédio constitucional passou a permitir que o Mandado de Injunção[45] cumpra, de fato, sua finalidade em favor do impetrante que é a de concretizar direitos subjetivos, liberdades ou prerrogativas, sempre que a falta de norma regulamentadora torne inviável essa concretização. Mesmo diante dos questionamentos acerca da inobservância do princípio da reserva legal, houve o crescente reconhecimento do poder de criação judicial do direito pela Corte Suprema.

Os MIs 670, 708 e 712 são, pois, julgados emblemáticos que caracterizam uma nova fase do Mandado de Injunção no Direito Constitucional brasileiro. Se por um lado conferiram vida a direitos sociais garantidos pela Carta Política, que estavam paralisados em virtude da mora legislativa, por outro incrementaram as críticas ao ativismo judicial da Suprema Corte.

1.4.2 A mudança paulatina do discurso jurídico do Supremo Tribunal Federal em casos de Mandados de Injunção

Vê-se, a partir da análise do histórico traçado no subitem precedente, que quando do exame da questão de ordem suscitada no MI 107 não havia certezas dadas *a priori*. Doravante, as interpretações desenvolvidas ao longo dos anos sofreram constantes ressignificações, até porque o quadro de Ministros da Corte foi renovado, o que proporcionou novas discussões acerca do alcance jurídico da garantia constitucional do Mandado de Injunção.

---

[44] A Lei 7.783/89 disciplina as paralisações de atividades no setor privado e torna atualmente viável, diante da persistência da omissão legislativa, o exercício do direito social de greve por parte dos servidores públicos.

[45] É importante registrar que a orientação do STF em relação ao cabimento do Mandado de Injunção é no sentido de que a edição de norma regulamentadora afasta o MI uma vez que eventuais lacunas normativas ou imperfeições de conteúdo material não se revelam colmatáveis, nem suscetíveis de correção, por via injuncional, que deve ser usada em casos de omissões legislativas (MI 642-DF, Relator Ministro Celso de Mello, *DJ* 14/08/2001).

A partir das argumentações jurídicas traçadas nos Mandados de Injunção aqui estudados, percebe-se, claramente, que a postura do STF foi, de início, mais conservadora e prudente[46] por rechaçar compreensões tendentes a emissão de decisões constitutivas. A partir de um raciocínio interpretativo mais contido[47], como o desenvolvido pelo Subprocurador-Geral da República, Inocêncio Mártires Coelho[48], entendia-se que o STF tinha que atuar como legislador negativo, baseando-se nos princípios[49] da Separação de Poderes e da Soberania Popular.

Ocorre que o comportamento do "sujeito receptor" dos apelos contidos nas decisões declaratórias, no caso o Congresso Nacional (ouvinte), mostrava-se inoperante. O que fazer, então, diante de uma postura inerte do ouvinte/receptor? Trata-se de uma situação comunicativa na qual instituições públicas não desenvolvem um discurso racional que impulsione a resolução de situações práticas problemáticas.

---

46 A professora Cláudia Roesler, ao estudar a "noção de prudência" em Viehweg, acentuou, com base em ensinamentos de Aubenque (1997, p. 95-97), que ela pode ser compreendida como "virtude do contingente, ou seja, daquilo que concerne ao verossímil e oponível, é resgatada da phronesis de Aristóteles, estudada por Aubenque em *La prudence chez Aristote*. Aubenque ressalta a diferença entre a ideia de prudência e a de sabedoria: ao passo que a sabedoria trata daquilo que é eterno, do conhecimento das causas primeiras (*nous*), a prudência encontra-se no domínio das coisas passíveis de mudança e, por ser uma virtude, no que concerne à ação humana" (ROESLER, 2013, p. 39-40).

47 Friedrich Müller nos ensina, em sua obra "Novo Paradigma do Direito", que o paradigma do juiz como *bouche de la loi* "opera com pressupostos toscos: a possibilidade de uma única interpretação correta em cada caso, de um centro de sentido de conteúdo claro, de uma unidade objetiva do sentido dos textos jurídicos" (MÜLLER, 2007, p. 147).

48 Doravante, em artigo sobre o Mandado de Injunção aos 20 anos de idade, publicado no livro "A Jurisprudência do STF nos 20 anos da Constituição", o Prof. Inocêncio Mártires Coelho, ao comentar sobre os debates travados na Constituinte, enfatizou que: "Num segundo olhar, pode-se dizer que esses embates resultaram, igualmente, dos anseios e dos esforços de outros segmentos da sociedade civil, de outros fatores reais de poder, como advogados, sociólogos, antropólogos e cientistas políticos - dispersos ou reunidos nas respectivas entidades de classe –, que também aspiravam por algum instrumento capaz de impedir que se postergasse a fruição dos novos direitos, aí compreendidos não apenas os de segunda geração, mas todos quantos a abertura do processo constituinte possibilitasse o ingresso no texto da futura Constituição" (MENDES; GONET; VALE, 2010, p. 29-30).

49 Princípios são, para Alexy, "*mandamentos de otimização* que são caracterizados por poderem ser satisfeitos em graus variados e pelo fato de que a medida devida de sua satisfação não depende somente das possibilidades fáticas, mas também das possibilidades jurídicas" (ALEXY, 2008, p. 90).

No caso em análise, embora a ação linguística do orador (Supremo Tribunal Federal) apresente-se com pretensão de autoridade, por se tratar de Órgão que tem a competência constitucional para apreciar Mandado de Injunção, na prática, essa autoridade é desconsiderada pela postura inerte do receptor da mensagem (Congresso Nacional – ouvinte). Em outras palavras, não houve cooperação institucional entre os órgãos envolvidos na solução dos casos concretos.

O STF, como guardião dos preceitos constitucionais e diante de casos que lhe foram submetidos à apreciação, inaugurou discussões importantíssimas sobre mandados de injunção, reconhecendo, inclusive, que não poderia emitir normas faltantes no ordenamento jurídico, mesmo que isso impactasse no exercício dos direitos e garantias fundamentais dos impetrantes, exercitando, com isso, o *self restraint*.

A despeito dessa postura, não obteve respaldo quanto à necessária cooperação que deveria existir entre instituições para que as lacunas legislativas fossem devidamente preenchidas e os problemas solucionados com a edição de normas pelos órgãos originariamente competentes. Só a partir daí, passou a adotar posturas mais pró-ativas para tornar efetivo o remédio constitucional do Mandado de Injunção.

Noutros termos, nesse caso específico, foi a inação do órgão competente para legislar que terminou por incrementar, sobremaneira, o papel de legislador positivo do Supremo Tribunal Federal. Assim, pode-se dizer que a linguagem adquiriu maior plasticidade pela própria historicidade do compreender.

Mesmo diante de alerta no sentido de que na falta de regulamentação sobre aposentadoria especial, por exemplo, seria aplicado o art. 57 da Lei nº 8.213/91 (Regime Geral de Previdência Social) para viabilizar a fruição do direito à aposentadoria de servidora pública, previsto no artigo 40, §4º da CF/88 (MI 721), a situação comunicativa entre o STF e o Parlamento não evoluiu e o discurso continuou a ser "monológico", o qual tem a característica de que o ouvinte aparece "como não habilitado para uma intervenção ou como não interessado ativamente nela" (FERRAZ, 1997, p. 37-38).

A lição de Tercio Sampaio Ferraz é precisa para caracterizar a mudança de comportamento do orador. Ele se expressa nos seguintes termos: "a presença passiva do ouvinte, na discussão, modifica profundamente o comportamento do orador e, em consequência, as características do próprio discurso" (FERRAZ, 1997, p. 38). É a passividade que faz com que o interlocutor mantenha distância com relação ao objeto do discurso (FERRAZ, 1997, p. 40).

A racionalidade do STF, no momento inicial de discussão acerca da autoaplicabilidade do Mandado de Injunção, está bem explicita no Voto do

Ministro Sepúlveda Pertence e relaciona-se à autocontenção do Órgão Judiciário e à consciência de que os Poderes da União, embora independentes, devem manter uma situação de harmonia recíproca.

Nesse diapasão, é bom rememorar que o Ministro Pertence afirmou estar convencido de ser impresumível a deslealdade do Legislativo às suas missões constitucionais, pois, para ele, a declaração de inconstitucionalidade da omissão dos poderes políticos obtida do STF na Ação Direta de Inconstitucionalidade por Omissão ou no Mandado de Injunção seria instrumento de legitimação das pressões sociais para a implementação da necessária regulamentação. Ou seja, o padrão argumentativo inicial era atribuir obrigações ao Congresso Nacional, na forma de solicitações, apelos ao legislador.

Além de as pressões sociais serem bastante tímidas diante da incipiência da democracia brasileira, a deslealdade do Legislativo às suas missões constitucionais não se mostrou tão impresumível assim, a despeito dos votos de confiança que pautaram a adoção de uma postura inicial mais reservada e modesta do STF.

Pelos estudos até aqui empreendidos, conclui-se que foi, justamente, a omissão do Legislativo que provocou a superação da posição inicialmente adotada de que deveria prevalecer uma concepção mais rígida da "Separação de Poderes". Consequentemente, vieram à tona participações cada vez mais criativas e inovadoras do Órgão Judicial, por oportunidade das apreciações de casos concretos, as quais, certamente, levaram em consideração preceitos já contidos na Lei de Introdução ao Código Civil (Decreto-Lei nº 4.657/1942), segundo os quais, quando a lei for omissa, o Juiz não pode deixar de decidir e deverá fazê-lo levando em conta a analogia, os costumes, os princípios gerais de direito. Foram essas participações inovadoras que possibilitaram, a nosso ver, uma evolução da interpretação judicial.

Tomemos como exemplo as interpretações realizadas quando dos julgamentos dos MIs 670, 708 e 712. Na decisão deste último, o STF decidiu aplicar às greves no serviço público, no que coubesse, a Lei nº 7783/89[50], o que deixa evidente a extensão do alcance normativo do Instituto.

Enquanto, no início, a tradição recomendava prudência por parte do STF, no decorrer dos anos essa tradição deu lugar à razão, haja vista que o exercício de direitos subjetivos acabava sendo prejudicado com a adoção de posturas

---

[50] A Lei 7.783/89 disciplina as paralisações de atividades no setor privado, e torna atualmente viável, diante da persistência da omissão legislativa, o exercício do direito social de greve por parte dos servidores públicos.

mais contidas. Nesses termos, a decisão paradigmática mencionada no parágrafo retro revelou um redespertar intuitivo próprio dos juristas[51], sempre chamados a resolver casos difíceis (*hard cases*) e a ressignificar entendimentos anteriores.

1.4.3 A superação da autocontenção e a racionalidade do processo decisório

Habermas, ao avaliar o conceito de Direito para Dworkin[52], que o considera como "um *medium* para a garantia da integridade da sociedade como um todo", acentua que a teoria do direito move-se nos limites das ordens jurídicas concretas, por isso, não se pode desprezar aspectos que resultam do nexo interno entre Direito e Política (HABERMAS, 2003, p. 244).

Para ele, Dworkin preocupa-se, a todo momento, com a racionalidade da jurisdição, na busca da compreensão da relação complexa que existe entre justiça e legislação (HABERMAS, 2003, p. 245). Percebe que é necessário introduzir critérios para a prática judicial, levando em conta o princípio da segurança jurídica e a pretensão de legitimidade da ordem jurídica.

A grande preocupação é, finalmente, com a racionalidade da jurisprudência. Destarte, a teoria dos direitos de Dworkin é elaborada para encontrar caminhos que evitem falhas das propostas de solução de problemas e para esclarecer como a prática da decisão judicial pode satisfazer, simultaneamente, às exigências de segurança do direito e da aceitabilidade racional.

Com espeque nessas importantes linhas teóricas, é importante deixar assente que o Ministro Gilmar Mendes, relator dos MIs 670 e 708, buscou demonstrar em seus votos a racionalidade das decisões jurídicas a serem

---

51 Para Carlos Cossio, o juiz é o próprio Direito, construindo o Direito a cada caso concreto que lhe é submetido à apreciação. Só tem que ter cuidado com a arbitrariedade judicial (COSSIO, 2002, p. 41-42).

52 O Professor Menelick de Carvalho Netto, ao estudar a Teoria Jurídica de Dworkin, pontuou: "A teoria jurídica de Ronald Dworkin busca superar os desafios e as perspectivas colocadas pelas teorias hermenêuticas, realistas e positivistas. Dworkin se propõe a lidar com o direito de uma perspectiva deontológica – a pressupor a possibilidade e a necessidade da fundamentação das decisões em termos de correção normativa -, atribuindo ao ordenamento jurídico a dupla tarefa de garantir simultaneamente os requisitos de segurança jurídica (*fairness* e *due process* – respeito aos procedimentos e às regras estabelecidas) e de *justiça* (correção normativa substantiva, tendo-se em vista o conteúdo moral dos direitos fundamentais democraticamente positivados)" (NETTO; SCOTTI, 2011, p. 69).

adotadas, num sentido gadameriano de que nenhuma regra pode regular sua própria aplicação. Ou seja, as regras têm que ser interpretadas de acordo com o caso concreto, com a evolução social e, por que não dizer, com a evolução do próprio ser.

As decisões adotadas em sede de mandados de injunção no STF não nos parece ter correlação com a ideia de realismo jurídico ou direito livre, também analisada por Habermas (2003, p. 265), em que as decisões dependem amplamente do juiz.

A pretensão de racionalidade, que permeou as decisões jurídicas mais recentes adotadas pelo STF em mandados de injunção, buscou um contexto coerente do direito a ser reconstruído, observando as características estruturais do sistema jurídico vigente. Noutras palavras, em nenhum momento, a jurisdição constitucional renunciou à pretensão de estabilizar expectativas de comportamento.

Parece-nos crível que a pretensão maior trazida com o avanço da interpretação constitucional foi, exatamente, garantir a segurança jurídica e não propriamente a correção das decisões, que sofreram e ainda sofrem críticas de diversos setores, especialmente considerando a postura de legislador positivo adotada pelo STF.

Percebe-se que as discussões travadas acerca de casos problemáticos de mandados de injunção trazidos à apreciação do STF terminaram por produzir, paulatinamente, uma interpretação construtivista. Os argumentos traçados colocaram num contexto de interpretação construtiva os fins a serem atingidos com as decisões judiciais. Buscou-se assegurar, no sentido dworkiano, a garantia a cada parceiro do direito do "igual respeito e consideração".

Esse tipo de interpretação permitiu que fosse satisfeito o princípio da segurança jurídica, para os que impetraram mandados de injunção perante o STF, e observada a pretensão de legitimidade do direito. Outrossim, os objetivos políticos e sociais do legislador constituinte foram levados em consideração e podem ser entendidos como meios argumentativos para reconstruir e ressignificar o direito vigente.

Percebe-se que as decisões adotadas nos casos concretos de mandados de injunção, ora analisados, tomaram por base uma ordem jurídica concreta, em seus elementos essenciais e com as peculiaridades que lhe são próprias, a qual é considerada por Habermas para ressaltar que cada ordem possui especificidades próprias e que o juiz, quando chamado a solucionar casos, tem que levar em conta a história institucional de um determinado sistema de direitos e classificar criticamente não só a massa do direito positivo, mas também de princípios, de forma a corrigir erros e buscar um sistema jurídico justo, que é resultado de um continuado processo de aprendizagem.

Diante das controvérsias instauradas quando das análises de mandados de injunção impetrados perante a Suprema Corte, percebemos que os juízes da Suprema Corte, na análise dos casos difíceis envolvendo falta de normas regulamentadoras de direitos subjetivos, depararam-se com realidades históricas que lhes permitiram uma reconstrução racional do direito vigente a partir da utilização de componentes de um saber ideal formado por dois requisitos: conhecer todos os princípios e objetivos válidos que são necessários para a justificação da decisão; ter uma visão completa sobre o tecido cerrado dos elementos do direito vigente que ele encontra diante de si. São os fios argumentativos que terminam por ligar esses requisitos (HABERMAS, 2003, p. 263).

A obrigação de o juiz decidir o caso singular à luz de uma teoria que justifique o direito vigente como um todo, bem assim a partir de regras e princípios, é reflexo de uma obrigação precedente dos cidadãos, confirmada por meio do ato de fundação da Constituição de proteger a identidade de sua convivência, orientando-se por princípios de justiça e respeitando-se reciprocamente como membros de uma associação de livres e iguais.

Nesse cenário, se o legislador não reagiu, de modo adaptador, ao processo histórico, é o sistema jurídico que tem que se adaptar a ele. Cabe, pois, aos juízes exercerem a supercomplexa tarefa de observar uma quantidade enorme de regras, princípios[53] e determinação de fins para buscar dar solução às demandas sociais. Ao menos num órgão colegiado como a Suprema Corte, o modelo monológico solipsista, tão objetado pelos críticos da teoria do "Juiz Hércules" de Dworkin, é amenizado, pois, a nosso ver, o privilégio cognitivo é partilhado a partir das próprias discussões travadas no órgão colegiado.

Importa considerar que o juiz não é uma máquina de calcular, nem por isso pode improvisar e agir fora de qualquer regra e princípio (DERRIDÁ, 2010, p. 45). Nesse sentido, do estudo empreendido, não percebemos que nas situações pragmáticas levadas à apreciação do STF houve qualquer improvisação decisional, mas uma evolução jurisprudencial trazida por interpretações, que

---

[53] O Professor Marcelo Neves, ao tratar em seu livro "Entre Hidra e Hércules" sobre princípios e regras constitucionais acentua que "(...) não se pode, a rigor, distinguir princípios e regras constitucionais pelo caráter teleológico ou valorativo dos primeiros em detrimento das segundas, nem pela maneira que esses tipos de norma referem-se a valores. Tanto há princípios quanto regras que se referem imediata, direta e explicitamente a valores e fins, como há princípios que não se caracterizam por essa maneira de referência a eles" (NEVES, 2013, p. 41).

embora inovadoras, não fugiram do padrão de integridade do Direito traçado por Dworkin, no qual além de os parceiros do Direito se reconhecerem como livres e iguais, há também a necessidade de que os órgãos judiciais realizem a norma básica de igual consideração e respeito (HABERMAS, 2003, p. 267).

O STF, após contínuos episódios de inércia legislativa, considerando que deve exercer as suas competências constitucionais não de forma estrita, mas ampla, buscou demonstrar respeito e consideração por aqueles que impetraram MIs, na busca de ver garantidos direitos subjetivos que deveriam estar assegurados pela ordem jurídica vigente.

Assim, tendo em conta as considerações aqui alinhadas, entendemos que houve racionalidade da jurisdição constitucional no processo evolutivo dos julgamentos de Mandados de Injunção, tanto no momento inicial, que teve a prudência guiando as decisões, quanto, mais recentemente, quando dos julgamentos dos paradigmáticos MIs 670, 708 e 712. Destarte, compreendemos que houve uma evolução racional da jurisprudência do Supremo Tribunal Federal nas análises de mandados de injunção.

1.4.4 Casos sem solução clara pré-estabelecida na legislação: quando o STF torna-se coparticipante do processo criativo de leis e elabora políticas públicas

Não só as sociedades modernas, como também os problemas nelas existentes, estão se tornando cada vez mais complexos. Realisticamente, não há maneiras de resolver problemas de antemão por meio da simples produção normativa. *Hard cases* são cada vez mais comuns na vida real e, em geral, não encontram no arsenal legal uma solução pronta, já disponível, a ser usada pelos juízes.

Na busca de uma melhor solução, o juiz faz uso de normas abstratas, princípios, pré-compreensões acerca do caso concreto, mas precisa, acima de tudo, justificar a sua decisão com argumentos consistentes, transparentes e que possam ser aceitos e entendidos na sociedade. Só assim, abrirá caminhos para o alcance da tão questionada legitimidade.

Ao implementar soluções, os juízes constitucionais, em geral, ficam longe de limitar suas ações e exercitar o *self-restraint*, o que desemboca na inobservância do princípio da separação de poderes, haja vista que muitas das decisões adotadas têm um forte viés político, pois além de criarem normas abstratas, transitam também pelo caminho da elaboração de políticas públicas, incluindo o delineamento de como elas devem ser promovidas.

O problema que está por trás dessa postura de *judicial policy making* é que a Suprema Corte, embora adote uma visão expansionista de suas competências, não tem *know-how/expertise* para analisar as consequências práticas da política pública que desenvolve. Nas palavras de Rubin "(...) define the problem, identify the goal, specify alternatives, choose the solution, and implement that solution. More often, they acted incrementally, by intuition; in other words, they muddled through" (1999, p. 297).

Noutros termos, todos os aspectos que permeiam o processo de tomada de decisão mostram a face controversa de administrador do juiz, a qual tem sido alvo de inúmeras críticas devido aos problemas relacionados com a implementação de políticas públicas e com a inobservância do princípio da separação de poderes.

No Brasil, o *judicial policy making* está muito presente no dia a dia da atividade judicial. A Suprema Corte, ao se deparar com *hard cases*, lida com questões que envolvem colisões de valores, princípios e interesses protegidos constitucionalmente, o que a leva a exercer, constantemente, sua criatividade. Torna-se, com isso, coparticipante do processo de criação de leis, traça políticas públicas e exerce, inevitavelmente, um papel político, que embora não seja partidário, decorre de um processo de interpretação subjetiva e da necessidade de fazer escolhas.

Foi o que aconteceu, por exemplo, quando o STF foi chamado a decidir as seguintes questões: demarcação das terras indígenas da reserva Raposa Serra do Sol; incidência do ISSQN sobre planos de saúde; construção de usina hidroelétrica na bacia amazônica (UHE Belo Monte); publicação de biografias não autorizadas. Ao descrevermos as situações práticas tratadas nessas ações, tentaremos deixar claro que, quando o Supremo cria normas e traça políticas públicas não interpreta um texto legal no sentido estrito, mas se substitui ao Executivo e ao Legislativo por entender, nas entrelinhas dos argumentos traçados nas suas decisões, que o ativismo judicial, que em geral ultrapassa as fronteiras naturais de suas competências, faz-se necessário para garantir a criação de um ambiente de segurança jurídica.

No que concerne à demarcação da terra indígena, é importante acentuar que a questão era muito polêmica, pois envolvia interesses não só de índios, como também de fazendeiros da região, de municípios e de lideranças e comunidades locais. Em 1993, a área foi identificada pela Funai, tendo sido publicado no Diário Oficial da União (DOU) o seu memorial descritivo com as coordenadas geográficas do perímetro proposto para demarcação. Nos anos seguintes, as pressões políticas terminaram por retardar a homologação, o que levou arrozeiros a invadirem grande parte da área e, doravante, alegarem possuir títulos que lhes garantiriam a posse das terras.

A Portaria 534/2005, do Ministro da Justiça, demarcou a área da terra indígena Raposa Serra do Sol e deu prazo de um ano para que os não índios abandonassem o local. Em abril do mesmo ano, o Presidente da República assinou Decreto que homologou a Portaria, o que deu ensejo à tramitação de diversas ações judiciais no STF contestando a demarcação.

Ao julgar a Petição 3388[54] (Ação Popular - Roraima), que teve como Relator o Ministro Ayres Britto, o STF, em março de 2009, reconheceu que a condição indígena da terra demarcada estava de acordo com as prescrições constitucionais (artigos 231 e 232) e legais (Lei nº 6001/73) e que inexistiam vícios no processo administrativo demarcatório. Estabeleceu-se, pois, a constitucionalidade e legalidade da Portaria 534/2005 e do Decreto Presidencial homologatório.

Na oportunidade, foram estabelecidas diversas salvaguardas institucionais, majoritariamente aprovadas no âmbito do STF, dentre as quais podemos destacar algumas relacionadas ao usufruto das terras pelos indígenas. São elas:

> a) o usufruto das riquezas do solo, dos rios e dos lagos existentes nas terras indígenas (§ 2º do art. 231 da Constituição Federal) não se sobrepõe ao relevante interesse público da União, tal como ressaído da Constituição e na forma de lei complementar (§ 6º do art. 231 da CF);
> b) o usufruto dos índios não abrange a exploração mercantil dos recursos hídricos e dos potenciais energéticos, que sempre dependerá (tal exploração) de autorização do Congresso Nacional;
> c) o usufruto dos índios não alcança a pesquisa e a lavra das riquezas minerais, que sempre dependerão de autorização do Congresso Nacional, assegurando-se-lhes a participação nos resultados da lavra, tudo de acordo com a Constituição e a lei;
> d) o usufruto dos índios não compreende a garimpagem nem a faiscação, devendo-se obter, se for o caso, a permissão de lavra garimpeira;
> e) o usufruto dos índios não se sobrepõe aos interesses da política de defesa nacional;
> (...)
> g) o usufruto dos índios não impede a instalação pela União Federal, de equipamentos públicos, redes de comunicação, estradas e vias de transporte, além das construções necessárias à prestação de serviços públicos pela União, especialmente os de saúde e educação;
> h) o usufruto dos índios na área afetada por unidades de conservação fica sob a responsabilidade do Instituto Chico Mendes de Conservação da Biodiversidade, respeitada a legislação ambiental; (...).

---

[54] Petição 3388-4/RR, Rel. Min. Carlos Ayres Britto, *DJe* nº 181, Publicação 25/09/2009.

Em relação às condições para a execução da decisão, restou estabelecido que elas seriam supervisionadas pelo Supremo com o apoio do Tribunal Regional Federal da 1ª Região/TRF-1. A Procuradoria-Geral da República/PGR, no entanto, questionou a validade das condicionantes incorporadas ao acórdão, por entender que não caberia ao STF traçar parâmetros abstratos de conduta, os quais sequer foram objeto de discussão no processo, e tampouco permitiram direito ao contraditório.

O Ministro Roberto Barroso, que sucedeu o Ministro Ayres Britto na relatoria do caso, concordou com a Procuradoria que a Corte extrapolou os limites da causa, vez que a incorporação das salvaguardas foi uma decisão atípica. Observou, entretanto, que sem elas seria impraticável pôr fim ao conflito existente na região. Para ele, as salvaguardas questionadas pela PGR refletem um regime jurídico a ser seguido para a execução do decidido e explicam o sistema constitucional incidente na matéria.

O Ministro ressaltou que as salvaguardas são importantes para deixar estabelecido que não existe direito absoluto, pois, se por um lado os direitos dos índios são importantes, por outro o direito à proteção ambiental ou à defesa nacional também o são.

Com relação ao questionamento da PGR de que haveria necessidade de edição de uma lei complementar para possibilitar a utilização das terras indígenas para fins econômicos, militares ou para a manutenção de serviços públicos, o Relator reafirmou a importância das salvaguardas estabelecidas pelo STF para garantir que não haveria óbice ao exercício de ações relacionadas com a prestação de serviços públicos, com a soberania e com a defesa nacional.

Os embargos interpostos pela PGR tiveram seu provimento negado, tendo o Relator sido acompanhado pela maioria dos Ministros presentes à sessão, à exceção dos Ministros Marco Aurélio e Joaquim Barbosa, que deixaram assente que, ao criar as condicionantes, o STF extrapolou o objeto da causa, traçando parâmetros abstratos e alheios ao que fora proposto na ação original (ou seja, atuou no processo criativo de leis).

Assim, em 23 de outubro de 2013, o Plenário do Supremo Tribunal Federal confirmou a validade das 19 salvaguardas adotadas na decisão original (Acórdão prolatado em 19/3/2009). Esclareceu-se: que a decisão tomada na Petição 3388 não tem efeito vinculante, não se estendendo a outros litígios que envolvam terras indígenas; que os índios podem realizar suas formas tradicionais de extrativismo mineral, como produção de brincos e colares, sem objetivo econômico; que o garimpo e a faiscação, com fins comerciais, dependem de autorização expressa do Congresso Nacional.

Se por um lado esse é um caso claríssimo de defesa dos direitos de minorias (indígenas), por outro lado mostra não só a face de legislador positivo da Corte, mas também a sua atuação na elaboração de políticas públicas (*policy making*), ao instituir salvaguardas que, na verdade, deveriam ser estabelecidas por intermédio de Lei Complementar, a partir de uma discussão ampla e profunda entre o Executivo e o Legislativo das variantes relacionadas à exploração de terras indígenas, de forma a buscar garantir o exercício de ações relacionadas com a prestação de serviços públicos, a proteção ambiental, a Soberania e a Defesa Nacional. O próprio Ministro Barroso reconheceu, em resposta aos questionamentos feitos pela Procuradoria-Geral da República, que a Corte extrapolou os limites de suas competências, mas ressaltou que foi em nome da necessidade de manter a segurança na região e resolver o conflito.

Com referência à incidência do Imposto sobre Serviços (ISSQN) sobre as atividades de operadoras de planos de saúde, tem-se que o STF: ao julgar o Recurso Extraordinário (RE) 651.703[55], reconheceu a incidência do ISSQN sobre essas atividades; ao julgar a Arguição de Descumprimento de Preceito Fundamental (ADPF) 190, declarou inconstitucional dispositivo de uma lei do Município de Poá, que estabeleceu exclusões da base de cálculo do ISSQN (artigo 88, II, do ADCT).

Em seu voto, o Relator do caso, Ministro Luiz Fux, deixou assente que a Lei Complementar nº 116/2003 tem como anexa uma lista que estabelece os serviços tributáveis pelo ISSQN, de competência dos municípios e do Distrito Federal, dentre eles os serviços objeto do recurso em análise.

O Ministro Marco Aurélio, ao pedir vista do processo, lembrou que a Lei Federal nº 9.656/1998, que dispõe sobre os planos e seguros privados de assistência à saúde, define a atividade do recorrente como atividade ligada a seguro. Utilizando esse raciocínio, ressaltou que a competência para impor tributos, nesse caso, seria da União. O advogado do Hospital Marechal Cândido Rondom Ltda. sustentou a mesma tese do Ministro Marco Aurélio, afirmando que sua atividade principal configuraria obrigação de dar, e que o contrato mantido com o usuário teria natureza jurídica de seguro, uma vez que os serviços seriam eventualmente utilizados, não estando sujeitos, pois, à incidência do ISSQN.

O julgamento teve início, mas só foi retomado após a apresentação do voto-vista do Ministro Marco Aurélio, único a divergir do Relator, por entender que a cobrança do ISSQN é indevida porque as operadoras não oferecem propriamente um serviço, mas uma garantia de que quando o serviço médico

55 RE 651.703/PR, Rel. Min. Luiz Fux, *DJe* nº 183, Publicação 18/09/2012.

for necessário, será proporcionado pela rede credenciada da operadora, ou ressarcido ao usuário.

Para o Ministro Marco Aurélio, seria impróprio classificar a atividade das operadoras como serviço, uma vez que o contrato visa garantir cobertura de eventuais despesas, no qual o contratante do plano substitui o risco individual por um risco coletivo, por meio do pagamento de mensalidade à operadora. Destarte, tratando-se de natureza contratual securitária, a competência para instituir tributo seria exclusiva da União e não dos municípios ou do Distrito Federal, segundo o artigo 153, inciso V, da Constituição Federal.

Em 29 de setembro de 2016, por oito votos a um, vencido o Ministro Marco Aurélio, prevaleceu o entendimento do Relator, Ministro Luiz Fux, tendo o Plenário do Supremo Tribunal Federal (STF) decidido que era constitucional a incidência do Imposto sobre Serviços de Qualquer Natureza (ISSQN) sobre a atividade desenvolvida pelas operadoras de planos de saúde.

Com a repercussão geral reconhecida no Recurso Extraordinário (RE) 651.703, a decisão foi aplicada a vários processos que tratavam do mesmo tema e que estavam sobrestados em outras instâncias. A tese de repercussão geral fixada foi a seguinte: "As operadoras de planos de saúde e de seguro saúde realizam prestação de serviço sujeito ao Imposto sobre Serviços de Qualquer Natureza previsto no artigo 156, inciso III da Constituição Federal".

Aqui, mais uma vez, o Supremo exercitou um papel político (legislou mais uma vez), pois a interpretação que prevaleceu em relação ao caso concreto teve repercussão direta sobre o sistema de arrecadação de impostos. Embora a decisão tenha sido favorável aos cofres públicos municipais, pois a partir dela restou estabelecido que a competência para cobrar ISSQN de planos de saúde deveria ser assumida por municípios e pelo Distrito Federal, terminou retirando da União mais uma possibilidade de arrecadação.

Em relação à construção da Usina Hidroelétrica de Belo Monte no Pará, inicialmente, o Ministério Público Federal ajuizou a Ação Civil Pública 2006.39.03.000711-8/PA, a fim de promover a paralisação das atividades administrativas relacionadas à condução do processo de licenciamento da UHE, por entender que o Decreto Legislativo 788/2005 possuía vícios formais e materiais e por isso deveria ser declarado nulo. Julgou-se improcedente a ação no âmbito da Justiça Federal de Altamira/PA, tendo a sentença sido confirmada pela Quinta Turma do TRF da Primeira Região, quando negou provimento à apelação interposta pelo Ministério Público Federal.

Na sequência, foram interpostos embargos de declaração para que o Tribunal se manifestasse, expressamente, sobre os artigos 6º, 7º, 14 e 15 da

Convenção 169 da Organização Internacional do Trabalho – OIT, bem como sobre a incidência do Decreto Legislativo 143/2002, que interiorizou a referida convenção. Ao reanalisar os argumentos já carreados aos autos, os Desembargadores reformaram a sentença, julgando procedente o pedido da petição inicial e declarando a invalidade material do Decreto Legislativo 788/2005, por violação ao artigo 231, §3º, da Constituição, e a diversos artigos da Convenção 169 da OIT. Como consequência, o IBAMA foi proibido de praticar qualquer ato de licenciamento da UHE de Belo Monte, localizada no Rio Xingu/PA, e as obras foram paralisadas.

A Advocacia-Geral da União, em nome da União e do IBAMA, ingressou perante o STF com a Reclamação 14.404[56], solicitando a expedição de liminar para suspender os efeitos do Acórdão reclamado. Na oportunidade, sustentou que a decisão do TRF-1 desrespeitou a autoridade do STF no julgamento da Suspensão Liminar (SL) 125, por meio da qual a Ministra Ellen Gracie autorizou o IBAMA a ouvir as comunidades indígenas interessadas, além de manter a determinação para a realização de Estudo de Impacto Ambiental (EIA) e de laudo antropológico, necessários à viabilização do empreendimento.

Importa destacar que na Suspensão Liminar (SL) 125 discutia-se a interpretação do parágrafo 3º do artigo 231 da Constituição Federal de 1988, pois havia dúvidas se a audiência das "comunidades afetadas", relacionada ao aproveitamento de recursos hídricos em terras indígenas, deveria preceder a autorização do Congresso Nacional ou se a autorização do Parlamento seria etapa anterior ao processo de licenciamento da obra.

Na SL 125, a União obteve decisão da Suprema Corte no sentido de reconhecer a impossibilidade de se considerar inválido o Decreto Legislativo 788/2005 e se obstar o ato do IBAMA cujo objetivo fosse conduzir o processo de licenciamento. A Decisão mencionada vigorará até o trânsito em julgado da decisão de mérito na ação principal, conforme dispõe o § 9º do artigo 4º da Lei nº 8.437/92.

Ao analisar a plausibilidade jurídica do pedido, o Ministro Ayres Britto assim se pronunciou:

> Como se vê, é evidente a plausibilidade jurídica do pedido constante desta reclamação constitucional. Parece-me correto o acórdão reclamado ao afirmar que este Supremo Tribunal Federal ainda não declarou a constitucionalidade do Decreto Legislativo nº 788/2005, o que foi apenas sinalizado na decisão monocrática da Ministra Ellen Gracie na SL 125. Isto porque,

---

[56] RCL 14.404, Min. Presidente Ayres Britto, Decisão Liminar deferida em 27/08/2012.

> sabidamente, no instrumento processual da suspensão de liminar não se analisa o mérito da causa. Todavia, a decisão paradigmática (SL 125), em homenagem à ordem e economia públicas, autorizou a atuação do IBAMA e dos demais órgãos responsáveis pela continuidade do processo de licenciamento ambiental da obra da UHE Belo Monte, não obstante continuar existindo a pendência judicial. E tal decisão vigora até o trânsito em julgado 'da decisão de mérito na ação principal', de acordo com o § 9º do art. 4º da Lei nº 8.437/92 e o § 3º do art. 297 do RI/STF. Logo, ao conferir 'eficácia plena' à 'decisão mandamental' e determinar a intimação do Presidente do IBAMA 'para fins de imediato cumprimento', o acórdão reclamado violou, neste juízo provisório, a autoridade da decisão deste Supremo Tribunal Federal na SL 125.

Em sendo assim, concedeu a liminar ajuizada pela AGU no sentido de autorizar a retomada das obras da Usina de Belo Monte no Pará, suspendendo, com isso, os efeitos da decisão da Quinta Turma do TRF-1, por entender que o Acórdão desse Tribunal violou o juízo provisório emitido e, por consequente, a autoridade da decisão do STF.

Também nesse caso, vê-se que a Decisão da Suprema Corte brasileira foi determinante para que o andamento da obra de Construção da Usina de Belo Monte pudesse ter prosseguimento. Trata-se, pois, do exercício de um papel político, pois dele dependia a consolidação ou não de uma política pública mais ampla (Programa de Aceleração do Crescimento – PAC), que diz respeito à expansão do Parque Energético Nacional, que tem consequências diretas no desenvolvimento social e econômico da Região Norte do País.

Finalmente, em relação à publicação de biografias não autorizadas[57], a Associação Nacional de Editores de Livros (ANEL) ingressou junto ao Supremo Tribunal Federal com a ADI 4815 sustentando que os artigos 20 e 21[58] do

---

57 ADI 4815, Rel. Min. Cármen Lúcia, *DJe* nº 198, Publicação 11/06/2015.

58 Código Civil: artigos 20 e 21:
"Art. 20. Salvo se autorizadas, ou se necessárias à administração da justiça ou à manutenção da ordem pública, a divulgação de escritos, a transmissão da palavra, ou a publicação, a exposição ou a utilização da imagem de uma pessoa poderão ser proibidas, a seu requerimento e sem prejuízo da indenização que couber, se lhe atingirem a honra, a boa fama ou a respeitabilidade, ou se se destinarem a fins comerciais. (*Vide* ADIN 4815)
Parágrafo único. Em se tratando de morto ou de ausente, são partes legítimas para requerer essa proteção o cônjuge, os ascendentes ou os descendentes.
Art. 21. A vida privada da pessoa natural é inviolável, e o juiz, a requerimento do interessado, adotará as providências necessárias para impedir ou fazer cessar ato contrário a esta norma. (*Vide* ADIN 4815)".

Código Civil conteriam regras incompatíveis com a liberdade de expressão e de informação.

Considerando que o caso envolvia uma explícita tensão entre a liberdade de expressão e o direito à informação de um lado e os direitos de personalidade de outro, aí incluídos os direitos à privacidade, à imagem e à honra, foi convocada, em novembro de 2013, audiência pública pela Relatora do caso, Ministra Cármen Lúcia, o que oportunizou a participação de 17 expositores.

A Relatora destacou que a Carta Magna prevê que quando há violação à privacidade, à intimidade, à honra e à imagem cabe reparação indenizatória. Por outro lado, constitucionalmente, proíbe-se qualquer tipo de censura política, ideológica e artística. Portanto, ao sopesar os princípios em confronto no caso concreto, a Ministra destacou que normas infraconstitucionais contidas no Código Civil não podem abolir o direito de liberdade de expressão, tampouco de criação de obras literárias. Afirmou, então, que "não é proibindo, recolhendo obras ou impedindo sua circulação, calando-se a palavra e amordaçando a história que se consegue cumprir a Constituição" e continuou sustentando que "a norma infraconstitucional não pode amesquinhar preceitos constitucionais, impondo restrições ao exercício de liberdades".

Todos os Ministros que participaram do julgamento, corroboraram os argumentos da Ministra Cármen Lúcia e reforçaram que a ideia de censura é inconcebível num Estado Democrático de Direito. O Ministro Dias Toffoli ponderou, entretanto, que a Decisão do STF adotada no julgamento da ADI não implica na autorização para o uso da imagem das pessoas de forma absoluta e que está sempre aberta a possibilidade de intervenção judicial nos casos de abusos, de usos de inverdades manifestas e de ocorrência de prejuízos a outrem.

Em sendo assim, analisados os posicionamentos carreados aos autos por meio da audiência pública promovida e com a emissão dos votos pelos Ministros, o Plenário do Supremo Tribunal Federal julgou, por unanimidade, procedente a Ação Direta de Inconstitucionalidade (ADI) 4815 e declarou inexigível a autorização prévia para a publicação de biografias. A Decisão deu interpretação conforme à Constituição da República aos artigos 20 e 21 do Código Civil, sem redução de texto, para:

> a) em consonância com os direitos fundamentais à liberdade de pensamento e de sua expressão, de criação artística, produção científica, declarar inexigível o consentimento de pessoa biografada relativamente a obras biográficas literárias ou audiovisuais, sendo por igual desnecessária autorização de pessoas retratadas como coadjuvantes (ou de seus familiares, em caso de pessoas falecidas);

b) reafirmar o direito à inviolabilidade da intimidade, da privacidade, da honra e da imagem da pessoa, nos termos do inciso X do artigo 5º da Constituição da República, cuja transgressão haverá de se reparar mediante indenização.

Nesse caso específico, ao dar interpretação conforme à Constituição aos artigos 20 e 21 do Código Civil, sem redução de texto, o Supremo terminou criando norma que dispõe ser desnecessária autorização para publicação de obras biográficas literárias ou audiovisuais, assegurada a indenização em caso de transgressão ao inciso X do artigo 5º da CF/88.

Diante dos casos analisados neste subitem, pode-se perceber que o ativismo da Suprema Corte brasileira é uma realidade incontestável e perpassa vários temas polêmicos, que poderiam ter sua solução final no âmbito do Legislativo. Não há, pois, como fugir das críticas, cujos argumentos principais baseiam-se na falta de legitimidade da Corte. O grande problema é saber qual o limite em que esse ativismo pode ser exercido.

Essa ultrapassagem das fronteiras naturais de suas competências tem gerado não só críticas doutrinárias, como também ações legislativas voltadas a diminuir o poder da Suprema Corte e confirmar o poder do Legislativo. É o que veremos no item que se segue.

1.5 PEC 33/2011: tentativa de o Poder Legislativo recuperar um protagonismo perdido?

Diante do claro desequilíbrio do sistema de tripartição de poderes, parlamentares brasileiros, em sintonia com discursos doutrinários de peso no meio acadêmico, cada vez mais assumem um discurso de que o Judiciário tem ultrapassado os limites das competências constitucionais que lhe foram atribuídas, assumindo o papel de legislador positivo, e partem para o contra-ataque.

A partir da PEC 33/2011 houve uma nítida demonstração da insatisfação do Poder Legislativo com a postura ativista contida nas decisões emanadas do Supremo Tribunal Federal.

A PEC 33/2011, de autoria do Deputado Nazareno Fonteles, continha as seguintes disposições em sua ementa: "Altera a quantidade mínima de votos de membros de tribunais para declaração de inconstitucionalidade de leis; condiciona o efeito vinculante de súmulas aprovadas pelo Supremo Tribunal Federal à aprovação pelo Poder Legislativo e submete ao Congresso Nacional a decisão sobre a inconstitucionalidade de Emendas à Constituição".

Essas propostas representaram, sem dúvida, uma tentativa de reduzir os poderes constitucionais do Supremo Tribunal Federal e trazem consigo a seguinte indagação: a PEC 33/2011 representou uma tentativa de o Poder Legislativo recuperar um protagonismo perdido?

1.5.1 A PEC 33/2011 como demonstração da insatisfação do Poder Legislativo

A justificação do Deputado Federal que propôs referida Emenda à Constituição foi a de que é um fato notório o protagonismo do Judiciário, o qual tem ocorrido em contornos distintos: a judicialização das relações sociais e o ativismo judiciário[59].

Mais especificamente em relação ao ativismo judicial, colocou-se que ele denota um modo pró-ativo de interpretar a Constituição por parte do Judiciário e que os magistrados vão além do que o caso concreto exige, criando normas que não passaram pelo escrutínio do legislador. Frisou-se, outrossim, que ele tem sido fomentado pelo sistema brasileiro de controle de constitucionalidade, o qual, por combinar aspectos dos sistemas americano e europeu, é considerado um dos mais abrangentes do mundo.

Ao acentuar que não são poucos os exemplos que ilustram o ativismo exacerbado no Brasil, o Relator da PEC trouxe casos que o exemplificam. Um deles é o da fidelidade partidária, no qual o Supremo Tribunal Federal (STF) ratificou o entendimento do Tribunal Superior Eleitoral (TSE) (contido na Resolução TSE 22.610, de 25.10.2007, posteriormente alterada pela Resolução TSE 22.733, de 11.03.2008, que disciplina o processo de perda de cargo eletivo e justificação de desfiliação partidária), o qual criou uma nova hipótese de perda de mandato parlamentar, em adição às enumeradas no artigo 55 da CF/88, sem que houvesse qualquer menção expressa no texto constitucional relacionada à sanção por infidelidade partidária. Outro exemplo citado foi o da extensão da vedação do nepotismo ao Poder Executivo e Legislativo, por meio de Súmula Vinculante, após o julgamento de um único caso.

A verticalização das coligações partidárias, aprovada a menos de sete meses das eleições de 2002 e estabelecida pelas Resoluções do TSE 20.993, de 26.02.2002, e 21.002, de 15.03.2002, também não foi esquecida pelo Relator da PEC, quando de sua justificação. O Congresso Nacional, entretanto, reagiu a

---

59 Projetos de Lei e Outras Proposições. Disponível em: http://www.camara.gov.br/proposicoesWeb. Acesso em: 26 maio 2016.

essa inovação jurídica quando aprovou a Emenda Constitucional 52/2006, que deu liberdade aos partidos para a formação de coligações. Nesse particular, salientou-se que embora ambas as Resoluções do TSE e a Emenda à Constituição tenham sido aprovadas a menos de um ano da eleição, o STF entendeu que apenas a Emenda à Constituição devia observância ao princípio da anterioridade anual da lei eleitoral (CF/88, artigo 16).

Para o Relator da PEC 33/2011, o posicionamento do STF, acima retratado, representou um verdadeiro paradigma do ativismo e da insegurança jurídica, fundamentados no poder regulamentar de que dispõe a Justiça Eleitoral para tão somente administrar eleições. Diante de tantos casos de ativismo por parte do STF, consignou que o difícil é mencionar exemplos de autocontenção (*judicial self-restraint*).

A percepção legislativa, enfim, foi a de que há uma hipertrofia do Poder Judiciário, pois grande parte do debate de questões relevantes é deslocada do Legislativo para o Judiciário. Colocou-se, então, que não se poderia perder de vista o fato de que as decisões proferidas carecerão de legitimidade democrática, pois não passaram pelo exame do Congresso Nacional. Noutros termos, o STF deixou de ser um legislador negativo há muito tempo e passou a ser um legislador positivo, mesmo sem dispor de qualquer legitimidade eleitoral.

O entendimento posto foi o de que haveria necessidade premente de resgatar o valor da representação política, da soberania popular e da dignidade da lei aprovada pelos representantes legítimos do povo. Nesse contexto, colocou-se como o objetivo central da proposição de Emenda à Constituição o reestabelecimento do equilíbrio entre os poderes.

Com referência às proposições iniciais, enfatizou-se que[60]:

> 1º) seria salutar o aumento da maioria qualificada para declarar a inconstitucionalidade da lei aprovada no Parlamento, vez que a opinião de seis juízes não pode se sobrepor à soberania popular, pois o conhecimento jurídico não é fator de legitimação popular (artigo 97 da CF/88);
> 2º) a Súmula Vinculante foi resultado dos estudos desenvolvidos durante a Reforma do Judiciário e tinha por objetivo gerar maior rapidez e efetividade das decisões judiciais, ocorre que vem sendo utilizada pelo STF como um 'cheque em branco' posto à disposição pelo Poder Legislativo, a exemplo do que ocorreu quando da discussão e aprovação da Súmula

---

[60] Projetos de Lei e Outras Proposições. Disponível em: http://www.camara.gov.br/proposicoesWeb. Acesso em: 25 mar. 2016.

Vinculante 12[61]. Cumpre, pois, ao Congresso rever as regras estabelecidas para esse importante instrumento de racionalização das decisões judiciais (aprovação tem que ser por quatro quintos dos membros, ou seja, 9 membros). Destacou-se:
'Essa medida, além de representar o cumprimento do que determina o art. 49, XI, da Constituição Federal ao Congresso Nacional - zelar pela preservação de sua competência legislativa em face da atribuição normativa dos outros Poderes -, deve induzir o necessário (e hoje inexistente) diálogo institucional entre os Poderes da República.'
3º) em relação à proposta de submeter ao Congresso Nacional a decisão sobre a inconstitucionalidade de Emendas à Constituição, a sistemática proposta foi no sentido de que a decisão do STF fosse submetida ao Congresso Nacional, assim não teria, de imediato, efeito vinculante e eficácia contra todos (*erga omnes*). Destarte, somente após a referida apreciação, com o reconhecimento da inconstitucionalidade defendida pelo STF é que se operaria o efeito vinculante e a eficácia da decisão judicial. Frisou-se, pois, que:
'Na hipótese de o Congresso ratificar seu próprio entendimento já esposado anteriormente por ocasião da aprovação da Emenda, ficaria a população automaticamente convocada para opinar sobre o caminho a ser seguido. Assim, havendo divergências entre a posição dos juízes e dos representantes do povo, *caberia ao próprio povo a última palavra*.' (grifamos)

Na sequência de justificativas para a multicitada PEC, o tema em destaque foi o da "mutação constitucional". Ressaltou-se que, a despeito da competência do Senado Federal para suspender a execução de lei declarada inconstitucional pelo STF (artigo 52, inciso X, da CF/88), atribuição que vem fazendo parte das cartas constitucionais desde 1934, ministros do STF utilizam-se de um exercício interpretativo inovador para defender o esvaziamento dessa competência, por meio da teoria da mutação constitucional. Defendeu-se que, na prática, entendimentos dessa natureza somente desprestigiam o Poder Legislativo[62] e expõem a nítida face do ativismo judicial.

---

[61] Súmula Vinculante 12: "A cobrança de taxa de matrícula nas universidades públicas viola o disposto no art. 206, IV, da Constituição Federal".

[62] Em relação à importância do Poder Legislativo e da produção de leis que garantam a liberdade e a ordem em uma sociedade, Mangabeira Unger registrou em seu livro "Knowledge & Politics" que: "The justification of the laws would consist in showing that the restraints put on men's struggle for comfort, power, and glory are fair because no man's freedom is set without reason above another's and each man is allowed the maximum freedom compatible with the prohibition of arbitrary preference. A study of the theory of legislation can therefore rest content with an inquiry into the foundations of freedom" (UNGER, 1975, p. 84).

Indagou-se, então: convém a sociedade ter o Poder Legislativo inerte diante de uma mudança silenciosa da Constituição a cargo apenas do Supremo Tribunal Federal? Sustentou-se, na sequência, que não podemos, simplesmente, importar modelos estrangeiros de forma acrítica. Em relação a essa questão de fundo, o Relator da PEC enfatizou que[63]:

> As formas alternativas de controle de constitucionalidade têm sido debatidas e defendidas por eminentes juristas. Destacamos Jeremy Waldron e Mark Tushnet, que questionam, de forma enfática, o monopólio do Judiciário em dizer a última palavra sobre a Constituição. Para Waldron, os tribunais também tomariam decisões baseadas em regras de maioria, sendo, portanto, tão arbitrárias (no sentido de imprevisíveis) quanto aquelas determinadas pelo Legislativo, não possuindo as qualidades decorrentes da legitimidade democrática.

Para exemplificar um modelo alternativo de controle de constitucionalidade em que o Judiciário não tem o monopólio da "última palavra", citou o adotado pela constituição canadense. Frisou-se que de acordo com o constitucionalista José Guilherme Berman Correa Pinto[64]:

> A Constituição canadense de 1982, ao prever um mecanismo conhecido como 'cláusula não obstante' (*notwithstanding clause*), por meio da qual o Poder Legislativo pode aplicar um determinado diploma normativo, mesmo que ele contrarie o Texto Constitucional (na visão do Judiciário), despertou a atenção de estudiosos, especialmente daqueles que possuem ressalvas à prática tradicional do *judicial review*, e inspirou outros países a adotarem mecanismos semelhantes (Inglaterra, Nova Zelândia, Israel). Esta forma de fiscalização de constitucionalidade das leis, aqui chamada de controle brando de constitucionalidade (*weak-form judicial review*), sugere que o Judiciário, embora exerça um papel relevante na interpretação dos dispositivos constitucionais, não deve possuir a prerrogativa de deter a última palavra. *Valoriza-se, assim, o componente democrático, de modo a permitir aos representantes do povo que afirmem de maneira definitiva quais são, precisamente, os compromissos básicos daquela sociedade.* (PINTO, 2010, p. 194) (grifamos)

Buscou-se a superação da ideia de que os legisladores são menos aptos a tratar dos direitos da minoria por serem suscetíveis às pressões da maioria. Em relação ao entendimento de que, como as maiorias legislativas são passageiras e circunstanciais, o papel do Judiciário é enfrentar as correntes majoritárias,

[63] Projetos de Lei e Outras Proposições. Disponível em: http://www.camara.gov.br/proposicoesWeb. Acesso em: 25 mar. 2016.

[64] Projetos de Lei e Outras Proposições. Disponível em: http://www.camara.gov.br/proposicoesWeb. Acesso em: 25 mar. 2016.

afirmou-se que se trata de um argumento falacioso "que menoscaba o Poder Legislativo, pregando-lhe a pecha de incapaz e inconsequente".

Considerando a enxurrada de decisões ativistas que representam grave violação ao regime democrático e aos princípios constitucionais da soberania popular e da separação dos poderes; considerando que as anomalias precisam ser corrigidas por meio de mecanismos que fomentem o diálogo institucional entre os Poderes; considerando que não se busca suprimir qualquer parcela, por ínfima que seja, da competência dos poderes da República; propôs-se uma revisão da sistemática de aprovação de súmulas vinculantes e do modelo de controle de constitucionalidade de Emendas à Constituição Federal. Em ambos os mecanismos, o Relator advertiu-nos que o Poder Legislativo assumiria, como deve ser, um papel relevante. Os argumentos a favor da aprovação da PEC 33/2011 foram finalizados nos seguintes termos, *litteris*[65]:

> A presente Proposta de Emenda à Constituição pretende, insistimos, *fomentar o diálogo institucional mediante a valorização do papel do Poder Legislativo, muito caro à democracia*, e que traz consigo a insubstituível legitimidade da escolha popular. (grifamos)

A proposta de Emenda à Constituição - PEC 33 - foi apresentada em 25.05.2011, com 219 assinaturas confirmadas, número suficiente para a instauração do processo legislativo. O Voto do Deputado João Campos, Relator da proposta na Comissão de Constituição e Justiça e de Cidadania, seguiu a linha de entendimento traçada pelo autor da proposição, ao enfatizar que o quadro atual mostra um exacerbado ativismo judicial do Poder Judiciário, situação que requer alterações constitucionais que valorizem o papel do Poder Legislativo, como soberano na função de legislar, e imprimam autocontenção ao Judiciário. Assim finalizou seu parecer, *verbo ad verbum*:

> Elevar o quórum para propor súmulas e exigir que o Congresso Nacional as aprove, como prevê a proposta de Emenda à Constituição nº 33, de 2011, as torna mais legítimas e equânimes. *Previne-se, assim, a hipertrofia dos poderes do Supremo Tribunal Federal*, evitando que atingissem, desmesuradamente, as instâncias que lhe são inferiores e, no limite, o cidadão e as pessoas jurídicas, haja vista o alcance da súmula e seu efeito vinculante sobre as decisões administrativas e judiciárias. *Registre-se ainda que nem mesmo as leis vinculam tão estritamente os juízes na sua atividade judicante como as súmulas*. Eis por que a proposição que aqui se analisa me parece ponderada contribuição à matéria. (os grifos são nossos)

---

[65] Projetos de Lei e Outras Proposições. Disponível em: http://www.camara.gov.br/proposicoesWeb. Acesso em: 25 mar. 2016.

Pelas razões precedentes, o Relator da proposta na Comissão de Constituição e Justiça votou pela admissibilidade da Emenda Constitucional 33/2011. Ressalte-se que após a admissibilidade, dois Deputados apresentaram Votos em separado: Vieira da Cunha e Paes Landim.

O Deputado Vieira da Cunha entendeu que não se pode, por meio de uma emenda constitucional, embaraçar o funcionamento do STF enquanto Corte Constitucional. Em relação à submissão de declaração de inconstitucionalidade de emendas constitucionais ao Congresso Nacional, defendeu que ela traria grandes embaraços institucionais e chamou a atenção para o fato de que a proposição renovaria a concepção de Estado autoritário contida no parágrafo único do artigo 96 da Constituição Federal de 1937, qual seja[66]:

> No caso de ser declarada a inconstitucionalidade de uma lei que, a juízo do Presidente da República, seja necessária ao bem-estar do povo, à promoção ou defesa de interesse nacional de alta monta, poderá o Presidente da República submetê-la novamente ao exame do Parlamento: se esta a confirmar por dois terços de votos em cada uma das Câmaras, ficará sem efeito a decisão do Tribunal.

O Parlamentar vislumbrou que a suposta defesa democrática envolve, na verdade, perigo objetivo ao pleno exercício das funções constitucionais atribuídas ao STF. Coloca, por fim, que embora haja juridicidade e adequada técnica legislativa na proposta, seu Voto seria pela inconstitucionalidade e, no mérito, pela rejeição da PEC 33/2011 [art. 97, 102, *caput*, I f), o), II a), c), §1º e §2º e 105 I d), g), II c)].

O Deputado Paes Landim, por sua vez, ao ressaltar o papel de Guardião da Constituição conferido ao STF (art. 102, *caput*) e que o protagonismo do Judiciário não é um fenômeno local, mas mundial, enfatizou que a PEC pretende, na verdade, introduzir inovações no sistema brasileiro de controle de constitucionalidade que ferem o princípio constitucional da Separação de Poderes.

Ao refletir sobre o tema "ativismo judiciário" indagou se o que queremos são juízes que se eximam de suas responsabilidades na concretização de direitos fundamentais e sociais? Nesse cenário, vê que o *self restraint* é inadequado diante das atuais necessidades da sociedade brasileira, principalmente diante das omissões inconstitucionais.

---

[66] Projetos de Lei e Outras Proposições. Disponível em: http://www.camara.gov.br/proposicoesWeb. Acesso em: 25 mar. 2016.

Após invocar fundamentos doutrinários para endossar seu entendimento, o Parlamentar finalizou colocando que[67]:

> Se tivesse algum fundamento o argumento de que a submissão de atos do judiciário poderia contribuir para o diálogo e a harmonia entre os Poderes, e preservar a separação entre eles, bastaria então aplicar a mesma sistemática ao Poder Legislativo e Executivo, submetendo todos os atos e as normas a serem criadas ao plebiscito e ao referendo popular.
> (...)
> Pelas razões precedentes, manifesto meu voto pela inadmissibilidade da Proposta de Emenda à Constituição nº 33, de 2011.

Doravante, conforme acompanhamento da tramitação da proposição (www2.camara.leg.br), em 31.01.2015 a Mesa Diretora da Câmara dos Deputados arquivou a PEC 33/2011, nos termos do artigo 105[68] do seu Regimento Interno (Resolução 17/1989, da Câmara dos Deputados).

Como se passaram cento e oitenta dias desde a primeira sessão legislativa ordinária da legislatura seguinte sem que houvesse pedido de desarquivamento, a proposta não teve seguimento.

1.5.2 O arquivamento da PEC 33/2011

De um lado, o novo marco constitucional democrático de 1988 trouxe consigo as condições necessárias para o protagonismo do Judiciário e a judicialização da política. Do outro lado, o Legislativo sente-se permanentemente invadido em seu poder de legislar, situação que, como visto nas linhas precedentes, serviu como fio condutor para a proposição da PEC 33/2011.

---

67 Projetos de Lei e Outras Proposições. Disponível em: http://www.camara.gov.br/proposicoesWeb. Acesso em: 25 mar. 2016.

68 "Art. 105. Finda a legislatura, arquivar-se-ão todas as proposições que no seu decurso tenham sido submetidas à deliberação da Câmara e ainda se encontrem em tramitação, bem como as que abram crédito suplementar, com pareceres ou sem eles, salvo as:
I – com pareceres favoráveis em todas as Comissões;
II – já aprovadas em turno único, em primeiro ou segundo turno;
III – que tenham tramitado pelo Senado, ou dele originárias;
IV – de iniciativa popular;
V – de iniciativa de outro Poder ou do Procurador-Geral da República.
Parágrafo único. A proposição poderá ser desarquivada mediante requerimento do Autor, ou Autores, dentro dos primeiros cento e oitenta dias da primeira sessão legislativa ordinária da legislatura subsequente, retomando a tramitação desde o estágio em que se encontrava."

O Projeto de Emenda à Constituição mostrou que o Poder Legislativo buscou uma forma de imprimir limites às competências do STF. O próprio número de assinaturas colhidas para instaurar a tramitação do processo legislativo relativo à PEC 33/2011 (219 assinaturas confirmadas), demonstra uma grande adesão às propostas que foram veiculadas por esse Projeto de Emenda à Constituição.

Não por acaso, a Comissão de Constituição e Justiça e de Cidadania destacou o exacerbado ativismo do Poder Judiciário, situação que, ao ver de seus membros, requeria alterações constitucionais que trouxessem valorização do papel do Poder Legislativo, como soberano na função de legislar. Essa valorização do papel do Poder Legislativo já estava exposta na obra "*L'Esprit des lois*" de Montesquieu .

Na verdade, ele considerava que dos três poderes, o de julgar era o menos importante. Nas palavras dele, como havia necessidade de um poder regulador para moderá-los, a parte do corpo legislativo, composta por nobres, mostrava-se adequada para produzir este efeito (MONTESQUIEU, 2005, p. 77).

Ou seja, diante de um contexto histórico vivenciado em sua época, a teoria política de Montesquieu foi elaborada para buscar caminhos para se livrar dos poderes tirânicos que poderiam ser exercidos por um déspota. Para ele, o déspota não tinha regras e seus caprichos seriam capazes de destruir todos os outros (MONTESQUIEU, 2005, p. 16). A honra, por conseguinte, era desconhecida nos Estados despóticos e reinava nas monarquias, podendo dar vida a todo corpo político, às leis e até às virtudes.

A preocupação de defesa de prerrogativas de um poder em relação ao outro já estava descrita em Montesquieu (2005, p. 77), mas, naquele estudo teórico, o foco foi para os Poderes Legislativo e Executivo.

A PEC 33/2011 representou, num cenário atual, uma inquietação de semelhante jaez, qual seja: como conter o abuso de poder (tirania) da Suprema Corte brasileira? A preocupação dos parlamentares era a defesa de prerrogativas que estariam sendo "usurpadas" por outro poder. Mas, diferentemente da falta de valor do Judiciário para Montesquieu, no atual "Estado Democrático de Direito", vivenciado pela sociedade brasileira, não se pode olvidar da importância do papel do Judiciário, principalmente diante da tarefa de defesa de minorias.

A percepção colhida até aqui é a de que os discursos legislativos atrelados à proposição da PEC 33/2011, tantos os favoráveis quanto os contrários, tornam muito nítida a atual crise do Estado Legiferante. Esses discursos mostram que os pressupostos de um Poder Legislativo forte, teorizados por

Montesquieu e também por Carl Schmitt em sua obra "Legalidade e Legitimidade"[69] são constantemente postos em xeque. Destarte, as propostas veiculadas pela PEC iam ao encontro, justamente, da necessidade de uma modulação da judicialização da política.

O arquivamento da PEC 33/2011 é um forte indicativo de que a saída para esse incômodo/indignação do Congresso Nacional em relação ao ativismo do STF não é fazer proposições, veiculadas por um projeto de emenda à Constituição, para reduzir substancialmente os poderes conferidos à Corte Suprema pelo Legislador Constituinte Originário. Numa sociedade dita "democrática", uma saída dialógica tem que ser seriamente levada em consideração.

Havia, é claro, parcas possibilidades de que a PEC pudesse vir a ser aprovada, dadas as polêmicas geradas desde o início de sua tramitação. Mas o fato é que os argumentos que sustentaram a proposição da PEC, abaixo descritos de forma resumida, continuam a provocar inquietações que precisam de estudos mais densos.

- muitos magistrados vão além do que o caso concreto exige;
- criam-se normas que não passam pelo escrutínio do legislador;
- há um ativismo exacerbado no Brasil, que provoca insegurança jurídica;
- é difícil mencionar exemplos de autocontenção (*self restraint*), pois há uma hipertrofia das funções atualmente exercidas pelo Judiciário;
- as decisões proferidas carecem de legitimação democrática;
- há necessidade premente de resgatar o valor da representação política, da soberania popular e da dignidade da lei aprovada pelos representantes legítimos do povo.

O que restou, na realidade, foi que o discurso legislativo veiculado por meio da proposição da PEC 33/2011, intencionalmente ou não, terminou por acirrar a tensão entre o *judicial review* e o valor da atividade legiferante.

O fato é que não se pode negar a importância do *judicial review*, tampouco da atividade legiferante. Contudo, percebemos que a importância desta atividade não pode ocupar um papel coadjuvante. Na verdade, não se pode recuperar um protagonismo que não se perdeu, uma vez que o Parlamento,

---

69 Para Schmitt, a salvaguarda jurídica do Estado Legiferante está baseada na primazia da Lei. Assim, esse mesmo Estado encontra sua confiança no Parlamento.

mesmo com seus altos e baixos, representa uma instituição central para o Estado Democrático de Direito.

Essa importância do papel do Poder Legislativo, aliás, já era teorizada pelos famosos contratualistas Hobbes, Locke e Rousseau, bem assim por Montesquieu, em sua célebre obra "O Espírito das Leis".

1.5.3 A importância do Poder Legislativo

Hobbes, em sua célebre obra "Leviatã", já colocava a ideia da existência de um poder que nos obrigasse a respeitar as leis naturais. Mas, a observância da justiça dessas leis não era espontânea. Fazia-se necessária a existência de um governo civil ou Estado, pois este inspira temor, garante a paz e promove ajuda mútua contra inimigos estrangeiros (HOBBES, 2012, p. 138).

Mesmo defendendo com afinco o papel do Soberano para a sociedade da sua época e assumindo sua preferência pela Monarquia, Hobbes preocupou-se com o fato de que as paixões humanas são mais fortes que a razão. As assembleias constituídas por multidões, a seu ver, estavam mais submetidas à chama das paixões, motivo pelo qual o entendimento era ofuscado. O Monarca, por seu lado, poderia reunir-se para um conselho em sigilo e, ao decidir, não discordava de si mesmo, movido pela inveja ou pelo interesse, o que poderia acontecer com as assembleias, em grau capaz de provocar até uma guerra civil (HOBBES, 2012, p. 153).

Mas, num forte contexto de direito natural, Hobbes identificava a necessidade da existência de um corpo político que poderia ser perpétuo ou limitado a uma duração estabelecida por escrito. Caberia, pois, aos deputados (um representante para cada região), informar ao Monarca soberano sobre as necessidades de seus súditos e aconselhá-lo na elaboração de boas leis. Os limites desse corpo político na representação do povo seriam estabelecidos por escrito por quem o convocou (HOBBES, 2012, p. 189).

Nessa linha teórica, a despeito da importância dada à elaboração de boas leis, era o Soberano que detinha a autoridade máxima para decidir em que momento o corpo político seria dissolvido, principalmente considerando o fim dos debates e o cumprimento de uma missão concedida. O interesse era sempre o de preservar a paz e a segurança do povo e tirar a força das facções que sempre representavam um perigo iminente de "arrancar a espada das mãos do Soberano" (HOBBES, 2012, p. 191). Noutros termos, o ajuntamento de pessoas era legítimo se as circunstâncias fossem igualmente legítimas e manifestas (HOBBES, 2012, p. 192).

Locke, em sua obra "Segundo Tratado sobre o Governo Civil" (2005, p. 71), sempre na tentativa de defender a propriedade privada, colocava que embora o Legislativo não fosse o único poder supremo da comunidade social ele permanecia sagrado e inalterável nas mãos em que a comunidade um dia o colocou. A seu ver, nenhum edito teria a força e a obrigação de uma lei, a menos que tivesse sido sancionado pelo Poder Legislativo que o público escolheu e nomeou. Nesse sentido, o consentimento da sociedade[70] desempenhava papel essencial em termos de legitimidade. Seria, para ele, ridículo imaginar que um poder que não é o poder supremo na sociedade, pudesse se impor a quem quer que fosse.

As leis não teriam valor se não recebessem a aprovação pública e seriam adotadas por intermédio do consentimento. Em sendo assim, a ideia veiculada por Locke em sua teoria sobre o Poder Legislativo é a de que ele seria o poder supremo em toda comunidade civil, quer fosse ele confiado a uma ou mais pessoas, quer fosse permanente ou intermitente.

Entretanto, teorizava algumas limitações ao exercício desse poder supremo, quais sejam:

- Primeiro: ele não deveria ser exercido de maneira absolutamente arbitrária sobre as vidas e as fortunas das pessoas;
- Segundo: não poderia arrogar para si um poder de governar por decretos arbitrários improvisados, mas se limitar a dispensar a justiça e decidir os direitos do súdito através de leis permanentes já promulgadas e juízes autorizados e conhecidos. Os homens renunciaram a todo o seu poder natural e o depuseram nas mãos da sociedade na qual estavam inseridos e terminaram por colocar o Poder Legislativo nas mãos que consideraram mais adequadas. O poder absoluto arbitrário, ou governo sem leis estabelecidas e permanentes, é, na sua visão teórica, absolutamente incompatível com as finalidades da sociedade e do governo, aos quais os homens não se submeteriam à custa da liberdade do estado de natureza, senão para preservar suas vidas, liberdades e bens; e graças a regras que definissem expressamente o direito e a propriedade;

---

70 Com referência ao *lawmaking* e aos propósitos legislativos de uma sociedade bem organizada, Unger acentua que: "In each well-organized society there is a core of widely agreed upon purposes on which either lawmaking itself or the choice of procedures for lawmaking can be based. Laws or procedures with such a foundation are not arbitrary preferences for certain ends, they are the embodiment of the common ends. The shared values do more than serve as a source of legislation" (UNGER, 1975, p. 87).

> - Terceiro: o poder supremo não pode tirar de nenhum homem qualquer parte de sua propriedade sem seu próprio consentimento. Como a preservação da propriedade é o objetivo do governo, e a razão por que o homem entrou em sociedade, ela necessariamente supõe e requer que as pessoas devem ter propriedade, senão isto faria supor que a perderam ao entrar em sociedade. É um erro acreditar que o poder supremo ou Legislativo de qualquer comunidade social possa fazer o que ele desejar, e dispor arbitrariamente dos bens dos súditos ou tomar qualquer parte delas como bem entender;
> - Quarto: o Poder Legislativo não pode transferir para quaisquer outras mãos o poder de legislar; ele detém apenas um poder que o povo lhe delegou e não pode transmiti-lo para outros. Só o povo pode estabelecer a forma de comunidade social, o que faz instituindo o poder legislativo e designando aqueles que devem exercê-lo. (LOCKE, 2005, p. 71)

Diante desses limites ao exercício das competências do Poder Legislativo, a percepção de Locke é a de que o Poder Legislativo de toda sociedade civil, sob todas as formas de governo, tem uma missão de confiança da qual ele foi encarregado pela sociedade e pela lei de Deus e da natureza. As leis promulgadas não devem ser modificadas para casos particulares, pois a regra deve ser única, seja para ricos, seja para pobres. A finalidade precípua da lei é, ao fim e ao cabo, o bem do povo. Os impostos, por exemplo, devem ter o consentimento do povo. Enfim, o Legislativo não deve, nem pode transferir para outros o poder de legislar, e nem depositá-lo em outras mãos que não aquelas que foram confiadas pelo povo.

Já Montesquieu afirmava que as leis, no seu sentido mais amplo, são relações necessárias que derivam da natureza das coisas e, nesse sentido, todos os seres têm suas leis: a divindade possui suas leis; o mundo material possui suas leis; as inteligências superiores ao homem possuem suas leis; os animais possuem suas leis; o homem possui suas leis (MONTESQUIEU, 2005, p. 29).

Em sua época, com base na experiência inglesa, ele teorizava que existem em cada Estado três tipos de poder:

> O poder legislativo, o poder executivo das coisas que emendem do direito das gentes e o poder executivo daquelas que dependem do direito civil. Com o primeiro, o príncipe ou o magistrado cria leis por um tempo ou para sempre e corrige ou anula aquelas que foram feitas. Com o segundo, ele faz a paz ou a guerra, envia ou recebe embaixadas, instaura a segurança, previne invasões. Com o terceiro, ele castiga os crimes, ou julga as querelas

> entre os particulares. Chamaremos a este último poder de julgar e ao outro simplesmente poder executivo do Estado. (MONTESQUIEU, 2005, p. 75)

Continuou Montesquieu colocando que:

> Quando, na mesma pessoa ou no mesmo corpo de magistratura, o poder legislativo está reunido ao poder executivo, não existe liberdade; porque se pode temer que o mesmo monarca ou o mesmo senado crie leis tirânicas[71] para executá-las tiranicamente. Tampouco existe liberdade se o poder de julgar não for separado do poder legislativo e do executivo. Se estivesse unido ao poder legislativo, o poder sobre a vida e a liberdade dos cidadãos seria arbitrário, pois o juiz seria legislador. Se estivesse unido ao poder executivo, o juiz poderia ter a força de um opressor. Tudo estaria perdido se o mesmo homem, ou o mesmo corpo dos principais, ou dos nobres, ou do povo exercesse os três poderes: o de fazer as leis, o de executar as resoluções públicas e o de julgar os crimes ou as querelas entre os particulares. (MONTESQUIEU, 2005, p. 75)

Rousseau, ao falar da lei e do legislador, reconhecia a existência de uma justiça universal que emana da razão, mas colocava que, diante da falta da sanção natural, as convenções e leis são necessárias para que os direitos possam ser associados a deveres e conduzam a justiça ao seu objetivo. Defendia, pois, o Estado civil, no qual todos os direitos são fixados por lei (ROUSSEAU, 2010, p. 43).

Em relação ao papel do legislador, já citando a teoria de Montesquieu, Rousseau dizia que, sob todos os aspectos, o legislador é um homem extraordinário no Estado, mas fazia questão de ressaltar que aquele que comanda as leis não deve comandar os homens. Se assim não fosse, as leis não fariam mais que perpetuar as injustiças dos homens.

Nesse diapasão, acentuava que "a vontade geral obriga os particulares e só se pode ter certeza que uma vontade particular se acha em conformidade com a vontade geral após ter submetido aos sufrágios livres do povo" (ROUSSEAU, 2010, p. 45)

Destarte, para ele, a grande alma do legislador constituía o verdadeiro milagre que deve provar sua missão. Os prestígios vãos formam um elo passageiro, somente a sabedoria pode tornar duradouro um império. Nesse sentido, leis duradouras, como a judaica, anunciam o papel dos grandes homens que a ditaram, razão pela qual "o verdadeiro político admira em suas instituições esse grande e poderoso gênio que preside aos estabelecimentos duráveis" (ROUSSEAU, 2010, p. 46). A sapiência do legislador reside, pois, na

---

71 A preocupação com a "tirania" está sempre na pauta dos grandes pensadores políticos, assim como de grandes autores como Shakespeare.

investigação sobre se o povo está apto a assimilar leis, e não propriamente a feitura de boas leis (ROUSSEAU, 2010, p. 46).

Habermas, já num contexto societário totalmente diferenciado do vivenciado pelos contratualistas e por Montesquieu, ao analisar a relação interna entre Direito e Política, acentuou que:

> Hobbes conta, de um lado, com a estrutura de regras de relações contratuais e leis; de outro lado, com o poder fático de mando de um soberano, cuja vontade pode dominar qualquer outra vontade sobre a terra. Na base de um contrato de dominação, constitui-se então um poder do Estado, segundo o esquema: a vontade soberana assume funções de legislação, revestindo suas manifestações imperativas com a forma do direito. Porém o poder da vontade do senhor, canalizado pelas leis, continua sendo essencialmente o poder substancial de uma vontade apoiada na pura decisão. Esta se dobra à razão, transformada em lei, apenas para servir-se dela. Nessa construção, a facticidade de um poder natural de mando atinge imediatamente a estrutura normativa das leis que propiciam aos súditos liberdades subjetivas de ação. Nem Kant e nem Rousseau conseguiram apagar inteiramente os vestígios desse antagonismo, mesmo que no entender deles a razão da estrutura normativa autônoma (da lei do processo democrático) deva dirigir as decisões soberanas do povo unido. As idéias reformistas de Kant ainda traem o respeito de Hobbes perante o fato natural do poder político, núcleo decisionista impenetrável da política, no qual se separam o direito e a moral. (HABERMAS, 1997, p. 175)

O famoso sociólogo alemão demonstra entender, nessa e em outras passagens de sua obra, que todo poder político parte do povo, e, desta feita, deve ser concretizado por meio de procedimentos e pressupostos comunicativos de uma formação institucionalmente diferenciada da opinião e da vontade. Nesse contexto, a soberania do povo não se encerra mais na reunião de cidadãos facilmente identificáveis, mas se assenta em círculos comunicativos bem mais extensos e complexos (HABERMAS, 1997, p. 173).

Habermas filia-se às correntes doutrinárias que entendem que num Estado Democrático de Direito a força do poder político prepondera, num contexto de legitimidade conferida pelo povo, e diante da necessidade de institucionalização do direito por parte do Estado, para fins de realização das finalidades coletivas. Assim, ressalta que:

> A contribuição do poder político para a função própria do direito, que é a de estabilizar expectativas de comportamento, passa a consistir, a partir deste momento, no desenvolvimento de uma segurança jurídica que permite aos destinatários o direito de calcular as consequências do comportamento próprio e alheio. Sob esse ponto de vista, as normas jurídicas têm

> que assumir a figura de determinações compreensíveis, precisas e não contraditórias, geralmente formuladas por escrito; elas têm que ser públicas, conhecidas por todos os destinatários; elas não podem pretender validade retroativa; e elas têm que ligar os respectivos fatos a consequências jurídicas e regulá-los em geral de tal modo que possam ser aplicados da mesma maneira a todas as pessoas e a todos os casos semelhantes. (HABERMAS, 1997, p. 173)

Em sendo assim, mesmo diante das críticas direcionadas ao Poder Legislativo em relação ao déficit de eficiência da função legiferante, os teóricos aqui mencionados defenderam, de forma contundente, a essencialidade do papel desempenhado por esse Poder para a comunidade social e não podemos deixar de levar esses ensinamentos em consideração. Habermas, com um pensamento mais voltado para a importância da democracia representativa, acentua, com frequência, a importância do Legislativo para as democracias que se inserem num contexto comunicacional ativo.

1.6 Tensão entre o Legislativo e a Suprema Corte: dilema?

A partir do novo constitucionalismo de 1988, temos presenciado uma tímida atuação do Legislativo e a ascendência da nossa Suprema Corte, num protagonismo que desencadeia a superação da neutralidade desta e afirma cada vez mais sua posição ativista. Nesse cenário, Parlamentares brasileiros, como vimos em tópicos precedentes, partiram para o contra-ataque. A PEC 33/2011 demonstrou bem essa insatisfação e a tensão entre os dois poderes.

Não podemos deixar de correlacionar esses ataques e contra-ataques com o reduzido grau de comunicação entre a Suprema Corte e o Parlamento. É por esse motivo que, nesse ponto específico da obra, iremos recorrer a Habermas e à sua teoria do agir comunicativo[72], a fim de encontrarmos caminhos/alternativas para que esse grau de comunicação possa ser incrementado.

Segundo Jürgen Habermas, a ação comunicativa surge com a interação de, no mínimo, dois sujeitos (que podem, perfeitamente, ser sujeitos institucionais), capazes de falar e agir, que estabelecem relações interpessoais com o objetivo de alcançar uma compreensão acerca da situação em que ocorre

---

72 A guinada linguística (*linguistic turn*) protagonizada por Wittgenstein, promoveu uma mudança paradigmática ao superar a filosofia da consciência (Hegel) por uma filosofia da linguagem. Essa superação fez com que os sujeitos fossem inseridos no "mundo da vida", com amplas possibilidades de linguagem e ação num horizonte compartilhado, o que levou, em outros termos, a uma destranscendentalização do sujeito cognoscente.

a interação sobre os respectivos planos de ação, com vistas a coordenar suas ações pela via do entendimento.

Ele considera que na ação comunicativa, em princípio, os participantes não estão orientados ao seu próprio sucesso individual, mas buscam objetivos individuais respeitando a condição de que podem harmonizar seus planos de ação sobre as bases de uma definição comum de situação. Dessa maneira, a negociação da definição de situação torna-se um importante elemento interpretativo requerido pela ação comunicativa.

Nesses termos, a teoria da ação comunicativa poderá permitir uma visualização mais clara dos problemas institucionais presentes no Legislativo e no STF e de como esses problemas servem como barreira para a efetividade de um processo dialógico que seja voltado não só para a maior integração/interação entre os poderes, como também para que o exercício das suas competências não precise ultrapassar, como regra, os limites estabelecidos na Carta Maior.

Quanto menos o STF atuar como legislador positivo, mais o poder de decisão quanto à produção legislativa será dado ao povo, que o exercerá indiretamente, por meio de representantes eleitos, ou diretamente, por meio de instrumentos constitucionais como o plebiscito, o referendo e a iniciativa popular.

Ao estudar a Teoria do Agir Comunicativo de Habermas e seu enfoque acerca da racionalidade, buscamos respostas ou ao menos caminhos que possam levar a um entendimento mais robusto acerca das reais possibilidades de que a prática dialógica interinstitucional possa servir como elemento transformador das relações interinstitucionais e do próprio constitucionalismo democrático, evitando contra-ataques desnecessários e constrangedores entre os Poderes Legislativo e Judiciário.

Importante destacar que a chamada *Theorie des kommunikativen Handelns* é considerada a obra principal de Habermas. O agir comunicativo deve atuar, justamente, para abrir oportunidades de entendimento de forma abrangente e não restritiva. A teoria baseia-se, pois, na teoria da ação, a qual diferencia o agir teleológico, normativo e dramatúrgico. Além disso, acolhe o agir comunicativo voltado ao entendimento, com pretensões de inteligibilidade, verdade e correção normativa.

O agir comunicativo diz respeito ao entendimento discursivo entre sujeitos capazes de falar e agir. Aqueles que agem comunicativamente terminam por relativizar suas enunciações, diante da possibilidade de que a validade delas seja contestada por outros atores. Essa disposição para a relativização pressupõe o reconhecimento de outros participantes no processo comunicativo.

Esse agir diferencia-se do estratégico por não depender, unicamente, da racionalidade teleológica (adequação de meios a fins) que orienta a ação. Demais disso, depende de uma racionalidade que se manifesta nas condições para um consenso obtido comunicativamente, atuando o entendimento como mecanismo coordenador da ação, enquanto que "os participantes da interação unem-se em torno da pretendida validade de suas ações de fala" (HABERMAS, 2002, p. 130).

Todo aquele que age comunicativamente apresenta quatro pretensões de validade: inteligibilidade, verdade, correção e veracidade. Em algumas passagens da obra, a inteligibilidade é entendida como pressuposto das demais pretensões de validade, as quais Habermas denomina de racionais.

Destarte, para poder verificar a enunciação de outra pessoa quanto a sua verdade, correção normativa e autenticidade, faz-se necessário, em primeiro lugar, aceitar as pretensões de verdade do oponente e também sua racionalidade. Entretanto, o exame de suas enunciações pode ser um resultado negativo. Nesse contexto, temos diante de nós a necessidade de caracterizar a racionalidade comunicativa[73] que, segundo Habermas, é universal e pode ser utilizada para analisar todas as sociedades presentes e futuras.

Há uma compreensão dos atos de fala quando o falante se utiliza de uma expressão inteligível para que possa se entender com o ouvinte e quando se conhece o que os torna aceitáveis. O falante deve, então, levantar as condições de validade, com pretensões de validez, em defesa de seu proferimento durante a realização de seu ato de fala. Habermas pondera que "as razões interpretam as condições de validade, integrando-se deste modo às próprias condições que tornam aceitável um proferimento" (2002, p. 127).

Assim, qualquer ação de fala[74] liga-se com muitas outras ações de fala. As razões, nesse particular, devem se adequar ao resgate discursivo da pretensão de validez, podendo ser mais ou menos complexas em termos de espécie e abrangência. A compreensão ocorre, justamente, quando o ouvinte conhece o

---

[73] A racionalidade comunicativa leva ao entendimento discursivo, e é justamente a importância desse entendimento discursivo entre Parlamento e Suprema Corte, numa sociedade democrática, que queremos ressaltar.

[74] O falante, a partir de seu ato de fala, ao buscar estabelecer uma comunicação com o ouvinte a respeito de algo, busca atingir os objetivos ilocutórios da compreensãoo e aceitação. Nessa linha, quando o ato de fala é compreendido e aceito pelo ouvinte ocorre o sucesso ilocutório do falante. É importante levar em consideração que para que o interlocutor aceite o que é dito pelo falante como válido, há que estar presente a racionalidade no processo comunicativo.

tipo de razões que o falante poderia se utilizar para exigir validade para o seu proferimento (HABERMAS, 2002, p. 127).

Habermas observa que o conhecimento da linguagem está entrelaçado com o saber. Nessa linha de entendimento, surge o consenso como um elemento caracterizador do entender-se com alguém sobre algo. Como o consenso vale para os participantes, a dimensão da validez habita no âmago da linguagem. Mais que isso, a "orientação através de pretensões de validez faz parte das condições pragmáticas do entendimento possível – e da própria compreensão da linguagem" (HABERMAS, 2002, p. 128).

Esse consenso não é absoluto e universal, pois é impossível obter um consenso em relação ao qual toda a sociedade está de acordo. Tratam-se, pois, de consensos estabelecidos por pessoas, grupos, setores da sociedade, de forma dinâmica e a partir de um processo discursivo. Dessa forma, a autoridade pública de um consenso alcançado discursivamente, não pode ser substituída pelos juízos privados dos indivíduos que sabem mais e o entendimento mútuo pressupõe que em um mundo social as pretensões de validade devem ser reconhecidas.

Destarte, a teoria do agir comunicativo correlaciona a teoria dos atos de fala com a pragmática formal, por meio do conceito de um entendimento dirigido por pretensões de validez. Não se pode perder de vista o fato de que a teoria pragmática não tem como conceito-chave a "verdade", mas a "validade", tomada na acepção de aceitabilidade racional.

A interação entre os atores sociais é relevante e identificada quando se busca responder à questão de como é possível acoplar os planos de Alter nos de Ego. A depender do mecanismo de acoplamento, pode ser possível distinguir tipos de interação. Importa destacar que na interação ocasionada pelo agir comunicativo, as ações são coordenadas pelo entendimento, enquanto que na ocasionada pelo agir estratégico, as ações são coordenadas por meio da influenciação. Considerando que os processos de entendimento não podem chegar ao mesmo tempo a um consenso e produzir um resultado estratégico por meio de influências externas ao ato de comunicação, os mecanismos de coordenação excluem-se mutuamente (HABERMAS, 2002, p. 129).

O que se tem, então, é que a coordenação de ações por intermédio de interações sociais levada a efeito pelo agir comunicativo ou estratégico torna-se necessária quando um ator só pode realizar seus planos de ação de modo interativo, ou seja, com o auxílio da ação ou mesmo da omissão de outro ator.

Em sua obra "Pensamento pós-metafísico", Habermas coloca que o agir comunicativo deve satisfazer condições tanto de entendimento quanto de cooperação, segundo as quais os participantes buscam comportar-se de forma cooperativa, buscando colocar seus planos em sintonia uns com os outros. A situação ideal é aquela na qual há uma coordenação de ações entre falantes e ouvintes, que se guiam por uma "busca sincera" do tão falado entendimento. Os atos de fala são exercidos pelos falantes e ouvintes num enfoque performativo, no qual a exigência é que os atores se orientem por pretensões de validez criticáveis, levantadas alternadamente.

Já na obra "Teoria do Agir Comunicativo", o autor assim se posiciona sobre esse tipo de agir:

> No caso do agir comunicativo, os desempenhos interpretativos a partir dos quais se constroem processos cooperativos de interpretação representam o mecanismo de coordenação das ações; a ação comunicativa não se confunde com o ato de entendimento interpretativamente encenado. Quando escolhemos como unidade de análise um simples ato de fala realizado por S, ao qual pelo menos um participante da interação pode se posicionar com sim ou não, podemos aclarar as condições de coordenação comunicativa da ação, indicando qual é a importância, para um ouvinte, de entender o significado do que se diz. Contudo, o agir comunicativo assinala interações que se coordenam por ações de fala, sem, no entanto, coincidir com elas. (HABERMAS, 2002, p. 195)

Ao mesmo tempo em que formula sua teoria do agir comunicativo, Habermas mostra-se ciente das dificuldades práticas trazidas quando de sua aplicação. Entende, então, ser possível perceber que o tipo de agir orientado ao entendimento, cuja estrutura racional interior é esboçada de maneira provisória, não é encontrável, sempre e em qualquer lugar, como é o caso normal da práxis comunicativa do dia a dia.

Habermas compartilha com Kant a necessidade de encontrar um caminho que possa ser considerado seguro para que a filosofia possa ser mantida no nível das ciências. No entanto, o caminho percorrido por Habermas é diferente do kantiano, uma vez que coloca no trilho das ciências uma nova teoria da sociedade, na qual são trabalhados elementos da prática comunicativa cotidiana. Trata-se da Teoria do Agir Comunicativo.

O foco da teoria é pensar que o sujeito, ao tentar conhecer algo, gira em torno de outros sujeitos. Pensa Habermas que o conhecimento racional é resultado de um intercâmbio linguístico entre os sujeitos. Para fins desta obra, também encaramos esses sujeitos como instituições que interagem a partir de um processo discursivo.

Noutros termos, o conhecimento não é mais abordado como uma razão que se centra em um sujeito singular (Decartes e seu sujeito que pensa, logo existe) ou como uma consciência transcendental (Hegel e sua filosofia da consciência). Kant, ao estudar a razão humana, pensava num sujeito solitário, que refletia sobre si mesmo. Hegel, na lógica de sua fenomenologia do espírito (*Phänomenologie des Geistes*, 1807), colocava o sujeito não mais na condição de transcendental, mas de especulativo, o que o faz ocupar o lugar de sujeito proposicional. Habermas, de seu lado, levando em consideração essas teorias filosóficas que o antecederam, situa, no início do conhecimento, sujeitos providos de faculdade de fala e de ação. Portanto, os sujeitos, na sua visão, não são isolados, mas dotados de uma competência comunicativa.

Essa competência comunicativa precisa ser bem aproveitada em prol do desenvolvimento social, das instituições públicas e da consolidação efetiva do constitucionalismo democrático. Assim, propicia-se que a obtenção de um conhecimento racional seja resultado de um intercâmbio linguístico entre sujeitos cognoscentes.

Ao buscarem conhecer algo no mundo, os sujeitos já se encontram, *ab initio*, numa situação na qual predominam as relações que são eminentemente intersubjetivas, ou seja, as que se estabelecem entre sujeito-sujeito, e não mais entre sujeito-objeto, tal como teorizavam Kant e Hegel.

Em sendo assim, a racionalidade comunicativa se abre em um leque diferenciado de pretensões de validade. A contraproposta em relação ao pensamento teórico kantiano é justamente reconstruir, de forma pragmático-formal, um saber pré-teórico de regras detidas por sujeitos competentes em termos de fala e ação. Considerando que essas regras são pragmáticas e que o uso da linguagem deve ser orientado para o entendimento, Habermas pretende explicar o potencial da racionalidade comunicativa inserida nas pretensões de validade que constituem a base racional da fala.

Nesse cenário comunicativo, as regras gerais do jogo de linguagem comunicativo perdem o *status* de ditames transcendentais em sentido estrito. Como o foco de Habermas é na racionalidade da ação, ele traça um trabalho analítico no qual os sujeitos singulares e a sociedade em geral são vistos sob uma abordagem da filosofia pós-metafísica e da sociologia.

O que se tem é que a problemática da racionalidade é ineludível quando se trata da formulação de conceitos da atividade social e da estruturação de métodos. Assim, os métodos podem ser hermenêuticos ou analíticos, mas sempre destinados à compreensão de um sentido.

A Teoria do Agir Comunicativo busca, então, saber se os processos de modernização da sociedade podem ser analisados sob pontos de vista de uma racionalização e, nesse caso, também sob o ângulo crítico de uma racionalização patológica-colonizadora do mundo da vida moderno por meios sistêmicos.

A racionalidade é uma das formas de aquisição e utilização do saber por parte dos sujeitos que têm competência comunicativa. Nessa linha de pensamento, Habermas identifica uma gradual separação entre sistemas e mundo da vida, mas também uma submissão "colonizadora" do mundo da vida a imperativos sistêmicos do poder político e do mercado.

Ao pensar no mundo da vida, sempre nos deparamos com a problemática da racionalidade de opiniões e ações. Não é por acaso que a razão é um tema de fundamental importância para a filosofia. Mas o que é comum às doutrinas filosóficas? É a intenção de pensar o ser ou a unidade do mundo pela via da explanação de experiências da razão em seu trato consigo mesma (HABERMAS, 2012, p. 20).

O interesse filosófico volta-se às condições formais da racionalidade do conhecer, do entendimento verbal mútuo e do agir. Nesses termos, a teoria da argumentação tem como tarefa reconstruir pressupostos e condições formal-pragmáticas de um comportamento explicitamente racional. Diante dessa problemática da racionalidade, o pensamento filosófico abandonou a referência à totalidade e perdeu também o comedimento em relação a si mesmo. Desponta, então, uma nova constelação na relação entre filosofia e ciências.

Com isso, Habermas coloca que:

> (...) as pretensões de validade com que se podem mensurar soluções de problemas, orientações racionais para a ação, níveis de aprendizado, etc., são interpretadas por via empirista e aí se prescinde de as definir, então os processos de corporificação das estruturas racionais podem ser interpretados não como processos de aprendizagem em sentido estrito, mas como um aumento das capacidades de adaptação. (HABERMAS, 2012, p. 23)

Faz referência ao mundo objetivo, ou seja, mantém relação com os fatos e permanece acessível a um julgamento objetivo. Em relação às pretensões trans-subjetivas de verdade e eficiência, coloca que quanto maior a fundamentação, mais racionais as pretensões serão. Ou seja, a racionalidade está intrinsecamente ligada à fundamentação.

A racionalidade, presente na prática comunicativa, estende-se a um espectro mais amplo e também está relacionada com a maneira pela qual os sujeitos capazes de falar e agir adquirem e empregam o saber e com diversas formas de argumentação. Destarte, segundo Habermas, o agir comunicativo deve fazer uso de "Recursos Reflexivos" (2012, p. 34)

A ideia que tem um papel central na teoria do agir comunicativo é a do resgate discursivo de pretensões de validade. O conceito de racionalidade comunicativa traz consigo conotações que retrocedem à experiência central de força unitiva e geradora de consenso própria à fala argumentativa. O que ocorre, afinal, no consenso? Os diversos participantes superam suas concepções inicialmente subjetivas para, então, graças à concordância de convicções racionalmente motivadas, assegurarem-se, ao mesmo tempo, da unidade do mundo objetivo e da intersubjetividade de seu conceito vital.

O fim ilocucionário é justamente chegar a um entendimento mútuo sobre alguma coisa do mundo com pelo menos mais um participante no processo comunicativo. Todas as ações racionais têm que estar submetidas a um pensamento crítico. O conceito de racionalidade se desenvolve sob o fio condutor de ações direcionadas a um fim.

Em relação aos padrões de valor, Habermas vê que a utilização arbitrária de um padrão valorativo leva a um comportamento idiossincrático, no sentido de não poder mais contar com uma compreensão culturalmente habitual. Ou seja, provoca um agir fora dos padrões esperados.

Então, as ações reguladas por normas, autorrepresentações expressivas e as exteriorizações avaliativas servem de complemento às ações de fala constatativas, a fim de que estas possam se tornar uma prática comunicativa voltada para a conquista, manutenção e renovação do consenso. O pano de fundo é, na realidade, o mundo da vida, no qual o consenso é baseado no reconhecimento intersubjetivo de pretensões de validade criticáveis. Um comum acordo que se pretende alcançar precisa sustentar-se sobre razões.

Um argumento contém razões que se ligam sistematicamente à pretensão de validade de uma exteriorização problemática e a força do argumento pode ser medida pela acuidade das razões (HABERMAS, 2012, p. 48-49). A partir da capacidade de motivação do argumento, pode-se dar assentimento à pretensão de validade. Compreende-se que uma pessoa é racional quando interpreta sua natureza elementar à luz de padrões valorativos culturalmente apreendidos. Ela é muito mais racional quando é capaz de assumir uma postura reflexiva diante dos próprios padrões valorativos.

Nesse diapasão, a veracidade tem que ser colocada no contexto de uma comunicação que intenta chegar a um entendimento, pois quem se engana sistematicamente sobre si mesmo comporta-se de maneira irracional. Comporta-se, outrossim, de maneira irracional quem utiliza, dogmaticamente, seus próprios meios simbólicos de expressão.

De forma bastante sintética, a racionalidade está relacionada à disposição dos sujeitos que são capazes de falar e agir, enquanto que a exteriorização da racionalidade relaciona-se aos modos de comportamento que são acessíveis a um julgamento objetivo. Assim, toda checagem explícita de pretensões de validade controversas demanda uma forma ambiciosa e precisa de comunicação que cumpra os pressupostos da argumentação.

Releva ter em conta que as argumentações tornam possível um comportamento considerado racional em um sentido peculiar, qual seja, o aprendizado através de erros explícitos. Nos processos de aprendizagem angariamos conhecimentos teóricos e discernimentos morais, ao mesmo tempo em que ampliamos a linguagem avaliativa. Com isso, suplantamos autoenganos e dificuldades de entendimento.

Em assim sendo, para Habermas, não se pode olvidar que a teoria da argumentação vem de uma tradição filosófica honorável que remonta a Aristóteles, mas ainda está em fase inicial. A lógica da argumentação difere da lógica formal, pois não se refere à concatenação de raciocínio entre unidades semânticas (proposições), mas a relações internas, inclusive não dedutivas, entre unidades pragmáticas (ações de fala), das quais os argumentos se compõem.

Destarte, procura apresentar os pressupostos comunicativos gerais da argumentação como determinações de uma situação ideal de fala. O que importa é que todo falante tente satisfazer as condições gerais de simetria. Nesses termos, "argumentos são meios com os quais é possível obter o reconhecimento intersubjetivo de uma pretensão de validade levantada pelo proponente de forma hipotética" (HABERMAS, 2012, p. 61).

Com base nos ensinamentos de Toulmin, Habermas coloca que um argumento compõe-se tanto da exteriorização problemática para a qual se manifesta uma pretensão de validade, quanto do fundamento com que essa pretensão deve ser estabilizada. Assegura-se o fundamento com a emissão de uma regra que se apoia em evidências de diversos tipos. A situação ideal de fala é especialmente imunizada contra repressão e desigualdade.

O cânone aristotélico é invocado para se chegar aos três planos analíticos da argumentação, que são a retórica, a dialética e a lógica (HABERMAS, 2012, p. 62-63). Sustenta, assim, a impossibilidade de separação desses planos, enfatizando que gostaria de comprová-la a partir de uma tentativa de abordar a teoria da argumentação com base em apenas um desses planos abstratos, a saber, o da argumentação como processo (retórica).

Habermas argumenta que em Toulmin há uma valoração implícita dos argumentos utilizados e a necessidade de argumentar corretamente, enquanto que em Klein há um afastamento da tradição retórica, pois considera que ela está mais interessada na dicção persuasiva do que em seu teor de verdade. Klein sustenta, então, que: "Para mim, não importa o que seja uma argumentação racional, razoável ou correta, e sim a maneira como as pessoas argumentam, sejam elas tolas como forem" (HABERMAS, 2012, p. 65).

Ainda para Klein, segundo Habermas, participantes de uma argumentação pretendem decidir sobre pretensões de validade e fazê-lo com base em razões. Eles extraem a força de convencimento de um saber coletivamente partilhado e não problemático. Não há, pois, hierarquização de argumentos, pois eles valerão tanto quanto qualquer outro, bastando que, por causa dele, "uma fundamentação seja aceita de maneira inédita" (HABERMAS, 2012, p. 66).

Nesse contexto, a lógica da argumentação exige uma circunstância conceitual que permite que se faça jus ao fenômeno da coação do melhor argumento. Os argumentos também podem exercer influência sobre o posicionamento dos destinatários independentemente de sua validade, bastando que sejam expressos sob condições que assegurem a sua aceitação.

De acordo com Habermas, Klein postula, assim, uma lógica da argumentação que investigue nexos de validade como regularidades empíricas, colocando que crê que:

> *com a análise sistemática das argumentações factuais* – assim como em toda e qualquer análise empírica – *é possível identificar regularidades fixas*, segundo as quais se dá a argumentação entre os seres humanos – a saber a lógica da argumentação. (os grifos são nossos) (HABERMAS, 2012, p. 69)

Fundamenta, pois, a eliminação da referência da verdade dos argumentos. Ou seja, em uma argumentação todas as "pretensões de validade potencialmente controversas não podem ser consideradas como pretensões de verdade". Habermas, de seu lado, vê que a Teoria da Argumentação precisa mesmo dispor de um conceito de validade que seja mais abrangente e não fique restrito à validade da verdade. Ao fim e ao cabo, "as argumentações distinguem-se de acordo com o tipo de pretensões que o proponente tenciona defender", enquanto que "as pretensões variam de acordo com os contextos de ação" (HABERMAS, 2012, p. 72).

Toulmin, de seu lado, percebe que as regras de argumentação especiais dependem de um campo em particular e são constitutivas dos jogos de linguagem ou ordenações da vida nos campos, por exemplo, da jurisdição e da política, refletindo sobre fatos que emprestam força aos argumentos judiciais no contexto dos procedimentos de um Tribunal. Ensina, então, que o *status* e a força desses argumentos só podem ser entendidos plenamente se os colocarmos em seus contextos práticos e se levarmos em consideração as funções que desempenham e os propósitos a que se destinam no atual empreendimento do Direito.

No que concerne aos "empreendimentos racionais", Habermas entende que Toulmin os concebe como campos de argumentação que podem ser diferenciados segundo critérios institucionais. Ou seja, contenta-se, para a lógica da argumentação, com o terceiro plano de abstração (produto). A partir do produto, procura estabelecer nexos entre argumentos individuais. Termina por recorrer a pontos de vista de institucionalização buscando apreender a distinção entre campos diversos de argumentação. Nesse contexto, a tarefa lógica da argumentação estaria restrita a explicar uma demarcação aplicável a argumentações possíveis.

Ao rejeitar concepções universalistas e imutáveis de racionalidade, Toulmin propõe uma investigação histórico-reconstrutiva da mudança de concepção e paradigma. Entende, pois, que para se chegar a um conceito de racionalidade é preciso fazê-lo com base em uma análise empírica e historicamente orientada da mudança dos empreendimentos racionais. Ao estudarmos, especificamente, o campo do direito, poderemos identificar um modo específico de raciocinar e reconhecer como os campos podem refletir finalidades específicas (HABERMAS, 2012, p. 75).

A crítica do autor é a seguinte:

> Enquanto Toulmin não esclarece os pressupostos e procedimentos comunicativos gerais para a procura cooperativa da verdade, ele também não pode indicar, por via formal-pragmática, o que significa assumir uma posição imparcial enquanto participante da argumentação. Essa 'imparcialidade' não pode ser lida a partir do estabelecimento dos argumentos empregados; pode-se apenas esclarecê-la por meio da solução discursiva das pretensões de validação. E esse conceito fundamental da teoria da argumentação aponta por sua vez para os conceitos básicos do comum acordo racionalmente motivado e da concordância de um auditório universal. (HABERMAS, 2012, p. 77)

Em relação à negociação de acertos, o que se tem é que ela não se presta a solucionar pretensões de validade de maneira estritamente discursiva, mas ao ajuste de interesses que não podem ser generalizados, com base em posturas de poder equilibradas. O que é necessário é que haja o direcionamento ao êxito.

Após essa incursão na teoria habermasiana da ação comunicativa, pudemos verificar que o seu potencial é enorme, haja vista que oferece alternativas desafiadoras para a construção e expansão de uma ética discursiva. Apesar das críticas direcionadas à teoria por autores[75] como Michelman, Ulrich Preuss,

---

[75] As críticas estão consolidadas no livro "Habermas on law and democracy: critical exchanges", publicado por Michel Rosenfeld e Andrew Arato.

Klaus Günter e Alexy, ela lança o paradigma do direito discursivamente fundamentado e tem a possibilidade de nos fornecer respostas/alternativas para problemas concretos que surgem em democracias constitucionais pluralistas contemporâneas.

Embora haja uma impossibilidade concreta de que todos os afetados por uma lei possam participar da discussão necessária sobre ela, o que enfraquece de alguma forma o princípio do discurso, utilizaremos a teoria discursiva e democrática de Habermas para avaliar a racionalidade dos discursos proferidos no âmbito das Supremas Cortes brasileira e canadense, de modo a percebermos qual a racionalidade que prevalece em suas decisões: a comunicativa ou a estratégica.

1.7 Conclusão do capítulo 1

No presente capítulo, buscamos compreender como o protagonismo da Suprema Corte foi se consolidando no Brasil. Destacamos que o contexto político transicional de um sistema ditatorial para um sistema democrático requeria uma revisão judicial forte (*strong judicial review*), por intermédio da qual a Corte Constitucional pudesse garantir a observância de direitos e liberdades fundamentais.

Por outro lado, mostramos que ao tomar posse de tanto poder, a Corte extrapola, com frequência, os limites constitucionais de suas competências e não exercita o *judicial self-restraint*. Assim, a judicialização da política vem gerando não só um desequilíbrio no sistema de tripartição de poderes, como também uma forte tensão na relação interinstitucional entre o Legislativo e a Suprema Corte.

Ao examinarmos a evolução da jurisprudência constitucional com relação aos Mandados de Injunção, pudemos perceber que se estabeleceu, paulatinamente, uma problemática comunicacional entre o Congresso Nacional e o Supremo Tribunal Federal pós CF/88. Embora o STF tenha adotado, inicialmente, uma postura mais neutra, a jurisprudência foi sofrendo ressignificações, em decorrência do contínuo silêncio do Congresso Nacional, como receptor das mensagens de declaração de omissão legislativa, emitidas pelo STF.

Não se pode olvidar que, muitas vezes, a omissão não deixa de ter uma racionalidade intrínseca, pois é mais interessante deixar que o STF legisle, principalmente quando se tratam de temas polêmicos (união homoafetiva, aborto de feto anencéfalo, por exemplo) que podem gerar desgastes político-eleitorais.

Por conseguinte, diante da percepção de que o discurso era monológico, a Suprema Corte passou a ser mais criativa em suas decisões e buscou encontrar caminhos que pudessem ser mais efetivos na solução das lides concretamente submetidas à sua apreciação. Assumiu, abertamente, um papel de legislador positivo e, no caso dos Mandados de Injunção, expandiu o alcance normativo desse remédio constitucional, a fim de tornar viável o exercício de direitos individuais e coletivos que restavam obstaculizados diante da falta de normas regulamentadoras.

A mudança do discurso jurídico não só provocou o rompimento da autocontenção inicial, como também trouxe à pauta uma discussão sobre se a inércia legislativa justificaria uma postura mais ativista da Suprema Corte. Entendemos que nos casos dos Mandados de Injunção, não houve improvisações nas decisões adotadas, haja vista que as interpretações realizadas, embora inovadoras, não fugiram do padrão dworkiano de conferir integridade ao Direito.

Importa destacar, outrossim, que em muitos *hard cases* que tem sido chamado a decidir, o STF torna-se coparticipante do processo criativo de leis e vem adotando, comumente, uma visão mais expansionista de suas competências, situação que gera, no meio jurídico, duras críticas no sentido de que uma tirania do Judiciário se instaurou no Brasil.

Diante da crescente tensão no relacionamento interinstitucional entre Poder Legislativo Federal e Suprema Corte e da importância do Poder Legislativo para o Estado Democrático de Direito, empreendemos uma ampla reflexão sobre a PEC 33/2011, a partir da qual pudemos perceber, claramente, a insatisfação parlamentar com o ativismo judicial da Suprema Corte e a consequente tentativa de reduzir seus poderes.

Diante do alargamento do círculo de intérpretes da Constituição, enfatizamos que proposições como as da PEC 33/2011 terminam por restringir o pleno exercício das competências conferidas ao Supremo Tribunal Federal pelo constituinte originário, razão pela qual devem ser precedidas de um diálogo aberto com os cidadãos, partidos políticos, associações, sindicatos, uma vez que mudanças na jurisdição constitucional brasileira reivindicam, a nosso ver, ampla participação da sociedade civil.

Embora no argumento parlamentar a favor da PEC 33/2011 tenha sido acentuada a necessidade de fomentar o diálogo interinstitucional para a valorização do Poder Legislativo, a percepção que tivemos, a partir do estudo empreendido, é que a despeito do esboço de intenções quanto à implementação de um diálogo interinstitucional, inexistiram ações concretas que objetivassem, de fato, melhorá-lo.

Toda a inquietação do Legislativo Federal em relação à atuação da Suprema Corte brasileira se justifica, pois numa democracia deliberativa é essencial que o povo seja ouvido não só nas urnas, mas também em relação aos destinos sociais, econômicos, políticos da Nação.

Destarte, ao mesmo tempo em que destacamos o papel do Tribunal Constitucional na guarda e promoção da autodeterminação democrática e na defesa de minorias, também enfatizamos a importância do Parlamento e a necessidade de autorreflexão institucional de ambos os poderes como uma saída para a redução da permanente tensão entre essas instituições.

Com referência à problemática comunicacional entre as instituições, empreendemos uma análise da teoria comunicativa de Jürgen Habermas, que nos ensina que a ação comunicativa surge com a interação de, no mínimo, dois sujeitos (que podem ser sujeitos institucionais), capazes de falar e agir, que estabelecem relações interpessoais com o objetivo de alcançar uma compreensão acerca da situação em que ocorre a interação sobre os respectivos planos de ação, com vistas a coordenar suas ações pela via do entendimento (consenso). Na interação ocasionada pelo agir comunicativo, as ações são coordenadas pelo entendimento, enquanto que na ocasionada pelo agir estratégico, as ações são coordenadas por meio da influenciação.

No caso concreto, a interação interinstitucional tem se mostrado inoperante, pois não tem desencadeado, até o momento, qualquer tipo de entendimento voltado ao consenso. Também não identificamos qualquer harmonização de planos de ação para a solução de problemas de omissão legislativa. Ao que tudo indica, a nossa Corte Constitucional faz uso, nas suas relações interinstitucionais, do agir estratégico, pois tem buscado a manutenção e o incremento do seu poder. Mas, essa percepção será tratada com mais detalhes no capítulo 4.

Diante da realidade prática examinada, entendemos que se faz necessário o estabelecimento de limites para a judicialização da política, o que requer, cada vez mais, estudos aprofundados sobre esse tema. O que se tem de concreto é que, num Estado Democrático de Direito nenhuma das instituições pode prevalecer sobre a outra. Se por um lado o Parlamento é, não raro, inoperante e omisso, por outro, a Suprema Corte tem que agir com muita cautela quando tiver que adotar a postura de legislador positivo, não esquecendo de traçar limites de autocontenção, pois os preceitos básicos da separação de poderes precisam ser observados.

CAPÍTULO 2

JUDICIAL REVIEW NO CONSTITUCIONALISMO DEMOCRÁTICO

> Constitutional supremacy – a concept that has long been a major pillar of American political order – is now shared, in one form or another, by more than 100 countries across the globe. Numerous postauthoritarian regimes is the former Eastern Bloc, Latin America, Asia, and Africa were quick to endorse principles of modern constitutionalism upon their transition to democracy. From Germany and Spain to Russia and Turkey, constitutional courts through out Europe have started to play an important role in translating constitutional provisions into practical guidelines for use in public life. [...] Even such countries as Britain, Canada, Israel and New Zealand – not long go described as the last bastions of Westminister-style parliamentary sovereignty – have rapidly joined the global trend toward constitutionalization. Most of these countries also have a recently adopted constitution, or have undergone a constitutional revision to incorporate a bill of rights and introduce some form of active judicial review. (HIRSCHL, 2008, p. 1)

2.1 Considerações iniciais

Hamilton, em "Federalist 78", já argumentava a favor do *judicial review*, ressaltando que além de representar uma excelente barreira contra invasões e opressões do órgão representativo, garantia uma observância direta e imparcial sobre as leis. Ao comparar o Judiciário com os outros poderes constituídos, frisou que o Judiciário seria o menos perigoso dos poderes, no sentido de garantir a observância dos direitos políticos contidos na Constituição e não representar uma ameaça para a liberdade das pessoas.

Destacou, pois, a importância do Judiciário na construção do equilíbrio entre os poderes e que as suas competências deveriam ser desenvolvidas de forma independente dos demais poderes, a fim de evitar invasões e opressões não desejáveis ao exercício de seu mister. Assim, acentuou que:

> Nor does this conclusion by any means suppose a superiority of the judicial to the legislative power. It only supposes that the power of the people is superior to both; and that where the will of the legislature, declared in its statutes, stands in opposition to that of the people, declared in the

> Constitution, the judges ought to be governed by the latter rather than the former. They ought to regulate their decisions by the fundamental laws, rather than by those which are not fundamental.[76] (HAMILTON, 1788)

Em "Federalist 81", Hamilton frisou que "Wherever there is an evidente opposition, the laws ought to give place to the Constitution"[77]. Em outras palavras, ele quis dizer que ao interpretar as regras constitucionais, os juízes podem impor seus pontos de vista para as legislaturas, pois têm o poder de derrubar leis inconstitucionais. E continuou afirmando que essas decisões têm o caráter de definitividade, pois "legislature, without exceeding its province, cannot reverse a determination, once made in a particular case"[78]. As Cortes são os fóruns adequados para a tarefa de interpretar a Constituição, o que não afasta a necessidade de que os Poderes Executivo e Legislativo, no exercício de suas missões institucionais, também a interpretem.

No contexto do constitucionalismo democrático americano, é importante rememorar que o primeiro caso em que a Suprema Corte declarou um ato inconstitucional ocorreu quando do julgamento do conhecido caso *Marbury v. Madison*[79] (WOLFE, 1994, p. 80-81).

---

[76] Tradução livre: "Essa conclusão não supõe, de modo algum, uma superioridade do Poder Judiciário sobre o Poder Legislativo. Apenas quer mostrar que o poder do povo é superior a ambos; assim, onde a vontade da legislatura, declarada nos seus estatutos, se opõe à do povo, declarada na Constituição, os juízes devem se guiar por esta última, e não pela primeira. Eles devem regular suas decisões com base nas leis fundamentais, e não por estatutos que não são fundamentais".

[77] Tradução livre: "Onde quer que haja uma oposição evidente, as leis devem dar lugar à Constituição".

[78] Tradução livre: "O Legislativo, sem exceder sua competência, não pode reverter uma determinação, quando ela é feita em um caso particular".

[79] O primeiro caso em que a Suprema Corte declarou nula, em sede de controle difuso, uma lei, por contrariar a Constituição, foi o caso *Marbury v. Madison*. John Adams fez várias nomeações "na calada da noite" de juízes de paz do Distrito de Columbia (entre eles encontrava-se William Marbury), as quais foram aprovadas pelo Senado. O Secretário de Justiça de Adams, John Marshall, não entregou o diploma de nomeação em razão do curto tempo. Quando a nova administração republicana de Thomas Jefferson assumiu o poder, James Madison, o novo secretário de Estado, negou-se a intitular Marbury. Este, apresentou um *writ of mandamus* perante a Suprema Corte para exigir a entrega do diploma. John Marshall, Presidente da Suprema Corte, escreveu a opinião unânime da Corte, que concluiu que a lei federal que dava competência originária à Suprema Corte para emitir *mandamus* em tais casos contrariava a Constituição Federal que só lhe reconhecia competência de apelação nos casos não indicados por ela mesma, como de competência originária. Como a lei que dava competência a Suprema Corte era inconstitucional, não cabia à Suprema Corte decidir o pedido do *mandamus*.

A partir da decisão paradigmática mencionada no parágrafo retro, cada vez mais observamos, em um nível global, a importância do *judicial review*, vez que as constituições são instrumentos extremamente importantes para efetivar a democracia, não havendo como desvincular o constitucionalismo e a revisão judicial da ideia de dar concretude aos compromissos democráticos. Pesquisa efetuada por David S. Law e Mila Versteeg, denominada "Evolução e ideologia do constitucionalismo global", mostra que nas últimas seis décadas, várias tendências constitucionais podem ser percebidas mundialmente, mas uma delas é quase unânime, qual seja: a revisão judicial. Dessa maneira, destacaram:

> In 1946, only 25% of countries had some form of judicial review explicitly entrenched in their respective constitutions; by 2006, that proportion has increased to 82%. This measure excludes countries such as the United States that have adopted judicial review in the absence of an explicit constitutional mandate. Accordingly, we constructed a second variable that captures the existence of judicial review via either explicit constitutional mandate or actual practice. This measure is the uppermost dotted line in Figure 6. Not surprisingly, this combined measure of de jure and de facto judicial review shows sharp growth that roughly parallels that of the exclusively de jure measure. In 1946, only 35% of countries had either de jure or de facto judicial review; by 2006, about 87% did. The difference between the two indicators is both small and diminishing slightly over time, which means that judicial review is generally, and increasingly, established by explicit constitutional provision.[80] (LAW; VERSTEEG, 2011, p. 1198-1199)

Em sendo assim, considerou-se que a Constituição concede ao Presidente o poder de nomear e comissionar oficiais dos Estados Unidos. Como a única evidência da nomeação é a comissão, as duas ações estão interligadas. Sem a comissão, a nomeação não está completa e, portanto, a assinatura do presidente na comissão é a etapa final do processo de nomeação. O Tribunal também decidiu que, após a nomeação, os diretores adquiriram direitos sobre suas posições, nos termos da lei. Se esses direitos forem negados, eles poderão buscar reparação nos tribunais. Marbury e outros procuraram uma ação original por suas comissões na Suprema Corte. Mas o ato do Congresso que confere essa autoridade entra em conflito com o Artigo III, Seção 2 da Constituição. O poder judicial nos Estados Unidos se estende a todos os casos previstos na Constituição e a Suprema Corte é obrigada a decidir os casos de acordo com a Constituição e não com a lei quando há conflitos. Então, se uma lei é considerada em conflito com a Constituição, então a lei é inválida. Neste caso, a Seção 13 da Lei do Judiciário contraria a Constituição e, portanto, é nula. Assim, sem autoridade, a Suprema Corte cancelou a reivindicação de *Marbury*.

80 Tradução livre: "Em 1946, apenas 25% dos países tinham algum tipo de revisão judicial, explicitamente colocado em suas respectivas constituições; até 2006 esse percentual aumentou para 82%. Essa proporção exclui países como os Estados Unidos que adotaram um tipo de revisão judicial mesmo na ausência de uma previsão constitucional explícita.

Os resultados da pesquisa empírica realizada pelos autores acima nominados podem ser visualizados a partir da figura abaixo. Percebe-se que a partir de 1950 a tendência foi só de crescimento, o que nos revela que, a despeito das críticas cotidianas acerca das falhas da revisão judicial, esse tipo de controle tem se mostrado confiável e por isso tem se multiplicado nas Cartas Constitucionais mundo afora.

Crescimento de países com previsão de revisão judicial na Constituição

Figure 6

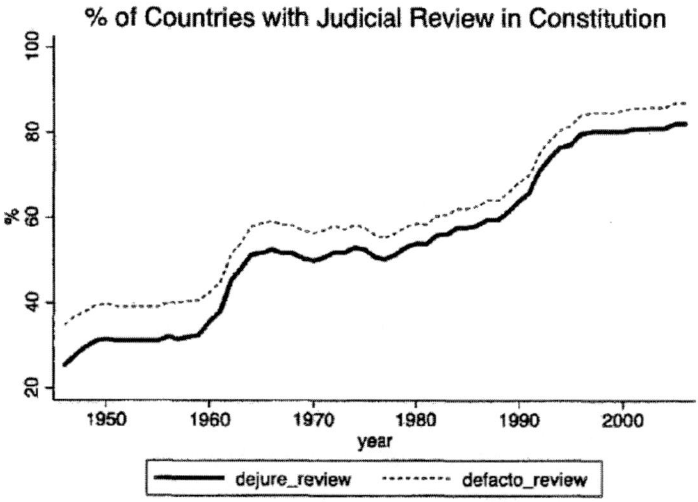

Fonte: LAW; VERSTEEG, 2011, p. 1199

Stephen Gardbaum fez uma análise pragmática sobre a revisão judicial e o seu papel em novas democracias. Refletiu ele que:

Consequentemente, construímos uma segunda variável que captura a existência de revisão judicial por meio da existência de um mandamento constitucional explícito ou de uma prática real. Esta medida é representada pela linha pontilhada mais alta da Figura 6. Não é surpreendente que essa medida combinada de revisão judicial de fato e de direito mostra um crescimento acentuado que é aproximadamente paralelo ao da medida exclusiva de direito. Em 1946, apenas 35% dos países tinham uma revisão judicial de fato ou de direito; até 2006, cerca de 87% dos países o fazem. A diferença entre os dois indicadores é pequena e diminui ligeiramente ao longo do tempo, o que significa que a revisão judicial é, cada vez mais, estabelecida por disposição constitucional explícita".

> the most important, basic and essential goal for transitional democracies is not establishing final authority to invalidate legislation, but establishing and maintaining the independence of the Judiciary and that this later must be the top priority if and to the extent there is any practical conflict between the two.[81] (GARDBAUM, 2015, p. 286)

Neste cenário, uma das questões mais importantes a analisar é a independência do Poder Judiciário e sua relação com os limites estabelecidos pelas constituições. Levando em consideração a onda global de constitucionalismo, também observada por David S. Law e Mila Versteeg no trabalho listado linhas acima, o autor observou, cuidadosamente, a transição do autoritarismo para a democracia. Para ele, as explicações para o crescimento inexorável da revisão judicial são:

> 1) it facilitates the transition to democracy by providing political insurance to existing power holders in the face of uncertain future electoral or political fortunes; 2) it stabilizes democracy by helping to hedge against one -party consolidation of power; 3) it enables constitutional drafters to make their commitments credible; and 4) more broadly, by limiting politics, it guards against democratic excesses.[82] (GARDBAUM, 2015, p. 228)

Mesmo com todas as vantagens que uma revisão judicial fornece em novas democracias, esse tipo de controle é constantemente criticado. Em alguns casos, as próprias constituições adotam provisões voltadas para reduzir o poder do Judiciário.

É facilmente notável que o que está em jogo é a dicotomia tradicional da supremacia judicial e legislativa (GARDBAUM, 2015, p. 289). Questões importantes sobre a revisão judicial nas novas democracias surgem a todo momento. Em assim sendo, veremos adiante que a "forma fraca" de revisão judicial surge como um novo paradigma que pode se mostrar eficaz na redução das tensões entre o Legislativo e a Suprema Corte.

---

81 Tradução livre: "O objetivo mais importante, básico e essencial para as democracias de transição não é estabelecer a autoridade final para invalidar a legislação, mas estabelecer e manter a independência do Judiciário, que deve ser a prioridade máxima na medida em que houver conflito entre os dois poderes".

82 Tradução livre: "1) facilita a transição para a democracia fornecendo uma segurança política aos detentores de poder existentes diante de incertezas eleitorais ou políticas futuras; 2) estabiliza a democracia, ajudando na proteção contra a consolidação do poder por um só partido; 3) permite que os redatores constitucionais passem credibilidade em relação aos compromissos assumidos; e 4) mais amplamente, ao limitar a política, fornece proteção contra os excessos democráticos".

2.2 A incontornável tensão entre constitucionalismo e democracia

Richard Albert analisou a tensão que existe entre constitucionalismo e democracia. Acentuou que apesar da riqueza e diversidade dos textos constitucionais ao redor do mundo, é difícil identificar um Estado Constitucional no qual o texto constitucional conseguiu ser manejado com sucesso para resolver essa duradoura tensão (ALBERT, 2010, p. 664-714).

Em sua visão, pode ser muito esperar que os *designers* constitucionais acabem com essa tensão, mas, modestamente, poderiam ao menos buscar diminuí-la, afinal de contas, os estudiosos há muito reconhecem sua inevitável persistência, alguns argumentando, inclusive, que há mérito na tensão em si e que não há necessidade de resolvê-la.

Ao falar sobre constituições contraconstitucionais, Richard Albert acentua que elas não são consistentes com a promessa de um constitucionalismo democrático, pois criam uma cultura que não se coaduna com a da real democracia participativa. Apresenta, então, duas formas desse tipo paradoxal de constitucionalismo democrático. Primeiro, temos o contraconstitucionalismo que prejudica a perspectiva da democracia participativa, pois serve aos interesses da rica concepção de democracia. Segundo, temos o supraconstitucionalismo que localiza direitos que são colocados fora do alcance da mobilização popular. Segundo ele, essas formas de constitucionalismo trabalham contra o desenvolvimento de uma cultura constitucional de democracia participativa. Enfatiza, então, que:

> (...) popular discourse is the focal element of participatory democracy, just as Habermas recognized when he observed that the welfare state could not alone, without the didactic processes of public communication, bring to life the full measure of citizenship.[83] (ALBERT, 2008, p. 9-10)

Partindo do pressuposto de que a democracia participativa[84] tem como

---

83 Tradução livre: "O discurso popular é o elemento focal da democracia participativa, justamente como Habermas reconheceu quando observou que o estado de bem estar social não poderia sozinho, sem um processo didático de comunicação pública, dar vida ao pleno significado de cidadania".

84 Albert acentua: "But there is further wrinkle to participatory democracy. It comes at least two forms. The first conceives of participatory democracy as a method by which to satisfy the fullness of human potential. The second views part participatory democracy as an approach that facilitates progress toward citzenship. I adopt the latter of these two theories. Participatory democracty serves the primordial aim of establishing and nourishing the connection that binds an individual to the state and to other individuals, transforming that individual from a detached member of society to an integrates citizen of the state" (ALBERT, 2008, p. 10).

objetivo principal estabelecer e nutrir a conexão que liga um indivíduo ao Estado e a outros indivíduos, de modo que esse indivíduo seja transformado de membro destacado da sociedade em um cidadão do Estado integrado, o autor põe em destaque o importante componente psicológico dessa democracia participativa[85], haja vista que termina por criar em cada cidadão um sentimento de pertencimento, conexão e responsabilidade (ALBERT, 2008, p. 10-11). Destaca, ademais, que é preciso ter um entendimento sobre a cultura constitucional, que pode, inclusive, transcender nações e se tornar enraizada através das fronteiras (ALBERT, 2008, p. 15).

Cada um destaca o seu papel de cidadão privado na legitimação da lei e na integração das normas jurídicas na consciência social. Uma cultura constitucional, para existir, requer, assim, pelo menos três condições: sobreposição de reivindicações de autoridade; um complexo sistema de convicções populares; uma linguagem vernacularizada para expressar e cultivar essas convicções.

Nesse cenário, a cultura constitucional é erguida sobre uma base mutável e extrai sua força dos muitos repositórios do poder público e popular que constituem sua base. Ao decidir casos, o Judiciário estabelece regras que governam as interações públicas e privadas e que articulam os valores que moldam a cidadania e o Estado. Mas elaborar uma cultura constitucional é uma empresa colaborativa compartilhada entre atores legais e não legais, políticos e cidadãos. Ela infunde o espírito de um povo em particular e, uma vez no lugar, a cultura constitucional comum fornece o pano de fundo contra o qual as divergências políticas podem ser debatidas e resolvidas em termos pacíficos, em vez de escalar em conflitos constitucionais disruptivos ou revolução violenta (ALBERT, 2008, p. 16).

Ao mesmo tempo em que percebe que a cultura constitucional não necessariamente exige um texto constitucional, ponto em que toma como base o caso americano em que a cultura constitucional engloba vários documentos não constitucionais, discursos e precedentes judiciais, acentua que o texto constitucional é uma poderosa ferramenta para desencadear o enraizamento de uma cultura constitucional (ALBERT, 2008, p. 17).

Sobre o texto propriamente dito coloca que ele regula tanto os princípios específicos e gerais da cidadania pública, como amplas noções acerca da boa administração do Estado; pode constitucionalizar convicções culturais

---

85 "Participatory democracy – *right of rights* (Waldron – Law and disagreement) – without a participatory democracy the citizenship loses the fullness of its meaning" (ALBERT, 2008, p. 10).

profundamente mantidas; pode definir a Constituição como a base para incutir cultura constitucional; pode ajudar a criar condições para moldar as sensibilidades culturais (ALBERT, 2008, p. 17-18).

Em sendo assim, chama a nossa atenção para um trabalho desenvolvido por Ludwikowski, no qual ele observa que nas emergentes democracias europeias, embora haja estruturas constitucionais e instituições públicas similares ou iguais aos seus equivalentes americanos, elas ainda não abraçaram o Estado de Direito, embora seja virtualmente impossível conceber um Estado Democrático Social Liberal sem Estado de Direito. Considera a análise desenvolvida por Ludwikowski fascinante, especialmente porque ele parece sugerir que:

> constitutional culture requires not only constitutional structures that are designed to integrate democratic concepts within the four corners of the meaning of citizenship – for instance the separation of powers, human rights protections, and civilian control of the military – it also requires that citizens first assume a posture that is receptive to, and in turn make themselves susceptible to developing a resolute belief in, these values. Ludwikowski sees this connection as sequential, with culture driving structure.[86] (ALBERT, 2008, p. 19)

Ou seja, não basta fazer o transplante de um modelo constitucional de uma cultura para outra, faz-se necessário que o sentimento popular de receptividade esteja presente. A estrutura constitucional não controla a cultura, que vai sendo, paulatinamente, construída por meio da aplicação da Constituição no dia a dia. Assim, a partir da adoção de uma nova Constituição não se pode esperar pela materialização de mudanças automáticas na consciência social (ALBERT, 2008, p. 20).

Ao também se referir a essa tensão entre constitucionalismo e democracia, Conrado Hübner Mendes, em livro publicado em 2005 com o título "Constitutional Courts and Deliberative Democracy"[87], deixou assente que o poder de

86 Tradução livre: "A cultura constitucional requer não apenas estruturas constitucionais que se destinam a integrar os conceitos democráticos dentro das quatro esquinas do significado de cidadania - por exemplo, a separação de poderes, a proteção dos direitos humanos e o controle civil dos militares – ela exige também que os cidadãos assumam primeiro uma postura que é receptiva para, por sua vez, tornarem-se suscetíveis de desenvolverem uma crença baseada nesses valores. Ludwikowski vê essa conexão como sequencial, com estrutura de direção cultural".

87 Hübner cita Ackerman em seu livro, uma vez que este, ao tratar de "momento constitucional" (no livro "we the people"), afirmou que a Suprema Corte é uma legítima protagonista do processo de desenvolvimento do constitucionalismo americano, sem deixar de lado a importância das decisões tomadas no âmbito da democracia deliberativa. A

legislar dos tribunais é uma realidade que se espalha sobre as democracias constitucionais contemporâneas, mesmo que em diferentes graus. Decorre daí o fenômeno denominado de fricções políticas (*political frictions*), as quais, segundo o autor não nasceram com o advento da revisão judicial da legislação (*Marbury versus Madison*), no início do século XIX, em solo norte-americano (MENDES, 2013, p. 82).

Acentua que as origens dessas fricções são anteriores ao surgimento do moderno Estado de Direito, diante das disputas que sempre foram formuladas na perspectiva da legitimidade democrática de um corpo de juízes que embora não eleitos tinham competência legal para sobrepor atos de um corpo funcional legitimado pela eleição. Após o surgimento do modelo de revisão judicial, houve um incremento da tensão entre esses poderes, o que vem suscitando uma série de indagações para a teoria constitucional, baseadas, principalmente, no ideal democrático. A tensão que originalmente ganhou impulso nos Estados Unidos com o controle difuso de constitucionalidade, espraiou-se no século XX com o surgimento de cortes constitucionais e da judicialização da política nas democracias ocidentais (MENDES, 2013, p. 82).

Ciente da realidade global que o cerca, o autor entende que as diferenças entre as instituições não podem ser ignoradas. Salienta, pois, que a divisão do

---

ideia expressa por Ackerman é que devemos viver o Direito Constitucional de forma evolutiva, não deixando que o estado de coisas que nos rodeia monopolize nossa visão jurídica. Ao enfatizar que devemos ter uma percepção abrangente e não restrita do direito moderno, ele quer nos alertar que caminhos formalistas são obstáculos para que novas soluções constitucionais surjam. Para que as alterações requeridas por novos contextos sociais possam se tornar realidade, há necessidade de interação entre os poderes. Assim, frisa que "enquanto as decisões da Suprema Corte desempenham um papel, uma parte mais ampla será desempenhada pelos Presidentes e pelo Congresso, em seus esforços para conquistar o apoio do povo americano nas eleições gerais" (ACKERMAN, 2009, p. 19). É bom que se diga que a incursão da Suprema Corte em questões de políticas públicas é vista com prudência pelo autor (ACKERMAN, 2009, p. 311-322), pois entende que, muitas vezes, há uma necessidade de recuo (auto-contenção/*self restraint*). Para ele, há muito mais no direito que simples regras. Assim, o caminho da formalidade estrita pode gerar obstáculos que terminam por sufocar movimentos constitucionais. Nessa linha, ele pondera que caso os americanos tivessem escolhido seguir meticulosamente as determinações do artigo quinto da Constituição, que trata das formalidades para emendá-la, as maiores crises da história vivenciadas pelos Republicanos da Reconstrução e pelos democratas do *New Deal* não teriam obtido as mudanças fundamentais bem-sucedidas que foram resultado do apoio popular. Esses são considerados precedentes importantes que podem dar condições para a ocorrência de futuros movimentos que invoquem o mandato popular no constitucionalismo democrático (ACKERMAN, 2009, p. 33).

trabalho termina sendo turbulenta, uma vez que as peculiaridades estruturais e processuais das instituições terminam desenhando cenários de decisão bem diferenciados: "they diverge in their epistemic capacities, their symbolic import, their political capital and their decisional time"[88] (MENDES, 2013, p. 77).

Para ele, os Parlamentos legislam de forma muito precisa quando promulgam regulamentos globais e abrangentes, enquanto os tribunais atuam no varejo, por meio de interferências graduais e cirúrgicas no sistema legal. Assim, ao mesmo tempo em que afirma o poder legislativo do Tribunal, frisa que ele acaba sendo menos perceptível em vista do uso de doses leves e não em ofensivas, em lugar de pacotes legislativos abrangentes (MENDES, 2013, p. 77).

Diante da lógica dos freios e contrapesos e da supremacia constitucional, Hübner admite que o exame constitucional (*constitutional scrutinity*), termina se desviando da adjudicação ordinária, principalmente diante da susceptibilidade política gerida por um Tribunal Constitucional (MENDES, 2013, p. 77-78). O escrutínio constitucional, todavia, não pode se reduzir à política e ser traduzido como um choque de forças, pois se assim for se desvia de sua própria natureza.

Tomando por base a noção de constituição material, Hübner enfatiza que a despeito da importância do exame constitucional, as cortes precisam de limites legais e políticos, para não mudarem, inflarem ou mesmo deflacionarem o significado prático dos conceitos constitucionais fundamentais. Seus membros têm que ter em mente que falam em nome de toda uma comunidade política e não apenas em relação a um limitado número de litigantes, por isso precisam observar atentamente as fronteiras do político.

2.3 Controvérsias doutrinárias sobre o *judicial review*

Tushnet desenvolve argumentos contra a supremacia judicial e mostra-nos uma distinção que permeará todo o livro "Taking the Constitution Away from the Courts", qual seja: Constituição espessa/grossa e Constituição delgada/fina. A primeira contém muitas disposições detalhadas descrevendo como o governo deve ser organizado. A segunda é diferente a este respeito, pois contém, de forma suscinta, as garantias fundamentais de liberdade, igualdade e liberdade de expressão. Ele nos lembra que embora a Constituição americana seja considerada delgada/fina, muito do que a Suprema Corte já disse ao

[88] Tradução livre: "eles divergem em suas capacidades epistêmicas, em sua importância simbólica, em seu capital político e em seu tempo de decisão".

exercitar a interpretação da Carta é tão detalhado quanto as provisões de uma Constituição classificada como espessa/grossa.

Ainda sobre a Constituição Americana, destaca que o projeto que ela estabeleceu para o povodos Estados Unidos está relacionado com as reivindicações da Declaração de Princípios: todas as pessoas são criadas iguais; todos têm direitos inalienáveis. Em decorrência, a Constituição fina dá a oportunidade para que seja construída, a partir da interpretação constitucional, uma narrativa atraente da aspiração americana (TUSHNET, 1999, p. 9-12).

Esse pensamento é compatível com o de Lincoln, que considera que para que o Projeto de Declaração de Princípios avance, a Constituição deve ser interpretada. Neste sentido, Tushnet lembra-nos que o Preâmbulo da Constituição fornece os critérios substantivos para identificar quais são os interesses vitais do povo dos Estados Unidos (TUSHNET, 1999, p. 12).

Para reforçar a ideia de que as interpretações da Suprema Corte Americana sobre os princípios contidos na Declaração de Direitos nem sempre revelam-se as mais corretas e inquestionáveis perante o povo americano, o autor coloca, num tom crítico, que:

> People will inevitably disagree over the question of what policy actually advances the Declaration's project in particular circumstances. The fact that surveys show public ignorance of abstractly stated provisions in the Bill of Rights, sharp disputes about what 'the constitution' requires, and disagreement with what the Supreme Court has said particular provisions mean, says nothing about whether the American people are in fact constituted by our attachment to the thin Constitution.[89] (TUSHNET, 1999, p. 13)

Ao destacar um cenário de desentendimentos e enfatizar que a soberania popular foi tão bem defendida por Lincoln[90], Tushnet indaga se há uma chance de driblar a supremacia judicial. Ao indicar "the chance of Overruling", coloca

---

89 Tradução livre: "As pessoas inevitavelmente discordarão sobre a questão de qual política realmente avança o projeto da Declaração de Direitos em circunstâncias particulares. O fato de as pesquisas mostrarem a ignorância pública acerca das disposições abstratas da Declaração de Direitos, as disputas agudas sobre o que 'a constituição' exige e os desacordos com as interpretações da Suprema Corte sobre o que disposições particulares significam, tudo isso não diz nada sobre se o povo americano é de fato constituído pelo apego que tem à Constituição Fina".

90 "'This country,' Abraham Lincoln said is his First Inaugural Address, 'with its institutions, belongs to the people who inhabit it.' Populist constitutional law takes that to heart. And the constitution belongs to us collectively, as we act together in political dialogue with each other – whether we act in the streets, in the voting booths, or in legislatures as representatives of others" (TUSHNET, 1999, p. 181).

que o legislador "may support a law indistinguishable from one held unconstitutional when there is a 'chance that [the earlier decision] might be overruled'"[91]. Por isso, ele enfatiza que "the easiest way to give the Court a chance to overrule a precedent is to enact a statute indistinguishable from the one it held unconstitutional"[92] (TUSHNET, 1999, p. 19-20).

Baseado em exemplos da Grã-Bretanha e dos Países Baixos, Tushnet tenta mostrar, numa posição mais radical, que é possível um mundo sem uma revisão judicial. Coloca, então, que: "it is possible to develop systems in which the government has limited powers and individual rights are guaranteed, without having U.S.-style judicial review" e que a diferença é que "legislatures can override legal restrictions but not constitutional ones"[93] (TUSHNET, 1999, p. 163).

Ainda no livro "Taking the Constitution Away from the Courts" ele relata o perigo da produção de políticas públicas relacionadas ao *Constitutional Social Welfare Rights*[94] no âmbito das cortes constitucionais, enfatizando que:

> Like the Supreme Court, most constitutional scholars in the United States shrink in horror at the idea of constitutional social welfare rights. The argument is simple: Any serious constitutional right must be enforced by the courts, and the courts cannot effectively enforce social welfare rights. *What sort of order would it take, for example, for a court to guarantee that everyone had a job or adequate housing? A nation might have a public housing program. If a court held that the program did not satisfy the constitutional requirement of adequate housing for all, how could it prescribe a better program?* And, even if we can somehow imagine what a court might say, implementing the court's order would be really expensive. In the end, we would have the courts running everything – raising taxes and deciding how the Money could be spent. Some people think we have all too much of that today, but the problem they see would be much worse if we constitutionalized social welfare rights.[95] (TUSHNET, 1999, p. 169) (grifos nossos)

---

91 Tradução livre: "um legislador pode apoiar uma lei indistinguível considerada inconstitucional quando há uma "chance de que [a decisão anterior] possa ser anulada".

92 Tradução livre: "a maneira mais fácil de dar à Corte a chance de substituir um precedente é decretar um estatuto indistinguível do que ela considerava inconstitucional".

93 Tradução livre: "É possível desenvolver sistemas nos quais o governo tem poderes limitados e os direitos individuais são garantidos, sem que haja uma revisão judicial no estilo dos EUA" e que a diferença é que "as legislaturas podem anular restrições legais, mas não constitucionais".

94 Tradução livre: "Direitos constitucionais do estado de bem-estar social".

95 Tradução livre: "Como a Suprema Corte, a maioria dos constitucionalistas dos Estados Unidos não acolhem a ideia de constitucionalizar direitos de bem-estar social. O argumento é simples: qualquer direito constitucional de bem-estar social poderia ser

A crítica de Tushnet, colocada na citação acima, gera a seguinte indagação: as Supremas Cortes podem decidir como e onde o dinheiro público vai ser aplicado? Compulsando decisões da Suprema Corte americana verificamos que ela atua de forma bem ativista, no sentido de traçar políticas públicas[96]. A discussão acerca da necessidade de intervenção judicial surgiu na década de 1930, quando prisioneiros começaram a ingressar com petições nas Cortes Federais contra as condições de confinamento. No começo, o posicionamento das cortes era no sentido de afirmar que as condições prisionais não deveriam ser objeto de revisão constitucional.

Ao longo dos anos, com constantes confirmações de violações à Oitava Emenda à Constituição (*Eighth Amendment*), esta postura de autocontenção foi mudando. Em uma passagem do livro "Judicial Policy Making and the Modern State", os autores nos mostram que:

> During the next few years, the court held Cummins Farm unconstitutional in its entirety and issued a series of injunctions that restructured the institution. Whitin a decade of that decision, prisons in twenty-five of the fifty states and the entire correctional systems of five states had been placed under comprehensive court orders. A decade later these figures had increased to thirty-five states and nine entire prison systems. And one decade later still, in 1995, the ACLU estimated that prisons in a total of forty-one states, as well as the District of Columbia, Puerto Rico, and the Virgin Islands, had at one time or another been under comprehensive court orders, as had the entire correctional systems of at least ten states.[97] (FEELEY; RUBIN, 1999, p. 13)

---

imposto pelos tribunais, mas como os tribunais poderiam, efetivamente, fazer valer esses direitos? Que tipo de ordem seria necessária, por exemplo, para um tribunal garantir que todos tivessem um emprego ou moradia adequada? Uma nação pode ter um programa de habitação pública. Se um tribunal considerasse que o programa não satisfazia a exigência constitucional de moradia adequada para todos, como poderia indicar um programa melhor? E, mesmo que possamos imaginar o que um tribunal poderia dizer, implementar tal tipo de ordem lhe seria muito caro. No final, teríamos os tribunais executando tudo – até aumentando impostos e decidindo como o dinheiro poderia ser gasto. Algumas pessoas acham que temos muito disso hoje, mas o problema que eles vêm seria muito pior se constitucionalizássemos os direitos de bem-estar social".

96 O modelo de constitucionalismo americano tem influenciado, significativamente, o modelo brasileiro, especialmente o *judicial review*, a separação de poderes, os *checks and balances*, o ativismo judicial.

97 Tradução livre: "Nos próximos anos, o Tribunal considerou a Cummins Farm (unidade prisional de Arkansas) inconstitucional em sua totalidade e emitiu uma série de liminares que reestruturaram a instituição. Após uma década dessa decisão, as prisões de vinte e cinco dos cinquenta estados e os sistemas correcionais inteiros de cinco estados

Embora as interpretações iniciais tenham sido no sentido de negar a própria jurisdição em questões relacionadas à política prisional de Estados americanos, doravante, a Suprema Corte sentiu necessidade de romper a tênue fronteira entre a mera interpretação e a elaboração de políticas públicas propriamente dita. Isso nos mostra, com clareza, que o preenchimento de zonas escuras e imprecisas da legislação termina descambando, não raro, para o exercício de um ativismo judicial com suporte em princípios sociais e valores públicos. Rubin acentua, assim, que:

> The decisions of the federal judiciary have established a comprehensive code of detailed rules and regulations that governs every prison in America, a code that is reflected in state statutes, administrative regulations, and internal prison rules, that is understood by virtually every lawyer and corrections commissioner, and that is monitored by compliance officers in every state department of corrections.[98] (FEELEY; RUBIN, 1999, p. 15)

Alerta-nos ainda que a grande dificuldade é "(...) equating the metaphor of gaps and penumbras with judicial policy making suggests that policy making is a delimited activity, safely contained on the periphery or in the interstices of real law"[99] (FEELEY; RUBIN, 1999, p. 14).

Destarte, se por um lado o caso da reforma dos sistemas prisionais americanos reflete, fielmente, o esforço judicial na elaboração de políticas públicas, por outro traz a inquietação de outras instituições governamentais que asseveram que não cabe ao Poder Judiciário tais intervenções em questões cuja competência é tipicamente do Executivo e Legislativo. Gera-se, assim, um sério problema de legitimação por conta da violação ao princípio da separação de poderes.

---

haviam sido submetidos a amplas ordens judiciais. Depois de uma década, esses números aumentaram para trinta e cinco estados e nove sistemas penitenciários. Uma década mais tarde, em 1995, a ACLU estimou que as prisões de um total de quarenta e um estados, bem como o Distrito de Colúmbia, Porto Rico e as Ilhas Virgens, haviam, numa ocasião ou noutra, sido também submetidas a amplas ordens judiciais, como todos os sistemas correcionais de pelo menos dez estados".

98 Tradução livre: "As decisões do judiciário federal estabeleceram um amplo código de regras e regulamentos detalhados que disciplinam o funcionamento de todas as prisões na América, um código que se reflete nos estatutos estaduais, regulamentos administrativos e regras internas de prisões, que é entendido por praticamente todos os advogados e comissários correicionais, e isso é monitorado por responsáveis pela conformidade em todos os departamentos correicionais estaduais".

99 Tradução livre: "igualar a metáfora das lacunas e penumbras com a formulação de políticas públicas pelo judiciário, o que sugere que a formulação de políticas é uma atividade delimitada, contida com segurança na periferia ou nos interstícios do direito real".

Além do exemplo mencionado linhas acima de protagonismo do Judiciário e ativismo judicial, temos outros interessantes espalhados mundo afora. Em Israel, foi a Suprema Corte que deu a "palavra final" sobre a constitucionalidade da legislação que dispunha sobre a construção de um muro na fronteira com o território palestino. Na Coreia do Sul, a Suprema Corte recolocou no cargo a Presidente que havia sofrido um processo de *impeachment*. No México, foi a Suprema Corte que facilitou a legalização da maconha. Muitos outros exemplos poderiam ser citados. Nessa linha, Ran Hirschl destaca que:

> Over the last few decades there has been a dramatic expansion in the realm of courts and judges engaged with determining public policy outcomes, mainly through administrative review, judicial redrawing of bureaucratic boundaries between state organs, and, latterly, 'ordinary' rights jurisprudence. Not a single week passes without a national high court somewhere in the world releasing a major judgment pertaining to the scope of constitutional rights or the limits on legislative or executive powers. The most common are cases dealing with criminal 'due process' rights and other aspects of procedural justice. Also common are rulings involving classic civil liberties, the right to privacy, and formal equality.[100] (HIRSCHL, 2008, p. 98)

Em sendo assim, fica claro que no Estado Moderno ou Pós-Moderno, para alguns filósofos e doutrinadores, a judicialização da vida e da política e, por conseguinte, o protagonismo das Supremas Cortes[101] são fatos incontestes.

---

[100] Tradução livre: "Nas últimas décadas tem ocorrido uma dramática expansão no domínio dos tribunais e juízes na determinação de resultados de políticas públicas, principalmente através da revisão administrativa, do redesenho judicial de fronteiras burocráticas entre órgãos estatais e, ultimamente, jurisprudência de direitos "ordinários". Nenhuma semana se passa sem um tribunal superior nacional em algum lugar do mundo, liberar um importante julgamento relacionado ao escopo dos direitos constitucionais ou aos limites dos poderes legislativo ou executivo. Os mais comuns são os casos que lidam com direitos criminais de "devido processo legal" e outros aspectos da justiça processual. Também são comuns as decisões envolvendo as liberdades civis clássicas, o direito à privacidade e a igualdade formal".

[101] Alexander Hamilton, no "Federalist nº 78" defendeu a independência do Judiciário em relação aos dois outros poderes e que o Judiciário deveria ter o poder de derrubar leis advindas do Congresso que fossem manifestamente contrárias ao teor da Constituição americana. Ao mesmo tempo em que apresentou argumentos favoráveis à independência do Judiciário, afirmou que este Poder era de longe o mais fraco, por não ter a "espada" do Executivo, tampouco a "bolsa" do Legislativo. Por essa razão, a Constituição dos EUA, em seu artigo 3º, seção 1, determinou o seguinte: "Judges ... shall hold their offices during good behavior". É justamente essa permanência no cargo que dá aos juízes a confiança e independência necessárias para que interesses e caprichos de membros de outros poderes não possam atrapalhar o exercício de tão complexa competência que é

Mas quais são as implicações dessa realidade prática para o constitucionalismo democrático e a separação dos poderes? Esse questionamento gera muitas discussões e críticas ao *judicial review*, não respostas definitivas!

Robert Bork,[102] por exemplo, em seu livro "Coercing Virtue - The Worldwide Rule of Judges" adota uma postura bem crítica em relação à revisão e ao ativismo judicial. Considera que este último produz resultados que não são apoiados por interpretações constitucionais que possam ser consideradas razoáveis. Por isso, tratam-se de ações desenfreadas e completamente insuportáveis, que não são suportadas nem mesmo pelas numerosas tentativas de justificação feitas por advogados acadêmicos e por grupos ativistas de esquerda, como a *American Civil Liberties Union* e a *American Bar Association*[103]. Ressalta, assim, que essa necessidade de estar em torno de um centro de poder é justificada pelo desejo da produção de resultados vislumbrados por determinado grupo (BORK, 2003, p. 79).

Ao entender que há não só uma invasão como também uma usurpação do Judiciário em relação às prerrogativas democráticas, Bork desabafa dizendo que apesar do *pedigree* das defesas do ativismo judicial, elas são notavelmente simplistas (*remarkably simplistic*). Sendo assim, justificativas que defendem que os americanos têm uma Constituição viva (*living constitution*), que deve ser mantida e acompanhar a evolução da moralidade, bem assim que não há razão para que a geração atual seja governada por homens que há muito já morreram, não têm, para ele, qualquer mérito (BORK, 2003, p. 80).

Arremata dizendo que: "If it were true that we cannot understand the meaning of the constitution, the only conclusion that follows is that judges should not exercise any power of judicial review"[104] (BORK, 2003, p. 80). As-

---

a de interpretar as leis de uma sociedade livre e democrática.

[102] Robert Bork foi indicado pelo Presidente Ronald Reagan para se tornar membro da Suprema Corte dos Estados Unidos em 1987, mas seu nome foi rejeitado pelo Senado americano. É importante frisar que o número de "associate justices" é determinado pelo Congresso dos Estados Unidos e é atualmente fixado em 8 pelo "Judiciary Act of 1869".

[103] No que diz respeito à *American Bar Association-ABA*, ao considerar que sua posição é irresponsável e demagógica, Bork enfatiza que: "(...) once a professional group, now a liberal political faction – that its president could say: 'An attack on activist judges is an attack on our Constitution. It is an attack on our tripartite system of government'". Saliente-se que a informação dada por Bork foi extraída da reportagem denominada "Bar Brawl, The ABA Prepares to Fighr Dirty", publicada no *National Review*, 23 *November* 1998 (BORK, 2003, p. 83).

[104] Tradução livre: "Se fosse verdade que não podemos entender o significado da

sim, não haveria base para se declarar que um estatuto está em desacordo com a Constituição. Demais disso, não seria verdade que a Constituição não tem significado disponível para nós, haja vista que além da sua textualidade, os registros da Convenção da Filadélfia, as convenções ratificadoras dos Estados e as volumosas trocas escritas entre os federalistas e os antifederalistas também precisam ser levadas em consideração (BORK, 2003, p. 80).

Partindo de uma forte noção da necessidade de autogoverno e da constatação de que a maioria das liberdades garantidas aos americanos é estatutária e não constitucional, afirma que a garantia de liberdades adicionais pode ser provida por emenda constitucional ou por lei, vez que não há na Constituição qualquer impedimento para que os cidadãos possam promulgar novos estatutos que especifiquem tais liberdades.

Destarte, o argumento de que a *living constitution* decorre da observação de que, como a moralidade da sociedade está evoluindo, os tribunais precisam interpretar a Constituição com vistas a que novos fatos sociais possam ser levados em consideração é falso (*the argument is disingenuous*). Com base em casos concretos resolvidos no âmbito da Suprema Corte americana, destaca que a lógica evolutiva da moralidade usada por esta Corte várias vezes é, na verdade, uma declaração que mostra suas preferências em relação a assuntos concernentes à moralidade. E num tom profundamente crítico pontua: "The society is not evolving, only the court is"[105] (BORK, 2003, p. 80).

Não se justifica que a Suprema Corte altere o significado de um estatuto. Tampouco se justifica que uma decisão constitucional seja revogada pela legislatura. Os argumentos a favor da revisão e do ativismo judicial revelam um *animus* antidemocrático, pois a Corte não se mostra vinculada à compreensão original dos princípios da Constituição (BORK, 2003, p. 80-81).

Diante de toda essa problemática destacada, o autor busca elencar possíveis remédios para o ativismo judicial, um deles, apresentado como uma solução estrutural que depende de uma emenda constitucional, é tornar *weak* o *strong judicial review* americano. Sugere que:

> A second structural solution would require a constitutional amendment to permit the overruling of Supreme Court decisions by the full Congress or by the Senate. Suggestions of this sort have been made from time to time but are never taken very seriously. Canada's Charter of Rights and

---

constituição, podemos concluir que os juízes também não devem exercer nenhum poder de revisão judicial".

105 Tradução livre: "A sociedade não está evoluindo, apenas o Tribunal está".

> Freedoms has a similar provision, as will be seen, but so far it has not proved effective in curbing its Supreme Court. Perversely, it may even encourage activism by allowing Canadian Judges to claim increased freedom to innovate precisely on the grounds that they are subject to democratic revision if they are seen to go too far. Canadian legislatures only rarely use their power to override.[106] (BORK, 2003, p. 81-82)

Como que numa tentativa incansável de encontrar meios para conter o ativismo judicial, considerado antidemocrático e a serviço da agressão cultural liberal, Bork aponta duas outras curas possíveis para a "patologia" da invasão judicial nas prerrogativas democráticas. Uma delas estaria associada à nomeação de juízes que se comprometam a interpretar a Constituição de acordo com o entendimento original dado aos seus princípios. Porém, num tom de decepção[107], admite que essa estratégia não tem sido bem-sucedida, pois as tendências ativistas liberais, que a princípio não levantam suspeitas, terminam cedo ou tarde mostrando sua verdadeira face, ora pela influência da mídia ora pelos julgamentos advindos do mundo acadêmico em relação às reputações judiciais.

A outra cura, de natureza não estrutural, seria buscar persuadir a própria Corte Constitucional a reavaliar os meios utilizados na construção de decisões. O posicionamento crítico de Bork já acompanha o resultado para a possível solução, quando acentua que todos os esforços empreendidos para o sucesso

---

[106] Tradução livre: "Uma segunda solução estrutural exigiria uma emenda constitucional para permitir a anulação das decisões da Suprema Corte por todo o Congresso ou pelo Senado. Sugestões desse tipo têm sido feitas de tempos em tempos, mas nunca são levadas muito a sério. A Carta de Direitos e Liberdades do Canadá tem uma disposição similar, como será visto, mas até agora não se provou eficaz em restringir a atuação da Suprema Corte. Perversamente, pode até encorajar o ativismo ao permitir que os juízes canadenses reivindiquem maior liberdade para inovar precisamente com base no fato de que estão sujeitos à revisão democrática se forem longe demais. As legislaturas canadenses raramente usam seu poder para sobrepor".

[107] Bork, como que num desabafo por sua indicação para "Justice" da Suprema Corte Americana ter sido rejeitada pelo Senado, assim coloca em relação ao processo de indicação de juízes para a Suprema Corte: "Moreover, federal court confirmations, particularly for the supreme court, have become a major battleground in the culture war. The democratic party is now the ally of the new class, so that, is a closely divided or a democratic Senate, nominees suspected of adhering to the judicial philosophy of original understanding are unlikely to win confirmation. Nevertheless, the attempt to change views about proper judging and to confirm candidates with those views, unsuccessful though it has been and bleak as are its prospects in the immediate future, may be the only chance to divert the Court from antidemocratic activism in the service of liberal cultural aggression" (BORK, 2003, p. 82).

dessa cura têm se mostrado completamente ineficazes. A sua percepção é no sentido de que os juízes parecem estar imunes a argumentos de autocontenção, tampouco empreendem quaisquer esforços para responderem às críticas a eles direcionadas (BORK, 2003, p. 82).

Destaca que houve uma época em que os advogados acadêmicos se preocupavam com a natureza contramajoritária da revisão judicial, bem assim com a ausência de controles sobre as atividades da Corte. Assim, a única contenção que vislumbravam em relação às decisões da Suprema Corte estava vinculada à observância crítica de determinadas tradições.

Invocando Alexander Bickel[108], coloca que este autor, embora também acreditasse na questão da tradição, terminou reconhecendo que esta foi destruída na época da Corte Warren[109]. Mostrando todo o seu ceticismo, Bork salienta: "I am not sure there ever was much of a tradition capable of confining the Court"[110]. Acredita que ainda pode existir um certo grau de restrição, mas esta decorre não mais da tradição, mas decorre da "apprehension about the reaction of the public, the profession, and the other institutions of government"[111], haja vista que receios persistentes terminaram sendo dissipados pela inércia da oposição política (BORK, 2003, p. 82).

Mesmo diante de tantas soluções que parecem não encontrar caminho fértil para surtirem os efeitos desejados, Bork salienta que há ainda uma luz no fim do túnel para que a Corte se mantenha no caminho adequado, que é a necessidade de justificar suas decisões com base em um raciocínio que se baseie no texto e na história constitucional. Ao mesmo tempo em que coloca que se esse raciocínio vacilasse, logo seriam direcionadas críticas advindas da

---

108 Já vimos neste capítulo que a posição de Bickel é bem crítica em relação ao ativismo e à supremacia judicial.

109 A Corte de Warren foi responsável por uma verdadeira revolução constitucional nos Estados Unidos, que ocorreu entre 1953 a 1969, intervalo em que Earl Warren ocupou o cargo de Chefe de Justiça da Suprema Corte Americana. Nesse período, foram analisados casos como *Brown v. Board of Education*, questões sobre direitos civis, separação das igrejas e do estado, direitos de defesa e enquadramento penal (caso *Miranda v. Arizona*). A Comissão Warren, por sua vez, foi estabelecida em 29/11/1963 pelo Presidente dos Estados Unidos, Lyndon B. Johnson, para investigar o assassinato do Presidente John F. Kennedy.

110 Tradução livre: "Não tenho certeza se houve alguma vez uma tradição capaz de confinar o Tribunal".

111 Tradução livre: "apreensão sobre a reação do público, da profissão e das demais instituições do governo".

American Bar Association[112], admite que essa associação se assemelha agora a uma "collection of businessmen interested only in maximize profit, rather than a body of professionals interested in maintaining the integrity of the judicial role" [113] (BORK, 2003, p. 83).

Levando em consideração a falta de perspectivas críticas em relação à atuação da Suprema Corte por parte da *American Bar Association*, da academia jurídica e da mídia, Bork assevera que há um contínuo desinteresse dos membros da Corte para sequer esboçar justificativas para um ativismo tão radical e habitual. Causa-lhe, pois, desconforto perceber que a Suprema Corte nunca ofereceu justificativas para a sua prática de usar a Constituição para alterar e reverter a compreensão dos seus autores e ratificadores. Assim, ressalta que: "Though it is certainly peculiar, if not perverse, to use a document that is the sole source of the court's authority to subvert the document itself, most of the justices obviously feel no need to explain the legitimacy of that course"[114] (BORK, 2003, p. 84).

Destaca que o máximo que a Corte já reconheceu foi que não sente que seu poder esteja confinado ao significado pretendido pela Constituição. Isso significa, para Bork, um evidente hábito de abusar do poder. Todavia, essa prática não pode legitimar o abuso. Constata, então, que como os ramos do governo não têm meios de resistir à Corte, os juízes terminam se convencendo de que suas persistentes invasões no domínio do governo democrático terminam estabelecendo um tipo de servidão em toda a Constituição, as quais só favorecem suas predileções pessoais. Em sendo assim, conclui que:

> All these trends might have been predicted, and some opponents of ratification did, in fact, predict them. Given unchecked power, most human beings, even those in robes, will abuse it. In the absence of any democratic counterweight, we must rely on the self-restraint of the justices. These days, that virtue rarely musters five votes.[115] (BORK, 2003, p. 84)

---

112 Tradução livre: Associação dos Advogados Americanos (semelhante à Ordem dos Advogados do Brasil – OAB).

113 Tradução livre: "coleção de empresários interessados apenas em maximizar o lucro, ao invés de um corpo de profissionais interessados em manter a integridade do papel judicial".

114 Tradução livre: "Embora seja certamente peculiar, se não perverso, usar um documento que é a única fonte da autoridade do tribunal para subverter o documento em si, a maioria dos juízes obviamente não precisa explicar a legitimidade desse percurso".

115 Tradução livre: "Todas essas tendências poderiam ter sido previstas, e alguns adversários da ratificação, de fato, as previram. Dado o poder descontrolado, a maioria dos seres humanos, mesmo aqueles em togas, vai abusar dele. Na ausência de qualquer

Ao demonstrar inquietações semelhantes às de Bork, Larry Kramer, em seu livro "The People Themselves - Popular Constitutionalism and Judicial Review", também pretende encontrar possíveis alternativas para reduzir o *judicial power*. Para isso, busca aporte teórico no novo modelo de constitucionalismo europeu. Ele quer, em realidade, sem deixar de lado a necessidade de garantir a independência judicial, propor inovações para aliviar a pressão que a doutrina da supremacia judicial cria, de modo a reduzir a probabilidade de ocorrência de violações graves causadas pelo Tribunal Constitucional a outras esferas de governo.

Percebe que as nações da moderna Europa já encontraram maneiras mais sensíveis de lidar com o problema do controle de constitucionalidade. Frisa, por isso, que as constituições europeias do segundo pós-Guerra criaram tribunais especiais para rever questões constitucionais, os quais não fazem parte do sistema jurídico ordinário, diante da posição política que ocupam. Demais disso, foram garantidas salvaguardas adicionais, de modo a assegurar um nível apropriado de responsabilidade política e ainda assim manter o grau adequado de independência judicial. Frisa, então:

> Appointment to the bench thus typically requires a supermajority in one or both houses of the legislature, guaranteeing that constitutional courts have a mainstream ideology, while judges serve terms that are limited and staggered to ensure a regular turnover. In addition, the constitutions themselves are more easily amendable than ours. (...) Partly as a result, constitutional courts in Europe have managed successfully to mimic American activism without the same controversy, though recent developments suggest that European judges, too, may be approaching the limits of their authority.[116] (KRAMER, 2004, p. 250)

Com base na realidade europeia, destaca que a Constituição dos EUA não alberga dispositivos semelhantes, pois seus pais fundadores sequer de longe imaginaram tamanha supremacia judicial. Garantir ao Judiciário a

---

contrapeso democrático, devemos confiar no autocontrole dos juízes. Hoje em dia, essa virtude raramente apresenta cinco votos".

116 Tradução livre: "A nomeação para o Tribunal, portanto, tipicamente requer uma supermaioria em uma ou ambas as casas da legislatura, garantindo que as cortes constitucionais tenham uma ideologia dominante, enquanto os juízes atendem a termos limitados e escalonados para garantir uma rotatividade regular. Além disso, as próprias constituições são mais facilmente alteráveis do que as nossas. (...) Como parte do resultado, os tribunais constitucionais da Europa conseguiram imitar com sucesso o ativismo americano sem a mesma controvérsia, embora desenvolvimentos recentes sugiram que os juízes europeus também possam estar se aproximando dos limites de suas autoridades".

independência judicial para desempenhar suas funções era importante para eliminar, ou pelo menos reduzir ao máximo, a influência dos Poderes Executivo e Legislativo sobre os litígios ordinários. Todavia, com a larga expansão do Judiciário americano na arena política, começou-se a pensar na necessidade de criação de um grau de controle e de prestação de contas, recorrendo-se a ferramentas políticas (KRAMER, 2004, p. 250-251).

Kramer destaca que o sistema judicial que resultou das mudanças implementadas funcionou razoavelmente bem ao longo da história americana, mas os custos daí decorrentes podem ser demasiadamente altos. Diante dessa experiência, ao mesmo tempo em que pensa na possibilidade de alterar a Constituição dos EUA para acrescentar algumas das melhorias incorporadas nas constituições europeias, lembra das dificuldades para emendar a Constituição americana, mas reforça o argumento de que "limited and staggered terms seem like obviously sensible reforms"[117] (KRAMER, 2004, p. 250).

Em adição, sugere que "Certainly any sensible constitution-maker today, if starting from scratch, would think seriously about incorporating such devices. Unfortunately, we are not starting from scratch"[118]. Mas repisa que, na realidade americana, há pouquíssima chance de revisar a Constituição dos EUA para incorporar ideias europeias, diante da complexidade do atual processo de emenda. Destarte, a saída é se conformar com o caro e desajeitado (*costly and clumsy*) sistema de prestação de contas (KRAMER, 2004, p. 251).

Constata, então, diante da avaliação de questões históricas, que o Tribunal Constitucional americano é tudo menos frágil, pois conseguiu escapar, mesmo antes de ser atacado. Foi, também, capaz de suportar enormes pressões quando suas ações, finalmente, despertaram um clamor. Mesmo assim, a Corte recuperou-se, de forma rápida, dos poucos casos em que armas políticas foram aplicadas contra ela. Para ele, o risco de que ramos políticos causem sérios danos ao Judiciário é muito menor do que o perigo de deixar que a preocupação excessiva em ferir a Suprema Corte se torne uma desculpa para conferir aos juízes licença para decidir questões que poderiam e deveriam ser deixadas para o âmbito da política constitucional (KRAMER, 2004, p. 251).

Mas como a aparente força e durabilidade do Tribunal pode ser explicada? Essas características não podem ser atribuídas à supremacia judicial, que

---

117 Tradução livre: "termos limitados e escalonados tendem a conduzir obviamente a reformas mais sensatas".

118 Tradução livre: "Certamente, qualquer construtor sensato de constituição hoje, caso rabisque do zero, pensaria seriamente em incorporar esses dispositivos. Infelizmente, não estamos rabiscando do zero".

não foi regra em grande parte da história americana. Para ele, os cientistas sociais entendem que a prudência de um Tribunal pode sustentar uma alta autoridade, mesmo sem que haja o apoio formal de uma doutrina de supremacia judicial. Rememora os ensinamentos de Madison para acentuar que o que ele não disse, mas está implícito em seu argumento, é que:

> these sorts of factors carry weight because of certain expectations the public holds in respect to the Court and its role. The potential usefulness of the judiciary in a separation-of-powers scheme is not difficult to comprehend, and politicians and ordinary citizens alike can and do appreciate that there are advantages in giving the Court some leeway to act as a check on politics. This includes understanding that many benefits of judicial involvement are long term and systemic and so may require accepting individual decisions with which one disagrees. It takes a lot to persuade a majority in this country that particular rulings are wrong enough to overcome this presumption. To this, moreover, we must add the assorted obstacles our political system puts in the way of anyone seeking to change law (through bicameralism, the congressional committee system, filibusters, presidential vetoes, and the like), and the disproportionate power these obstacles give political minorities in blocking new measures. The upshot is that the Court's conduct must be quite provocative and very unpopular, usually over a sustained period, before it will produce actual legislative or executive countermeasures.[119] (KRAMER, 2004, p. 252)

Ao comparar um sistema de supremacia judicial com outro baseado na construção departamental ou coordenada (*departmental or coordinate construction*), Kramer ressalta que neste último sistema a autoridade das decisões

---

[119] Tradução livre: "esses tipos de fatores carregam um peso em razão de certas expectativas que o público mantém em relação ao Tribunal e ao seu papel. A utilidade potencial do Judiciário num contexto de separação de poderes não é difícil de compreender, e os políticos e cidadãos comuns tanto podem quanto apreciam que há vantagens em dar ao Tribunal uma margem de manobra para agir examinando a política. Isso inclui a compreensão de que muitos benefícios do envolvimento judicial são sistêmicos e de longo prazo e, portanto, podem exigir a aceitação de decisões individuais em relação as quais há discordância. É preciso muito para convencer a maioria neste país de que decisões específicas estão erradas o suficiente para superar essa presunção. Para tal, além disso, devemos acrescentar os obstáculos variados que nosso sistema político coloca no caminho de qualquer um que tenha a pretensão de mudar a lei (através do bicameralismo, do sistema de comitês do Congresso, obstruções, vetos presidenciais e outros) e o poder desproporcional que esses obstáculos conferem a minorias políticas para o bloqueio de novas medidas. O resultado é que a conduta do Tribunal deve ser bem provocativa e muito impopular, geralmente durante um período continuado, antes que ela produza reais contramedidas legislativas ou executivas".

judiciais depende das reações dos outros ramos e do próprio público, o que pode fazer a diferença no comportamento dos juízes. Destaca, pois que:

> There may be political obstacles to punishing the Court that make it possible even without judicial supremacy for the Justices to have their way most of the time. But the obstacles are smaller by precisely the weight conferred on Supreme Court decisions by the doctrine is widely accepted, can be considerable. The result of removing this weight is not more conflict. Indeed, a great irony of making clear that we can and should punish an overreaching Court is that it will then almost never be necessary to do so. Rather than more or constant conflict, we will instead see a different equilibrium emerge, as a risk-averse and potentially vulnerable Court adjusts its behavior to greater sensitivity on the part of political leadership in the other branches.[120] (KRAMER, 2004, p. 252-253)

Para Kramer, mudanças como essas não implicariam grandes mudanças na rotina diária de solução de casos concretos, ou seja, o trabalho de um Juiz da Suprema Corte seria semelhante ao anterior. O autor, então, está apostando numa mudança de atitude e do autoconceito que os próprios juízes da Suprema Corte fazem de si mesmos. Assim, estes passariam a se ver, em relação ao público, como os juízes de primeira instância se vêm em relação ao Tribunal Constitucional. Noutras palavras: aumentaria a responsabilidade na interpretação da Constituição, pois tomariam consciência de que existe uma autoridade mais alta lá fora com poder para derrubar suas decisões, a autoridade popular atual, e não de ““pessoas abstratas” (*abstract people*) que falaram duzentos anos atrás[121] (KRAMER, 2004, p. 252-253).

Muito embora reconheça que a probabilidade prática de um Juiz da Corte Suprema ser derrubado por essa autoridade superior é pequena, Kramer põe em destaque que o senso de responsabilidade engendrado dessa maneira, juntamente com um desejo natural de evitar controvérsias e proteger a

---

120 Tradução livre: "Podem existir obstáculos políticos para punir a Corte que tornam possível, mesmo sem supremacia judicial, que os juízes sigam seu caminho na maior parte do tempo. Mas os obstáculos são menores precisamente pelo peso conferido às decisões da Suprema Corte pela doutrina que é amplamente aceito e precisa ser considerado. O resultado da remoção deste peso não se refletr em mais conflito. De fato, a grande ironia de tornar claro que podemos e devemos punir um Tribunal que ultrapassa é que quase nunca será necessário fazê-lo. Em vez de conflito mais intenso ou constante, veremos um diferente equilíbrio emergir, à medida que uma Corte potencialmente avessa a riscos e potencialmente vulnerável ajusta seu comportamento considerando uma maior sensibilidade por parte da liderança política nos outros poderes".

121 Kramer está se referindo às pessoas da época da elaboração da Constituição dos Estados Unidos.

Instituição como um todo, mudaria, inevitavelmente, a dinâmica da tomada de decisões. Para ele, isso explica: porque a Suprema Corte gerou sua autoridade, historicamente, mesmo sem supremacia judicial; porque as crises ocorreram, justamente, quando o Tribunal mostrou-se excessivamente confiante e prestou pouca atenção à visão pública das coisas (KRAMER, 2004, p. 252-253).

As críticas acima retratadas, que são apenas algumas de um enorme universo de oposição à supremacia judicial e ao *judicial review*, requerem um contraponto. Martin Shapiro o faz, com uma visão não só jurídica, mas também de cientista político, em artigo denominado "The Success of Judicial Review", publicado no livro "Constitutional Dialogues in Comparative Perspective".

Começa adotando uma perspectiva de direito comparado, por entender que "Social scientists doing comparative law are often up to something different. The comparative method is used as a substitute for the typically unavailable experimental method of theory construction and testing"[122]. Em sendo assim, leva em consideração como era o *judicial review* antes e depois da Segunda Guerra Mundial, colocando que: "until after the Second World War, constitutional judicial review (...) really flourished in only three countries: the USA, Canada and Australia"[123] (SHAPIRO, 1999, p. 194-195).

Ao considerar, como hipótese, que a revisão judicial constitucional bem sucedida pode ser necessária para que o federalismo possa obter sucesso, ele frisa que:

> Judicial review is caused by a peculiarly English allegiance to the rule of law plus the peculiar evolution of the British Empire in the eighteenth and nineteenth centuries. Because of the firmly held beliefs in judicial independence, neutrality and fidelity to law prevalent in English-speaking cultures, citizens were prepared to vest the enormous power of constitutional review in courts, and/or member states were willing to allow a court nominally a part of the central government with which it was disputing to resolve the dispute. England itself did not have constitutional judicial review because it was not federal and/or because its seventeenth-century revolutions had not sufficiently disrupted the english political traditions working against judicial review, traditions that had been disrupted by the movement of

122 Tradução livre: "Os cientistas sociais que estudam o direito comparada costumam fazer algo diferente. O método comparativo é usado como um substituto para o método experimental normalmente indisponível de construção e teste de uma teoria".

123 Tradução livre: "até depois da Segunda Guerra Mundial, a revisão judicial constitucional (...) realmente floresceu em apenas três países: EUA, Canadá e Austrália".

> Englishmen abroad. New Zealand was not federal and South Africa was not English.[124] (SHAPIRO, 1999, p. 195-196)

Ao observar os exemplos da França, Alemanha, Espanha, Itália e Hungria, reconhece que a hipótese de que o *judicial review* floresce nas culturas que falam inglês pode ser abandonada, pois, claramente, este pode ter lugar em "non-English-speaking environments"[125]. Acentua que também é tempo de desconsiderar a parte federalista da hipótese inicialmente traçada, pois:

> Although the US Constitution involved both federalism and a division of powers at the capital (what Americans call separation of powers), Canada and Australia, following the mother country, espoused unified government at the capital, 'parliamentary sovereignty'. Put the USA, England, Autralia and Canada together and you appear to get the irrelevancy of the organization of power at the capital to the flourishing of judicial review. The pattern of concentration versus division of capital power does not correlate to the pattern of judicial review.[126] (SHAPIRO, 1999, p. 197)

Após analisar muitos outros exemplos que vigoram ao redor do mundo sobre padrões de *judicial review*, bem assim a história da revisão judicial constitucional bem-sucedida, Shapiro considera que um certo grau de produção de políticas públicas no âmbito do Supremo Tribunal é aceitável, por ser ele um poderoso ator político e diante da necessidade de resolução de conflitos

---

[124] Tradução livre: "A revisão judicial é causada por uma característica lealdade inglesa ao estado de direito mais a peculiar evolução do Império Britânico nos séculos XVIII e XIX. Devido às crenças firmemente mantidas na independência judicial, neutralidade e fidelidade à lei prevalente nas culturas de língua inglesa, os cidadãos estavam preparados para exercer o enorme poder da revisão constitucional nos tribunais, e/ou os estados membros estavam dispostos a permitir que um tribunal nominalmente fosse parte do governo central com o qual estava disputando para resolver a disputa. A própria Inglaterra não tinha revisão judicial constitucional porque não era federal e/ou porque suas revoluções do século XVII não haviam perturbado suficientemente as tradições políticas inglesas que atuavam contra a revisão judicial, tradições que haviam sido interrompidas pelo movimento de ingleses no exterior. A Nova Zelândia não era federal e a África do Sul não era inglesa".

[125] Tradução livre: "ambientes que não falam inglês".

[126] Tradução livre: "Embora a Constituição dos EUA envolvesse tanto o federalismo quanto uma divisão de poderes na capital (o que os americanos chamam de separação de poderes), Canadá e Austrália, seguindo a mãe pátria, defendiam um governo unificado na capital e "soberania parlamentar". Colocar os EUA, Inglaterra, Autralia e Canadá juntos e você parece ter uma irrelevância da organização do poder na capital para o florescimento da revisão judicial. O padrão de concentração versus divisão do poder na capital não se correlaciona com o padrão de revisão judicial".

de difícil solução. Argumenta, ademais, que as disputas de limites de poder têm grande probabilidade de motivar tais atores, ao mesmo tempo em que se mostra preocupado com o fato de que as motivações humanas de longo prazo são perturbadas, frequentemente, por considerações de curto prazo, as quais podem destruir, rapidamente, o que foi construído de forma lenta ao longo do tempo (SHAPIRO, 1999, p. 210-211).

Entende ser improvável que as necessidades de longo prazo para a resolução de conflitos possam blindar a revisão constitucional das crises de oposição geradas em qualquer entidade política, inevitavelmente, de tempos em tempos. Só lhe resta, então, utilizar suas capacidades para fazer um exercício de autodefesa. Assim, pontua que:

> So we must consider the institutional self-defense capacities of courts as well as the basic motivations of others political players if we are to account for successful review. Obviously the first such defensive resource is precisely that constitutional judicial review is wielded by things that are usually called and act like courts. A lot of resources that have been poured into creating the vision of the independent, neutral, law-serving rather than law-making judiciary create a kind of fund of legitimacy that a judicial review court attacked for its policy interventions can draw on.[127] (SHAPIRO, 1999, p. 211)

Assevera, pois, que no mundo contemporâneo, a identificação do *judicial review* constitucional com a garantia de importantes direitos tem providenciado uma defesa poderosa a favor dessa revisão. Tem-se aí uma via de mão dupla, haja vista que ao mesmo tempo em que a revisão judicial recebe apoio dos direitos, os direitos requeridos recebem apoio desta. Mas, para Shapiro, mesmo diante dessa legitimidade, os estudiosos identificam como um fascinante recurso de autodefesa a propensão dos tribunais de tornar baixa a visibilidade de decisões, aparentemente "técnicas" e de exibir uma capacidade particular de manipular resultados a curto e longo prazo.

Destaca que, embora ocasionalmente os julgamentos constitucionais tenham alta visibilidade, a maioria não tem, assim as iniciativas relacionadas à política judicial permanecem mais ou menos escondidas (SHAPIRO, 1999,

[127] Tradução livre: "Então, nós devemos considerar as capacidades de autodefesa institucional dos tribunais, bem como as motivações básicas de outros atores políticos, se quisermos dar conta de uma análise bem-sucedida. Obviamente, o primeiro recurso de defesa desse tipo é precisamente que a revisão judicial constitucional é manejada por coisas que geralmente são chamadas e atuam como tribunais. Muitos recursos que foram investidos na criação da visão do sistema judiciário independente, neutro e que serve a lei em vez do legislativo, criam uma espécie de fundo de legitimidade que um tribunal de revisão judicial possa investir em intervenções políticas".

p. 212). Para ele: "constitutional judges, sometimes go too far to fast. Nevertheless, the whole loading of the judicial process toward case-by-case policy making probably ensures for the judges a relatively high batting average for workable outcomes"[128] (SHAPIRO, 1999, p. 213).

Ao constatar que não há como fugir das oposições políticas ao papel ativista do Judiciário, Shapiro destaca que os políticos que, potencialmente, opõem-se aos juízes estão satisfeitos com as vitórias de curto prazo. Os juízes, de seu lado, podem se utilizar de técnicas legais para conceder vitória "parcial" aos oponentes potenciais, todavia usam a estratégia de transferir para a doutrina legal um resultado final que teria gerado uma oposição mais destrutiva quando incorporada aos resultados reais no dia em que foi anunciada.

Ele aposta que a baixa visibilidade da formulação de políticas pode ser bem-sucedida, quando considerado o atual estado hiperpluralista da política democrática e arremata: "It may always have been a key to the survival of judicial policymaking in polities where other political actors had superior political resources"[129] (SHAPIRO, 1999, p. 212-213).

Compreende que há muito mais a ser dito sobre os mecanismos institucionais de defesa da revisão judicial constitucional e que o desenvolvimento dos estudos, nesse particular, avançará na medida em que os estudos de direito comparado relativos à revisão judicial amadurecerem. Há, sem dúvida, dificuldade em prever quando e onde a formulação de políticas judiciais em larga escala ocorreria, mas a verdade é que a decisão de fazer nova política ou mudar uma política existente é uma decisão "política" que tem enorme impacto político. E para fechar seu artigo, Shapiro faz uma breve comparação entre o Judiciário americano e o canadense, colocando que:

> But the American judiciary, in part because of the persistence of established doctrine and in part because of Republican appointments, is still anchored (impeded? – choose your side), by older negative or liberty regarding rights notions. The Canadian judges, relatively new to the rights game, are more open to the current fashions in rights discourse which favor government intervention in order to achieve equality. Given that most of the current rights discourse really opposes free speech, as usual not good guys' free speech but bad guys', the Canadian judges do the same. In any

---

128 Tradução livre: "juízes constitucionais às vezes vão longe demais. No entanto, toda a carga do processo judicial em direção à elaboração de políticas caso a caso, provavelmente garante aos juízes uma média relativamente alta para manejos viáveis".

129 Tradução livre: "Pode ter sido sempre a chave para a sobrevivência da formulação de políticas judiciais em áreas onde outros atores políticos tinham recursos políticos superiores".

> event, the Canadian situation reminds us that it is not only what judicial reviewers can do that counts but what they want to do.[130] (SHAPIRO, 1999, p. 218)

A defesa de Shapiro da legitimidade do Judiciário para atuar como formulador de políticas públicas, embora seja discreta e não traga à baila casos concretos em que a Suprema Corte Americana assim agiu, mostra-nos mais uma inquietude quanto à necessidade de adoção de estratégias de autodefesa. As ações de autodefesa são baseadas na baixa visibilidade das decisões.

Releva notar que Shapiro escreveu o citado artigo em 1999. A questão é que com tantos recursos tecnológicos de acesso à informação é quase impossível supor, em dias de "protagonismo" da *internet* e das redes sociais, que há, onde quer que seja, uma baixa visibilidade das decisões judiciais que formulam políticas públicas, pois, cada vez mais, autores e sociedade em geral estão "de olho" nesse tipo de ação judicial.

A partir dessa visão de Shapiro da face política das Cortes Constitucionais, é importante rememorar que Dahl, na década de 1950, já reconhecia que nelas os critérios políticos são utilizados, muitas vezes, porque os jurídicos não são mais adequados. Mas ao invés de buscar caminhos para ações estratégicas de autodefesa, Dahl, ao contrário de Shapiro, firmado numa realidade concreta e objetiva da sociedade americana, simplesmente coloca como ficção o fato de alguns entenderem que a instituição tem feição exclusivamente jurídica (DAHL, 1957). Assim, defende que:

> If the Court were assumed to be a 'political' institution, no particular problems would arise, for it would be taken for granted that the members of the Court would resolve questions of fact and value by introducing assumptions derived from their own predispositions or those of influential clienteles and constituents. But, since much of the legitimacy of the Court's decisions rests upon the fiction that it is not a political institution but exclusively a legal one, to accept the Court as a political institution would

---

130 Tradução livre: "Mas o Judiciário americano, em parte por causa da persistência da doutrina estabelecida e em parte por causa das designações republicanas, ainda está leal (impedido? – escolha seu lado), à antigas rejeições ou privilégios relacionados a noções de direitos. Os juízes canadenses, relativamente novos no jogo dos direitos, estão mais abertos às modas atuais do discurso jurídico que favorecem a intervenção do governo para alcançar a igualdade. Considerando que a maioria dos discursos sobre os direitos vigentes realmente se opõem à liberdade de expressão, como de costume, não a liberdade de expressão dos mocinhos, mas dos vilões, os juízes canadenses fazem o mesmo. De qualquer forma, a situação canadense nos lembra que não é apenas o que os avaliadores judiciais podem fazer que conta, mas o que eles querem fazer".

> solve one set of problems at the price of creating another. Nonetheless, if it is true that the nature of the cases arriving before the Court is sometimes of the kind I have described, then the Court cannot act strictly as a legal institution. It must, that is to say, choose among controversial alternatives of public policy by appealing to at least some criteria of acceptability on questions of fact and value that cannot be found in or deduced from precedent, statute, and Constitution. It is in this sense that the Court is a national policy-maker, and it is this role that gives rise to the problem of the Court's existence in a political system ordinarily held to be democratic.[131] (DAHL, 1957, p. 280-281)

Além disso, ao reconhecer que a tarefa da Suprema Corte de decidir politicamente não é simples, Dahl acentua, em artigo denominado "Decision Making in a Democracy: The Supreme Court as a National Policy-Maker"[132], que o Tribunal, como parte essencial da liderança política, pode fazer política pública nacional. Portanto, conclui que:

> Thus the role of the Court as a policy-making institution is not simple; and it is an error to suppose that its functions can be either described or appraised by means of simple concepts drawn from democratic or moral theory. It is possible, nonetheless, to derive a few general conclusions about the Court's role as a policy-making institution.
>
> (...)
>
> The Supreme Court is not, however, simply an agent of the alliance. It is an essential part of the political leadership and possesses some bases of power of its own, the most important of which is the unique legitimacy attributed to its interpretations of the Constitution. This legitimacy the

---

[131] Tradução livre: "Caso a Corte fosse considerada logo uma instituição "política", não surgiriam problemas particulares, pois seria dado como certo que os membros da Corte resolveriam questões de fato e valor ao introduzirem suposições derivadas de suas próprias pré-compreensões ou as de clientelas e constituintes influentes. Mas, uma vez que grande parte da legitimidade das decisões do Tribunal repousa na ficção de que não é uma instituição política, mas exclusivamente legal, aceitar o Tribunal como uma instituição política resolveria um conjunto de problemas ao preço de criar outros. Todavia, se é verdade que a natureza dos casos que chegam ao Tribunal é, por vezes, do tipo que descrevi, então o Tribunal não pode agir estritamente como uma instituição legal. Deve, isto é, escolher entre alternativas controversas de política pública, apelando a pelo menos alguns critérios de aceitabilidade em questões de fato e valor que não podem ser encontrados ou deduzidos de precedentes, estatutos e Constituição. Nesse sentido, o Tribunal é um formulador de políticas nacionais e é esse papel que dá origem ao problema da existência do Tribunal em um sistema político comumente considerado democrático".

[132] Tradução livre: "Tomada de decisão em uma democracia: a Suprema Corte como formuladora de políticas nacionais".

> Court jeopardizes if it flagrantly opposes the major policies of the dominant alliance; such a course of action, as we have seen, is one in which the Court will not normally be tempted to engage.
> It follows that within the somewhat narrow limits set by the basic policy goals of the dominant alliance, the Court can make national policy.[133] (DAHL, 1957, p. 280-281)

Considerando o exemplo prático da formulação de políticas públicas pela Suprema Corte no caso das prisões americanas; considerando, ainda, que a formulação de políticas públicas por parte do Judiciário começa com a percepção de um problema e com a identificação de um objetivo, Rubin e Feeley seguem raciocínio análogo ao de Dahl e acentuam que:

> In fact, the reason judges are reluctant to acknowledge their policy-making role is not because of any convincing countervailing norm, but precisely because they lack an established vocabular by which this role can be described. To some extent, the vocabular for judicial policy making can be borrowed from the administrative process, as our dominant image of government, and can be elaborated by studying the interaction of that image with the specific features of judicial action such as the institutional features of the courts and the need to translate norms or standards into legal doctrine.
> (...)
> All branches of government, including courts, acted as policy makers in the preadministrative era, albeit not as frequently or comprehensively. It is disconcerting that we have been required to draw upon concepts derived from the administrative era to describe a process that predates that era by several centuries, at least.[134] (RUBIN; FEELEY, 1999, p. 360-361)

---

[133] Tradução livre: "Assim, o papel do Tribunal como uma instituição de elaboração de políticas não é simples; e é um erro supor que suas funções possam ser descritas ou avaliadas por meio de simples conceitos retirados da teoria democrática ou moral. É possível, no entanto, extrair algumas conclusões gerais sobre o papel do Tribunal como uma instituição de decisão política.
(...)
A Suprema Corte não é, entretanto, um simples agente de coalisão. É parte essencial da liderança política e possui algumas bases de poder próprias, a mais importante delas é a legitimidade que decorre das suas interpretações da Constituição. A Corte coloca em risco essa legitimidade quando se opõe flagrantemente às políticas principais da aliança dominante; esse curso de ação, como nós já vimos, é aquele em que a Corte normalmente não será tentada a se engajar.
Segue-se que dentro dos limites um tanto estreitos estabelecidos pelos objetivos políticos básicos da aliança dominante, a Corte pode fazer política nacional".

[134] Tradução livre: "De fato, a razão pela qual os juízes relutam em reconhecer seu papel na formulação de políticas não é por causa de qualquer norma contrária convincente, mas precisamente porque lhes falta um vocabulário estabelecido pelo qual esse papel

Quando falarmos em *judicial review* e supremacia judicial não podemos deixar de lembrar de Dworkin e de seu "Juiz Hércules"[135]. Ele argumenta que, na interpretação das leis, esse Juiz usará técnicas para decidir os casos concretos que lhe são apresentados. Dessa maneira, sua força criativa será usada no sentido de respeitar o papel do autor anterior na cadeia da lei, a saber: o Parlamento. Além disso, Hércules precisa levar em consideração os debates políticos realizados por congressistas quando da elaboração da lei. Deste modo, procurará encontrar a melhor resposta para as questões que precisa decidir, as quais, principalmente no âmbito das altas Cortes, são muito complexas e importantes na definição dos rumos políticos e sociais de uma Nação (DWORKIN, 2014, p. 377-378).

Dworkin chama nossa atenção para o fato de que na prática judicial dos Estados Unidos, os juízes referem-se, constantemente, às múltiplas declarações dos congressistas nos debates formais que são feitos com relação ao propósito de uma lei. Dessa forma, a atividade interpretativa busca captar, com base em debates históricos, o estado de espírito que os legisladores tentaram comunicar através de seus votos (DWORKIN, 2014, p. 379). A dificuldade que enfrenta Hércules é quando se depara com expressões ambíguas, já que tem a missão de descobrir as intenções dos legisladores.

Embora os legisladores estejam frequentemente na posição de seguidores de um grupo de interesses, Dworkin defende que eles terminam adotando uma posição que seja mais adequada para expressar o desejo da maioria, devido ao sólido princípio da teoria democrática (DWORKIN, 2014, p. 386).

Ao mesmo tempo em que se preocupa com a correção das decisões judiciais, Dworkin sustenta que a democracia fornece estabilidade e proteção

---

possa ser descrito. Em certa medida, o vocabulário para a formulação de políticas pelo judiciário pode ser emprestado do processo administrativo, como nossa imagem dominante de governo, e pode ser elaborado pelo estudo da interação dessa imagem com as características específicas da ação judicial, com as características institucionais dos tribunais e a necessidade de traduzir normas ou padrões em doutrina jurídica.

(...)

Todos os poderes governamentais, incluindo os tribunais, agiam como formuladores de políticas na era pré-administrativa, embora não tão frequentemente ou de forma abrangente. É desconcertante que tenhamos sido obrigados a recorrer a conceitos derivados da era administrativa para descrever um processo que antecede essa era por vários séculos, pelo menos".

135 Michel Rosenfeld, no Simpósio ocorrido na Cardozo Law School em New York (1998), chamou a atenção para o fato de que o Juiz Hércules de Dworkin opera num alto nível de abstração e o processo monológico, por meio do qual chega à resposta certa, parece ter pouca relevância no que diz respeito à responsabilidade interpretativa de juízes da vida real.

contra a corrupção e permite que os cidadãos desempenhem o importante papel de se autogovernarem. Mas esclarece que, neste contexto democrático, a supremacia judicial é perigosa porque os juízes dos Supremos Tribunais podem defender seus próprios projetos sem qualquer atenção com a opinião pública, já que não precisam se preocupar com a reeleição (DWORKIN, 2014, p. 595). Na defesa do sistema democrático, ele afirma que:

> A democracia confirma, do modo mais veemente possível, a igual consideração e respeito que a comunidade como um todo, enquanto guardiã do poder coercitivo, tem para com cada um dos seus membros. Descontado o governo por sorteio, a democracia é a única forma de governo que confirma essa igual consideração e respeito em sua constituição mais fundamental. (DWORKIN, 2014, p. 571)

Nestes termos, ao falar das concepções majoritárias e coparticipativas da democracia, Dworkin escolhe a segunda. Ao ressaltar que o desenho da maioria trata o governo representativo como um mal necessário, reconhece que numa grande comunidade, mesmo utilizando a rede informática global, o governo por assembleia geral é impossível. O problema é que as posições adotadas pelas autoridades públicas têm um impacto muito maior do que a posição dos cidadãos comuns, situação que leva a um impacto negativo em termos de equidade (DWORKIN, 2014, p. 601).

Nessa linha de raciocínio, percebe que quando as autoridades ignoram as vontades do público, elas o fazem porque buscam defender os interesses dos grupos que as elegeram, os quais, em geral, diferem dos interesses dos eleitores. Em sendo assim, Dworkin coloca que a defesa do governo representativo não é suficientemente forte para lidar com o argumento de que as principais questões de princípio devem ser resolvidas em referendos de larga escala, e não por intermédio do processo político ordinário (DWORKIN, 2014, p. 601).

Destaca, a partir do que percebe na prática jurídica americana, que as questões de princípio não são levantadas todos os dias, por isso que a permissão dada para que elas sejam decididas pelo público como um todo, não compromete a eficiência do governo. A concepção coparticipativa enquadra-se justamente neste contexto, uma vez que não permite que os eleitos recebam um enorme poder. Isso reforça a democracia, baseada na assunção da capacidade das assembleias populares de protegerem os direitos individuais (DWORKIN, 2014, p. 602-603).

A partir da importância que Dworkin dá à concepção democrática coparticipativa, surge a seguinte questão: "O controle judicial da constitucionalidade é antidemocrático?" Esta indagação emergiu do fato de os juízes, não eleitos, terem o poder real de negar os direitos de maiorias que os representantes, legitimamente eleitos, promulgaram. E vão ainda mais longe, pois, nos casos de omissão legislativa, decretam tais direitos: noutros termos, eles acabam assumindo o papel de legislador positivo. Nas palavras de Dworkin (2014, p. 605), é um poder de "derrubar as leis cujo pedigree é inegável".

Quanto à questão de saber se os juízes não eleitos devem ter o poder de negar à maioria o que realmente querem, Dworkin alerta para o fato de que a resposta da concepção majoritária é um retumbante "não". A concepção coparticipativa, por outro lado, responderá: "não necessariamente". Para ele, o argumento do caráter antidemocrático do controle judicial da constitucionalidade esconde em si uma simplificação grosseira que acaba nos tirando do caminho certo. Assim entende porque vem observando que, embora a concepção majoritária assegure que os políticos estão sempre ansiosos para fazer o que a maioria quer, a história tem mostrado o contrário (DWORKIN, 2014, p. 605-606).

Diante dessa realidade, Dworkin argumenta que se houvesse um indicador de independência que levasse em conta que os juízes constitucionais não são eleitos, mas que também computasse fatores e dimensões relacionados ao poder e à responsabilidade, esse indicador não seria, no final das contas, capaz de demonstrar que a revisão judicial da constitucionalidade é mais prejudicial à igualdade política do que várias características de um governo representativo complexo (DWORKIN, 2014, p. 609).

Dworkin mostra-se convencido de que o governo representativo é necessário diante da indispensabilidade que o poder tem de estar temporariamente concentrado nas mãos de poucas pessoas, mas pergunta se o controle judicial da constitucionalidade pode contribuir para a legitimidade do governo. Para ele, uma série de fatores devem ser levados em conta para responder a essa pergunta, tais como: estabilidade do Estado de Direito, independência do Judiciário e qualidade da Constituição que os juízes são chamados a defender (DWORKIN, 2014, p. 609).

Nesses termos, o controle constitucional seria menos necessário em países onde uma maioria estável já tem o costume de proteger não só a legitimidade do governo, mas também os direitos dos indivíduos e das minorias (como no caso da Inglaterra, por exemplo). Acontece que, mesmo em países de democracias já consolidadas, em geral, esta situação ideal, na prática, não se materializa completamente.

Destarte, diante da realidade da supremacia judicial no constitucionalismo democrático, Dworkin vislumbra soluções que podem ser usadas para melhorar o desempenho dos tribunais constitucionais. Uma delas seria, por exemplo, que os juízes da Suprema Corte dos EUA tivessem um prazo prolongado de mandato[136], mas limitado no tempo. Nega, entretanto, que o controle da constitucionalidade seja sempre e automaticamente um defeito da democracia, um pensamento que contradiz a posição de muitos juristas e cientistas políticos.

O fato é que não se pode desconsiderar a força criativa dos juízes e a capacidade que têm de decidir *hard cases*, mesmo diante da incompletude, obscuridade e falta de clareza dos textos legais e constitucionais. Essa capacidade de encontrar soluções para questões que parecem sem solução faz com que, ao fim e ao cabo, o Judiciário alcance uma supremacia judicial que precisa, de alguma forma, encontrar uma limitação.

Uma saída encontrada por Dworkin seria adotar uma concepção coparticipativa de democracia, que além de não permitir que os eleitos recebam um enorme poder, deve possibilitar que questões de princípios possam ser resolvidas em referendos que permitam a participação popular e a limitação da supremacia judicial.

Dworkin busca encontrar caminhos para que a supremacia judicial reste limitada, mesmo reconhecendo que há *hard cases* que só encontram solução na esfera judiciária e que requerem um certo grau de ativismo e criatividade judicial, fazendo com que o Poder Judiciário se sobressaia frente aos demais poderes,

Ao idealizar um Juiz Hércules, Dworkin está interessado em traçar estratégias em relação à atuação do Juiz, de forma a habilitá-lo a ir além de um simples aplicador da lei. O passivismo judicial deve dar lugar a um ativismo, que passa não só pela interpretação de normas legais e constitucionais, como também pela capacidade de dar efetividade a direitos e liberdades fundamentais preconizados nas cartas constitucionais. Destarte, diante de omissões do Legislativo e Executivo, os juízes, inclusive os das Supremas Cortes, estariam habilitados não só a interpretar, como também a formular políticas públicas que se fazem necessárias para o adequado funcionamento do Estado Democrático de Direito.

---

136 Em relação à expansão do *judicial power*, Hirschl nos adverte que "It is shared by constitutional theorists who often treat unelected justices as seizing power from elected officials, thereby illustrating the so-called countermajoritarian difficulty, or the tension between democratic governing principles and judicial review. Even politically astute critics of judicial activism, both leftists and conservatives, often acuse 'power hungry' judges and 'imperialist' courts of expropriating the constitution, being too assertive or overinvolved in moral and political decision making, and thus disregarding fundamental principles of separation of powers and democratic governance (Tushnet 1999, Bork 2002, Kramer 2004, Waldrom 2006)" (HIRSCHL, 2008, p. 97).

As grandes questões que se colocam após um sobrevoo sobre as teorias críticas e não críticas da supremacia judicial e do *judicial review*, são: em democracias deliberativas, nas quais os juízes são escolhidos de maneira não democrática, instituições judiciais como as Supremas Cortes precisam, necessariamente, dar a "última palavra" sobre questões constitucionais que lhe são submetidas à apreciação e podem traçar políticas públicas, originalmente da competência dos Poderes Executivo e Legislativo? Há alternativas plausíveis para que a "última palavra" não seja dada no âmbito das Supremas Cortes?

2.3.1 Democracia deliberativa e *judicial review*: necessidade de escuta dos discursos produzidos na esfera pública

Ao estudar democracia deliberativa, Dryzek acentua (2009, p. 217), com base em Gutmann e Thompson[137] (1996), que os cidadãos "need to be able to participate in deliberate about a decision, rather than simply vote upon it. Claims on behalf of particular policy options must be made in terms that, on reflection, the affected individuals can, accept"[138]. Reconhece, entretanto, que em sociedades contemporâneas complexas e com grande quantidade de pessoas, o problema imediato que tem que ser enfrentado pela democracia deliberativa é, justamente, de escala. Claramente, é mais fácil deliberar em pequenos grupos, pois são mais facilmente organizáveis. Para milhões de pessoas que tenham interesse em deliberar sobre determinada questão, o cenário é bem diferenciado.

---

137 No Prefácio do livro "Why Deliberative Democracy", publicado pela Princeton University Press em 2004, Gutmann e Thompson acentuam que: "No subject has been more discussed in political theory in the last two decades than deliberative democracy. We contributed to that discussion in the early years, and then, in 1996, coauthored a book, *Democracy and Disagreement*, published by Harvard University Press, in which we defended our conception of deliberative democracy. We were gratified by the extensive attention the book received from scholars in the field as well as from many general readers. In 1999, Oxford University Press published *Deliberative Politics*, edited by Stephen Macedo, a volume devoted entirely to discussions of *Democracy and Disagreement*. In that collection, which included the most penetrating critiques of our theory as well as further extensions of it, we responded to our critics and modified our theory in some respects. But the debate continued, and so did our writing. In subsequent articles, we dealt with additional criticisms, made further modifications, and, most important, sought to apply the conception to changing circumstances in public life" (GUTMANN; THOMPSON, 2004, p. vii).

138 Tradução livre: "precisam estar aptos a participar e deliberar sobre uma decisão, mais que, simplesmente, votar sobre ela. As reivindicações, em nome de opções políticas particulares, devem ser feitas de modo que, por meio de reflexão, as pessoas afetadas possam aceitá-las".

Para Dryzek (2009, p. 217), a democracia deliberativa "is grounded in an assumption about individuals that stresses their capacity to reflect upon their own preferences, values and judgments in light of their participation in political dialogue with other individuals"[139]. A deliberação, nesse sentido, pode não ser decisiva, mas, certamente, exercerá alguma influência e levará a pensar sobre o papel da comunicação e da reflexão.

Registra que já no início do século XX, a democracia americana era vista em termos de uma comunidade que, para resolver seus problemas, precisava estabelecer uma comunicação entre os seus componentes (DRYZEK, 2009, p. 216). Ressalta que Habermas, o grande líder da filosofia europeia continental, usa o termo giro deliberativo por perceber a importância da ação comunicativa numa democracia deliberativa (DRYZEK, 2009, p. 216).

Outra grande questão que se apresenta é como pensar seriamente nos interesses dos cidadãos, sem engajá-los no diálogo (DRYZEK, 2009, p. 218). Estamos, pois, diante da necessidade de se providenciar o engajamento dos discursos na esfera pública, para que se produzam mudanças culturais. Há que se ter em conta que o poder dos argumentos produzidos na esfera pública pode mudar a forma de agir do Estado (DRYZEK, 2009, p. 219).

Destarte, a legitimação discursiva encontra seu espaço quando uma política pública é coerente com um conjunto de discursos encontrados na esfera pública, em relação aos quais os atores competentes fazem um controle reflexivo. Assim, doravante, as condições de comunicação são atendidas na esfera pública, de modo que fiquem livres da dominação, propaganda, engano, manipulação, restrições legais sobre a liberdade de expressão e de associação, e assim por diante (DRYZEK, 2009, p. 219).

> Nessa linha de raciocínio, o autor percebe a importância do debate produzido na esfera pública, mas alerta para o fato de que a maneira como a legislatura está estruturada pode fazer toda diferença no que diz respeito à qualidade do debate. O que está em jogo, na verdade, são as variações das especificidades institucionais de uma democracia deliberativa para outra. Noutros termos, os problemas relacionados ao *design* institucional têm que ser levados em consideração. Salienta, então, que:
> (...) institutional design matters a lot for deliberation, and the content of deliberation is likely to be very different in different institutional locations – and in settings outside formal institutions, such as the informal public sphere. Habermas (1996) outlines a 'two track' account of deliberative

[139] Tradução livre: "baseia-se em uma suposição sobre indivíduos que enfatiza suas capacidades de refletir sobre suas próprias preferências, valores e julgamentos à luz de sua participação no diálogo político com outros indivíduos".

> democracy that involves both the generation of public opinion in the informal public sphere and debate in the legislature.[140] (DRYZEK, 2009, p. 221)

É importante destacar que a teoria da democracia deliberativa, explicada por Dryzek, é, principalmente, uma teoria normativa que é capaz de providenciar prescrições e avaliações de práticas existentes. Mas permite perceber, lançando um olhar para as várias instituições onde a deliberação pode ser encontrada, que o lugar mais óbvio para examinar a deliberação entre as instituições do Estado é a legislatura, a qual "in consensual democracies are normally multi-party because they are elected by proportional representation"[141] (DRYZEK, 2009, p. 220-221).

Acerca do problema das maiorias e minorias, ao tecer considerações sobre o pluralismo e observar a relação entre grupos de interesses e partidos políticos, Dryzek registra que "governments frequently find themselves confronting the difficult problem of weighing the wishes of an apathetic majority against the opposition of an intense minority"[142] (DRYZEK, 1987, p. 13-71).

Ou seja, muitas vezes, grupos de interesses que representam minorias são mais fortes que uma maioria sem representação. A atuação de grupos de interesses minoritários, num contexto de busca da participação popular em decisões de cunho moral e político, pode fazer com que as pessoas se filiem a determinado lobby, sem tomar conhecimento da real importância das questões a serem decididas, as quais estariam, na prática, fora do âmbito dos seus próprios interesses.

Assim, Dryzek acentua que uma estratégia, mesmo para grupos de interesse minoritários, seria demonstrar, por suas ações, que eles se sentem mais fortes para discutir e defender pontos de vista de outros grupos. A questão é que, muitas vezes, o critério de legitimação democrática termina por refletir o interesse de grupos sociais bem organizados e focados em concretizar objetivos específicos, não necessariamente os interesses majoritários.

---

140 Tradução livre: "o *design* institucional importa muito para a deliberação, e o conteúdo da deliberação provavelmente será muito diferente em diferentes locais institucionais - e em ambientes fora das instituições formais, como a esfera pública informal. Habermas (1996) descreve um relato de "duas vias" da democracia deliberativa que envolve tanto a geração de opinião pública na esfera pública informal quanto o debate na legislatura".

141 Tradução livre: "democracias consensuais são normalmente multipartidárias porque os representantes são eleitos por representação proporcional".

142 Tradução livre: "os governos, frequentemente, encontram-se em confronto com o difícil problema de pesar os desejos de uma maioria apática que estão em oposição com os de uma intensa minoria".

Na questão do desarmamento no Brasil, por exemplo, a princípio, havia a impressão de que a partir do referendo realizado em 2005, seria aprovada a lei que o Congresso Nacional tinha votado acerca da proibição do comércio de armas de fogo e munição (Lei nº 10.826/2003). Mas o *lobby* da indústria de armas foi mais forte, tanto que o Parlamento havia decidido pelo desarmamento e o eleitorado recusou a lei com um sonoro não [59.109.265 votos rejeitaram a Lei (63,94%); 33.333.045 aprovaram a Lei (36,06%)].

Dessa maneira, em questões politicamente polêmicas, além das dificuldades operacionais para colher a opinião dos cidadãos por mecanismos de deliberação coletiva direta, há dificuldades relacionadas à captura da espontaneidade da decisão popular, pois grupos de interesse bem organizados podem influenciar, sobremaneira, as decisões de uma maioria apática.

A despeito de todas as dificuldades destacadas por Dryzek para a concretização de uma democracia deliberativa, Waldron nos mostra uma visão confiante na autonomia dos cidadãos[143], advertindo-nos que a desconfiança para com os concidadãos "não se encaixa particularmente bem com a aura de autonomia e responsabilidade que é veiculada pela substância dos direitos que estão sendo entrincheirados desse modo" (WALDRON, 1999a, p. 222). A confiança também é traduzida nas seguintes palavras: "é precisamente porque eu veja cada pessoa como um potencial agente moral, dotado de dignidade e autonomia, que estou disposto a confiar ao povo em massa o encargo do autogoverno" (WALDRON, 1999a, p. 223).

Ou seja, o autor assume que os indivíduos são confiáveis, tanto como portadores de direitos, quanto para assumir responsabilidades políticas. Noutros

---

143 Bruce Ackerman, em sua obra "Nós, o povo soberano", sempre partindo do pressuposto da necessidade de escutar o povo e de que as elites do meio jurídico não devem sufocar as ideias que podem surgir do meio popular, coloca que "para os americanos, o rompimento de uma norma não implica, necessariamente, na sua ilegalidade" (ACKERMAN, 2009, p. 16). Ressalta, ademais, que "(...) com todos os riscos, as atividades revolucionárias dos federalistas, dos republicanos e dos democratas não nos conduziram ao caos e sim a um senso renovado de que nos Estados Unidos o povo realmente dita as regras" (ACKERMAN, 2009, p. 16). Ao estudar, de forma analítica, os três períodos de profundas mudanças no constitucionalismo americano, ele buscou perceber como os poderes operavam no passado e como podem disciplinar o futuro (ACKERMAN, 2009, p. 17). Registrou, assim, que "foram os republicanos da Reconstrução e não os democratas do New Deal que primeiramente estabeleceram que o povo poderia se manifestar por meio de instituições nacionais e exigir que os Estados aceitassem a primazia da cidadania americana" (ACKERMAN, 2009, p. 351-352). É claro que também havia resistências institucionais à participação popular. Mas, para ele, essas resistências podem ser vencidas pelo próprio povo.

termos, a soltura das pessoas na arena da política democrática não deve ser visualizada sob um prisma predatório da natureza humana, tampouco pessimista, mesmo diante dos vários problemas destacados por Dryzek.

Assim, podemos perceber que há pontos favoráveis e desfavoráveis para o exercício da democracia deliberativa e eles, obviamente, vão variar de conformidade com o grau de organização, maturidade e confiabilidade das instituições deliberativas.

Todavia, a despeito da importância dada à legislatura como *locus* adequado para a deliberação participativa, a realidade brasileira atual mostra-nos que a participação popular nos processos decisórios que tratam de questões de princípios e de políticas públicas é insignificante e por outro lado a supremacia judicial é fato incontroverso e tem sido reforçada pelo fato de que o papel das legislaturas tem se tornado menos central e a sua capacidade deliberativa menos crucial.

Outro ponto destacado por Dryzek é que as instituições corporativistas, como as Supremas Cortes, sempre operam em maior segredo que o Parlamento. Mas o sigilo não é necessariamente ruim, porque os participantes podem explorar posições sem se preocupar sempre com os grupos que olham por cima dos ombros ou com o brilho advindo da publicidade da mídia.

O grande problema das cortes constitucionais é a falta de representatividade democrática, o que leva a questionamentos quanto à legitimidade de suas atuações. Embora seus juízes sejam vistos por Rawls como especialistas em razão pública, pois raciocinam sobre o que é o verdadeiro interesse da sociedade como um todo, a preocupação que persiste e inquieta é com o fato de que os membros das cortes são apontados e não eleitos e não têm que ter preocupações com o peso da opinião pública e com ações voltadas para a concretização do princípio democrático (DRYZEK, 2009, p. 222).

O fato é que diante da irrefutabilidade da supremacia judicial, especialmente em sistemas que adotam o *strong judicial review*, a democracia deliberativa termina não encontrando espaço para mostrar a sua voz, o que torna necessário que instituições como a Suprema Corte e o Parlamento pensem na importância de se providenciar meios para possibilitar a melhor escuta dos discursos populares produzidos na esfera pública, pois não há como pensar no interesse dos cidadãos sem engajá-los num processo dialógico.

2.3.2 Defesa de minorias e *judicial review*

A partir de posicionamentos ora críticos ora não tão críticos sobre o papel contramajoritário e a defesa de minorias por parte das Supremas Cortes é importante que percebamos que num "Estado democrático de direito", a defesa das minorias é tão importante quanto a defesa das maiorias, razão pela qual se atribui competência às Supremas Cortes para se posicionar de forma contrária à vontade das maiorias, quando declara uma lei inconstitucional, e para defender minorias.

A defesa das minorias pelas Supremas Cortes é, justamente, um dos limites que se impõem ao postulado democrático, fundado no dogma da soberania popular. Demais disso, o importante papel contramajoritário[144] vem para estabelecer que o poder da maioria não pode ser exercido de forma ilimitada, mas deve observar os mandamentos constitucionais, os direitos humanos, e as liberdades básicas, levando em consideração os direitos das minorias.

Mesmo diante desse quadro, há ainda dificuldade para justificar o papel contramajoritário das Supremas Cortes nas ordens constitucionais vigentes, em face da soberania popular. Nas discussões sobre "the countermajoritarian difficulty"[145] sempre se questiona a falta de legitimidade das Supremas Cortes,

---

[144] O Ministro do STF, Luís Roberto Barroso, em resposta ao artigo do Professor Conrado Hübner Mendes publicado na folha de São Paulo, em dezembro de 2017, assim se pronunciou, em fevereiro de 2018, em relação ao papel contramajoritário da Suprema Corte: "Sua atuação contramajoritária se dá, tipicamente, quando o Tribunal declara a inconstitucionalidade de uma lei ou de um ato do Executivo. Essa é a única atribuição que vem expressa na Constituição. Por não enxergarem além da literalidade dos textos, há autores que só reconhecem esse papel. Cortes constitucionais, porém, desempenham também uma função representativa, quando atendem demandas sociais que não foram satisfeitas a tempo pelo Legislativo. Na história recente do Brasil, proibição do nepotismo, fim do financiamento eleitoral por empresas e fidelidade partidária se inserem nessa categoria: foram decididas na omissão ou contra a vontade do Congresso, para acudir inequívocas reivindicações da sociedade, não acolhidas em razão de um déficit de representatividade. Já o papel iluminista deve ser exercido com grande parcimônia e autocontenção, em conjunturas nas quais é preciso empurrar a história. Em alguns momentos cruciais do processo civilizatório, a razão humanista precisa impor-se sobre o senso comum majoritário. A abolição da escravatura ou *a proteção de mulheres*, judeus, negros, homossexuais, deficientes e minorias em geral foram conquistas que nem sempre puderam ser feitas pelo processo político majoritário. É preciso que um órgão não eletivo ajude a dar o salto histórico necessário. Exemplos de decisões iluministas de cortes constitucionais: fim da segregação racial nas escolas públicas nos EUA; proibição da tortura de 'terroristas' em Israel; abolição da pena de morte na África do Sul; *reconhecimento das uniões homoafetivas no Brasil*. Há exemplos pelo mundo afora" (os grifos são nossos). Disponível em: https://www1.folha.uol.com.br/ilustrissima/2018/02/em-artigo-ministro-do-supremo-rebate-criticas-feitas-ao-tribunal.shtml. Acesso em: 20 mar. 2018.

[145] Expressão utilizada por Alexander Bickel no livro "The least dangerous branch: the Supreme Court at the bar of politics" (BICKEL, 1962, p. 16).

já que seus membros são escolhidos por indicações políticas e segundo critérios burocráticos/aristocráticos.

Alexander M. Bickel, ao falar sobre a dificuldade contramajoritária[146] (*counter-majoritarian difficulty*) e relembrar que Marshall segue o ensinamento de Hamilton contido no "Federalist 78th", segundo o qual o *judicial review* não implicava numa superioridade do Poder Judiciário em relação ao Poder Legislativo, acentua que: "judicial review is undemocratic" (BICKEL, 1962, p. 16-17).

Explica que o sentido de democracia[147] "is much more sophisticated and complex than the making of decisions in town meeting by a show of hands". E acrescenta: "(...) Although democracy does not mean constant reconsideration of decisions once made, it does mean that a representative majority has the power to accomplish a reversal"[148]. Partindo desses pressupostos, coloca que, apesar da complexidade associada ao sistema democrático americano, a realidade é que o *judicial review* mostra-se como uma instituição desviante da democracia americana (BICKEL, 1962, p. 18).

Reconhece que é a inércia da legislatura que favorece que o *judicial review* exerça tamanha influência sobre a democracia americana, mas que a redução do nível de desempenho do Poder Legislativo é atribuível a muitos outros fatores. Assim, pontua que:

---

146 Luís Roberto Barroso assim se pronunciou sobre essa dificuldade: "Sustenta-se que os agentes do Executivo e do Legislativo, além de ungidos pela vontade popular, sujeitam-se a um tipo de controle e responsabilização política de que os juízes estão isentos. Daí afirmar-se que o controle judicial da atuação dos outros Poderes dá lugar ao que se denominou de '*countermajoritarian difficulty*' (dificuldade contramajoritária). Notadamente os segmentos conservadores têm questionado o avanço dos tribunais sobre os espaços que, segundo crêem, deveriam ficar reservados ao processo político" (BARROSO, 1996, p. 157).

147 Em relação ao sentido de uma democracia constitucional representativa, Mangabeira Unger nos ensina que: "Take for example, a constitutional representative democracy. Some of its laws will be part of the constitutional framework. Others will be the results of decisions made by authorized persons within the framework. (...) But why should all men have equal reason to favor majority rule? Surely some expect to find more allies than others in the pursuit of their objectives. That majority rule is not a principle of self-evident wisdom is shown by the fact that in a constitutional regime there are certain things the majority is not allowed to do" (UNGER, 1975, p. 86-87).

148 Tradução livre: É "muito mais sofisticada e complexa do que a tomada de decisões na cidade reunindo-se com uma demonstração de mãos". E acrescenta: "(...) Embora democracia não signifique reconsideração constante de decisões tomadas, significa que a maioria representativa tem o poder de realizar uma reversão".

> It is true, of course, that the process of reflecting the will of a popular majority in the legislature is deflected by various inequalities of representation and by all sorts of institutional habits and characteristics, which perhaps tens most often in favor of inertia. (...) Hence one may infer that judicial review, although not responsible, may have ways of being responsive. But nothing can finally depreciate the central function that is assigned in democratic theory and practice to the electoral process; nor can it be denied that the policy-making power of representative institutions, born of electoral process, is the distinguishing characteristic of the system. Judicial review works counter to this characteristic.[149] (BICKEL, 1962, p. 18-19)

Com isso, Bickel tenta, a todo momento, mostrar que há um sério conflito entre o *judicial review* e a teoria democrática. Em relação às políticas públicas, põe em destaque seu aspecto técnico e a sua reversibilidade por maiorias legislativas e relembra que a delegação do legislador para os administradores precisa ser mantida dentro dos limites apropriados, pois o poder da maioria é essencial e de grande importância numa sociedade democrática.

Ao falar sobre a revisão judicial e a função legislativa geral dos juízes, compara estes a funcionários administrativos, haja vista que também suas decisões são reversíveis por qualquer maioria legislativa. A revisão judicial, no entanto, é, para ele, o poder de aplicar e interpretar a Constituição em questões de maior importância, mesmo contra a vontade de uma maioria legislativa, que termina sendo impotente para afetar a decisão judicial.

Bickel considera que a revisão judicial expressa uma forma de desconfiança na legislatura, por exercer um papel contramajoritário em relação ao Legislativo e ao Executivo. Destarte, tem a tendência de, em grande medida, enfraquecer seriamente o processo democrático (BICKEL, 1962, p. 20-21).

A polêmica gira, então, em torno da adequação do *judicial review* à democracia deliberativa[150] e ao princípio majoritário. Mas o que precisamos ter

---

[149] Tradução livre: "É verdade, é claro, que o processo de refletir sobre a vontade de uma maioria popular na legislatura é desviada por várias desigualdades de representação e por todos os tipos de hábitos e características institucionais, que talvez sejam dezenas de vezes mais favoráveis à inércia. (...) Consequentemente, pode-se inferir que a revisão judicial, embora não seja responsável, pode ter outras formas de ser sensível. Mas nada pode depreciar finalmente a função central que é atribuída na teoria e prática democráticas ao processo eleitoral; nem se pode negar que o poder político das instituições representativas, nascido do processo eleitoral, é a característica que distingue o sistema. A revisão judicial funciona contra essa característica".

[150] Apesar da importância dada à legislatura como o *locus* adequado para a deliberação participativa (já vimos, em capítulo precedente, a importância dada a legislatura, por autores como Locke, Rousseau, Montesquieu, Habermas), a realidade brasileira atual

em mente é que democracia não é sinônimo só de maioria. Foi esse pressuposto equivocado que levou ao totalitarismo nazifascista[151]. A força extrema das maiorias nesses regimes esmagou as minorias. Desse modo, o problema da democracia é que ela pode se tornar um totalitarismo se não houver respeito às minorias. Os totalitarismos da primeira metade do século XX nos ensinaram isso das maneiras mais radicais e dolorosas possíveis.

As tragédias desencadeadas pelos regimes totalitários, que impuseram excessos de toda ordem, muitos deles baseados na ideia de eugenia (havia, inclusive, doutrinas científicas que sustentavam a superioridade de raças), fizeram com que teóricos do direito passassem a reforçar a importância do papel contramajoritário das supremas cortes e da necessidade de defesa das minorias.

Habermas sustenta em sua obra "Faticidade e Validade", sempre com uma base muito forte na ideia de racionalidade, que em democracias a vontade da maioria deve ser visualizada sempre com respeito às minorias. Nessa linha teórica, o *judicial review* busca garantir que o processo democrático funcione adequadamente, e o ativismo judicial, numa justa medida, termina por facilitar a representação de minorias.

Com base no raciocínio habermasiano, podemos argumentar que o ideal é que questões típicas de direitos de minorias, como "aborto de feto anencéfalo" e "união homoafetiva"[152], não sejam resolvidas por meio de um processo legislativo típico, pois, nesses casos específicos, a prevalecer a vontade das maiorias, o aborto de feto anencéfalo poderia ser criminalizado, em desrespeito à sanidade mental da mulher[153], que precisa ter a possibilidade de fazer uma escolha já tão difícil, sem que isso implique em prática de crime. Dessa forma,

---

nos mostra que a supremacia judicial é inconteste e foi reforçada pelo fato de que o papel dos legisladores e sua capacidade deliberativa já não é visto como tão crucial. Noutros termos, nas palavras de Dryzek, o papel das legislaturas tem se tornado menos central, assim como sua capacidade deliberativa.

151 Para que houvesse a identidade entre governante e governado (ideia defendida por Schmitt), a saída encontrada na época de Adolf Hitler foi a instauração de ditaduras. A fim de criar unidade, era preciso a força de um Führer para promover identidade e mexer com a emoção do povo. No caso do Nazismo, a resposta à pergunta "quem nos une" era, justamente, um inimigo interno: os judeus (e outras minorias).

152 Trataremos desses casos e da solução que foi dada pela Suprema Corte brasileira no capítulo 4 deste livro.

153 O Código Penal brasileiro de 1940, ao prever a possibilidade de prática de aborto em casos de estupro, estava, na verdade, protegendo a sanidade mental da mulher. Concedeu-se um direito à mulher, independentemente da pauta religiosa que, invariavelmente, em um País católico é totalmente contrária a essa prática.

nos casos em que o Legislativo não se posiciona sobre direitos de minorias, as Supremas Cortes são as instituições mais qualificadas para dizer desses direitos e quando o fazem de uma forma ética e devidamente justificada terminam aumentando sua legitimidade perante a sociedade.

Entendemos que a organização de sistemas jurisdicionais de *judicial review* e de defesa de minorias[154] não é incompatível com o sistema democrático. Este, porém, precisa de instituições fortes[155] que atuem em sintonia para que a democracia se concretize, mesmo com as fragilidades que lhe são inerentes.

No universo político contemporâneo, instituições como as Supremas Cortes não podem e nem devem ficar alheias aos anseios do constitucionalismo democrático. Em assim sendo, o direito constitucional pode ser usado pelas Supremas Cortes para garantir que os direitos fundamentais possam ser observados, os quais, após a Segunda Guerra Mundial só têm sido acrescidos

---

154 Sobre os direitos das minorias em confronto com os das maiorias e sobre a relação desses direitos com os valores do processo democrático, Dahl nos ensina que: "That some minorities will frustrate and in that sense tyrannize over others is inherent in a society where people disagree, that is, in human society. But if frustration is inherent in human society, dictatorship is not. However, if there is anything to be said for the processes that actually distinguish democracy (or polyarchy) from dictatorship, it is not discoverable in the clear-cut distinction between government by a majority and government by a minority. The distinction comes much closer to being one between government by a minority and government by *minorities*. As compared with the political processes of a dictatorship, the characteristics of polyarchy greatly extend the number, size, and diversity of the minorities whose preferences will influence the outcome of governamental decisions. Furthermore, these characteristics evidently have a reciprocal influence on a number of key aspects of politics: the kinds of leaders recruited, the legitimate and illegitimate types of political activity, the range and kinds of policies open to leaders, social processes for information and communication – indeed upon the whole ethos of the society. It is in these and other effects more than in the sovereignty of the majority that we find the values of a democratic process" (DAHL, 2006, p. 133-134).

155 Em relação ao papel das instituições, Joaquim Falcão, Professor de Direito Constitucional da FGV, acentuou que: "Democracias constitucionais adotaram uma intrincada rede de instituições para captar e processar não somente um, mas vários tipos de opinião pública, que operariam em tempos e sintonias diversos. Grosso modo, o Legislativo e o Executivo canalizariam, por meio de eleições periódicas a opinião pública cotidiana, tão oscilante quanto impulsiva. Já a Corte Constitucional, distanciada dos ciclos eleitorais, trabalharia num ritmo que fomenta a opinião pública, mais refletida e de longo prazo, baseada nos valores e princípios da constituição. O controle judicial serviria para conter a taquicardia e volatilidade da opinião pública do primeiro tipo. Protegeria a democracria, costuma-se dizer, contra os germes da sua autodestruição (Publicação contida na *Folha de São Paulo*, edição de 17/12/12, com o título "Peso da vontade popular está no centro do debate do STF").

nas Constituições mundo afora, conforme mostra pesquisa efetuada por Mila Versteeg e David Law (2011, p. 1195).

Crescimento Mundial dos Direitos Fundamentais nas Constituições após a Segunda Guerra Mundial

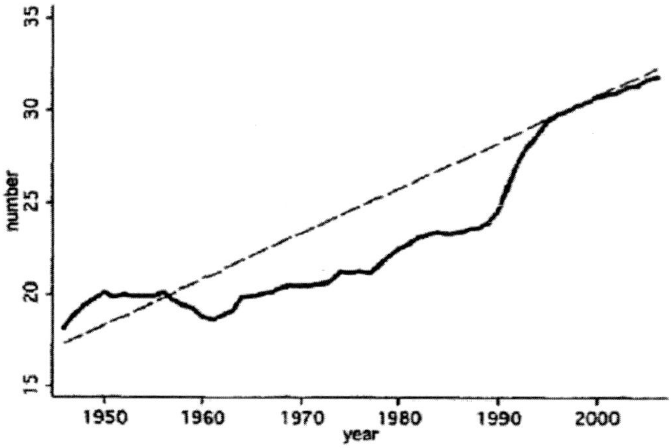

Fonte: LAW; VERSTEEG, 2011, p. 1195.

A postura garantista pode dar, ao fim e ao cabo, a legitimidade que não é obtida nas urnas. A legitimação não pode estar ligada à vontade da maioria, mas precisa estar relacionada à independência do Judiciário em relação aos Poderes Legislativo e Executivo, representantes da maioria.

Os Ministros do STF não precisam, a princípio, preocuparem-se com a opinião pública, pois, pela natureza institucional do Órgão, não há necessidade de estarem atentos a índices momentâneos de popularidade. Por isso, com frequência, vão além, muito além de suas competências constitucionais, não exercitam uma avaliação autocrítica e não adotam uma postura de *judicial self-restraint*. Ademais, o excesso de autoconfiança, gerado pela necessária "capacidade técnica" de seus membros, traduz-se, normalmente, em redução da "capacidade de escuta".

Destarte, a despeito da frequente ultrapassagem dos limites de suas competências, a adoção de medidas de autocontenção é de extrema importância para que a Corte Constitucional alcance a legitimação democrática que lhe falta[156]. É

[156] A legitimação democrática já é conferida, mesmo que de forma parcial, quando o STF atua na defesa de direitos fundamentais constitucionalmente estabelecidos.

evidente que cabe ao Judiciário tornar realidade os direitos consagrados constitucionalmente, mas ele também precisa se submeter a regras e princípios estabelecidos na Carta Política, visto que o poder deve ser exercido nos termos da Constituição, conforme dispõe o artigo 102 da Carta Magna de 1988.

Mesmo exercendo o poder conforme os preceitos constitucionais, o STF sempre vai se deparar com críticas doutrinárias e populares, principalmente quando a "vontade das maiorias", expressada nas leis aprovadas pelo Congresso Nacional, for por ele contraditada quando não se coadunar com a Constituição.

Mas, apesar do preceito segundo o qual "todo poder emana do povo" (art. 1º, parágrafo único da CF/88), nem sempre a vontade popular (*popular will*) está em consonância com os termos da Constituição. Destarte, diante de leis contrárias ao texto contido na Carta Magna, o controle jurisdicional de constitucionalidade deve agir de forma firme, mesmo que suas decisões estejam em confronto com a decisão majoritária[157].

O fato é que o legislador constitucional de 1988 optou, politicamente, por ampliar os mecanismos de controle judicial de constitucionalidade das leis. Como a opção política foi dos representantes do povo, em relação a esse aspecto a polêmica sobre a questão da legitimidade pode ser, de certa forma, minimizada. A missão precípua da Corte é, pois, proteger a Constituição, ainda que o faça contra a vontade das maiorias.

Como visto, o problema é que, muitas vezes, as decisões da Suprema Corte vão muito além do exercício regular do papel contramajoritário. A Suprema Corte, ao legislar frequentemente termina por enfraquecer o processo democrático (BICKEL, 1986, p. 21-23). Noutros termos, provoca a maximização dos conflitos e tensões com a democracia deliberativa.

Diante dos argumentos aqui colocados não é difícil concluir que a defesa das minorias e mesmo o papel contramajoritário da Suprema Corte é essencial para o constitucionalismo democrático, sendo com ele compatível. A questão que se põe é que a essencialidade da instituição não minimiza a importância da discussão sobre os limites de sua atuação, principalmente se considerarmos o peso que a "vontade popular" desempenha num Estado Democrático de Direito.

---

[157] No caso da Lei da Ficha Limpa, mesmo se tratando de uma lei de iniciativa popular, houve grande discussão no âmbito do STF acerca da inconstitucionalidade desse normativo. Na apreciação da Adin, o Ministro Gilmar Mendes acentuou em seu Voto que a missão do STF é manter a coerência do sistema constitucional, doa a quem doer.

Nessa linha de pensamento, é a prudência e o contínuo exercício das "virtudes passivas" que habilitam o *judicial review* a ampliar seu grau de legitimidade e justificar, cada vez mais, sua atuação na defesa de minorias (BICKEL, 1986, p. 111-196).

2.4 Legitimidade e racionalidade da jurisdição constitucional na visão habermasiana

Há que se repisar que Democracia não quer dizer apenas direito das maiorias, mas em seu contexto teórico engloba também o direito das minorias. Como a jurisdição constitucional busca assegurar direitos de grupos minoritários expostos a situações de vulnerabilidade jurídica, social, econômica e política, vitimados por perseguições, intolerâncias e discriminações, não há como afastar sua legitimidade, muito embora esta seja cotidianamente contestada.

O que precisa ficar claro é que essa legitimidade não imprime à Suprema Corte o poder de agir em desrespeito aos limites constitucionais de suas competências. Essa legitimidade lhe confere, sim, a tarefa de agir com racionalidade diante da indeterminação do direito e das missões constitucionais que lhe foram confiadas.

Em sua obra "Direito e Democracia: entre Faticidade e Validade", Habermas reflete tanto sobre a legitimidade quanto sobre a racionalidade da jurisdição constitucional.

Diante da indeterminação do direito, entende que há de se buscar a racionalidade da jurisprudência. Observa ordens jurídicas concretas onde são refletidos diferentes paradigmas jurídicos, haja vista que está interessado em saber de que modo o sistema de direitos e os princípios do Estado de Direito podem ser realizados no contexto social. Defende, pois, que o Direito Formal Burguês e o Estado Social constituem os dois paradigmas jurídicos mais bem-sucedidos da moderna história do direito.

Em relação à teoria do direito, entende que ela se movimenta nos limites de ordens jurídicas concretas e que não abrange somente a legislação e a administração, mas também o sistema jurídico em sentido amplo. Para isso, leva em consideração quais são as perspectivas dos outros participantes (2003, p. 244).

Com o aporte teórico de Dworkin, considera o direito como um *medium* para a garantia da integridade da sociedade como um todo e também inclui uma visão da autocompreensão coletiva dos membros do direito. Ao admitir que a teoria do direito termina tendo como foco principal a teoria da jurisdição e do discurso jurídico, Habermas retoma o tema tão frequente em sua obra que é o da constante tensão entre faticidade e validade das normas e acrescenta que na jurisdição essa tensão manifesta-se entre o princípio da segurança jurídica e a pretensão de tomar decisões corretas (2003, p. 245).

Assevera que o direito vigente precisa garantir tanto que haja a implementação de expectativas de comportamento sancionadas pelo Estado, quanto que os processos racionais de normatização e da aplicação do direito assegurem a legitimidade das expectativas de comportamento estabilizadas (2003, p. 245). Considerando que a ordem jurídica tem uma função integradora e que o direito tem uma pretensão de legitimidade, percebe que os juízos têm que ser racionais e emitir decisões que possam ser consideradas consistentes, sempre com o fito de alcançar a segurança jurídica.

Mas como manter essa consistência se o direito se apresenta como um "emaranhado intransparente de decisões pretéritas do legislador e da justiça ou de tradições do direito consuetudinário"? Ao tomar decisões, os aplicadores do direito não podem simplesmente tratar casos parecidos como se semelhantes fossem, pois correm o sério risco de adotar decisões que não podem ser justificadas racionalmente (2003, p. 246).

Habermas resume, com sapiência, as questões aqui delineadas, nos seguintes termos, *verbis*: "O problema da racionalidade da jurisprudência consiste, pois, em saber como a aplicação de um direito contingente pode ser feita internamente e fundamentada racionalmente no plano externo, a fim de garantir simultaneamente a segurança jurídica e a correção" (HABERMAS, 2003, p. 247).

A partir da ideia de que a opção do direito natural não está mais aberta, as alternativas que se apresentam para o tratamento dessa questão da racionalidade jurídica são: hermenêutica jurídica; realismo jurídico; positivismo jurídico.

Em relação à hermenêutica, considera que ela propõe um modelo de interpretação processual, com base na ideia de pré-compreensão valorativa. Assim, observa que embora esta seja inicialmente difusa, a precisão vai sendo adquirida na medida em que a norma e o estado de coisas se constituem ou concretizam reciprocamente. Nessa linha, a "pré-compreensão do juiz é determinada através dos *topoi* de um contexto ético tradicional" (HABERMAS, 2003, p. 248).

No que diz respeito ao realismo jurídico, o que se tem é que a lógica do direito desaparece por completo, haja vista que já tinha sido enfraquecida ou relativizada pela hermenêutica jurídica. Segundo a escola do direito livre e da jurisprudência dos interesses, não é possível fazer uma clara distinção entre direito e política. Nesse cenário, não faz mais sentido o postulado que requer que a segurança jurídica seja garantida por decisões consistentes em um sistema de normas determinadas, pois estas dependerão muito mais do juiz. O direito vale, então, para fins políticos que são fundamentados utilitaristicamente de acordo com o bem-estar econômico (HABERMAS, 2003, p. 249-250).

Finalmente, o positivismo jurídico tem a função de estabilizar as expectativas de comportamento. Destarte, não é obrigado a "apoiar a legitimidade da decisão jurídica na autoridade impugnável de tradições éticas". Para barrar as pretensões expansionistas das escolas realistas, Kelsen e Hart se esforçaram, segundo Habermas, para elaborar "o sentido normativo próprio das proposições jurídicas e a construção sistemática de um sistema de regras destinado a garantir a consistência de decisões ligadas a regras e tornar o direito independente da política". O perigo desse reducionismo ficou bem claro sobretudo no período do nazismo, no qual as normas jurídicas eram consideradas válidas tão somente por terem sido feitas conforme as regras estabelecidas pelas instituições competentes (HABERMAS, 2003, p. 250).

O grande problema é que a necessidade de "garantia da segurança jurídica" pode obscurecer a também necessária "garantia de correção". Mas, diante de casos difíceis (*hard cases*), o problema que se põe é o da fundamentação das decisões que são, inevitavelmente, seletivas (2003, p. 251). Habermas nos alerta que para Hart, diante da estrutura aberta da linguagem, o juiz deve decidir "conforme seu próprio arbítrio", podendo orientar suas decisões por padrões morais.

A abordagem da Teoria de Dworkin é feita por Habermas, justamente, para acentuar a possibilidade de que a prática da decisão judicial satisfaça, de forma simultânea, padrões de segurança jurídica e de aceitabilidade racional da decisão. Em sendo assim, coloca que:

> Contra o realismo, Dworkin sustenta a possibilidade e a necessidade de decisões consistentes ligadas a regras, as quais garantem uma medida suficiente de garantia do direito. Contra o positivismo, ele afirma a possibilidade e a necessidade de decisões 'corretas', cujo conteúdo é legitimado à luz de princípios (e não apenas formalmente, através de procedimentos). No entanto, a referência hermenêutica a uma pré-compreensão determinada por princípios não deve entregar o juiz a história de tradições autoritárias com conteúdo normativo; ao contrário, esse recurso obriga-o a uma apropriação crítica de uma história institucional do direito, na qual a razão prática deixou seus vestígios. (HABERMAS, 2003, p. 252)

Em complementação, Habermas considera que em Dworkin a norma fundamental goza de *status*, não fundamentado, de um direito natural, e toma esse posicionamento como um "esclarecimento do sentido deontológico de direitos fundamentais em geral". Rememora que os direitos subjetivos são entendidos por

Dworkin como "trunfos", num jogo segundo o qual indivíduos defendem suas pretensões justificadas contra abusos gerados por finalidades coletivas (2003, p. 253). Nessa concepção, embora os direitos subjetivos não valham de forma absoluta, há que sempre se considerar o "princípio do igual respeito por cada um".

Há, pois, para Dworkin, a certeza de que o direito positivo terminou por assimilar conteúdos morais. Habermas expressa sua concordância com essa constatação, pois vê, de forma límpida, que, segundo a teoria discursiva, os argumentos morais entram no direito por intermédio do próprio processo democrático de construção da legislação (2003, p. 253). Mas Habermas nos chama a atenção para o fato de que os "conteúdos morais, na medida em que são traduzidos para o código do direito, passam por uma transformação jurídica de seu significado" (2003, p. 254).

Não se pode perder de vista o fato de que os conteúdos morais estão sujeitos a um amplo grau de variação, que pode ser visualizado quando pensamos na categorização das penas do direito penal, pois há aqui um "escalonamento jurídico-dogmático do conteúdo moral". Ao reconhecer que há regras carregadas moralmente e regras amplamente "desmoralizadas", Habermas percebe que a posição intermediária entre elas é assumida pelas "normas procedimentais intermediárias" que têm a função de conferir competências a determinados órgãos (2003, p. 255).

Ressalta Habermas (2003, p. 256) que a moral é uma medida adotada para que o direito possa ser correto e que a sua sede primária está "na formação política da vontade do legislador e na comunicação política da esfera pública". Partindo do pressuposto de que há uma diferenciação entre direito e moral, o autor nos adverte que enquanto houver uma diferença entre as linguagens, a colocação de conteúdos morais no direito não significa uma moralização do direito.

Retornando a Dworkin, acentua que quando ele fala em argumentos de princípios tomados para a justificação externa de decisões judiciais, o que ele tem em mente são princípios de direito que resultam da aplicação do discurso no âmbito jurídico. Arremata, então, que o "sistema dos direitos e os princípios do Estado de direito são, certamente, devidos à razão prática, porém, na maioria das vezes, à figura especial que ela assume no princípio da democracia" (2003, p. 256).

Considerando que a teoria dos direitos de Dworkin exige uma compreensão deontológica de pretensões de validade jurídica, ele termina por romper o círculo recursivo da hermenêutica jurídica aos *topoi* historicamente comprovados, pois tem uma visão construtivista do princípio hermenêutico.

Após tecer algumas considerações de ordem prática sobre o modelo construtivista dworkiniano[158], Habermas salienta que se trata de "um modelo positivo, composto de regras e princípios, que assegura, através de uma jurisprudência discursiva, a integridade de condições de reconhecimento que garantem a cada parceiro do direito igual respeito e consideração". Essa hermenêutica crítica, que o próprio Dworkin caracteriza como "interpretação construtivista", vai explicar a racionalidade do processo de compreensão, por meio da referência a um paradigma ou a um fim (HABERMAS, 2003, p. 260-261).

Ao utilizarem esse procedimento de interpretação construtivista, os juízes poderão chegar, nos casos concretos que analisam, a uma decisão idealmente válida. Assim, a indeterminação do direito é compensada pela fundamentação da decisão em uma teoria, a qual deve "reconstruir racionalmente a ordem jurídica respectivamente dada de tal modo que o direito vigente possa ser justificado a partir de uma série ordenada de princípios e ser tomado, deste modo, como uma encarnação exemplar do direito em geral" (HABERMAS, 2003, p. 261).

Em relação à questão de a decisão judicial poder satisfazer simultaneamente aos princípios da segurança jurídica e da pretensão de legitimidade do direito, Habermas nos explica que Dworkin termina por entregar a solução do problema a uma teoria considerada pretensiosa, por permitir que especialmente em casos difíceis (*hard cases*), as decisões possam ser fundamentadas com coerência a partir de um direito que é racionalmente reconstruído (2003, p. 262).

Dworkin tem especial interesse pelos princípios jurídicos, na medida em que eles têm um valor posicional na lógica da argumentação, graças à força da justificação deontológica (2003, p. 262). Os princípios jurídicos somados aos objetivos políticos do legislador podem ser amplamente utilizados com o fito

[158] Michelman, de seu lado, acentuou que Ronald Dworkin: "Linked notions of law 'as integrity', of law as the médium of the community's constitutive commitment to 'consistency in principle' in its treatments of its members, and of law as the 'personification' of the community itself (that is, as the institutional manifestation of the political community's existence and identity as such) all emphasize law's historical aspect. They all present law as the institutionalized form of self-consciousness on the part of community members about their situatedness in a common past, required by a conception of personal and political freedom that involves our continuing to be ourselves even as we reconsider what we are and ought to be about. At the same time, Dworkin's insistence on the bottomlessly interpretative nature of law, on the pervasively political character of legal interpretation, and on the necessity of political-moral choice that befalls judges adjudicating 'hard' cases, remind us of law's self-revisionary aspect, echoing the self-critical dimension of moral and political freedom" (MICHELMAN, 1988, p. 1514).

de gerar argumentos capazes de reconstruir a massa do direito. Em assim sendo, Habermas alerta para o fato de que Dworkin quer construir uma "teoria do direito" e não uma "teoria da justiça" (HABERMAS, 2003, p. 263).

Mas o desempenho dessas tarefas interpretativas e argumentativas por parte do juízes é mesmo uma tarefa "hercúlea" para Dworkin. Daí que ele considera a necessidade de pressupor um "juiz cujas capacidades intelectuais podem medir-se com as forças físicas de um Hércules". Este precisa dos seguintes componentes para dispor de um saber ideal: conhecer todos os princípios e as determinações de objetivos políticos válidos do legislador; ter uma completa visão do direito vigente que tem diante de si (HABERMAS, 2003, p. 263). Na atividade argumentativa, o juiz Hércules precisa perceber que se de um lado o papel do teórico é reconstruir o direito vigente, do outro o legislador tem que o construir.

Ao analisar com profundidade a teoria de Dworkin, o sociólogo alemão a considera convincente por discutir situações em que precedentes têm pesos diferentes para as decisões atuais, de forma que Hércules pode desconsiderar parte da história institucional, a partir dos preceitos que a teoria reconstrutiva do direito defende (2003, p. 264). Essa seletividade tem a finalidade de buscar que a decisão a ser adotada seja a mais correta possível. Assim, a teoria do *juiz Hércules* é formulada com o intuito de reconciliar a história (decisões racionalmente construídas no passado) com a justiça (aceitabilidade racional das decisões no presente).

Habermas reconhece (2003, p. 266) que a "interpretação reconstrutiva só será bem-sucedida se a história, da qual uma ordem jurídica concreta surgiu, sedimentar, de alguma maneira, algum fragmento de razão existente". Assim, visualiza que embora a realidade em que Dworkin escreve seja a americana, onde o desenvolvimento constitucional já dura mais de 200 anos, em outros contextos jurídico-políticos não precisa ser renegada a ideia reguladora que se incorporou no *juiz Hércules* (HABERMAS, 2003, p. 266-267).

Quando Dworkin se refere à integridade, expõe uma visão aberta e ampla que abarca não só a ordem jurídica americana, como também todas as ordens jurídicas modernas apoiadas no Estado de Direito. Nessa linha, pontua Habermas, ainda com o aporte teórico de Dworkin, que:

> o princípio da 'integridade' caracteriza o ideal político de uma comunidade, na qual os parceiros associados do Direito se reconhecem reciprocamente como livres e iguais. É um princípio que obriga tanto os cidadãos como os órgãos da legislação e da jurisdição a realizar a norma básica da igual consideração e do igual respeito por cada um nas práticas e instituições da sociedade. (HABERMAS, 2003, p. 267)

Fica claro, então, que há uma série de idealizações inseridas na teoria do *juiz Hércules*, as quais estão sujeitas a muitas críticas (*Critical Legal Studies Movement*, por exemplo). Mas não se pode olvidar a intenção que está aí embutida, qual seja: buscar soluções para o problema da "racionalidade da jurisdição". Nesse diapasão, a função da teoria do direito é reconstruir de forma racional o direito vigente para possibilitar que em cada situação concreta seja possível adotar uma decisão correta. Tendo em vista que as decisões são adotadas caso a caso, há que se reconhecer que os aspectos surpreendentes de todo caso atraem "a própria teoria para o turbilhão da história" (2003, p. 272).

Mas essa necessidade de adoção de decisões corretas e de consecução de segurança jurídica é problemática, na medida em que "um sistema de direitos que não é formado apenas e *a fortiori* de 'regras' que incluem procedimentos de aplicação, como pretende o positivismo, não pode garantir o mesmo grau de previsibilidade de decisões judiciais, obtido em programas condicionais" (2003, p. 273).

Mas, mesmo que, na realidade, tenhamos um sistema de direito formado não só por regras como também por princípios, os argumentos esposados na decisão não podem ser arbitrários, mas sim relevantes e que levem em consideração as colisões entre regras e princípios, tão comuns em casos concretos, e também paradigmas que retratam ideologias do direito em cada tempo histórico. Segundo Habermas, os paradigmas:

> aliviam Hércules da supercomplexa tarefa de colocar 'a olho' uma quantidade desordenada de princípios aplicáveis somente *prima facie* em relação com as características relevantes de uma situação apreendida do modo mais complexo possível. A partir daí, as próprias partes podem prognosticar o desenlace de um processo, na medida em que o respectivo paradigma determina um pano de fundo de compreensão, que os especialistas em direito compartilham com todos os demais parceiros do direito. (HABERMAS, 2003, p. 275)

Diante desse contexto, ao falar sobre a teoria do discurso jurídico, Habermas rememora que as próprias respostas que Dworkin formulou para as objeções à sua teoria dão ensejo a dúvidas acerca do princípio monológico do *Hércules*. Há uma pressuposição de que o juiz é altamente qualificado e por isso está habilitado a representar o cidadão e garantir a integridade da comunidade jurídica (2003, p. 277).

Nesse ponto, num tom mais crítico, Habermas sustenta que o princípio monológico é insustentável, haja vista que o próprio Dworkin entende o direito como meio de integração social, o que insere a ideia de que há uma necessidade de observância das perspectivas dos outros, sugerindo um agir comunicativo que está diretamente ligado à prática da argumentação.

Noutros termos, a teoria do direito deve estar mais voltada para um ideal de "sociedade aberta dos intérpretes da constituição" (HÄBERLE, 1997) do que a um modelo que esteja apoiado na personalidade do juiz, que se distingue tanto pela virtude quanto pelo acesso privilegiado à verdade (HABERMAS, 2003, p. 278). Em suma, as críticas estão voltadas à necessidade de que o juiz singular, ao elaborar sua interpretação construtiva[159], esteja também sustentado pela comunicação pública dos cidadãos. Assim, a "crítica à teoria do direito solipsista de Dworkin tem que se situar no mesmo nível e fundamentar os princípios do processo na figura de uma teoria da argumentação jurídica, que assume o fardo das exigências ideais até agora atribuídas a Hércules" (2003, p. 280).

Esse longo processo discursivo implica em uma aprendizagem cumulativa, uma vez que os argumentos e informações relevantes sobre o tema são levados em consideração para o desenvolvimento de motivações racionais. O que se quer é chegar a uma decisão correta, sobre a qual Habermas assim se pronuncia:

> A idéia reguladora da 'única decisão correta' não pode ser explicitada com o auxílio de uma teoria, por mais forte que ela seja. A própria teoria do direito, atribuída a Hércules, teria que ser vista como uma ordem de argumentos *por enquanto* coerentes, construída *provisoriamente*, a qual se vê exposta à crítica ininterrupta. (HABERMAS, 2003, p. 282) (grifos originais)

Mas o que seria um bom argumento? Essa indagação está diretamente relacionada com aspectos pragmáticos da linguagem que se mostram presentes no jogo da argumentação. As regras desse jogo argumentativo podem contribuir para a "solução do problema da aceitabilidade ou não-aceitabilidade de uma pretensão de validade controversa". Dessa maneira, Habermas admite a amplitude do conceito de racionalidade procedimental, colocando que:

> O conceito amplo de uma *racionalidade procedimental*, abrangendo a dimensão pragmática de uma disputa regulada entre argumentos, permite complementar as características semânticas dos argumentos através das

[159] O Professor Menelick de Carvalho Netto, ao se referir ao modelo de interpretação construtiva desenvolvido por Dworkin, ressaltou que se trata de um modelo hermenêutico para lidar com obras de expressão humana e, em especial, com o Direito. Destacou que: "Em contraste com a interpretação científica empírica, em que se busca a interpretação de dados fáticos, e com a interpretação conversacional, em que a intenção do falante é o objeto central, Dworkin aponta a semelhança entre a interpretação de uma prática social e a interpretação artística" (NETTO; SCOTTI, 2011, p. 77).

> propriedades indiretamente constitutivas da validade de um arranjo, no qual se atualiza *o potencial da motivação racional que os bons argumentos carregam consigo*. A fresta de racionalidade que surge entre a força meramente plausibilizadora de um único argumento substancial ou se uma sequência incompleta de argumentos, de um lado, e a incondicionalidade da pretensão à 'única decisão correta', de outro lado, é fechada idealiter (idealmente) *através do procedimento argumentativo da busca cooperativa da verdade*. (HABERMAS, 2003, p. 282-283) (os grifos são nossos)

O que se busca é que a situação de fala esteja imunizada contra a repressão e a desigualdade, de forma que se possa verificar se as pretensões do proponente têm razão de ser. Na prática, o objetivo é obter o assentimento de um auditório universal, diante de um proferimento tido como controverso, considerando uma disputa não coercitiva que seja regulada pelos melhores argumentos e informações (HABERMAS, 2003, p. 284).

Estamos lidando com o "princípio do discurso" para descobrir como ele promove a fundamentação de normas e de decisões valorativas. Tudo vai depender da prática argumentativa que termina por liberar a intersubjetividade da coletividade deliberativa. Mas as circunstâncias interpretativas construtivas não devem se desvincular do conceito de coerência, pois, segundo Habermas, este deve ser alheio a caracterizações semânticas e apontar para pressupostos pragmáticos da argumentação, tão bem defendidos por Alexy.

Em sendo assim, Habermas destaca que se aceitamos a compreensão deontológica do Direito de Dworkin e seguimos as considerações da teoria da argumentação de autores como Alexy, Günther e Aarnio, temos que admitir que o direito precisa manter-se aberto a argumentos de outras procedências (pragmáticos, morais, éticos) e que a correção das decisões judiciais é medida pelo preenchimento de condições comunicativas de argumentação.

Depois de trazer à baila tantas discussões doutrinárias que buscam encontrar caminhos para que a racionalidade judicial se concretize na prática e carregue com ela a legitimidade da jurisdição constitucional, Habermas termina por acentuar que há uma tendência à supremacia judicial.

Tomando por base o velho e conhecido debate entre Schmitt e Kelsen sobre quem deve ser o guardião da Constituição, Habermas acentua que "a concretização do direito constitucional através de um controle judicial da constitucionalidade serve, em última instância, para a clareza do direito e para a manutenção de uma ordem jurídica coerente" (2003, p. 302). Em relação às amplas competências do Tribunal Constitucional Federal Alemão, ressalta que "não constituem necessariamente uma ameaça à lógica da divisão de poderes" (2003, p. 304).

Ao perceber o "deslocamento preocupante dos pesos entre parlamentos e tribunais constitucionais", Habermas põe em destaque a distribuição das competências entre os poderes do Estado. Para ele:

> A prática da decisão judicial é entendida como agir orientado pelo passado, fixado nas decisões do legislador político, diluídas no direito vigente; ao passo que o legislador toma decisões voltadas para o futuro, que ligam o agir futuro, e a administração controla problemas que surgem na atualidade. Esse modelo parte da premissa segundo a qual a constituição do Estado do direito democrático deve repelir primariamente os perigos que podem surgir na dimensão que envolve o Estado e o cidadão, portanto nas relações entre o aparelho administrativo que detém o monopólio do poder e as pessoas privadas desarmadas. (HABERMAS, 2003, p. 305)

Sendo assim, reflete sobre a dogmática implícita dos direitos fundamentais presentes nas decisões tomadas pelo TFC alemão, frisando que não é mais possível que o sistema de direitos seja garantido por uma sociedade econômica liberada (decisões particulares autônomas privadas). Ao invés disso, o sistema de direitos se baseia em um Estado que prepara infraestruturas, que afasta perigos, que regula, que possibilita e compensa. Cria-se, com isso, um efeito protetor dos direitos fundamentais, o que faz com que as decisões do TFC alemão qualifiquem os direitos fundamentais como "princípios de uma ordem jurídica geral" (HABERMAS, 2003, p. 306-307).

A mudança na conceituação dos direitos fundamentais tem claros reflexos na jurisprudência constitucional (HABERMAS, 2003, p. 307) e faz com que esta estabeleça conceitos-chave totalmente relacionados com a textura aberta do texto constitucional (reserva do possível, princípio da proporcionalidade, entre outros). Destarte, na solução de um caso concreto, as reflexões se baseiam na totalidade de uma ordem jurídica construída racionalmente (2003, p. 308).

Traz à baila texto colhido da obra de Böckenförde para mostrar que esse autor, diferentemente de Denninger, entende que os princípios do Estado de Direito podem ser combinados com uma compreensão liberal dos direitos fundamentais. Habermas discorda, explicando que o paradigma liberal do Direito caracteriza a maneira a partir da qual os princípios do Estado de Direito poderiam ser realizados numa sociedade econômica liberal, modelo cujos princípios teóricos já foram implodidos pela crítica marxista.

Coloca, então, que o próprio Böckenförde reconhece que nas circunstâncias históricas atuais, o paradigma liberal do Direito exige respostas diferentes (2003, p. 312). Assim, mesmo diante das dificuldades trazidas pelo novo paradigma do Estado Social, não se justifica a restauração do antigo paradigma.

Na sequência, desta feita tomando por base a obra de Cass Sunstein denominada "After the rights revolution", Habermas salienta que numa ordem jurídica que se justifica por princípios, faz-se necessária uma interpretação construtiva (2003, p. 313). Frisa que o recurso ao que Sunstein denomina de "normas de fundo" pode abrir portas para que o Tribunal Constitucional crie direitos sob inspiração política, situação essa que fere a lógica da separação dos poderes, haja vista que a criação de direitos cabe ao legislador democrático (2003, p. 314).

Ao criticar uma autocompreensão metodológica falsa do controle de constitucionalidade, Habermas resgata compreensões doutrinárias de Dworkin e Alexy, dentre outros, para destacar que os direitos fundamentais, enquanto normas do direito, são formados com base em um modelo de normas de ação obrigatórias (2003, p. 318), num sentido deontológico segundo o qual a obrigação é incondicional e universal. Diante disso, coloca que a discussão dos constitucionalistas americanos é no sentido de que há impulsos teóricos que definem os direitos fundamentais como princípios de direito e os que os definem como orientações valorativas (2003, p. 319).

Acentua que Perry vê o juiz constitucional no papel de um professor profético, uma vez que ao interpretar a "palavra divina dos fundadores" busca garantir que haja continuidade de uma tradição constitutiva para a vida da comunidade (2003, p. 320). Para isso, tem que se desapegar das concepções majoritárias.

Nessa linha, a jurisprudência de valores levanta o tão falado problema da legitimidade, pois ela leva a uma concretização de normas que põe a "jurisprudência constitucional no estado de uma legislação concorrente". Em relação a isso, Habermas arremata que:

> (...) reinterpretando arrojadamente os direitos fundamentais, que deixam de ser princípios deontológicos do direito para se tornarem bens teleológicos do direito, formando uma ordem objetiva de valores, que liga a justiça e o legislador à eticidade substancial de uma determinada forma de vida: Judicial review is a deliberately countermajoritarian institution.[160] (HABERMAS, 2003, p. 320)

Essa possibilidade de legislar concorrentemente, certamente, não é o resultado que se espera da jurisdição constitucional. Para Habermas, os passos complexos de uma interpretação construtiva, seja ela de normas, seja ela de princípios, não se deixam normatizar processualmente, mas estão sujeitos a um controle de racionalidade processual. Assim:

---

[160] Tradução livre: "A revisão judicial é uma instituição deliberadamente contramajoritária".

> (...) a jurisdição constitucional que parte do caso concreto está limitada à aplicação de normas (constitucionais) pressupostas como válidas; por isso, a distinção entre discursos de aplicação de normas e discursos de fundamentação de normas oferece, mesmo assim, um critério lógico-argumentativo de delimitação de tarefas legitimadoras da justiça e da legislação. (HABERMAS, 2003, p. 324)

Nesse ponto, Habermas conclui que o fato de o tribunal constitucional e o legislador político ligarem-se às normas processuais, não significa uma equiparação concorrente da justiça com o legislador, pois:

> os argumentos legitimadores, a serem extraídos da Constituição, são dados preliminarmente ao tribunal constitucional, na perspectiva da aplicação do direito – e não na perspectiva de um legislador, que interpreta e configura o sistema de direitos, à medida que persegue suas políticas. (HABERMAS, 2003, p. 324).

Partindo da concepção de que o Tribunal Constitucional não deve agir na perspectiva de um legislador, Habermas enfatiza que no Estado Democrático de Direito deve prevalecer a ideia de auto-organização da comunidade jurídica (soberania popular). Nesses termos, a constituição não é mais entendida só como uma ordem que regula a relação entre o Estado e os cidadãos, pois determina procedimentos políticos que impulsionam os cidadãos a, utilizando seu direito de autodeterminação, agirem cooperativamente para a produção de condições justas de vida (HABERMAS, 2003, p. 326). Além disso, continua a disciplinar o exercício dos poderes social, econômico e administrativo.

O que Habermas pretende, ao fim e ao cabo, é encontrar, a partir da compreensão da gênese democrática das leis, um sentido que confira legitimidade e racionalidade às competências do Tribunal Constitucional. Deve este, pois, essencialmente "proteger o sistema de direitos que possibilita a autonomia privada e pública dos cidadãos" (HABERMAS, 2003, p. 326). Trata-se de uma compreensão procedimentalista da Constituição que "imprime uma virada teórico-democrática ao problema de legitimidade do controle jurisdicional da Constituição" (HABERMAS, 2003, p. 326).

A partir da concepção cética de J. H. Ely[161] e considerando que a Suprema Corte tem que ficar atenta aos procedimentos e normas organizacionais

---

[161] Habermas acentua que o ceticismo de Ely discorda tanto da jurisprudência de valores quanto da interpretação construtiva dirigida por princípios defendida por Dworkin. Chama a atenção para o fato de que essa atitude de Ely não é consequente, uma vez que ele tem que pressupor a validade de princípios para recomendar ao Tribunal uma orientação por princípios procedimentais que são dotados de conteúdos normativos (2003, p. 328).

das quais depende a eficácia legitimadora do processo democrático, Habermas nos chama a atenção para o fato de que: "o Tribunal tem que tomar precauções para que permaneçam intactos os 'canais' para o processo inclusivo de formação da opinião e da vontade, através do qual uma comunidade jurídica democrática se auto-organiza" (HABERMAS, 2003, p. 327). O que Habermas pretende, em realidade, é fazer um alerta para a importância de dar um lugar privilegiado para a formação democrática da vontade, por meio dos direitos de comunhão e de participação.

E o que dizer de leis que discriminam minorias éticas ou religiosas, grupos sociais marginalizados, homossexuais, aleijados, velhos, jovens etc.? Há, nesses casos, inobservância ao princípio do tratamento igual, o que leva Ely a entender que se trata de um "processo político deformado nas condições procedimentais democráticas" (HABERMAS, 2003, p. 327).

Nesses casos, acentua-se que o controle abstrato de normas:

> deve referir-se, em primeira linha, às condições da gênese democrática das leis, iniciando pelas esfruturas comunicativas de uma esfera pública ligada pelos meios de massa, passando, a seguir, pelas chances reais de se conseguir espaço para vozes desviantes e de reclamar efetivamente direitos de participação formalmente iguais, chegando até a representação simétrica de todos os grupos relevantes, interesses e orientações axiológicas no nível das corporações parlamentares e atingindo a amplitude dos temas, argumentos e problemas, dos valores e interesses, que têm entrada nas deliberações parlamentares e que são levadas em conta na fundamentação das normas a serem decididas. (HABERMAS, 2003, p. 327-328)

Com isso, Habermas destaca que ao imprimir um rumo não esperado à desconfiança liberal quanto às minorias tirânicas, Ely percebe as limitações concretas do pluralismo, reconhecendo a necessidade de se reclamar uma participação com igualdade de chances para as minorias, apoiado, numa visão procedimentalista da Constituição. Habermas, de seu lado, aponta que seu ceticismo é contra uma visão paternalista do controle jurisdicional da constitucionalidade, que se apoia na desconfiança dos juristas em relação à irracionalidade do legislador.

Ely quer mesmo é fundamentar o "judicial self-restraint", por isso leva em conta a racionalidade superior dos discursos profissionais e o distanciamento da política. Mas é bom atentar que eles não podem substituir discursos políticos que exigem a inclusão de todos os atingidos. A formação da vontade exige uma teoria da democracia, implícita em Ely, com a consequente inclusão de todos os atingidos (HABERMAS, 2003, p. 330).

Ao analisar o papel da jurisdição constitucional na visão da política liberal, republicana e procedimental, Habermas rememora a controvérsia estabelecida entre os constitucionalistas americanos acerca da legitimidade da jurisdição constitucional. Ressalta que os discursos se dividem, principalmente quando se leva em consideração a atribuição constitucional de racionalidade ao processo legislativo.

O que se quer é, na verdade, compreender o papel do processo democrático e Habermas o faz a partir da visão liberal americana segundo a qual esse processo programa o Estado para o interesse da sociedade. O Estado, de seu lado, é considerado o aparelho da administração pública (2003, p. 332). Nesse contexto, a política é entendida como:

> Forma de reflexão de um contexto vital ético – como o *medium* no qual os membros das comunidades solidárias, mais ou menos naturais, tornam-se conscientes de sua dependência recíproca e, na qualidade de cidadãos, continuam e configuram, com consciência e vontade, as relações de reconhecimento recíproco já existentes. (HABERMAS, 2003, p. 333)

Ao lado do poder administrativo e do interesse individual próprio, entram a solidariedade e a orientação do bem comum como terceira fonte da integração social. Dessa maneira, para que haja autodeterminação dos cidadãos, tanto a esfera pública política quanto a sociedade civil devem garantir a prática de entendimento dos cidadãos com força de integração e autonomia.

Ao avaliar a natureza do processo político, Habermas nos explica as diferentes conceitualizações do papel do cidadão e do direito para chegar, novamente, ao ponto dos componentes deliberativos do processo de legislação envolvidos na questão da legitimidade da jurisdição constitucional. Assim, com base numa compreensão republicana da autonomia política dos cidadãos, arremata que "o Tribunal Constitucional precisa utilizar os meios disponíveis no âmbito de sua competência para que o processo de normatização jurídica se realize sob condições da *política deliberativa*, que fundam legitimidade" (HABERMAS, 2003, p. 340) (grifos originais).

O sociólogo alemão nos mostra que a linha teórica do assim chamado "republicanismo renovado" (HABERMAS, 2003, p. 341) entende que as cortes constitucionais têm o papel de guardiãs das democracias deliberativas. Coloca que é importante reconhecer que, mesmo diante da radical inspiração democrática do republicanismo, ele não advoga a favor do autocontrole judicial, mas, pelo contrário, percebe que é papel da jurisprudência constitucional compensar o desnível que existe entre o "ideal republicano e a realidade constitucional" (HABERMAS, 2003, p. 343).

Habermas salienta que Bruce Ackerman reage a essa tensão entre situação ideal e realidade de forma semelhante, à medida que entende que é nas situações de anormalidade da política constitucional, em que a autodeterminação democrática se sobreleva, que os juízes do Tribunal Constitucional devem atuar como guardiães dessa autodeterminação (HABERMAS, 2003, p. 344).

Enfim, os debates sobre a forma de atuar do Tribunal Constitucional seguem adiante e fica bem claro que quer atue com ativismo quer com automodéstia, as discussões não podem ser conduzidas *in abstracto*. Em alguns casos que tratam, por exemplo, da imposição do procedimento democrático e da forma deliberativa da formação política da opinião e da vontade, a jurisprudência constitucional ofensiva é até considerada necessária.

Mas, apesar de toda discussão doutrinária trazida à baila acerca das competências das Cortes Constitucionais e também das inerentes à atividade política, Habermas chama a nossa atenção para o fato de que "a tensão entre facticidade e validade que deveria ser estabilizada no interior do próprio *medium* do direito, irrompe agora entre o ideal de uma república ética e a vil realidade constitucional" (HABERMAS, 2003, p. 349).

Mesmo perante a "nua e crua" realidade constitucional, os discursos de autoentendimento continuam representando um importante componente da jurisdição e da política. Nesse contexto, destaca-se a importância do exercício de repensar continuamente sobre o tipo de sociedade em que os membros de uma nação querem viver.

Destarte, diante da postura ativista do STF e da importância da atividade legiferante, faz-se necessária uma autorreflexão institucional como o início de um caminho a ser percorrido para a redução da permanente tensão entre o Poder Legislativo e a Suprema Corte.

De um lado, o Legislativo precisa reafirmar sua importância perante a sociedade e mostrar que atua em nome desta como um todo, e não de grupos de interesses e de minorias privilegiadas. Do outro lado, a Suprema Corte tem que justificar, com firmeza, seu importante papel de defesa de minorias e reconhecer que precisa exercitar mais frequentemente o *judicial self-restraint*, principalmente em questões de políticas públicas cujas decisões precisam ser tomadas no âmbito da instituição que representa os anseios populares e com a devida apreciação de todas as questões técnicas e orçamentárias envolvidas.

Demais disso, quanto mais a jurisdição constitucional demonstrar a racionalidade procedimental de suas ações e de seu discurso jurídico e trabalhar na busca cooperativa da verdade, exercitando uma racionalidade comunicativa, tanto mais poderá reduzir a tensão entre os poderes, incrementar sua legitimidade, além de possibilitar a concretização dos desejos da sociedade, seja num viés minoritário seja num viés majoritário. A correção de suas decisões será, pois, uma consequência da utilização de argumentos racionais.

2.5 Conclusão do capítulo 2

Numa democracia complexa e plural como a brasileira, são muitos os desafios confiados ao Legislativo e à Suprema Corte. Eles estão intrinsecamente ligados à necessidade de reduzir a tensão entre esses poderes e de incrementar o processo comunicativo interinstitucional, para que as soluções dos problemas possam ser construídas dialogicamente, com o fito de dar maior concretude ao constitucionalismo democrático.

Assim, o nosso intento neste capítulo foi mostrar a importância do *judicial review* no contexto do constitucionalismo democrático, enfatizando que as Constituições são instrumentos essenciais para efetivar os compromissos com a democracia, o que acentua a necessidade de existência de um Órgão que prime pela observância de princípios, regras e fundamentos constitucionais. Não é por acaso que pesquisas empíricas mostram que o *judicial review* tem sido afirmado, com o passar dos anos, nas Constituições ao redor do mundo.

A despeito dessa importância, críticas doutrinárias (Tushnet, Bork, Kramer) são direcionadas ao *strong judicial review*, haja vista que, muitas vezes, a Suprema Corte termina ultrapassando os limites das suas competências constitucionais, resultando num ativismo judicial que desencadeia, inclusive, a feitura de políticas públicas, sem que haja a competência técnica/administrativa para tal.

Na sequência, enfatizamos que Dworkin, ao nos mostrar a realidade americana e adotar a metáfora do "Juiz Hércules", faz-nos perceber que é a força criativa dos juízes em encontrar soluções para *hard cases*, mesmo diante da incompletude, da obscuridade e da falta de clareza de textos legais e constitucionais, que faz com que o Judiciário se sobressaia frente aos demais poderes. Deixa claro, pois, que a supremacia judicial é uma realidade em sistemas que adotam o *strong judicial review*.

Mesmo reconhecendo essa supremacia, Dworkin enfatiza que ela tem seus perigos, um deles é que os juízes podem defender seus próprios interesses ou mesmo interesses políticos[162], sem qualquer atenção para com os interesses da opinião pública.

Assim, a saída para que uma concepção coparticipativa, consonante com o princípio democrático, possa ser adotada é que questões de princípios precisam ser resolvidas em referendos de larga escala, o que permite não só a participação popular, como também a limitação da supremacia judicial.

É nesse cenário que buscamos melhor entender a ideia de democracia deliberativa, quando posta em confronto com a realidade da supremacia judicial, afinal não há como deixar de lado os interesses dos cidadãos, quando pensamos na ideia de democracia deliberativa, tampouco a necessidade de observância dos discursos populares produzidos na esfera pública.

Vimos, outrossim, que o papel contramajoritário das Supremas Cortes não é incompatível com o constitucionalismo democrático e termina por permitir que o poder da maioria não seja exercido de forma ilimitada. Para consolidar esse entendimento, lembramos que o império das maiorias pode levar ao totalitarismo e ao completo desrespeito ao direito das minorias.

Nessa linha, as Cortes Constitucionais apresentam-se como as instituições mais qualificadas para dizer do direito de minorias, mesmo que isso desemboque num ativismo judicial, o qual, em uma "justa medida", pode permitir a concretização de direitos de minorias que, muito provavelmente, nunca seriam reconhecidos em instituições como o Legislativo que, tradicionalmente, representa maiorias. Essa "justa medida", entretanto, deve estar relacionada com a adoção de uma postura ética e racional de justificação coerente das decisões, o que leva ao aumento da legitimidade institucional.

A partir do arcabouço teórico habermasiano, que tem forte base no processo comunicativo (como visto no capítulo 1), colocamos em destaque que tanto o Legislativo quanto a Suprema Corte têm que estar atentos para a necessidade de privilegiar o processo inclusivo de formação democrática da vontade e o autogoverno. Nesse contexto, destacamos que a vontade das maiorias não pode ser utilizada para discriminar minorias éticas e religiosas e que o controle abstrato de normas mostra-se como uma saída para conter eventuais irracionalidades legislativas.

---

162 Dahl, ao observar a atuação histórica da Suprema Corte Americana, observou que considerá-la uma instituição jurídica *stricto sensu* é subestimar a sua importância para o sistema politico Americano, uma vez que ela toma decisões sobre questões polêmicas da política nacional, formulando, não raro, políticas públicas (DAHL, 1956, p. 1).

Ao mesmo tempo em que defende a interpretação construtiva, Habermas posiciona-se de forma contrária ao fato de o Tribunal Constitucional criar direitos sob inspiração política, haja vista que essa postura fere a lógica da separação de poderes. Em relação à possibilidade de a jurisdição constitucional legislar concorrentemente, ele entende que esse não é o resultado que se espera da jurisdição constitucional.

CAPÍTULO 3

JUDICIAL REVIEW E SEUS NOVOS PARADIGMAS

> Constitutional supremacy – a concept that has long been a major pillar of American political order – is now shared, in one form or another, by more than 100 countries across the globe. Numerous postauthoritarian regimes is the former Eastern Bloc, Latin America, Asia, and Africa were quick to endorse principles of modern constitutionalism upon their transition to democracy. From Germany and Spain to Russia and Turkey, constitutional courts throughout Europe have started to play an important role in translating constitutional provisions into practical guidelines for use in public life. (...) *Even such countries as Britain, Canada, Israel and New Zealand – not long go described as the last bastions of Westminister-style parliamentary sovereignty – have rapidly joined the global trend toward constitutionalization. Most of these countries also have a recently adopted constitution, or have undergone a constitutional revision to incorporate a bill of rights and introduce some form of active judicial review.* (HIRSCHL, 2008, p. 1) (grifamos)

3.1 Considerações iniciais

Após as atrocidades da Segunda Guerra Mundial, muitas delas cometidas em nome da defesa das maiorias, a tendência das novas constituições foi positivar direitos fundamentais, o que, naturalmente, incrementou as competências do Judiciário, fortaleceu o papel contramajoritário dos tribunais constitucionais e reforçou a necessária e imprescindível defesa das minorias.

O Supremo Tribunal Federal brasileiro ganhou força no segundo pós-guerra com a Constituição de 1946, em seguida perdeu prestígio e independência no contexto histórico-político ditatorial (1964-1985), mas ressurgiu das cinzas com a redemocratização e com a promulgação da Constituição Federal de 1988.

É interessante repisar que a Suprema Corte não só ressurgiu das cinzas, como também tornou-se um superpoder que exerce suas competências, não raro, de forma ilimitada e avança, por conseguinte, nas competências dos outros poderes, sendo, com frequência, muito criticada por isso.

Importa destacar, nesse ponto, que a professora alemã, Ingeborg Maus, uma das mais importantes estudiosas da Teoria da Democracia na atualidade, tomando por base o contexto alemão, em artigo denominado "Judiciário como Superego da Sociedade", parte da noção de imago paterna para destacar o papel da atividade jurisprudencial na sociedade órfã. Acentua que:

> Nos estímulos sociais a uma Justiça pronta para expandir seu âmbito de ação encerra-se o círculo da delegação coletiva do superego da sociedade. (...)
> A ascensão do TFC à condição de censor ilimitado do legislador ocorre por meio do mecanismo acima descrito por Luhmann. Assediado ilimitadamente pelas oposições do momento, e em especial sobrecarregado de queixas constitucionais (*Verfassungsbeschwerde*), *o TFC procede à sua auto-reprodução e gerencia uma 'mais-valia' que de longe supera suas vastas competências constitucionais.* Sobretudo no início de sua jurisprudência o TFC ocupou-se, nos conflitos que lhe foram apresentados, com a definição de seus próprios limites. Questões de pouca importância relativa, como a sincronização dos períodos de legislatura na construção do Estado alemão-ocidental, motivaram o Tribunal a discutir sua própria competência e métodos de interpretação constitucional. *O TFC afirmou então austeramente que seus parâmetros de controle de constitucionalidade das leis (ou controle de atos constitucionais relevantes) não deveriam ser pautados pela Constituição vigente, podendo ultrapassar os seus horizontes.* (MAUS, 2000, p. 191) (grifamos)

Noutros termos, a "competência" do Tribunal Federal Constitucional – TFC alemão – não deriva, totalmente, da Constituição, pois a afirmação de princípios suprapositivos por ele confirmados, libera-o de vinculações estreitas às regras constitucionais. Essa é, segundo a compreensão da autora, uma forma de o TFC disfarçar seu decisionismo sob o manto de uma ordem de valores submetida à Constituição (MAUS, 2000, p. 192).

Num tom crítico, a autora destaca que a "apropriação da persecução de interesses sociais, de processos de formação da vontade política e dos discursos morais por parte da mais alta corte é alcançada mediante uma profunda transformação do conceito de Constituição". Aduz que, diferentemente dos tempos de fundamentação racional-jusnaturalista da democracia, a Carta Magna passou a ser utilizada como um texto fundamental a partir do qual os "sábios" deduzem valores e comportamentos corretos. Percebe, ainda, que o TFC atua menos como "Guardião da Constituição" do que como órgão que busca manter sua própria história jurisprudencial.

No Brasil, esse superpoder do "Guardião da Constituição" não é diferente e tem sido incrementado, ao longo dos anos, pela assunção de uma postura cada vez mais ativista por parte do Supremo Tribunal Federal. Não podemos deixar de levar em consideração, nesse cenário, que a política é o espaço para que o desejo da maioria possa ser expressado e que o Direito é o espaço da razão pública.

Nesses termos, se por um lado, muitas vezes, a Suprema Corte brasileira é vista como a "salvadora da pátria", pois decide questões polêmicas de direitos fundamentais de minorias que dificilmente teriam solução no âmbito do Legislativo, devido a dificuldade política de obter consenso em questões que dividem a opinião pública como aborto, união homoafetiva, suicídio assistido e pesquisa com células-tronco embrionárias; por outro lado é vista como "vilã"[163], vez que não demarca a necessária separação entre direito e política, o que interfere na separação de poderes e levanta importantes questões sobre: a legitimação democrática da Corte; o descumprimento da importante missão de proteger as regras do jogo democrático; a tirania da Corte ao decidir sobre questões políticas majoritárias.

A tirania[164] é sempre considerada perniciosa e motiva a inquietação dos

---

[163] Importa destacar, nesse ponto, que o Professor de Direito Constitucional da USP, Conrado Hübner Mendes, publicou em 28 de janeiro de 2018, no jornal Folha de São Paulo, duras críticas ao STF, acentuando que, na prática, os Ministros do STF agridem a democracia. Afirmou que a Corte passou de poder moderador a poder tensionador, entrando numa espécie de aspiral de autodegradação. Após enumerar uma lista de perguntas para a Corte que não querem calar, destacou que as respostas estão mais relacionadas com as inclinações políticas que propriamente com o Direito e a Constituição. Em relação ao choque com a realidade, pontuou que: "A separação dos poderes conferiu um lugar peculiar ao Supremo. O Parlamento é eleito, o STF não. O parlamentar pode ser cobrado e punido por seus eleitores, os ministros do STF não. O Presidente da República é eleito e costuma ser o primeiro alvo das ruas, os membros do STF estão longe disso. A Corte Suprema tem o poder de revogar decisões de representantes eleitos. É um Tribunal que se autorregula e não responde a ninguém. O que justifica tanto poder e a imunização contra canais democráticos de controle?" (Disponível em: http://www1.folha.uol.com.br/ilustrissima/2018/01/1953534-em-espiral-de-autodegradacao-stf-virou-poder-tensionador-diz-professor.shtml. Acesso em: 20 mar. 2018).
Em resposta, o Ministro do Supremo Tribunal Federal, Luís Roberto Barroso, rebate as críticas frisando que mesmo não escapando de todas as armadilhas do passado, o STF tem prestado bons serviços à estabilidade institucional e ao avanço social no país, protegendo as regras do jogo democrático e assegurando o respeito aos direitos fundamentais. Enfatizou que: "todas as instituições democráticas estão sujeitas à crítica pública e devem ter a humildade de levá-la em conta, repensando-se onde couber (...) Muitas das críticas institucionais, no entanto, são injustas. As instituições são como auto-estradas: passam por inúmeros lugares e tocam a vida de muitas pessoas. Se alguém fotografar apenas os acidentes de percurso, transmitirá uma imagem distorcida do que elas representam" (Disponível em: https://www1.folha.uol.com.br/ilustrissima/2018/02/em-artigo-ministro-do-supremo-rebate-criticas-feitas-ao-tribunal.shtml. Acesso em: 20 mar. 2018).

[164] Em interessante texto denominado "Tyrannophobia", Eric Posner e Adrian Vermeule destacam que: "Tyranny looms large in the American political imagination. For the framers of the Constitution, Caesar, Cromwell, James II, and George III were anti-models; for the current generation, Hitler takes pride of place, followed by Stalin, Mao, and a horde of tyrants both historical and literary. Students read *1984* and *animal farm* and relax by watching Chancellor Palpatine seize imperial power. Unsurprisingly,

cidadãos ao longo da história da humanidade. Pensando em termos de separação de poderes, não só a tirania[165] do Judiciário assombra a sociedade, mas também a tirania dos demais poderes constituídos: Executivo e Legislativo.

Locke já acentuava que o melhor remédio para governos opressores e cruéis (tirânicos) é um legislativo forte[166], pois este detém a legitimidade para representar a sociedade. Mas este Poder tem que ser exercido com sapiência, de forma a perceber se o povo está apto ou não a assimilar determinadas leis.

Considerando que no sistema constitucional brasileiro nos deparamos com uma Suprema Corte que não só decide questões de controle de constitucionalidade, mas traça, não raro, políticas públicas e está longe de agir como legislador negativo, pois termina legislando não só quando atua em questões de direitos de minorias, mas também em áreas de atuação típicas dos Poderes Executivo e Legislativo, as preocupações que surgem giram em torno da grande concentração de poderes nas mãos do Órgão.

---

comparisons between sitting presidents and the tyrants of history and fiction are a trope of political discourse. Liberals and libertarians routinely compared George W. Bush to Hitler, George III, and Caesar. Today, Barack Obama receives the same treatment, albeit in less respectable media opinion. All major presidentes are called a 'dictator' or said to have 'dictatorial powers' from time to time. Yet, the United States has never had a Caesar or a Cromwell, or even come close to having one, and rational actors should update their risk estimates in the light of experience, reducing them if the risk repeatedly fails to materialize. By now, 233 years after Independence, these risk estimates should be close to zero. Why then does the fear of dictatorship – tyrannophobia – persist so strongly in American political culture? Is the fear justified or irrational? Does tyrannophobia itself affect the risk of dictatorship? If so, does it reduce the risk or increase it?" (POSNER; VERMEULE, 2012, p. 12).

165 Habermas também nos fala de uma tirania das forças sociais, a qual vai de encontro ao princípio da separação entre Estado e Sociedade (2003, p. 341). Sobre o Judiciário, coloca que "Ao deixar-se conduzir pela ideia da realização de valores materiais, dados preliminarmente no direito constitucional, o Tribunal Constitucional transforma-se numa instância autoritária" (HABERMAS, 2003, p. 321).

166 Ao refletir sobre a forma como era exercido o poder em sua época, Locke, acentua na obra "Segundo Tratado Sobre o Governo Civil" o seguinte: "Todavia, quando, em tempos posteriores, a ambição e o luxo aumentaram a posse do poder, sem que cumprissem as tarefas para as quais o tinham concedido e, por meio da adulação, tivessem ensinado os príncipes a terem interesses distintos e separados dos do povo, os homens sentiram a necessidade de examinar mais cuidadosamente a origem e os direitos do governo, e de descobrir meios de coibir os exageros e impedir os abusos de poder que, confiado às mãos de outrem apenas para o bem de todos, verificaram estar sendo utilizado em seu prejuízo" (LOCKE, 2005, p. 77).

Diante desse quadro e sabendo que o modelo de *strong judicial review*, adotado pelo Brasil com forte inspiração no modelo americano, não é o único, buscaremos entender, doravante, um novo paradigma de *judicial review*, que é o que vem sendo adotado no Canadá: *weak judicial review*.

3.2 O estudo do Direito Constitucional Comparado e a perspectiva de ampliação dos horizontes jurídicos

Entendemos que é importante ter um conhecimento mais amplo de outros arranjos legais que nos permitam ampliar nossos horizontes de conhecimento jurídico. Perceber como outros sistemas constitucionais funcionam pode revelar muitos aspectos até então desconhecidos. Um estudo comparativo ajudará a gerar hipóteses sobre como melhorar o funcionamento do nosso próprio sistema, o que pode afetar, positivamente, as práticas adotadas pela nossa Corte Constitucional.

Num mundo cada vez mais globalizado, não podemos ficar blindados num só tipo de teoria de controle de constitucionalidade. Nessa visão, o estudo mais analítico do Direito Constitucional Comparado vem ao encontro da necessidade de examinar como outros sistemas lidam com questões inerentes à garantia de direitos e liberdades fundamentais[167].

O simples reconhecimento dessas novas práticas constitucionais já nos coloca um passo à frente para que possamos conhecer melhor nosso sistema constitucional. Nesse cenário, é importante captar como as práticas constitucionais não domésticas podem impactar de uma forma positiva as nossas próprias ações. Noutros termos, o que podemos aprender com boas práticas adotadas em sistemas estrangeiros e que melhorias elas podem nos oportunizar.

Para Mark Tushnet, as possibilidades incluem:

> (...) the direct displacement of domestic constitutional law by supranational norms, as through binding international treaties, the use of supranational law in interpreting provisions in the domestic constitution (as in Constitution of South Africa § 39(1) ('When interpreting the Bill of Rights, a Court... must consider international law')), and the use of nondomestic law to confirm or check judgments made after using domestic

---

[167] Sobre a necessidade de estudar outras culturas, Habermas, citando Winch, coloca: "My aim is not to engage in moralizing, but to suggest that the concept of 'learning from' which is involved in the study of other cultures is closed linked with the concept of wisdom" (HABERMAS, 2012, p. 130).

> materials to interpret a provision (...). Note that the first and the second of these methods are grounded in positive domestic law. Does this raise questions about the appropriateness of other methods of using non-domestic sources in interpreting a constitution?[168] (TUSHNET, 2006, p. 160)

Assim, é preciso ver o que há em comum entre os sistemas constitucionais, para perceber qual o significado de estudar o Direito Constitucional numa perspectiva comparativa. Entender outros arranjos, além dos nossos próprios, é um passo importante para verificar que os outros podem atingir os mesmos objetivos só que utilizando outras práticas, as quais precisamos buscar entender[169]. Nessa linha, Tushnet nos ensina que "we must also think carefully about whether comparative study really can dispel a sense of 'false necessity'. True, different legal systems can accomplish roughly similar goals in quite different ways"[170] (TUSHNET, 2006, p. 161).

Mas não há como fugir do fato de que cada sistema constitucional, assim como as suas instituições, irá se adequar, naturalmente, a fatores de ordem social, cultural, política e econômica.

No Brasil, o atual *strong judicial review* foi construído a partir de uma profunda necessidade de dar poder ao Judiciário, para que ele prevenisse abusos

---

168 Tradução livre: "A substituição direta do direito constitucional doméstico por normas supranacionais, como tratados internacionais vinculativos, o uso do direito supranacional na interpretação de dispositivos da Constituição interna (como previsto no §39(1) da Constituição da África do Sul, que prevê que ao interpretar a Declaração de Direitos, a Corte deve considerar o Direito Internacional, e o uso de leis não internas para confirmar ou verificar julgamentos feitos após o uso de recursos domésticos para interpretar uma provisão (...). É importante notar que o primeiro e o segundo método estão embasados no direito positivo interno. Levanta-se, pois, questões sobre a adequação do uso de outros métodos não domésticos na interpretação de uma constituição?"

169 Destaca-se, aqui, o trabalho desenvolvido por Tushnet "The Migration of Constitutional Ideas" (*A Migração de Ideias Constitucionais*), no qual ele ressalta que "The migration of constitutional ideas across jurisdictions is rapidly emerging as one of the central features of contemporary constitutional practice. The increasing use of comparative jurisprudence in interpreting constitutions is one example of this" (2006, p. ix).
Tradução livre: "A migração de ideias constitucionais por intermédio das jurisdições está surgindo rapidamente como uma das características centrais da prática constitucional contemporânea. O crescente uso da jurisprudência comparativa na interpretação de constituições é um exemplo dessa prática".

170 Tradução livre: "Nós devemos pensar também, cuidadosamente, se o estudo comparativo realmente pode afastar um sentido de 'falsa necessidade'. Na verdade, diferentes sistemas legais podem atingir objetivos semelhantes de maneiras bem diferentes".

cometidos por outros poderes, especialmente o Executivo, já que saímos de um regime ditatorial que perdurou por pouco mais de duas décadas.

Assim, o *design* dos arranjos legais e das instituições públicas é feito muito mais a partir de um diálogo com o passado, enquanto que os direitos fundamentais são diretamente afetados por contextos institucionais distintos.

Assim, são muitos os benefícios e valores que podem ser agregados a partir de um estudo comparado de Direito Constitucional, pois a partir dessas abordagens podem ser descobertas outras perspectivas relacionadas a princípios de justiça e obrigações políticas que transcendem as fronteiras e convenções de uma determinada comunidade política.

A partir desse olhar além fronteiras, a interpretação constitucional pode ser aprimorada pela percepção do papel inovador de novas análises e pela própria visão crítica de entendimentos que são colocados sobre importantes questões constitucionais.

Ao falar sobre a necessidade de ir além de nossas fronteiras constitucionais, Tushnet comenta que:

> Perhaps a more crucial explanation of variations in constitutional doctrine across national boundaries than any feature of governmental structure are the general philosophical values and historical traditions that inform the meaning of constitutions.[171] (TUSHNET, 2006, p. 163)

O que ele quer enfatizar, em verdade, é que: "(...) the constitutions of the countries we would want to include in studies of comparative constitutional law are all adaptable to changing circunstances and flexible enough to spur the mind and imagination of creative judges"[172] (TUSHNET, 2006, p. 163).

Destarte, esse tipo de estudo pode trazer para o meio jurídico brasileiro valiosos *insights*, a partir da observância de experiências de outras democracias constitucionais. Demais disso, o estudo comparado da jurisprudência e da teoria política pode nos dizer muito sobre consentimento, contrato, devido processo legal, equidade, justiça, representação, fraternidade, entre outros conhecimentos que são consonantes com os princípios constitucionais.

---

[171] Tradução livre: "Talvez uma explicação mais crucial das variações da doutrina constitucional para além das fronteiras nacionais, mais do que qualquer outra característica da estrutura governamental, esteja associada a valores filosóficos gerais e as tradições históricas que informam o significado das constituições".

[172] Tradução livre: "As constituições dos países que nós gostaríamos de incluir nos estudos de direito constitucional comparado são todas adaptáveis a mudanças de circunstâncias e flexíveis o suficiente para estimular a mente e a imaginaçãoo de juízes criativos".

As cortes constitucionais são instituições reflexivas e, em realidade, representam um ambiente jurídico-político onde há que se repensar, a cada nova decisão, sobre a linha tênue que existe entre autonomia e competência. É por meio da observação dessas reações, que combinamos ideias, compreendemos outros valores constitucionais e percebemos como eles são interpretados além das fronteiras nacionais.

O estudo do Direito Constitucional Comparado[173] ajuda na pesquisa de princípios de justiça e de obrigações políticas que transcendem os limites culturais de opiniões e convenções de uma comunidade política. Isso pode desencadear um melhor entendimento da condição política de uma determinada sociedade.

Outro ponto que merece destaque é que esse tipo de investigação comparativa pode enriquecer, sobremaneira, o entendimento de outro sistema político, pois permite restaurar a ligação que existe entre as normas constitucionais e as ideologias políticas, as relações intergovernamentais e as políticas públicas. Portanto, as observações de outros sistemas constitucionais nos fazem perceber as razões para as similaridades e diferenças que existem nos mandamentos constitucionais, bem assim as circunstâncias históricas nas quais as normas surgiram. O estudo dessas perspectivas mostra, com maior clareza, as doutrinas e interpretações constitucionais que podem ou não ser transferidas para dentro das fronteiras nacionais.

O olhar para experiências estrangeiras permitirá, certamente, que conheçamos outras tradições jurídicas, instituições, intuições e valores que transcendem a experiência constitucional brasileira. Acreditamos que essa perspectiva comparativa irá nos levar a uma apreciação do significado e da sabedoria que está embutida nos valores e práticas do constitucionalismo brasileiro.

---

[173] Sobre a necessidade de uso de mecanismos empíricos, Habermas nos ensina que: "Os processos de aprendizagem, por sua vez, certamente precisam ser explicados com a ajuda de mecanismos empíricos; mas estão concebidos de tal maneira como solução para os problemas, que se revelam acessíveis a uma avaliação sistemática, por meio de condições internas de validade" (HABERMAS, 2012, p. 133).

3.3 *Weak judicial review*: novo paradigma apto a reforçar o constitucionalismo democrático?

Importa rememorar que na transição enfrentada pelo Brasil entre a ditadura e o período democrático, era necessário um *design* constitucional[174] no qual o *judicial review* fosse forte (*strong judicial review*), razão pela qual restou estabelecido que "a lei não excluirá da apreciação do Poder Judiciário lesão ou ameaça a direito" (artigo 5º, inciso XXXV da CF/88). Em sendo assim, as questões mais relevantes da Nação acabam, inevitavelmente, sendo resolvidas no âmbito da Suprema Corte[175].

Ao longo dos anos, o forte incremento da postura ativista[176] do Supremo Tribunal Federal em questões essencialmente políticas deixa claro que o Órgão não tem contribuído para consolidar o princípio democrático, vez que, como visto linhas acima, excede, com constância, os limites das competências constitucionais que lhe foram atribuídas[177].

---

[174] Ao falar sobre a participação popular no processo de construção do *design* constitucional, Ginsburg acentuou, com base no pensamento teorético de outros grandes constitucionalistas, que "First, participatory constitutional design processes may undermine textual coherence (Voigt 2003). As Horowitz (2002) notes, even under the best circumstances, constitutional 'design' – a term he reserves for a cohesive process – is quite rare, with some process of incremental construction more the norm. Constitution making frequently consists of a combination of institutional borrowing, wholesale grafting, logrolling, and improvisation. As new, and more, actors become involved in the process, bargaining and negotiation becomes both more extensive as well as intensive. In addition, the populace may be subject to cascades that exacerbate the element of 'passion' in constitutional design (Elster 1995). The constitution that emerges from this process will almost certainly be an ad-hoc creation, rife with internal inconsistencies and institutional mismatches. The loss of design consistency may be offset by resultant gains in legitimacy (Horowitz 2002), but it may also render the constitutional scheme unworkable. Additionally, simply increasing the number of actors is no garantee of a more equitable outcome. The composition of a deliberative body is as important to the ultimate outcome as the number of members; extreme outcomes can emerge from a collective decision-making process (Sunstein 2001)" (GINSBURG *et al.*, 2012).

[175] Considerando que o legislador constituinte decidiu que as questões polêmicas seriam resolvidas por leis ordinárias ou complementares, muitas questões de falta de produção legislativa terminam desembocando no STF.

[176] Sobre a expansão do *judicial power* e do *judicial activism*, destacam-se aqui os trabalhos de Tushnet (1999), Bork (2002), Kramer (2004), Waldron (2006).

[177] Hoje, no Brasil, o ativismo judicial excessivo de nosso Supremo Tribunal é o resultado da inércia do Parlamento, o que mina a ideia de democracia deliberativa.

Todos os problemas colocados nos capítulos precedentes sobre o *strong judicial review* e as posturas críticas dos autores sobre esse tipo de revisão judicial nos fazem perceber que é indispensável observar e conhecer outras regras e sistemas jurídicos. É importante refletir se o tipo de revisão judicial adotado por um País pode ou não aperfeiçoar o modelo de constitucionalismo democrático.

Em termos de Direito Constitucional Comparado, verifica-se que no Canadá existe um interessante modelo de revisão judicial, contido nos artigos 1º e 33[178] da Carta Canadense de Direitos e Liberdades, que é compartilhado entre os dois poderes políticos: Legislativo e Judiciário.

Este modelo, conhecido como *weak judicial review*[179], permite que o

---

[178] Em relação ao artigo 33 da Carta canadense, Bogart assim se posiciona, com base em diversos aportes teóricos mencionados em seu texto, ora críticos ora favoráveis a esse preceito constitucional: "Section 33 (the power of the legislatures to override judicial decisions in some instances) in anathema and must go, since it is an affront to courts as guardians of these fundamental precepts, and all issues of justice housed in the Charter should receive responses 'ultimately ajudicable' (Whyte 1990, see also Dyzenhaus 1989). At the opposite end, mostly dominated by self-styled leftists, is a movement excoriating courts at every turn (see Fudge 1987; Glasbeek 1989; Hutchinson 1987; Ison 1985; Mandel 1989; Martin 1991; Petter 1996). The vehemence against the judges arises not from satisfaction with the political process in Canada but rather from the fact that rule by the judges subverts any prospect of the flowering of true democracy, which 'means the greatest possible engagement by people in the greatest possible range of communal tasks and public action' (Hutchinson and Monahan 1987, 119). In this conception the Charter is a 'reflection of the inherent contradiction of liberal ideology' (Hutchinson and Petter 1988, 283). Such advocates are short on what would occur with this bursting forth of true democracy (Galloway 1988). They have unquestionably contributed to the vigor of the debate with their stark and trenchant criticism, but it is probably safe to suggest that calls by some proponents for 'street theater' – in the interim – will provide limited inspiration. (...) In this conception the legislative override in section 33 is essential to maintain balance in the valuing of important social and political issues between popular and legal actors but is accompanied by anxiety about whether 'we have the intelligence and courage to use it' (Russell 1992; see also Russell and Weiler 1989). The hope is that a true dialogue will arise, a synthesis, so that we can conclude: 'A society that cannot imagine its disadvantaged going to court to achieve reform will have and impoverished sense of justice; one that relies on such Herculean efforts will have an illusory one' (Roach 1991, 247)" (BOGART, 1995, p. 121).

[179] O modelo de revisão judicial fraca não é uma particularidade dos países da Commonwealth. Surgiu também em países do Oriente Médio que tiveram uma recente transição do autoritarismo para a democracia. O Egito é um exemplo que nos permite perceber que quando da transição da ditatura para a democracia se instaurou um novo modelo de revisão judicial.
É bom rememorar que o movimento denominado de Primavera Árabe começou em

2011. Os protestos ocorreram em alguns países árabes em favor da democracia e contra regimes ditatoriais do Oriente Médio. O Egito foi um dos primeiros países a se juntar aos protestos contra o Presidente Mahmoud Hosni Mubarak, que ocupou o poder no Egito por 30 anos e era um aliado próximo dos Estados Unidos na região.
Vários fatores contribuíram para a revolta popular no Egito, como: o aumento das tensões religiosas no país (após a morte de 21 cristãos em uma explosão da igreja na cidade de Alexandria); as altas taxas de desemprego; o autoritarismo do governo Mubarak; os altos níveis de corrupção; a violência policial; a falta de moradia; a censura à liberdade de expressão; as más condições de vida; a necessidade de aumento do salário mínimo. Assim, os egípcios reivindicaram o fim da ditadura de 30 anos e a transição para a democracia, ou seja, eles queriam abertura política.
No tempo da ditadura, o desempenho da Suprema Corte egípcia era bastante limitado. Enquanto, por um lado, produzia julgamentos considerados liberais com referência aos direitos humanos, por outro agia com muita prudência ao pronunciar-se sobre assuntos relacionados com o cerne do regime ditatorial. O presidente tinha autoridade máxima sobre os tribunais de segurança do Estado e poderia anular decisões ou exigir novos julgamentos. Questões politicamente sensíveis tiveram seus julgamentos, muitas vezes, adiados para evitar confrontos diretos. Nesse contexto, a cultura da comunidade de juízes tornou-se coesa com a da autoridade estatal, fazendo com que a missão dos juízes de salvaguardar a legitimidade e observar a lei ficasse comprometida com os requisitos de segurança e estabilidade estatais.
Depois da revolução de 2011, a Suprema Corte Constitucional egípcia tem desempenhado um papel importante, especialmente se considerarmos os novos desafios a serem enfrentados sob a nova Constituição egípcia (Cairo, 18 de janeiro de 2014), que estabelece:
"In the Name of Allah, Most Gracious, Most Merciful This is Our Constitution, Egypt is the gift of the Nile for Egyptians and the gift of Egyptians to humanity (...) Egyptian Constitution: "We believe in democracy as a path, a future, and mode of living, political pluralism and the peaceful rotation of power. We affirm the right of the people to make and determine their future. The Egyptian people, is the sole source of authority. Freedom, human dignity, and social justice are the rights of every citizen. We and our future generations are masters in a sovereign homeland that is master of its destiny".
É importante salientar que o modelo que prevalece hoje no Egito exclui o Legislativo do procedimento formal de nomeação dos juízes para o Tribunal Constitucional. A escolha é feita pelos Poderes Judiciário e Executivo.
Os Membros do Supremo Tribunal são selecionados dos seguintes grupos: "Judiciário: Membros atuais ou anteriores dos órgãos judiciais que ocupam o posto de conselheiro ou seu equivalente por pelo menos cinco anos consecutivos; Acadêmicos: Professores de Direito atuais ou antigos que ocuparam o cargo de professor em uma universidade egípcia por pelo menos oito anos consecutivos; Advogados: Devem ter atuado perante o Tribunal de Cassação ou o Alto Tribunal Administrativo durante, pelo menos, dez anos consecutivos". No que se refere às restrições de idade, é relevante dizer que os juízes não podem ter menos de 45 anos e a aposentadoria é obrigatória aos 70 anos (ABDELAAL, 2014, p. 90). O Presidente da Suprema Corte é escolhido pela Assembleia Geral da Corte dentre os seus três membros mais importantes.

Parlamento tenha o poder de fazer valer leis que foram declaradas inconstitucionais pela Suprema Corte Canadense, o que demonstra que, em última instância, é o Poder Legislativo quem dá a "última palavra" sobre a constitucionalidade das leis. A revisão das decisões da Suprema Corte pelo Parlamento busca concretizar o princípio democrático, num contexto de constitucionalismo democrático.

O caso egípcio ilustra como o modelo adotado pode deixar o Judiciário vulnerável à dominação pelo Poder Executivo e mostra como esse mesmo Judiciário tem lutado para equilibrar a independência com a responsabilidade política durante a transição pós-Mubarak (ABDELAAL, 2014, p. 57).

A Constituição Democrática do Egito, depois de estabelecer disposições gerais sobre o Poder Judiciário (Capítulo Quatro, artigos 191/195), disciplina os poderes do Supremo Tribunal. É interessante notar que o artigo 192 estabelece que "o Supremo Tribunal Constitucional é o único competente para decidir sobre a constitucionalidade das leis e regulamentos, interpretar as disposições legislativas e julgar as disputas relativas aos assuntos de seus membros, sobre litígios jurisdicionais entre órgãos judiciais e entidades com jurisdição judicial". As outras competências e procedimentos serão determinados por lei infraconstitucional. Nesses termos, a revisão judicial é fraca porque o Parlamento pode, ao legislar sobre as demais competências do Tribunal Constitucional, interferir na independência do Poder Judiciário. Um exemplo típico de violação legislativa à independência do Poder Judiciário é a emissão de leis que imunizam decisões administrativas específicas de interferências do Tribunal Constitucional.

A Constituição egípcia dispõe, no seu artigo 68, que as leis não devem imunizar qualquer ato ou decisão administrativa do controle judicial. No entanto, o legislador constitucional desconsiderou este texto com uma alteração controversa e suspeita que foi feita ao artigo 76 da Constituição, a qual estipulou que as decisões emitidas pelo comitê que supervisiona a eleição para Presidente não são contestáveis perante o Judiciário. Portanto, a mesma constituição incluiu dois dispositivos contraditórios, o primeiro proibindo a imunização de decisões administrativas e o segundo prevendo a imunização de algumas dessas decisões. Com isso, a palavra final em muitas questões importantes não é do Poder Judiciário.

Abdelaal acentua que: "Undoubtedly, Egypt's constitutional drafters were not subtle in drafting Article 226, Section 5 as a non-self-entrenched provision. In a country such as Egypt, where people are still trudging towards democracy after two popular uprisings, a non-self-entrenched constitutional provision that shields some of the most high-valued constitutional principles must be protected from sabotage amendments and wicked intentions.

(...) Finally, Egyptian constitutional jurisprudence needs to step up its rhetoric by promoting the idea of reviewing the constitutionality of constitutional amendments through the condemnation of the dangers of a non-self-entrenched constitutional provision that it may lead to a fraud upon the constitution" (ABDELAAL, 2014, p. 44-45).

Assim, no Oriente Médio, o Egito adotou um *design* constitucional no qual a Suprema Corte não pode julgar algumas questões estratégicas, o que mostra que existem outros paradigmas de revisão judicial fraca que buscam, ao fim e ao cabo, reduzir o poder das Supremas Cortes.

Assim, o novo paradigma de revisão judicial fraca (*weak judicial review*) pode funcionar como uma alternativa para as novas democracias, diante da tão questionada expansão do poder das Supremas Cortes na arena política.

Mark Tushnet, ao discutir a questão das formas alternativas de revisão judicial no livro "Weak Courts, Strong Rights. Judicial Review and Social Welfare Rights in Comparative Constitutional Law", apontou que a revisão judicial é um "paradigma pós-guerra" do constitucionalismo e que o sistema de revisão judicial dos Estados Unidos dificilmente é o modelo dominante. Para ele:

> Yet, even here the U.S. system of judicial review is hardly the dominant model. The German constitutional court probably has been more influential around the world then the U.S. Supreme Court. Many nations have created specialized constitutional courts on the German model, rejecting the older U.S. system of having the nation's highest court for ordinary law also serve as the highest court for constitutional law. Few nations indeed guarantee judicial independence by conferring life tenure on their judges.[180] (TUSHNET, 2008, p. 18)

Ao pensar se o processo democrático produz políticas que são indiscutivelmente inconsistentes com os limites da Constituição, destaca que existem dois meios de controle entre o início do século XIX até o final do século XX. Nesse ponto, frisa que:

> *The first was parliamentary supremacy* – which allowed for democratic self-governance – surrounded by some institutional constraints on power-holders and many more normative ones. *The second was judicial review*, that is, the creation of a separate institution, removed from the direct influence of politics and staffed by independent judges charged with the job of ensuring that the legislature remained within constitutional bounds.[181] (os grifos são nossos) (TUSHNET, 2008, p. 19)

---

180 Tradução livre: "No entanto, o sistema de revisão judicial dos Estados Unidos não é o modelo dominante. O Tribunal Constitucional Alemão, provavelmente, tem sido mais influente em todo o mundo do que a Suprema Corte Americana. Muitas nações criaram cortes constitucionais especializadas com base no modelo alemão, rejeitando o antigo sistema norte-americano no qual a mais alta Corte da Nação serve ao direito comum e ao direito constitucional. Poucas nações realmente garantem a independência judicial conferindo mandato vitalício aos juízes".

181 Tradução livre: "O primeiro foi a supremacia parlamentar – que permitiu o autogoverno democrático – cercada por algumas restrições institucionais sobre os detentores de poder e outras restrições normativas. O segundo foi a revisão judicial, ou seja, a criação de uma instituição separada, afastada da influência direta da política e dotada de juízes independentes encarregados de assegurar que a legislatura permanecesse dentro dos limites constitucionais".

Chama a nossa atenção para o fato de que no *design* constitucional norte-americano, que adota um modelo de revisão judicial forte, há uma vigorosa tensão entre a imposição judicial das limitações constitucionais e a necessidade de autogoverno democrático (TUSHNET, 2008, p. 22).

Neste contexto, uma revisão judicial fraca revela-se como uma alternativa para reduzir esta tensão gerada por um lado pela necessidade de revisão judicial e por outro pela importância do estabelecimento do autogoverno democrático. Explica que "weak form judicial review provides mechanisms for the people to respond to decisions that they reasonably believe mistaken that can be deployed more rapidly than the constitutional amendment or judicial appointment processes"[182] (TUSHNET, 2008, p. 23).

O que geralmente acontece é que muitas das interpretações das Supremas Cortes não são as únicas que podem ser consideradas razoáveis. As interpretações estão sempre sujeitas à dissidência, situação que acaba acentuando a tensão mencionada no parágrafo anterior. Devido a esta inquietação, alguns países como a Nova Zelândia[183], o Reino Unido e Canadá adotaram em seu *design* constitucional a revisão judicial fraca (*weak judicial review*). Nesses países de democracia já consolidada, a adoção deste novo modelo de revisão judicial não prejudica o exercício dos direitos fundamentais e civis.

Os grandes questionamentos que surgem são (TUSHNET, 2008, p. 27): se o Parlamento discorda da interpretação dos juízes[184], baseando-se na assun-

---

182 Tradução livre: "A revisão judicial fraca fornece mecanismos para que as pessoas respondam a decisões que razoavelmente consideram equivocadas e que podem ser implantadas mais rapidamente do que os processos de emenda constitucional ou de processos de consulta jurídica".

183 Tushnet nos adverte que no final do século XX a Austrália e a Nova Zelândia ainda permaneciam seriamente comprometidas com a supremacia parlamentar.

184 Ao estudar o caso *Griswold v. Connecticut*, cuja principal discussão girou em torno da aplicação do princípio da privacidade, e diante da necessidade de avaliar as habilidades dos juízes enquanto interpretes constitucionais, Vermeule se deparou com uma pergunta que não quer calar: "What interpretative methods shoud judges use?" Com base no originalismo do Juiz Scalia da Suprema Corte Americana, acentuou:
"Scalia's second best originalism. Justice Antonin Scalia articulates an originalist account of constitutional interpretation in wich the original public understanding of constitutional texts is authoritative, and in which history is to be used to capture original public understandings. In comparison with Hamilton, Scalia's originalism is far more institutionally sophisticated. Some have suggested that Scalia's principal justification for originalism is that it restrains judicial "discretion", and there is some justice in this; Scalia does say that "the main danger in judicial interpretation of the Constitution ... is that the judges will mistake their own predilections for the law". But in fact Scalia's

ção de uma postura de que os tribunais interpretaram erroneamente o ato de declaração de direitos, o que a maioria democraticamente eleita pode fazer a respeito disso? Deveria o legislador simplesmente reeditar a mesma lei, correndo o risco de que o tribunal reitere a interpretação já feita no passado? Ou deveria a legislatura reeditar a lei, acrescentando disposições claras sobre o que ela realmente significa?

Nesse cenário de tantas indagações sem respostas definitivas, o sistema de controle judicial fraco também permite que o legislador corrija o que considera erros dos juízes, resignificando direitos substantivos, através de emendas ao estatuto ordinário (*bill of rights act*), que podem ser feitas por maiorias ordinárias.

Ocorre que não é possível ignorar o peso que a declaração judicial representa no processo político. Por isso, o autor compreende que "This political dimension of even the interpretative mandate, the weakest variant of weak-form judicial review, suggests that the difference between weak-form and strong-form review may not be as dramatic as it might seem at first"[185] (TUSHNET, 2008, p. 27).

No caso da Nova Zelândia, a *Bill of Rights* de 1990 não é uma Constituição, mas uma lei ordinária, que pode ser revogada, total ou parcialmente,

---

argument goes a level deeper than that standard claim. The argument, rather, is best understood to rest on a complex view of judicial capacities.
The first-best ideal, Scalia suggests, is a kind of compromise or balancing between the claims of original understanding, on the one hand, and the need to update the Constitution in light of changed circunstances, on the other. Judges, however, will usually error on the side of updating, just because their values. Originalism, Scalia suggests, compensates for predictable judicial bias, offsetting it so as to produce a closer approximation of the ideal compromise:
'[T]he principal defect of [originalism] – that historical research is always difficult and sometimes inconclusive – will, unlike nonoriginalism, lead to a more moderate rather than a more extreme result. The inevitable tendency of judges to think that law is what they would like it to be will, I have no doubt, cause most errors in judicial historiography to be made in the direction of projecting upon the age of 1789 current, modern values – so that as applied, even as applied in the best of faith, originalism will (as the historical record shows) end up being something of a compromise. Perhaps not a bad characteristic for a constitutional theory. Thus, nonoriginalists can say, concerning the principal defect of originalism, "oh happy fault". Originalism is, it seems to me, the librarian who talks too softly" (VERMEULE, 2006, p. 244-245).

185 Tradução livre: "Esta dimensão política do mandato interpretativo, a variante mais fraca da revisão judicial de forma fraca, sugere que a diferença entre a forma fraca e a revisão de forma forte pode não ser tão dramática quanto possa parecer no início".

por qualquer maioria legislativa posterior (TUSHNET, 2008, p. 25-26). Nesse caso, a disposição chave é a seguinte: "Wherever an enactment can be given a meaning that is consistent with the rights and freedoms contained in this Bill of Rights, that meaning shall be preferred to any other meaning"[186]. Destarte, o significado da *Bill of Rights* está diretamente relacionado à interpretação, ou seja, se o juiz interpretar devidamente os direitos substantivos verá que o estatuto não viola esses direitos, mas tudo vai depender muito da prática interpretativa, em relação a qual Dworkin tanto se debruçou (TUSHNET, 2008, p. 26).

Já na Inglaterra, com o advento do *British Human Rights Act* de 1998 (*HRA*), criou-se a expectativa de que o Parlamento iria, rotineiramente, responder mediante alteração da lei, de forma a eliminar a incompatibilidade com os direitos fundamentais. No entanto, em um país onde a supremacia parlamentar tem raízes profundas, é extremamente desconfortável dar aos juízes muito poder. Nesse caso, é muito claro que estamos diante de uma revisão judicial fraca, haja vista que o mandato interpretativo puro deixa os juízes sem nada a fazer quando analisam um estatuto que viola, claramente, direitos fundamentais. A solução dada pelo *British Human Rights Act* foi que o Parlamento expedisse uma declaração de incompatibilidade (TUSHNET, 2008, p. 28).

Tushnet adverte-nos que: "(...) the litigant can go to the European Court of Human Rights, saying that the British government has violated his or her rights not under the HRA but under the European Convention itself!"[187] (TUSHNET, 2008, p. 30). Ele vislumbra que os juízes da Corte de Strasbourg irão se posicionar dizendo que se os juízes britânicos acharam que seu governo violou a Convenção, quem serão eles para discordar (TUSHNET, 2008, p. 31). Na verdade, a expectativa é que diante da respeitabilidade do Poder Judiciário, os governos respondam às declarações de incompatibilidade através da alteração da lei[188].

---

[186] Tradução livre: "Onde quer que uma promulgação possa ter um significado que seja consistente com os direitos e liberdades contidos nesta Declaração de Direitos, esse significado será preferível a qualquer outro significado".

[187] Tradução livre: "o litigante pode ir ao Tribunal Europeu dos Direitos Humanos, dizendo que o governo britânico violou seus direitos, não com base no *Human Rights Act*, mas na própria Convenção Europeia".

[188] Veremos no Capítulo 4, que essas alterações legais vêm acontecendo no Canadá quando da utilização informal da cláusula *notwithstanding*, denominada por muitos autores como *notwithstanding-by-stealth*.

Finalmente, no caso do Canadá[189], que em 1982 adotou uma versão diferenciada da revisão judicial fraca, Tushnet nos ensina que:

> Two provisions create weak-form review in Canada. *Section 1* provides that the rights guaranteed by the Charter are subject to 'such limitations as are demonstrably justified in a free and democratic society.' *Section 33* provides that Canadian legislatures can make statutes effective, for renewable five-years periods, 'notwithstanding' their inconsistency with a large number of important charter provisions.[190] (grifamos) (TUSHNET, 2008, p. 31-32)

O Professor Richard Albert coloca que no Canadá, seu país de origem, a cultura política tem se recusado a se conformar com a nova estrutura constitucional criada a partir do *Canadian Constitution Act*, que foi promulgado em 1982[191]. Ele

---

189 Em relação ao Canadá, Willian G. Buss chama a atenção para o fato de que "Canada's commitment to parliamentary sovereignty resulted directly from its constitutional tie to the UK that continued in substance well into the twentieth century. More generally, Canada's experience shared the commitment of European democracies where parliamentary sovereignty has been the dominant position up to the present time. Indeed, even when they adopted enforceable individual rights constitutions, most European countries created a distinct constitutional court because the lack of power of ordinary courts to determine the validity of legislation was so deeply established (Merryman, 1985, 107). Parliamentary sovereignty continued to prevail in Canada when it adopted a Bill of Rights in 1960 since the rights created were not applicable to provincial legislation and were subject to Parliamentary override which satisfied certain formalities. Even with the adoption in 1982 of the Canada Act and the Charter of Rights and Freedoms, parliamentary sovereignty survives, albeit in a qualified or weakened form, through ss1 and 33" (BUSS, 1999, p. 106).

190 Tradução livre: "Duas disposições criam a revisão judicial fraca no Canadá. A seção 1 prevê que os direitos garantidos pela Carta estão sujeitos a 'limitações que sejam comprovadamente justificadas em uma sociedade livre e democrática'. O artigo 33 dispõe que os legisladores canadenses podem tornar efetivas as leis por períodos renováveis de cinco anos, não obstante a inconsistência com um grande número de disposições importantes".

191 Mas há quem entenda que o Canadá está num caminho de melhoras contínuas desde a adoção da *Charter of Rights and Freedoms* de 1982. Nessa linha, Bogart frisa que: "Meanwhile, the Canadian public is continually bombarded with claims about the importance of the Charter and, indeed, of all litigation in their lives. Within legal circles it is a self-evident proposition that 'as the Charter evolves so evolves Canada' (Canadian Bar Association and Federal Department of Justice 1992). But spetacular claims appear in the general media as well. A recente front page story in a national newspaper included a four-column picture of the present chief justice, entitled "Top Court Becomes Supreme Player," and quoted him as saying that the introduction of the Charter 'has been nothing less than a revolution on the scale of the introduction of the metric system, the great medical discoveries of Louis Pasteur, and the invention of penicillin and the laser'

identifica três novos mecanismos institucionais incluídos pela Carta que foram responsáveis pela materialização desse contraexemplo (ALBERT, 2008, p. 20).

Em primeiro lugar, incluiu a Carta de Direitos e Liberdades. Em segundo lugar, deu início a um poder constitucional de revisão judicial de direitos arraigados. Em terceiro lugar, a Carta contém uma cláusula (não obstante/ *notwithstanding*) que autoriza legislaturas a suspenderem a aplicação de uma decisão judicial por até cinco anos. Esta cláusula é a resposta do Canadá para reconciliar a tensão duradoura entre constitucionalismo e democracia.

A cláusula não obstante (*notwithstanding*) foi concebida como um dispositivo constitucional para garantir que os legisladores pudessem dar a "última palavra" sobre questões públicas. Os redatores constitucionais canadenses foram, portanto, motivados pela preocupação de que o novo poder de revisão judicial encorajaria o Judiciário a se tornar um superpoder, em contraposição à tradição de supremacia Parlamentar dos países de *Commonwealth*. Segundo Albert, algo extraordinário aconteceu nos anos que se seguiram: a cláusula foi invocada de forma decrescente – apenas dezessete vezes – e nenhuma vez pelo Parlamento Federal. Encontra-se, pois, praticamente relegada ao desuso (ALBERT, 2008, p. 21).

Mas quais seriam as razões para essa tendência. Ressalta Albert que uma das causas pode estar relacionada ao fato de que o Judiciário é mais confiável[192] como uma Instituição do que o Parlamento. Noutros termos, está

(Sallot 1992a, 1992b). It will be noted that no upheaval of less benign consequences made the chief justice's list" (BOGART, 1995, p. 118).

192 Em relação a essa confiança no trabalho das Cortes, Ran Hirschl acentua que: "Although many public policy matters still remain beyond the purview of the courts, there has been a growing legislative deference to the judiciary, an increasing (and often welcomed) intrusion of the judiciary into the prerogatives of legislatures and executives, and a corresponding acceleration of the judicialization of political agendas. Together, these developments have helped to bring about a growing reliance on adjudicative means for clarifying and settling fundamental moral controversies and highly contentious political questions, and have transformed national high courts into major political decision-making bodies" (HIRSCHL, 2008, p. 95).

Tradução livre: "Embora muitas questões de políticas públicas ainda permaneçam além do alcance dos tribunais, tem ocorrido uma crescente deferência do legislativo para com o judiciário, uma crescente (e frequentemente bem vinda) intervenção do judiciário nas prerrogativas das legislaturas e executivos, e uma correspondente aceleração da judicialização das agendas políticas. Juntos, esses desenvolvimentos têm ajudado a criar uma confiança crescente em meios adjudicativos para esclarecer e resolver controvérsias morais fundamentais e questões políticas altamente polêmicas e estão transformando os tribunais superiores em importantes corpos de decisão política".

mais apto a encontrar a resposta certa quando interpreta a Carta dos Direitos e Liberdades.

Para Albert, esse desenvolvimento da novel cultura constitucional não significa que os canadenses considerem os juízes mais competentes ou confiáveis do que os políticos. Mas um ponto importante sobre o processo de constitucionalização precisa ser percebido: é profundamente problemático, tanto do ponto de vista teórico quanto do relacionado à questão de estabilidade civil, impor uma visão de constitucionalismo a um povo que não compartilha essa visão. Esta ilustração canadense é também um exemplo curioso de cultura política que resiste e termina erguendo uma barreira inexpugnável no que concerne à nova estrutura constitucional (ALBERT, 2008, p. 21).

Nota, portanto, que a relação entre estrutura constitucional e cultura política é muito mais complicada do que sugeriu sua investigação original. Mas afinal é a cultura que decorre da estrutura ou a estrutura que advém da cultura? Para Albert a resposta pode revelar dimensões não lineares. Na realidade, a relação não é unidirecional, em que a cultura governa a estrutura ou a estrutura governa a cultura. É mais factível que a relação seja multidirecional (ALBERT, 2008, p. 21).

A questão que surge dessa discussão é como conectar as pessoas ao Estado e vice-versa (ALBERT, 2008, p. 22), levando em consideração a estrutura constitucional em confronto com a cultura política.

Nesse cenário, a Carta Canadense de Direitos e Liberdades de 1982 é colocada como um exemplo de *catalytic bill of rights*[193], uma vez que além de conferir liberdades de consciência e religião, de expressão, de assembleia, de associação, o direito à igualdade, dentre outros, contém dois dispositivos que lhe concedem esta característica: primeiro, existe uma cláusula que limita a ação do Judiciário, vez que permite que o Parlamento ou uma legislatura provincial estabeleça um diálogo com um tribunal acerca do real significado de determinado direito ou liberdade; segundo, a Carta contém um dispositivo que autoriza o Parlamento ou uma legislatura provincial a suspender, por um período de cinco anos, a aplicação de uma decisão judicial que interpreta um direito ou liberdade constitucional. De posse desse poder, o Parlamento pode

---

[193] No Contraconstitutionalism (ALBERT, 2008, p. 26-27), seus arquétipos são colocados como: "Catalytic bills of rights (privileges the political process and intends to pull the citizen into that process. Seeks to trigger civic engagement by inviting citizens to be active participants in the process of self-definition that constitutionalism entails). Exemplos: United Kingdom Human Rights Act and the Canadiam Charter of Rights and Freedoms".

ressignificar um direito ou liberdade contida na Carta. Por lógico, a invocação de uma cláusula dessa natureza deve estar em consonância com a opinião pública (ALBERT, 2008, p. 30).

Nessa linha, é inquestionável que o modelo de revisão judicial tem desempenhado um papel essencial nas novas democracias. Se, por um lado, a revisão judicial fraca (*weak judicial review*) permite a existência de ataques políticos sistemicamente contraproducentes à independência judicial, por outro lado, a revisão judicial forte (*strong judicial review*) permite que em democracias deliberativas decisões importantes possam ser tomadas por um grupo restrito de juízes desprovidos de legitimidade popular.

Quando Gardbaum analisou as formas de revisão judicial, chamou nossa atenção para o fato de que:

> since the 'third wave' of democratization began in the late 1980s, almost all new and transitional democracies have established judicial review of legislation, following the contemporary norm – or what has been referred to as the 'post-war paradigm' – of constitutionalism.[194] (GARDBAUM, 2015, p. 291)

Depois de examinar os ensinamentos doutrinários sobre o desenvolvimento da revisão judicial como parte do modelo padrão de transição constitucional do autoritarismo para a democracia, o autor enfatizou que os estudiosos do direito constitucional comparado identificaram que a forma fraca de revisão judicial se baseia, principalmente, em recentes desenvolvimentos constitucionais de várias jurisdições de *commonwealth* (GARDBAUM, 2015, p. 292).

No caso do Canadá[195], como visto, embora o exercício da revisão judicial seja competência da Suprema Corte, pode ser afastado, em casos especificados na Constituição, pelo voto parlamentar. Isso significa que o Tribunal Constitucional tem o poder de julgar a compatibilidade dos estatutos com uma

---

[194] Tradução livre: "desde a 'terceira onda' de democratização, que começou no final da década de 1980, quase todas as novas democracias e de transição estabeleceram revisão judicial da legislação, seguindo a norma contemporânea – ou o que foi mencionado como o 'paradigma pós-guerra' – do constitucionalismo".

[195] According to Canadian Charter of Rights and Freedons §33(1), Part I of the Constitution Act, de 1982 "Parliament or the legislature of province may expressly declare in an Act of Parliament or of the legislature, as the case may be, that the act or a provision thereof shall operate notwithstanding a provision included in section 2 or sections 7 to 15 of this Charter". Importa frisar que a Seção 2 está relacionada às tradicionais liberdades fundamentais, enquanto as Seções 7 a 14 com direitos básicos. Finalmente, a Seção 15 incorpora a previsão da igualdade de direitos no Canadá.

declaração de direitos ou outras disposições constitucionais, mas não dá a "última palavra" sobre a constitucionalidade de textos legais que não estejam em conformidade com as disposições constitucionais.

É importante, pois, prestar atenção ao novo modelo de forma fraca que existe desde 1982 no Canadá, que é replicado, mesmo com modelos diferenciados, em outras democracias parlamentares do tipo *Westminister/Commonwealth*.

3.3.1 Por que estudar o *weak judicial review* canadense?

É importante destacar que como temos um sistema de controle de constitucionalidade misto, que mescla o modelo americano difuso com o modelo alemão concentrado, é natural que tenhamos mais familiaridade com esses dois modelos. Assim, os juízes e doutrinadores reportam-se com maior frequência para a jurisprudência constitucional desses países. Nem por isso outras experiências constitucionais perdem a sua importância, como a canadense.

Não seria frutífero, para os objetivos da presente obra, fazermos uma análise comparada do *strong judicial review* brasileiro com o americano, pois nos dois está presente uma tensão acentuada entre constitucionalismo e democracia. Como queremos buscar soluções, saídas, alternativas que possam diminuir essa tensão, optamos por fazer o estudo do *weak judicial review* canadense, que tem no artigo 33 (cláusula *notwithstanding)* e no artigo 1º da Carta Canadense de Direitos e Liberdades seus sustentáculos normativos.

Doravante, no capítulo 4, veremos que mesmo não sendo invocada com frequência, a cláusula supramencionada providencia uma válvula de escape para que o constitucionalismo democrático possa ser, de fato, exercitado. Demais disso, perceberemos que a significância prática do artigo 33 é, justamente, lidar com o problema da debilidade democrática, pois abre a possibilidade para que os cidadãos e seus representantes políticos expressem concordância ou discordância com as decisões adotadas no âmbito da Corte Constitucional.

Mas poderia surgir a seguinte indagação: seria adequada a comparação de países com histórias e sistemas constitucionais tão diferentes? Entendemos que a despeito das diferenças é fácil perceber que também há semelhanças. Em ambos os sistemas há uma constante preocupação, em proporções diferentes, é claro, com a concretização do princípio democrático e com a necessidade de reduzir a tensão entre constitucionalismo e democracia.

O importante é que ambos os Estados são democráticos de direito e buscam a concretização de direitos e liberdades fundamentais previstos em suas

Cartas Constitucionais, só que utilizando caminhos diferentes. Ademais, percebemos que o fato de o sistema brasileiro ser de *civil law* e o canadense de *common law* não distorce o estudo aqui efetuado, pois essa classificação já não é tão rígida assim, na medida em que, na prática, o sistema judicial brasileiro adota práticas de *common law* e o canadense de *civil law*. O fato é que de Aristóteles a Habermas, do Brasil ao Canadá a polêmica de encontrar caminhos para dar maior concretude ao princípio democrático nunca foi resolvida em definitivo e apresenta-se sempre como um campo aberto para novas pesquisas e reflexões.

Em sendo assim, temos a clara percepção de que o estudo comparativo que faremos entre o *strong judicial review* brasileiro e o *weak judicial review* canadense poderá enriquecer o estudo do direito constitucional brasileiro, além de providenciar ferramentas teóricas e práticas para o exame crítico dos trabalhos desenvolvidos no âmbito do Supremo Tribunal Federal, com base na força dos argumentos e opiniões encontradas na Corte Constitucional canadense.

3.3.2 A ordem constitucional canadense

É importante destacar que o Canadá é uma monarquia constitucional, um Estado federal e uma democracia parlamentarista, com dois tipos de jurisprudência, o direito civil e o direito comum. Em 1982, a Carta de Direitos e Liberdades foi agregada na Constituição do Canadá, que era, no início, um estatuto inglês (Ato da América do Norte Britânica de 1867), cujas emendas estavam sujeitas a aprovação do Parlamento Britânico. A partir de 1982, com a "patriação" da Constituição, os canadenses foram autorizados a fazer emendas à Constituição no Canadá, tendo o estatuto inicial sido conhecido como Ato Constitucional de 1867.

Desde os tempos em que o Canadá era colônia da França e da Inglaterra, os canadenses vivem sob a monarquia. Sua independência total, assim como a de todas as colônias britânicas, só foi estabelecida em 1931, através do Estatuto de Westminster. Mas a Rainha da Inglaterra, Elizabeth II, é também Rainha do Canadá, razão pela qual delega poderes a um Governador Geral do Canadá. Destarte, a rainha rege, mas não governa.

Como se trata de um Estado Federal, as responsabilidades do Parlamento central, ou federal, incluem a defesa nacional, comércio interprovincial e internacional, sistema monetário e bancário, direito criminal e indústria pesqueira. As cortes também deram ao Parlamento Federal poderes sobre a aeronáutica, navegação, ferrovias, telecomunicações e energia nuclear.

As legislaturas regionais (também chamadas provinciais) são responsáveis pela educação, propriedade e direitos civis, administração da justiça, sistema hospitalar, recursos naturais dentro de suas fronteiras, seguridade social, saúde e instituições municipais.

Em relação ao sistema parlamentarista, é bom acentuar que a sua origem vem da Grã-Bretanha, razão pela qual conserva as tradições herdadas pelo Parlamento Britânico. Assim, o Parlamento Canadense é composto pela Rainha (representada pelo Governador-Geral), Senado (Câmara Alta) e Câmara dos Comuns.

O Senado tem os mesmos poderes da Câmara dos Comuns e segue os moldes da Câmara dos Lordes da Inglaterra. Seus 104 membros são nomeados e estão, essencialmente, divididos pelas quatro principais regiões do Canadá: Ontário, Quebec, Províncias do Atlântico e Províncias do Oeste.

A Câmara dos Comuns, de seu lado, é o lugar de onde se origina a maior parte das leis. Tem 295 membros, cada um vindo dos 295 eleitorados ou zonas eleitorais. A Constituição Canadense prevê a eleição de uma nova Câmara dos Comuns pelo menos a cada 5 anos. Os eleitores escolhem o candidato, em um ou dois turnos.

Em cada distrito eleitoral, o candidato que recebe o maior número de votos é eleito, mesmo que seus votos não cheguem a representar 50% do total. Em geral, os candidatos representam um partido político reconhecido, embora alguns concorram independentemente, e o partido que ganha o maior número de lugares geralmente forma o governo. O líder do partido majoritário é nomeado Primeiro Ministro pelo Governador-Geral.

O Poder Executivo fica sob o comando do Primeiro Ministro que, geralmente, é o líder do partido com o maior número de lugares na Câmara dos Comuns e escolhe os ministros, dentre os membros do Parlamento. O Primeiro Ministro e o Gabinete são conselheiros da monarquia. O governo canadense, liderado por 25 Ministros, executa suas tarefas por intermédio de departamentos federais, juntas especiais, comissões e corporações estatais.

Com referência à declaração de inconstitucionalidade, tem-se que o Canadá adota o sistema difuso de controle. Quando a Suprema Corte declara uma lei inconstitucional, total ou parcialmente, há nulidade *ex-tunc*, conforme prescrito no artigo 52(1)[196] da Carta Canadense de Direitos e Liberdades que

---

[196] "52. (1) The Constitution of Canada is the supreme law of Canada, and any law that is inconsistent with the provisions of the Constitution is, to the extent of the inconsistency, of no force or effect".

prevê que "qualquer lei que contrarie os preceitos da Constituição é, conforme sua incongruência, inválida e ineficaz".

O artigo 24(1)[197] prevê que: "Qualquer pessoa cujos direitos ou liberdades, garantidos por esta Carta, tenham sido infringidos ou negados, pode requerer a um tribunal de jurisdição competente a obtenção de um recurso que o tribunal considere apropriado e justo nas circunstâncias". Destarte, garante-se aos cidadãos que, diante de violações aos seus direitos, busquem tutela judicial no Tribunal competente.

Demais disso, em termos de direito comparado, sabe-se que no Canadá há revisão legislativa das decisões da Suprema Corte. O objetivo é imprimir um caráter mais democrático ao controle judicial da constitucionalidade, de forma a impor limites à tão incômoda expansão do Poder Judiciário sobre o Sistema Político, o que tem se materializado, em todo o mundo, por meio de decisões judiciais extremamente ativistas.

Esse é um modelo interessante, na medida em que busca reduzir a tensão entre constitucionalismo e democracia. A previsão contida na Seção 33 da Carta Canadense de Direitos e Liberdades, abaixo transcrita[198], chamada cláusula "notwithstanding"[199], possibilita que o Poder Legislativo possa compartilhar a jurisdição constitucional com o Poder Judiciário, situação que oportuniza o estabelecimento de um processo dialógico entre estes Poderes, bem assim a maior observância do princípio democrático.

> O Parlamento ou o legislativo de uma província pode expressamente declarar em uma lei do parlamento ou da legislatura, conforme o caso, que um ato ou uma disposição legal deve vigorar não obstante uma previsão incluída na Seção 2 ou nas Seções 7 a 15 desta Carta.

A Seção 33[200] teve a função de conciliar um modelo de supremacia parla-

---

197 "Anyone whose rights or freedoms, as guaranteed by this Charter, have been infringed or denied may apply to a court of competent jurisdiction to obtain such remedy as the court considers appropriate and just in the circumstances".

198 No original: "Parliament or the legislature of a province may expressly declare in an act of Parliament or of the legislature, as the case may be, that the act or a provision there of shall operate notwithstanding a provision included in section 2 or section 7 to 15 of this charter".

199 Também chamada: "la clause dérogatoire"; "override clauses"; "exception clause"; "overcoming"; "in spite of"; "override power" or "notwithstanding clause".

200 Russell considera que a cláusula incorporada à Carta Canadense (*legislative override clause*), a despeito de, na teoria, tentar impor uma restrição à judicialização da política, não tem sido muito eficaz. Acentua que: "Canada's constitutional bill of rights is one of

mentar (*Westminster model of parliamentary supremacy*) com o modelo norte-americano de jurisdição constitucional. O fato é que no Canadá, o Parlamento tem um poder especial em relação ao Judiciário. Ao utilizar-se da cláusula "notwithstanding" pode declarar que uma lei continua vigente, "não obstante" ter sido declarada inconstitucional pela Suprema Corte, por estar em desacordo com os direitos contidos no artigo 2º ou nos artigos 7º a 15 da Carta.

A partir de um mecanismo chamado *overriding*, o Parlamento pode reeditar texto legislativo que limita o exercício de direitos garantidos no artigo 2º e de 7º a 15 e já foi reprovado pela Corte Constitucional. Essa exceção, permitida pela aplicação do mecanismo *notwithstanding*, opera por um período temporal de cinco anos, mas pode ser reeditada por iguais períodos. Demais disso, os estudiosos do novo paradigma de revisão judicial trazido pela Carta Canadense defendem que o artigo 33 é uma outra característica da Carta Canadense que permite um diálogo interinstitucional que busque alcançar a concretização dos Direitos da Carta.

Nesse modelo de controle de constitucionalidade, o Poder Legislativo democrático pode agir de forma preventiva ou repressiva[201]. O prazo de até 5 (cinco) anos para atuar corresponde ao período de uma legislatura. Desejando alterar o posicionamento legislativo, o povo poderá, democraticamente, eleger novos representantes políticos comprometidos com as mudanças almejadas.

---

the few in the world that expressly permits legislatures (federal or provincial) to pass legislation notwithstanding certain specific rights. The rights against which the override can be used include virtually all of the Charter's universal rights: political freedoms, due process rights, and protection against discrimination. Its use requires only a majority vote of the legislature. An override dies after five years but can be renewed. The legislative override was inserted in the Charter at the insistence of politicians, mainly provincial premiers, who wanted an accountable, democratic check on judicial review (see Weiler 1984). To those who believe fundamental, constitutional rights are being taken seriously only when the judiciary can uphold them against the majoritarian decisions of the political branches, the legislative override contradicts the very purpose of the Charter (see Whyte 1990). For those who see judicial review as another form of fallible policy-making, the override is a prudente fail-safe device (Russell 1991). In practice, the legislative override is hardly ever used. The fact that outside of Quebec it is, politically speaking, almost unusable tell us much about how constitucionalizing rights can affect the nature of politics" (RUSSELL, 1995, p. 138).

201 "The dialogue that culminates in a democratic decision can only take place if the judicial decision to strike down a law can be reversed, modified, or avoided by the ordinary legislative process" (The Charter Of Rights Isn't Such A Bad Thing After All. Disponível em: http://www.ohlj.ca/archive/articles/35_1_hogg_bushell.pdf. Acesso em: 16 jul. 2016).

Assim, busca-se valorizar a democracia deliberativa com a abertura para a participação popular na interpretação constitucional. Mecanismos de democracia direta como o plebiscito e o referendo também tendem a ser fortalecidos, haja vista que podem ser utilizados pelo Parlamento para dissuadir os cidadãos a se pronunciarem e contribuírem para o aperfeiçoamento do processo de decisão democrática.

A regra canadense, sem dúvida, configura um novo perfil de controle de constitucionalidade que pode ser compartilhado entre dois poderes políticos, além de viabilizar a participação do povo, enquanto definidor da última vontade do Estado (autogoverno democrático). Nesse cenário, a "última palavra", no modelo da Constituição do Canadá, não é do Judiciário, tampouco do Legislativo, mas do povo que tem o poder de confirmar ou rejeitar a validade de lei ou ato normativo. Evidencia-se, pois, a democracia deliberativa que se baseia na suposição de que os indivíduos têm capacidade de refletir sobre suas próprias preferências.

Esse modelo também corrobora a confiança de Jeremy Waldron da capacidade do povo de fazer julgamentos acerca de questões políticas. Segundo este autor, o povo tem capacidade de se governar a partir de seu próprio julgamento e de participar em todos os aspectos do governo democrático de sua comunidade, um direito que está profundamente conectado aos valores da autonomia e da responsabilidade que são celebrados em nosso compromisso com outras liberdades básicas (1999a, p. 213). Em "Law and Disagreement", Waldron sustenta a importância da participação popular para a caracterização da democracia e deixa aberta a discussão sobre os temas que são objeto de desacordo.

Não se pode perder de vista que a prática dialógica deve ser reforçada no modelo de "weak judicial review", que busca evitar que decisões de um grupo de pretensos iluminados intelectuais atinjam, de forma irremediável, uma sociedade inteira. Nesse modelo, a ideia de isolamento institucional é rechaçada e a de interação interinstitucional reforçada, justamente visando conferir importância à democracia deliberativa. Embora o diálogo seja um dos fatores de legitimação do *judicial review*, não pode significar uma deferência da Corte para os desejos da Legislatura, pois a Corte tem que ter sempre em mente a importância da observação dos preceitos constitucionais.

3.4 *Hard cases* que marcaram a recente história da Corte Constitucional canadense

As decisões da Suprema Corte canadense, resumidas na tabela abaixo, mostram que a respeitabilidade da Corte vem sendo construída, de forma consistente, ao longo dos anos, pois seus julgadores buscam dar concretude a direitos e liberdades arraigados na Carta Canadense de Direitos e Liberdades a partir de argumentações jurídico-políticas que guardam conformidade com os anseios sociais e tornam transparentes as *ratio decidendi*.

Buscamos captar importantes decisões que marcam a história da Corte desde a promulgação da Carta de 1982, para tornar claro o papel que a Suprema Corte vem desempenhado na recente história constitucional canadense.

Quadro 1 – Hard Cases Resolvidos pela Suprema Corte do Canadá[202]

1 – DESCRIÇÃO DO CASO **2 – FUNDAMENTO CONSTITUCIONAL**	**3 – DECISÃO[203]**	**4 – COMENTÁRIOS SOBRE A DECISÃO**
1 – *Andrews v. Law Society of British Columbia* **[1989] 1 S.C.R. 143** **2 – Seção 15 da Carta Canadense de Direitos e Liberdades** **Equality Rights** – Todos os cidadãos são iguais perante a Lei 15. (1) Every individual is equal before and under the law and has the right to the equal protection and equal benefit of the law without discrimination and, in particular, without discrimination based on race, national or ethnic origin, colour, religion, sex, age or mental or physical disability. **Tradução livre:** Todos os indivíduos são iguais perante a lei e têm direito a igual proteção e a igual benefício da lei, sem discriminação e, em particular, sem discriminação baseada em raça, origem nacional ou étnica, cor, religião, sexo, idade ou deficiência mental e física.	Mark Andrews, cidadão britânico, inconformado com a exigência de que para exercer profissão jurídica na Província de British Columbia tinha que ter o status de cidadão canadense, alegou que houve violação da seção 15 da Carta. A Suprema Corte do Canadá, ao se deparar com esse caso, considerou as qualificações do Sr. Andrews para ser advogado, bem assim se houve violação ao princípio da igualdade. Ao compulsar a Carta Canadense de Direitos e Liberdades, verificou que a cidadania não figurava como um dos fundamentos protegidos pela seção 15. Aplicou, então, a analogia para considerar que o status de cidadania poderia ser albergado dentre os fundamentos protegidos pela citada seção.	Este caso marcou o início de uma abordagem estruturada para questões de igualdade e abriu a possibilidade para que características análogas também mereçam proteção, mesmo não estando expressamente listadas no texto constitucional.

Continua

[202] Disponível em: http://ojen.ca/en/resource/cases-that-have-changed-society. Acesso em: 14 set. 2018.

[203] Disponível em: https://scc-csc.lexum.com/scc-csc/scc-csc/en/item/1569/index.do. Acesso em: 14 set. 2018.

Continuação

1 – DESCRIÇÃO DO CASO 2 – FUNDAMENTO CONSTITUCIONAL	3 – DECISÃO	4 – COMENTÁRIOS SOBRE A DECISÃO
1 – ***Right to a Fair Trial*** ***R. v. Stinchcombe*** ***[1991] 3 S.C.R. 326*** **2 – Seção 7 da Carta Canadense de Direitos e Liberdades** **Life, liberty and security of person** – Direito à vida, à liberdade e a segurança das pessoas 7. Everyone has the right to life, liberty and security of the person and the right not to be deprived thereof except in accordance with the principles of fundamental justice. **Tradução livre:** Toda pessoa tem direito à vida, à liberdade e à segurança, e o direito de não ser privada dela, exceto de acordo com os princípios da justiça fundamental.	O advogado William Stinchcombe foi acusado de quebra de confiança, roubo e fraude. No julgamento, a Coroa decidiu não ouvir testemunha que fez declarações policiais a favor do acusado. Recusou-se a entregar ao Sr. Stinchcombe uma cópia das declarações da polícia. O advogado pediu a divulgação da declaração, todavia o juiz se recusou, alegando que a Coroa não tinha obrigação de divulgar as declarações. Ao apreciar o caso, a Suprema Corte decidiu que a Coroa deveria divulgar todas as informações relevantes ao acusado, previamente ao julgamento, conforme a seção 7 da Carta que garante a produção de uma defesa a mais completa possível em relação às acusações criminais.	Após esse caso, a forma de condução de um processo criminal foi modificada, melhorando a imparcialidade dos testes e ajudando a proteger os acusados contra condenações injustas.
1 – ***Abortion Rights*** ***R. v. Morgentaler*** ***[1988] 1 S.C.R. 30*** **2 – Seção 7 da Carta Canadense de Direitos e Liberdades** **Life, liberty and security of person** – Direito à vida, à liberdade e a segurança das pessoas 7. Everyone has the right to life, liberty and security of the person and the right not to be deprived thereof except in accordance with the principles of fundamental justice. **Tradução livre:** Toda pessoa tem direito à vida, à liberdade e à segurança, e o direito de não ser privada dela, exceto de acordo com os princípios da justiça fundamental.	No Canadá, para que uma mulher possa realizar um aborto terapêutico, faz-se necessária a obtenção da aprovação de um comitê de aborto terapêutico vinculado a um hospital credenciado. A falta de aprovação, implica na ilegalidade do procedimento médico. Ocorre que três médicos, incluindo o Dr. Morgentaler, montaram uma clínica para realizar abortos para mulheres que não tiveram a aprovação do referido comitê. Acusados criminalmente, os médicos argumentaram que as leis do aborto violavam o direito da segurança da pessoa, contido na seção 7 da Carta. A Suprema Corte, por maioria, decidiu que as restrições do Código Penal ao aborto eram inconstitucionais, uma vez que aumentavam os riscos à saúde das mulheres, privando-as do direito à segurança da pessoa. O Tribunal considerou que o Therapeutic abortion committee/TAC estava profundamente comprometido, em parte devido aos longos atrasos causados para as mulheres e, em muitos hospitais, funcionava apenas formalmente, mas na prática não aprovava os abortos.	Importa destacar que a decisão aqui mencionada da Suprema Corte Canadense declarou inconstitucional parte da Bill C-150, que já permitia o aborto, desde que cumpridas certas exigências, como a necessidade prévia de que uma equipe de médicos atestasse que o aborto era necessário para garantir o bem estar físico e mental da mãe. A partir desta decisão, nenhuma outra lei que trate de aborto foi promulgada, o que significa que no Canadá há um vácuo legislativo no que diz respeito à regulamentação da questão.

Continua

Continuação

1 – DESCRIÇÃO DO CASO 2 – FUNDAMENTO CONSTITUCIONAL	3 – DECISÃO	4 – COMENTÁRIOS SOBRE A DECISÃO
1 – ***No Death Penalty*** ***United States v. Burns*** ***[2001] S.C.R. 287*** **2 – Seção 7 da Carta Canadense de Direitos e Liberdades** **Life, liberty and security of person** – Direito à vida, à liberdade e a segurança das pessoas 7. Everyone has the right to life, liberty and security of the person and the right not to be deprived thereof except in accordance with the principles of fundamental justice. **Tradução livre:** Toda pessoa tem direito à vida, à liberdade e à segurança, e o direito de não ser privada dela, exceto de acordo com os princípios da justiça fundamental.	Os senhores Glen Burns e Atif Rafay estavam sendo procurados por assassinato praticado no Estado de Washington/EUA. Os cidadãos canadenses foram presos em British Columbia, razão pela qual as autoridades dos EUA pediram ao governo do Canadá a extradição para Washington. Em caso de condenação, eles poderiam receber a pena de morte ou prisão perpétua sem direito à liberdade condicional. O Ministro da Justiça do Canadá determinou a extradição dos acusados, sem receber qualquer garantia de que a pena de morte não seria imposta. Instada a se manifestar sobre o caso, a Suprema Corte entendeu que a decisão violava a seção 7 da Carta, pois não havia qualquer garantia de que a pena capital não seria aplicada. A extradição representava, então, violação aos direitos à vida, à liberdade e à segurança da pessoa (seção 7).	Esta decisão representa, para muitos estudiosos, uma garantia de que a pena de morte nunca será trazida de volta ao sistema de justiça canadense, diante da inobservância dos direitos fundamentais previstos na seção 7 da Carta Canadense de Direitos e Liberdades.
1 – ***Same Sex Rights*** ***Vriend v. Alberta, [1998] 1 S.C.R. 493*** **2 – Seção 15 da Carta Canadense de Direitos e Liberdades** **Equality Rights** – Todos os cidadãos são iguais perante a Lei 15. (1) Every individual is equal before and under the law and has the right to the equal protection and equal benefit of the law without discrimination and, in particular, without discrimination based on race, national or ethnic origin, colour, religion, sex, age or mental or physical disability. **Tradução livre:** Todos os indivíduos são iguais perante a lei e têm direito a igual proteção e a igual benefício da lei, sem discriminação e, em particular, sem discriminação baseada em raça, origem nacional ou étnica, cor, religião, sexo, idade ou deficiência mental e física.	O instrutor universitário, Sr. Vriend, foi demitido em razão de ele ser gay. A legislação de direitos humanos da Província de Alberta não o protegeu contra a discriminação sofrida com base na orientação sexual. Ao saber que não poderia fazer uma reclamação de violação aos direitos humanos, haja vista que a orientação sexual não era uma área protegida, o Sr. Vriend contestou a legislação de direitos humanos da Província de Alberta, alegando que era discriminatória. A Suprema Corte entendeu que a legislação de Alberta por não proteger a orientação sexual, terminava causando discriminação aos homossexuais, situação que não se coadunava com a proteção conferida pela seção 15 da Carta. Com o objetivo de corrigir a injustiça, a Corte considerou que a interpretação precisava ser feita a partir do entendimento de que a orientação sexual deveria ser incluída.	Diante das discussões geradas pela decisão, o primeiro ministro foi pressionado a invocar a cláusula notwithstanding (seção 33), com o fito de anular a decisão do Tribunal, mas acabou decidindo não invocá-la. Nesse caso, reconheceu-se as reivindicações de gays e lésbicas por igualdade legal.

Continua

Continuação

1 – DESCRIÇÃO DO CASO 2 – FUNDAMENTO CONSTITUCIONAL	3 – DECISÃO	4 – COMENTÁRIOS SOBRE A DECISÃO
1 – ***Substantive Equality*** ***Eldridge v. British Columbia (Attorney General)*** [1997] 3 S.C.R. 624 **2 – Seção 15 da Carta Canadense de Direitos e Liberdades** **Equality Rights** – Todos os cidadãos são iguais perante a Lei 15. (1) Every individual is equal before and under the law and has the right to the equal protection and equal benefit of the law without discrimination and, in particular, without discrimination based on race, national or ethnic origin, colour, religion, sex, age or mental or physical disability. **Tradução livre:** Todos os indivíduos são iguais perante a lei e têm direito a igual proteção e a igual benefício da lei, sem discriminação e, em particular, sem discriminação baseada em raça, origem nacional ou étnica, cor, religião, sexo, idade ou deficiência mental e física. **Seção 1 da Carta Canadense de Direitos e Liberdades** **Rights and freedoms in Canada** – Direitos e Liberdades no Canadá **Seção 1.** The Canadian Charter of Rights and Freedoms guarantees the rights and freedoms set out in it subject only to such reasonable limits prescribed by law as can be demonstrably justified in a free and democratic society. **Tradução livre:** A Carta Canadense de Direitos e Liberdades garante os direitos e liberdades nela estabelecidos, os quais estão sujeitos apenas aos limites razoáveis prescritos em lei, que possam ser comprovadamente justificados em uma sociedade livre e democrática.	Os demandantes, neste caso, nasceram surdos e usavam a linguagem de sinais para se comunicar. Eles alegaram discriminação com base na deficiência, porque a Província de British Columbia não conseguiu financiar a interpretação da língua de sinais durante as consultas médicas. Para os pacientes surdos receberem o mesmo nível de cuidados básicos de saúde que os outros pacientes, eles precisavam de intérpretes de linguagem de sinais. Isso é chamado de igualdade substantiva.	Nesta decisão, a Suprema Corte do Canadá reconheceu que, às vezes, o tratamento igual requer serviços diferentes para grupos diferentes.

Continua

Continuação

1 – DESCRIÇÃO DO CASO 2 – FUNDAMENTO CONSTITUCIONAL	3 – DECISÃO	4 – COMENTÁRIOS SOBRE A DECISÃO
1 – *A Duty to Act to Protect Rights* ***Dunmore v. Ontario (Attorney General)*** ***[2001] 3 S.C.R. 1016*** **2 – Seção 2 da Carta Canadense de Direitos e Liberdades** **Fundamental freedoms** – liberdades fundamentais 2. Everyone has the following fundamental freedoms: (a) freedom of conscience and religion; (b) freedom of thought, belief, opinion and expression, including freedom of the press and other media of communication; (c) freedom of peaceful assembly; and (d) freedom of association. **Tradução livre:** 2. Todos têm as seguintes liberdades fundamentais: (a) liberdade de consciência e religião; (b) liberdade de pensamento, crença, opinião e expressão, incluindo a liberdade de imprensa e outros meios de comunicação; c) liberdade de reunião pacífica; e (d) liberdade de associação.	A Lei Trabalhista de Ontário não permitia que os trabalhadores rurais se sindicalizassem ou tivessem proteções trabalhistas. Quatro trabalhadores contestaram esta exclusão como violação aos direitos contidos nas seções 2 (d) e 15. A Suprema Corte, por maioria, considerando que os trabalhadores rurais não podiam exercer sua liberdade coletiva de se reunir sem a proteção dos direitos trabalhistas, decidiu que a liberdade de organização exige que o governo estenda a proteção legislativa a grupos considerados vulneráveis.	Em caso de inação do governo, mesmo não se podendo dizer que ele violou direitos contidos na Carta, a Suprema Corte entendeu que ele tem o dever de proteger a liberdade de associação.

Continua

Continuação

1 – DESCRIÇÃO DO CASO 2 – FUNDAMENTO CONSTITUCIONAL	3 – DECISÃO	4 – COMENTÁRIOS SOBRE A DECISÃO
1 – *No Means No* ***R. v. Ewanchuk*** ***[1999] 1 S.C.R. 330*** **2 – Seções 7 e 15 da Carta Canadense de Direitos e Liberdades** **Seção 7 da Carta Canadense de Direitos e Liberdades** **Life, liberty and security of person** – Direito à vida, à liberdade e a segurança das pessoas 7. Everyone has the right to life, liberty and security of the person and the right not to be deprived thereof except in accordance with the principles of fundamental justice. **Tradução livre:** Toda pessoa tem direito à vida, à liberdade e à segurança, e o direito de não ser privada dela, exceto de acordo com os princípios da justiça fundamental. **Seção 15 da Carta Canadense de Direitos e Liberdades** **Equality Rights** – Todos os cidadãos são iguais perante a Lei 15. (1) Every individual is equal before and under the law and has the right to the equal protection and equal benefit of the law without discrimination and, in particular, without discrimination based on race, national or ethnic origin, colour, religion, sex, age or mental or physical disability. **Tradução livre:** Todos os indivíduos são iguais perante a lei e têm direito a igual proteção e a igual benefício da lei, sem discriminação e, em particular, sem discriminação baseada em raça, origem nacional ou étnica, cor, religião, sexo, idade ou deficiência mental e física.	O Sr. Ewanchuk, após entrevistar uma candidata a emprego, convidou-a para o seu trailer. Ele começou a fazer avanços íntimos, que apesar de interrompidos, continuaram mais fortes. Acusado de agressão sexual, Ewanchuk alegou em sua defesa que houve "consentimento implícito", pois embora tenha recusado as investidas no início, a candidata permaneceu no trailer e não se opôs aos avanços. Em primeira instância, o acusado foi absolvido. No âmbito da Suprema Corte, o entendimento foi no sentido de que o "consentimento implícito" não pode ser usado como alegação de defesa em casos de agressão sexual.	Este é um caso paradigmático, no qual foram desmascarados mitos e estereótipos sobre agressão sexual. Fixou-se o entendimento de que as pessoas devem sempre dar um consentimento claro aos seus parceiros sexuais.

Continua

Continuação

1 – DESCRIÇÃO DO CASO 2 – FUNDAMENTO CONSTITUCIONAL	3 – DECISÃO	4 – COMENTÁRIOS SOBRE A DECISÃO
1 – ***Aboriginal Title*** ***Delgamuukw v. British Columbia*** ***[1997] 3 S.C.R. 1010*** **2 – Seção 35(1) da Carta Canadense de Direitos e Liberdades** **Recognition of existing aboriginal and treaty rights** -Reconhecimento da existência de direitos e tratados aborígines 35. (1) The existing aboriginal and treaty rights of the aboriginal peoples of Canada are hereby recognized and affirmed. **Tradução livre:** Os direitos e tratados dos povos aborígines do Canadá são aqui reconhecidos e afirmados.	Gitksan e Wet'suwet'em, chefes de uma nação indígena, reivindicaram o título aborígine de propriedade em relação à 58.000 quilômetros quadrados de terra em British Columbia. A alegação baseou-se em que num sistema jurídico os direitos de propriedade devem ter em conta o pré-contato com a terra. A Suprema Corte reconheceu pela primeira vez, com base nas características do título aborígene, que as Nações indígenas tinham direito ao título de suas terras antes da chegada europeia ao continente americano. O tribunal decidiu que não havia provas suficientes para determinar se esta terra era, historicamente, de propriedade das Nações de Gitksan e Wet'suwet'en, ou se as Nações haviam cedido ou desistido da posse da terra. Discutiu-se que tipo de evidência poderia ser usada para estabelecer uma reivindicação de terra. Decidiu-se que histórias orais podem ser usadas como evidências durante o julgamento.	Este caso cria a possibilidade legal de uma reivindicação bem-sucedida do título aborígine sob a lei canadense. Este caso também é notável porque reconhece a importância que os aborígenes atribuem às histórias orais e demonstra como as regras legais canadenses de evidências podem acomodar histórias orais durante o julgamento.
1 – ***Accommodating Religious Beliefs Multani v Commission scolaire Marguerite Bourgeoys*** ***[2006] 1 S.C.R. 256*** **2 – Seção 2 da Carta Canadense de Direitos e Liberdades** **Fundamental freedoms** – liberdades fundamentais 2. Everyone has the following fundamental freedoms: (a) freedom of conscience and religion; **Tradução livre:** 2. Todos têm as seguintes liberdades fundamentais: (a) liberdade de consciência e religião;	A Suprema Corte do Canadá anulou uma ordem do Conselho Escolar de Quebec que proibiu Gurbaj Multani, um sikh ortodoxo, de usar um kirpan na escola (uma espécie de faca, cujo uso é uma exigência da religião). O Tribunal, reconhecendo a prática como uma exigência religiosa, considerou que a decisão do conselho violou a liberdade de religião do Sr. Multani, protegida pela seção 2(a) da Carta. A defesa da diretoria da escola baseou-se nas necessidades de proteção dos demais estudantes, mesmo que isso restringisse os direitos de um aluno. O Tribunal não aceitou o argumento, por entender que precisam ser encontrados meios mais razoáveis para acomodar diferentes religiões nas escolas, de forma a equilibrar diversos tipos de direitos.	Na decisão resta clara a preocupação de verificar um método adequado para acomodar a prática religiosa numa sociedade tida como multicultural.

Continua

Continuação

1 – DESCRIÇÃO DO CASO 2 – FUNDAMENTO CONSTITUCIONAL	3 – DECISÃO	4 – COMENTÁRIOS SOBRE A DECISÃO
1 – ***Aboriginal Treaty Rights*** ***R. v. Marshall*** ***[1999] 3 S.C.R. 456*** **2 – Recognition of existing aboriginal and treaty rights** -Reconhecimento da existência de direitos e tratados aborígines **Seção 35(1) da Carta Canadense de Direitos e Liberdades** 35. (1) The existing aboriginal and treaty rights of the aboriginal peoples of Canada are hereby recognized and affirmed. **Tradução livre:** Os direitos e tratados dos povos aborígines do Canadá são aqui reconhecidos e afirmados.	Donald Marshall Jr., um índio Mi'kmaq, foi acusado de vender e pescar enguias sem licença durante a baixa temporada, com redes ilegais. Ele invocou a existência de tratado, assinado entre os britânicos e os Mi'kmaq em 1760-61, que autorizava a pesca e venda de peixes. Os direitos clamados são os aborígines, protegidos pela seção 35 da Carta, os quais resultaram de acordos entre um grupo ou nação de povos aborígenes e o governo. Marshall argumentou que o Tribunal deveria examinar não só o que estava escrito no tratado assinado, mas também as discussões travadas nas negociações no momento da assinatura do referido tratado. A Suprema Corte acentuou a importância de considerar todas as evidências das intenções de ambas as partes ao pactuarem o Tratado. Ao fazer uso dessa linha interpretativa, o Tribunal concluiu que os tratados de Mi'kmaq incluem o direito de colher e vender enguias, razão pela qual o Sr. Marshall foi absolvido.	Este caso é importante porque mostrou disposição de considerar os diferentes tipos de evidências disponíveis para provar os direitos contidos nos tratados.
1 – ***Same Sex Marriage*** ***Reference re: Same Sex Marriage*** ***[2004] 3 S.C.R. 689*** **2 – Seção 2(a) e 15(1) da Carta Canadense de Direitos e Liberdades** **Fundamental freedoms** – liberdades fundamentais 2. Everyone has the following fundamental freedoms: (a) freedom of conscience and religion; **Tradução livre:** 2. Todos têm as seguintes liberdades fundamentais: (a) liberdade de consciência e religião;	A Suprema Corte do Canadá recebeu, em 2003, um pedido do governo liberal para que emitisse uma opinião[204] sobre se a proposta de lei sobre o casamento entre pessoas do mesmo sexo estava de acordo com a Constituição canadense. O governo também pediu ao Tribunal que opinasse sobre se o projeto de lei, caso aprovado, violaria os direitos da seção 2(a) (liberdade de religião) dos funcionários religiosos que não desejavam realizar casamentos entre pessoas do mesmo sexo. Previamente a esta consulta, tribunais de várias províncias já tinham se posicionado no sentido de que restringir o casamento a um homem e uma mulher era inconstitucional.	Ao se deparar com conflitos entre os direitos da Carta, o Tribunal entendeu que eles devem ser resolvidos pelo balanceamento de direitos. Os casamentos do mesmo sexo foram legalizados em todo o Canadá em 20 de julho de 2005, quando o projeto se tornou lei (Civil Marriage Act).

Continua

[204] No sistema constitucional canadense, a Lei da Suprema Corte permite que o Poder Executivo consulte a Suprema Corte acerca da constitucionalidade de normativos que podem gerar alguma controvérsia constitucional. A resposta dada não tem caráter vinculante.

Continuação

1 – DESCRIÇÃO DO CASO 2 – FUNDAMENTO CONSTITUCIONAL	3 – DECISÃO	4 – COMENTÁRIOS SOBRE A DECISÃO
Seção 15 da Carta Canadense de Direitos e Liberdades **Equality Rights** – Todos os cidadãos são iguais perante a Lei 15. (1) Every individual is equal before and under the law and has the right to the equal protection and equal benefit of the law without discrimination and, in particular, without discrimination based on race, national or ethnic origin, colour, religion, sex, age or mental or physical disability. **Tradução livre:** Todos os indivíduos são iguais perante a lei e têm direito a igual proteção e a igual benefício da lei, sem discriminação e, em particular, sem discriminação baseada em raça, origem nacional ou étnica, cor, religião, sexo, idade ou deficiência mental e física.	O Tribunal posicionou-se no sentido de que a proposta de lei cumpria os princípios de igualdade contidos na seção 15 da Carta. Ao fazer uma analogia da Carta com uma "árvore viva", a Corte salientou que a primeira evolui à medida que a sociedade também muda. A despeito de reconhecer que o projeto de lei poderia levar a um conflito entre a seção 15 (direitos de igualdade) e a seção 2 (a) (liberdade de religião), o Tribunal terminou por decidir que a lei era ampla o suficiente para proteger os funcionários religiosos de serem obrigados a realizar casamentos religiosos do mesmo sexo que vão contra suas crenças religiosas.	
1 – ***Private vs. Public Health Care Chaoulli v. Quebec (Attorney General)*** ***[2005] 1 S.C.R. 791*** **2 – Seção 1 da Carta Canadense de Direitos e Liberdades** **Rights and freedoms in Canada** – Direitos e Liberdades no Canadá **Seção 1.** The Canadian Charter of Rights and Freedoms guarantees the rights and freedoms set out in it subject only to such reasonable limits prescribed by law as can be demonstrably justified in a free and democratic society.	Um médico que queria atuar fora do sistema público de saúde canadense e um paciente que sofreu atrasos em seu tratamento de saúde contestaram as leis de Quebec que proibiam um residente de pagar um plano de saúde privado para obter acesso mais rápido aos cuidados de saúde. A Suprema Corte entendeu que as leis de Quebec violaram a seção 1 da Carta de Direitos de Quebec, que protege o direito à vida e à inviolabilidade pessoal, bem assim a seção 7 da Carta Canadense de Direitos e Liberdades. Os juízes concluíram que as leis de Quebec permitiam que somente aqueles considerados muito ricos obtivessem assistência médica privada para evitar atrasos no sistema público.	A decisão abriu as portas para que o sistema de saúde privada fosse instalado em Quebec, pois nas discussões travadas foram colocadas sugestões no sentido de que uma mudança semelhante seria possível no resto do Canadá futuramente. A controvérsia levantada por este caso decorre do orgulho que os canadenses têm do sistema de saúde pública universal que possuem, considerado como uma característica que define a Nação.

Continua

Continuação

1 – DESCRIÇÃO DO CASO 2 – FUNDAMENTO CONSTITUCIONAL	3 – DECISÃO	4 – COMENTÁRIOS SOBRE A DECISÃO
Tradução livre: A Carta Canadense de Direitos e Liberdades garante os direitos e liberdades nela estabelecidos, os quais estão sujeitos apenas aos limites razoáveis prescritos em lei, que possam ser comprovadamente justificados em uma sociedade livre e democrática. **Seção 7 da Carta Canadense de Direitos e Liberdades** **Life, liberty and security of person** – Direito à vida, à liberdade e a segurança das pessoas **Seção 7**. Everyone has the right to life, liberty and security of the person and the right not to be deprived thereof except in accordance with the principles of fundamental justice. **Tradução livre:** Toda pessoa tem direito à vida, à liberdade e à segurança, e o direito de não ser privada dela, exceto de acordo com os princípios da justiça fundamental.		
1 – Security Certificates **Charkaoui v. Canada (Citizenship and Immigration)** **2007 SCC 9** **2 – Seção 7 da Carta Canadense de Direitos e Liberdades** **Life, liberty and security of person** – Direito à vida, à liberdade e a segurança das pessoas **Seção 7**. Everyone has the right to life, liberty and security of the person and the right not to be deprived thereof except in accordance with the principles of fundamental justice. **Tradução livre:** Toda pessoa tem direito à vida, à liberdade e à segurança, e o direito de não ser privada dela, exceto de acordo com os princípios da justiça fundamental.	Nesse caso, tratou-se da emissão de "Certificados de Segurança" para três pessoas, que quando estavam morando no Canadá foram presas sob a alegação de que estavam envolvidas em atividades terroristas e significavam, portanto, uma ameaça à Segurança Nacional. A legislação de imigração do Canadá permite que cidadão estrangeiro ou residente permanente não seja admitido no País porque representa um risco à segurança. A pessoa fica mantida na prisão e um juiz pode rever o Certificado e a detenção. No entanto, durante a revisão, o governo pode se recusar a mostrar à pessoa detida qualquer informação sobre a qual o certificado de segurança é baseado.	Esta decisão é importante porque demonstra que os direitos da Carta devem ser protegidos e respeitados mesmo quando um governo faz reivindicações acerca da vulnerabilidade nacional e sobre a necessidade de maior segurança.

Continua

Continuação

1 – DESCRIÇÃO DO CASO 2 – FUNDAMENTO CONSTITUCIONAL	3 – DECISÃO	4 – COMENTÁRIOS SOBRE A DECISÃO
	Se o juiz achar o certificado razoável, ele se tornará uma ordem de remoção, o que significa que a pessoa será deportada para o seu país de origem. Não pode haver apelação em relação à ordem de remoção, que pode ser aplicada imediatamente. Nesse caso, os três homens contestaram as disposições da lei de imigração canadense que permitem sua detenção e as disposições que os impediam de ter acesso a informações no processo de revisão. A Suprema Corte, de forma unânime, declarou que os procedimentos para revisar a detenção e o certificado de segurança violam o direito protegido pela seção 7 da Carta. Considerando que uma vez deportada para o país de origem, a vida da pessoa pode estar em perigo, a corte entendeu que esse tipo de ordem, sem uma audiência justa que dê a pessoa chance de se defender e sem ver as evidências contra ele, é uma violação constitucional.	
1 – *Community Standards of Obscenity Little Sisters Book and Art Emporium v. Canada [2000] 2 S.C.R. 1120* **2 – Seções 1, 2 e 15 da Carta Canadense de Direitos e Liberdades** **Rights and freedoms in Canada** – Direitos e Liberdades no Canadá **Seção 1.** The Canadian Charter of Rights and Freedoms guarantees the rights and freedoms set out in it subject only to such reasonable limits prescribed by law as can be demonstrably justified in a free and democratic society.	O assim chamado Community Standards test é utilizado pelo Tribunal quando precisa determinar se o material é obsceno. O objetivo é fazer um juízo de mérito em relação à prejudicialidade de um determinado material impresso para a sociedade. A livraria argumentou que esse teste era discriminatório contra gays e lésbicas porque somente uma única perspectiva era considerada.	A crítica a esta decisão é baseada no fato de que ela não reconhece a diversidade das comunidades canadenses, o que implica em igual diversidade de padrões comunitários. A jurisprudência desenvolveu o princípio do dano, de forma a determinar quando um cidadão privado deveria ser criminalizado por suas ações.

Continua

Continuação

1 – DESCRIÇÃO DO CASO 2 – FUNDAMENTO CONSTITUCIONAL	3 – DECISÃO	4 – COMENTÁRIOS SOBRE A DECISÃO
Tradução livre: A Carta Canadense de Direitos e Liberdades garante os direitos e liberdades nela estabelecidos, os quais estão sujeitos apenas aos limites razoáveis prescritos em lei, que possam ser comprovadamente justificados em uma sociedade livre e democrática. **Seção 2 da Carta Canadense de Direitos e Liberdades** **Fundamental freedoms** – liberdades fundamentais 2. Everyone has the following fundamental freedoms: (...) (b) freedom of thought, belief, opinion and expression, including freedom of the press and other media of communication; **Tradução livre:** 2. Todos têm as seguintes liberdades fundamentais: (...) (b) liberdade de pensamento, crença, opinião e expressão, incluindo a liberdade de imprensa e outros meios de comunicação; **Seção 15 da Carta Canadense de Direitos e Liberdades** **Equality Rights** – Todos os cidadãos são iguais perante a Lei 15. (1) Every individual is equal before and under the law and has the right to the equal protection and equal benefit of the law without discrimination and, in particular, without discrimination based on race, national or ethnic origin, colour, religion, sex, age or mental or physical disability. **Tradução livre:** Todos os indivíduos são iguais perante a lei e têm direito a igual proteção e a igual benefício da lei, sem discriminação e, em particular, sem discriminação baseada em raça, origem nacional ou étnica, cor, religião, sexo, idade ou deficiência mental e física.	A Suprema Corte do Canadá concluiu que a apreensão dos materiais não se coaduna com a seção 2 (b) da Carta, que dispõe sobre a liberdade de expressão, mas considerou justificada a violação tendo em vista o disposto na seção 1. Ao analisar a definição de obscenidade e o teste usado para interpretá-la, a Corte posicionou-se no sentido de que ela não era discriminatória, com base na seção 15 da Carta. O que o tribunal considerou discriminatório para gays e lésbicas foi o processo alfandegário.	

Fonte: elaboração própria

A partir da leitura das decisões descritas acima, de forma resumida, observamos que a Suprema Corte canadense tem, em regra, adotado uma postura reflexiva em suas decisões, buscando expressar com clareza e transparência quais são os valores primordiais que guiam a Nação canadense. É claro que ao ter que se posicionar com relação a casos tão difíceis, a Corte se expõe mais.

Essas exposições, todavia, têm causado impressões positivas, pois acentuam a respeitabilidade da Corte perante a sociedade, razão pela qual ela termina ditando, em regra, a "última palavra" acerca de muitas questões em que o ordenamento jurídico não se coaduna com determinadas disposições Constitucionais.

Importa destacar que desde a promulgação da Carta Canadense de Direitos e Liberdades, o que tem acontecido é que a Corte tem andado de mãos dadas com os anseios sociais na busca de melhorias para a ordem social e política do Canadá. É essa forma de agir que aumenta sua respeitabilidade e faz com que os pedidos de maior uso da Seção 33 sejam desconsiderados, como aconteceu no caso Vriend *v.* Alberta {[1998] 1 S.C.R. 493}, que tratou do "Same Sex Rights", relatado no quadro supra.

A despeito da análise mais superficial dessas decisões, o que queríamos mostrar é que debates tão cruciais para a sociedade travados no âmbito da Suprema Corte trazem para ela não só respeitabilidade, como também incrementam a legitimidade pelas interpretações inclusivas da Carta, o que ecoa de forma cada vez mais positiva no seio da sociedade e assegura a existência longa e vigorosa da Corte.

Isso não afasta, é claro, as críticas veementes que são feitas em relação aos magistrados, pois na visão dos críticos do *judicial review*, mesmo da sua forma fraca, os juízes terminam subvertendo a concretização da verdadeira democracia. Embora haja uma inquestionável contribuição para que o debate sobre a concretização do constitucionalismo democrático continue forte, não se pode negar os avanços conseguidos para a sociedade a partir das decisões da Suprema Corte aqui mencionadas.

3.5 Conclusão do capítulo 3

Diante das discussões acaloradas sobre o papel das Supremas Cortes nas democracias deliberativas e sobre os limites[205] ao exercício dos poderes

[205] É importante rememorar que, como visto no Capítulo 1, no Brasil houve uma tentativa frustrada, por meio da PEC 33/2011, de reduzir e limitar os poderes do Supremo Tribunal Federal.

constitucionalmente definidos, bem assim da permanente tensão que tem se estabelecido no Brasil entre o Supremo Tribunal Federal e o Legislativo, sentimos a necessidade de observar, em termos de direito comparado, alternativas de revisão judicial apresentadas por outros sistemas jurídicos. Essa estratégia nos trouxe luzes para repensar antigos paradigmas e visualizar que a "última palavra" a ser dada para questões de alta relevância nacional em democracias constitucionais pode não pertencer, exclusivamente, às Supremas Cortes.

Vimos que o modelo canadense de *weak judicial review*, implantado com o advento da Carta Canadense de Direitos e Liberdades de 1982, previu em seu artigo 33 que a "última palavra" sobre a interpretação de direitos e garantias fundamentais previstos nos artigos 2º e 7º a 15 da Carta seria dada pelo Parlamento. Essa disposição constitucional possibilita a concretização do fenômeno que aqui denominamos de "guarda compartilhada" da Constituição, haja vista que não é a Suprema Corte que dita a "última palavra" sobre questões relevantes apontadas pela Carta.

Ao fazer uso da cláusula *notwithstanding* (seção/artigo 33), o Parlamento pode permitir que estatutos que limitam os direitos garantidos nos artigos 2º e 7º a 15 da Carta e que foram considerados inconstitucionais pela Corte Constitucional continuem sendo válidos num prazo de 5 (cinco) anos, ou seja, dentro do período de uma legislatura, o qual pode ser renovado.

Trata-se de uma alternativa de controle judicial (*weak judicial review*) plausível no contexto da democracia deliberativa, que permite aos cidadãos, em última instância, decidir sobre questões de grande importância para a Nação e que, normalmente, estão sujeitas a constantes desacordos interpretativos. O modelo canadense reconhece a capacidade do povo de fazer julgamentos sobre questões essenciais para a definição da identidade social, moral, cultural e política da Nação.

No modelo de revisão judicial fraca do Canadá (*weak judicial review*), a prática dialógica interinstitucional é reforçada e a participação democrática da sociedade estimulada. Assim, num contexto de constitucionalismo democrático, nem o isolamento institucional é desejável, uma vez que os poderes precisam agir cooperativamente para que um modelo de democracia deliberativa possa funcionar, tampouco o isolamento dos cidadãos, que precisam ver abertas as possibilidades para a reflexão sobre suas preferências e, assim, poderem demonstrar, explicitamente, suas aptidões democráticas quando chamados a se pronunciarem.

Ao analisarmos a nossa história constitucional recente, verificamos que o fracasso do Legislativo em produzir leis exigidas pela sociedade e sua atitude inoperacional em relação ao diálogo interinstitucional, são fatores que favorecem que a Suprema Corte se substitua ao Parlamento, adotando, com frequência, a postura de legislador positivo. Deve-se notar, entretanto, que se de um lado as atitudes de nosso STF buscam concretizar direitos fundamentais da Constituição Federal, diante de inúmeras lacunas legislativas, de outro lado acabam por não respeitar o princípio da separação de poderes, mais valorizado no modelo canadense.

No Brasil, o próprio conceito de "Estado Democrático de Direito" pode ser questionado, uma vez que o agir popular, por meio de instrumentos de participação direta, é ainda muito tímido, e a representação indireta nem sempre reflete o "popular will", e sim as conveniências de elites e de grupos de interesse politicamente privilegiados.

O fato é que quando os juízes da Suprema Corte, escolhidos de forma não democrática, têm a prerrogativa de dar a "última palavra" em decisões que vão até mesmo determinar políticas públicas (que deveriam ser normatizadas no âmbito do Parlamento a partir de estudos elaborados por órgãos qualificados do Poder Executivo), o princípio da democracia deliberativa resta bastante enfraquecido.

Tendo em conta a constante tensão entre a imposição judicial das limitações constitucionais e a necessidade de autogoverno democrático, percebemos que a discussão sobre alternativas para incrementar a legitimidade da revisão judicial não deve cessar. O *weak judicial review* desponta como uma possibilidade para que a "última palavra" não caiba somente à Suprema Corte, mas seja construída de forma dialógica e compartilhada, de modo a conferir maior efetividade ao constitucionalismo democrático.

CAPÍTULO 4

GUARDA COMPARTILHADA DA CONSTITUIÇÃO: CUMPRINDO A PROMESSA DO CONSTITUCIONALISMO DEMOCRÁTICO?

> In this way, the juris tis elevated to the position of an all-powerful agent charged with operating as the loyal médium of the Volksgeist. As such, the jurist is the ultimate agent of the Great Alliance, and his expert discourse speaks to the people in the name of its own true spirit. (...) *Hence, from the jurist's fidelity to his mission as custodian and voice of the Volksgeist, as custus constitutiones of the form of collective life, emerges the authority and mandate of his science. (...) the juris tis expected to have a double set of skills. First, he is to be a skilled historian; second, an undefeatable and indefatigable rationalizer of the living elements of his legal tradition.* Thus, reason and history converge in the very consciousness of the privileged cognitive agent. The mind of the juris tis thus the first locus of the fusion between historicism and rationalism, and it is there that the possibility of a rationalizing, and therefore a legitimizing, discourse of the social and cultural establishment begins to materialize. (grifamos) (BARROZO, 2015, p. 265)

4.1 Considerações iniciais

Jeremy Waldron mostra, em suas obras, grande preocupação com a titularidade conferida às Supremas Cortes de dar a "última palavra" acerca dos inevitáveis desacordos sobre os direitos. Os títulos das obras de Waldron, por exemplo, como "Law and disagreement", "Judicial review and the conditions of democracy", "The core of the case against judicial review", fornecem-nos a perfeita dimensão de que a reflexão crítica tem por base uma ideia marcante de democracia e, nesse sentido, de que o fórum para a tomada de decisões sociais, quando há desacordo, é o Parlamento, instituição que detém a representatividade das mais divergentes vozes da comunidade.

Em uma visão confiante acerca da autonomia dos cidadãos, Waldron adverte-nos que a desconfiança dos concidadãos "does not fit particularly well with the aura of autonomy and responsibility that is conveyed by the substance of rights that are being entrenched in this way"[206] (WALDRON, 1999a, p. 222). A confiança também se traduz nas seguintes palavras: "it is precisely because I see

[206] Tradução livre: "não se encaixa muito bem com a aura de autonomia e responsabilidade que é transmitida pela substância dos direitos que estão sendo entrincheirados desta maneira".

each person as a potential moral agent, endowed with dignity and autonomy, that I am willing to entrust to the masses the burden of self-government"[207] (WALDRON, 1999a, p. 223).

O autor assume que os indivíduos são confiáveis tanto como detentores de direitos quanto para assumir responsabilidades políticas. Em outras palavras, a facilidade das pessoas na arena da política democrática não deve ser vista sob um prisma predatório da natureza humana, tampouco pessimista. Assim, podemos ver que há pontos favoráveis e desfavoráveis para o exercício da democracia deliberativa, os quais, obviamente, variam de acordo com o grau de organização, maturidade e confiabilidade das instituições deliberativas.

Mark Tushnet, num pensamento teórico semelhante, mostra-se radical em sua obra intitulada "Taking the Constitution Away from the Courts". Suas críticas têm como referência as tradições americanas do *judicial review*, que permitem que os juízes dos Estados Unidos invalidem ações governamentais inconstitucionais. Ele insiste que se criou um direito constitucional "populista", em que as declarações judiciais não merecem consideração especial, e adverte que devemos buscar interpretações razoáveis da "Constituição fina"[208]. A partir de exemplos práticos da vida política e social americana, assinala que por causa da existência de revisão judicial muitos erros ocorreram e que, nesse contexto, nem o povo nem os seus representantes se sentiram competentes para fazer cumprir a Constituição.

Ran Hirschl, ao analisar "The new constitutionalism and the judicialization of pure politics in the world", ressalta que o mundo testemunhou, nas últimas décadas, uma profunda transferência de poder das instituições representativas para os tribunais, acentuando que até mesmo países como o Canadá, Israel, Reino Unido, Nova Zelândia, reconhecidos pela permanência no modelo de supremacia parlamentar, ao estilo Westminster[209], terminaram se rendendo ao conceito de supremacia constitucional (HIRSCHL, 2006, p. 139).

---

207 Tradução livre: "é precisamente porque vejo cada pessoa como um potencial agente moral, dotado de dignidade e autonomia, que estou disposto a confiar às massas o fardo do autogoverno".

208 A definição de "Constituição fina" foi explicitada no Capítulo 2, item 2.3.

209 O modelo Westminster de Constitucionalismo baseia-se na supremacia parlamentar, na qual as legislaturas, democraticamente eleitas, têm um poder irrestrito de representar a vontade da maioria, com forte base em pressupostos culturais. Esses pressupostos podem ser não escritos, como acontece na Grã-Bretanha, ou podem ser escritos em uma Constituição e irão servir como ponto de referência para um debate político sobre se uma proposta específica é ou não consistente com os pressupostos culturais.

Nesse sentido, esses países têm se deparado com a realidade de tudo requerer a intervenção dos tribunais, como, por exemplo, questões relacionadas a dilemas morais e a políticas públicas. Destarte, Hirschl chama a atenção para o fato de que nos Estados Unidos, onde o controle de constitucionalidade já atingiu o bicentenário, a elaboração de políticas públicas[210] é uma realidade incontestável. Mas, para ele, a importância política dos tribunais vai muito além da elaboração de políticas públicas, pois a "judicialização da política agora inclui a transferência massiva, para os tribunais, de algumas das mais centrais e polêmicas controvérsias políticas em que uma democracia pode se envolver" (2006, p. 140). Ou seja, "problemas constitucionais", das mais diversas ordens, são alvo de decisões judiciais, cedo ou tarde (HIRSCHL, 2006, p. 141).

Robert M. Cover, em artigo intitulado "The Origins of Judicial Activism in the Protection of Minorities" ressaltou que a deslegitimação das cortes supremas está correlacionada com a superioridade democrática, que é representada pelo Legislativo. Nesses termos, os mecanismos de escolha democrática se sobressaem em relação à imposição de teorias de direitos substantivos (COVER, 1982, p. 1287). Apontou, ainda, que o majoritarismo defendido por Brandeis, Stone e Holmes persistiu nos anos 1930, do *New Deal* de Roosevelt, e estava no coração da crítica do negócio da Suprema Corte. Esta deveria justificar os resultados gerados pelos sistemas político e social e reconciliá-los com os primeiros princípios da estrutura política.

Robert A. Dahl, ao estudar a Suprema Corte como instituição nacional de tomada de decisão política num contexto democrático, acentuou que em 167 anos, em setenta e oito casos, a Corte derrubou oitenta e seis diferentes disposições de lei federal como inconstitucionais, mas objetou se em todos ou em grande parte dos casos a Corte, de fato, estava defendendo os direitos de minorias contra maiorias tirânicas.[211] Logo em seguida, tentando formular resposta à própria indagação colocou que:

---

[210] Um trabalho de referência com relação a esse tema foi desenvolvido por Malcolm M. Feeley & Edward L. Rubin. O livro intitulado "Judicial Policy Making and the Modern State: How the Courts Reformed America's Prisons" (1998), mostra, em detalhes, o desenrolar das profundas intervenções do Judiciário com relação às políticas públicas relacionadas com o sistema penitenciário americano.

[211] Habermas coloca que: "Em geral, as decisões da maioria são limitadas por meio de uma proteção dos direitos fundamentais das minorias; pois os cidadãos, no exercício de sua autonomia política, não podem ir contra o sistema de direitos que constitui essa mesma autonomia. Quando se trata de compromissos, a regra da maioria desempenha um outro papel, em negociações, os resultados das votações fornecem indicadores para uma distribuição de poder, dada num certo contexto" (HABERMAS, 2003, p. 224).

> Um problema, que é essencialmente ideológico no caráter, é a dificuldade de conciliar tal interpretação com a existência de uma política democrática, para o que não é difícil mostrar pelo apelo a autoridades tão variadas quanto imponentes como Aristóteles, Locke, Rousseau, Jefferson e Lincoln que o termo democracia significa, dentre outras coisas, que o poder para governar reside na maioria popular e seus representantes. Além disso, para definições inteiramente razoáveis e tradicionais de soberania popular e igualdade política, o princípio do império da maioria pode ser mostrado como resultante da lógica da necessidade. Assim, *afirmar que a Corte ampara as preferências minoritárias contra as majoritárias é negar que a soberania popular e a igualdade política, ao menos no sentido tradicional, existam nos Estados Unidos; e afirmar que a Corte deve agir deste modo é negar que a soberania popular e a igualdade política devam prevalecer neste país.* (DAHL, 1957, p. 4) (grifos nossos)

Reconheceu, pois, que se trata de uma instituição que faz política e que, portanto, é parte essencial da liderança política. Noutros termos, registrou que não se pode negar a natureza política da Suprema Corte. Acentuou que se a considerássemos como uma instituição estritamente jurídica, estaríamos subestimando seu significado no sistema político americano.

Ou seja, uma instituição cuja competência primordial é defender o direito das minorias termina, não raro, por defender, num sistema democrático, o direito das maiorias. Como já ressaltamos no capítulo 2, para Dahl, muitas vezes, os critérios políticos são utilizados quando os jurídicos não se mostram mais adequados (DAHL, 1957, p. 1). Diante dessa realidade prática e das incertezas do direito, para ele, seria mais adequado reconhecer, de logo, que a Corte é uma instituição política e deixar de lado a ficção de que se trata de uma instituição de feição exclusivamente jurídica.

Ao examinarmos as grandes preocupações doutrinárias sobre a titularidade de as Supremas Cortes proferirem a "última palavra" sobre questões essenciais para o destino político, social, cultural, econômico de uma Nação, percebemos que os exemplos mais proeminentes provêm, não por acaso, dos Estados Unidos, uma vez que o *judicial review* teve início com o famoso caso *Marbury vs. Madison*, que terminou por afastar a ideia inglesa de supremacia do parlamento, a qual teve em Locke, como já visto, sua forte base teorética.

Mas é importante frisar que a realidade do Brasil não é diferente da dos Estados Unidos da América. Aqui, também, os membros da Suprema Corte deparam-se com casos difíceis (*hard cases*) em relação aos quais as palavras da Constituição são genéricas, vagas, ambíguas ou não claramente aplicáveis

(DAHL, 1957, p. 2). Qual, então, o rumo a seguir quando *experts* no assunto divergem no prognóstico das consequências das várias alternativas que podem ser adotadas?

O Supremo Tribunal Federal, sem dúvida, lida, no dia a dia, com situações de desacordo, nas quais há várias saídas a considerar. Mas, tal como constatado nos Estados Unidos, nem sempre atua na defesa das minorias. Juliano Zaiden Benvindo, ao fazer estudo de dois casos concretos discutidos no Brasil no âmbito do STF, percebeu que:

> O princípio constitucional, que deveria proteger situações particulares de indivíduos diretamente afetados pela decisão, foi preterido em favor do cálculo utilitarista. É aqui que reside a possível discussão entre política e direito e é também, nesse contexto, que aparece uma motivação para se pensar o ativismo judicial. Quando o *Supremo Tribunal Federal age em prol de um cálculo utilitarista, em que um valor econômico ou político prevalece sobre um princípio constitucional historicamente consagrado voltado para a defesa do indivíduo, aparece um possível problema de legitimidade, porque passa a agir em defesa de um interesse tipicamente majoritário da sociedade.* (BENVINDO, 2011, p. 568-569) (grifos nossos)

Além de ser criticado pelo desvirtuamento de sua função de defensor das minorias, ao STF são direcionadas fortes objeções relacionadas ao seu ativismo no exercício das competências constitucionais que lhe foram outorgadas. Surgem perguntas como: numa democracia deliberativa, cujos juízes são escolhidos de forma não democrática, um órgão jurisdicional pode ser o detentor da "última palavra" em decisões que chegam, inclusive, a determinar políticas públicas? Qual a alternativa à "última palavra" do STF?

Diante de tudo o que já foi visto nos capítulos precedentes, resta-nos analisar como num sistema político "dito democrático" há espaço para uma supremacia judicial tão forte. Quais as alternativas para minimizar essa supremacia? Embora não tenhamos respostas prontas e definitivas para as indagações em pauta, vislumbramos que a guarda compartilhada da Constituição entre o Legislativo e a Suprema Corte pode funcionar muito bem para definir as competências próprias de cada poder, reforçar o constitucionalismo democrático e minimizar a tensão entre esses dois poderes tão importantes para a concretização tanto de direitos de minorias quanto de maiorias.

Nesses termos, partiremos para o estudo de casos práticos resolvidos no âmbito das Supremas Cortes do Brasil e do Canadá, para verificarmos em que medida o modelo de revisão legislativa das decisões da Suprema Corte (*weak judicial review*) se aproxima da possibilidade de dar concretude ao constitucionalismo democrático. Seria mesmo a guarda compartilhada da Constituição um caminho adequado para reduzir a tensão entre constitucionalismo e democracia, num contexto de diálogo interinstitucional?

4.2 Casos práticos no Brasil: afirmação da judicialização da política e do modelo de *strong judicial review*?

Novamente, reportamo-nos a Ran Hirschl[212] para acentuar sua justificada preocupação com o fato de que a judicialização da política, em geral, tem sido tratada com pouco refinamento teórico. Inquieta-se, outrossim, em ver que é no âmbito dos tribunais que se traçam as soluções de "delicadas questões de identidade coletiva que se encontram no coração dos processos de construção da Nação" (*hard cases*). Esse particular aspecto da judicialização é denominado pelo autor de "judicialização da megapolítica ou da política pura" (HIRSCHL, 2006, p. 141).

No Brasil, presenciamos a transferência para o STF de assuntos como "aborto de feto anencéfalo", "união homoafetiva", os quais, por sua natureza, têm fortes significados morais, que terminam por dividir a opinião da sociedade. Considerando que estamos diante de questões altamente delicadas da identidade coletiva e considerando, ainda, as preocupações de Hirschl, somos levados a pensar sobre se o desfecho dos casos difíceis (*hard cases*) aqui mencionados seria o mesmo se submetidos à deliberação legislativa. O fato é que numa cultura tão tradicional como a nossa, com base religiosa predominantemente católica[213], as soluções construídas pelo legislador, provavelmente, seriam bem diferenciadas, o que poderia proporcionar um novo rumo no processo de construção da identidade da Nação.

Nessa ambiência, mesmo considerando que o STF tem competência para proferir decisões em relação a casos que tratem de direitos de minorias, temos que nos preocupar com a legitimidade dessas decisões e se o STF utiliza o

---

212 Hirschl define judicialização da política da seguinte maneira: "De forma mais abstrata, a judicialização da política se refere à disseminação de discursos, jargões, regras e processos jurídicos na esfera política e nos fóruns e processos de elaboração de políticas públicas. A predominância do discurso jurídico e a polarização do jargão jurídico são evidentes em praticamente todos os aspectos da vida moderna" (2006, p. 142).

213 O Brasil ainda é a maior nação católica do mundo, mas, na última década, a Igreja teve uma redução da ordem de 1,7 milhão de fiéis, um encolhimento de 12,2%. Os dados são da nova etapa de divulgação do Censo de 2010, do Instituto Brasileiro de Geografia e Estatística/IBGE (Disponível em: http://veja.abril.com.br/blog/reinaldo/geral/o-ibge-e-a-religiao-%E2%80%93-cristaos-sao-868-do-brasil-catolicos-caem-para-646-evangelicos-ja-sao-222. Acesso em: 27 jul. 2016).

poder que tem de uma forma ética, fator esse que pode incrementar ou diminuir a tão questionada legitimidade judicial. Há que se ter em mente que, para que se possa conferir legitimidade às decisões, o Órgão precisa ir além da simples promoção de audiências públicas ou da permissão do ingresso do *amicus curiae* no feito.

4.2.1 O caso do aborto do feto anencéfalo e as discussões em torno da atuação da Suprema Corte como legislador positivo

A Arguição de Descumprimento de Preceito Fundamental/ADPF 54[214], movida pela Confederação Nacional dos Trabalhadores na Saúde/CNTS, com admissibilidade confirmada, teve por objeto o reconhecimento da licitude de interrupção da gravidez de feto anencéfalo, com apoio apenas em normas constitucionais. Solicitou-se fosse dada interpretação conforme à Constituição aos arts. 124, 126, *caput*, e 128, I e II, do Código Penal, para lhes afastar a incidência na hipótese de interrupção da gestação de feto anencéfalo. O Relator, Ministro Marco Aurélio Mello, colocou que se trata de tema (p. 169):

> de delicadeza ímpar, pois perpassa nossas convicções e crenças – ou descrenças – mais profundas, e nos remete de alguma forma à questão básica existencial que nos angustia e acompanha neste vôo no tempo que somos desde que nascemos (Menotti del Picchia), efêmeros e precários, poeira das estrelas, na imagem do físico e astrônomo brasileiro Marcelo Gleiser.

Acentuou que cabe ao Judiciário controlar constitucionalmente leis criadas pelo Legislativo, frisando que a vontade do legislador concorre com a forma e o conteúdo da Constituição e que a lei não pertence ao legislador, mas a seus destinatários. Nessa lógica, percebeu que qualquer interpretação que possa vir a realizar essa leitura da Constituição é, *a priori*, válida.

Ressaltou que os parlamentos modernos, diferentemente da idealização da época do liberalismo iluminista de que o Legislador poderia regular de forma racional toda a sociedade, funcionam "com base na construção de acordos, participação e preservação de maiorias e minorias, lideranças partidárias, liderança de governo e de oposição, *lobby*, institucionalizado ou não". As discussões e os desacordos são, por assim dizer, inevitáveis, sendo difícil chegar a um acordo. Na sua percepção, muitas leis são criadas para transmitir a responsabilidade de concretização de um conteúdo estável ao Judiciário. Colocou, então:

---

[214] ADPF 54, Rel. Min. Marco Aurélio, *DJe* nº 080, Publicação 30/04/2013.

> Nesse diapasão, como identificar e determinar a vontade do legislador? A vontade a pesquisar seria aquela expressa em documentos oficiais do procedimento legislativo? Ou a da bancada da maioria que participou da votação da norma? Ou a da minoria computada para atingir o quorum exigido? Ou, ainda, a vontade da liderança governista, ou a da oposição? Existiria mesmo uma vontade do legislador? A conclusão mais plausível parece ser, no mínimo, a da impossibilidade de determinar concretamente essa vontade do legislador responsável por texto de lei a mais das vezes aprovado com emendas aditivas, supressivas e/ou modificativas.

Percebeu, dessa maneira, que do ponto de vista epistemológico, da análise histórica, da hermenêutica jurídica, tudo leva a reconhecer a autonomia da gestante para a escolha, em caso de comprovada anencefalia, entre manter a gestação ou interrompê-la. Posicionou-se, pois, em seu Voto, pela procedência da Ação de Descumprimento de Preceito Fundamental, para fins de dar interpretação conforme aos artigos 124 e 126 do Código Penal, excluindo, por incompatível com a Lei Maior, a interpretação que enquadra a interrupção da gravidez, ou antecipação terapêutica do parto, em caso de comprovada anencefalia, como crime de aborto.

A tese acima colocada foi encampada pela maioria dos ministros da Corte, mas alguns, enfaticamente, colocaram que a situação-problema deveria ser normatizada, exclusivamente pelo Congresso Nacional, haja vista a impropriedade da atuação do STF como "legislador positivo". A tabela abaixo busca evidenciar tais tipos de posicionamentos:

Quadro 2 – Votos dos Ministros do STF no caso do Aborto do Feto Anencéfalo

Ministro do STF	Questionamentos relacionados ao papel de legislador positivo do STF	Como Votou:
Cezar Peluso (Presidente) p. 376-415	"Cabe apenas ao legislador, nos limites constitucionais de sua competência, descaracterizar tipicidades e instituir excludentes de punibilidade. **Ora, ninguém disputa, como já afirmei, que 'o legislador se eximiu de incluir o caso no rol das hipóteses autorizativas do art. 124 [do Código Penal]". Se o Congresso não o fez, parece legítimo que setores da sociedade lhe demandem atualização normativa, mediante atos lícitos de pressão política."** Daí, ter concluído, no voto sobre a questão de ordem, que "**essa tarefa é própria de outra instância, não desta Corte, que já as tem outras e gravíssimas, porque o foro adequado da questão é do Legislativo, que deve ser o intérprete dos valores culturais da sociedade e decidir quais possam ser as diretrizes determinantes da edição de normas jurídicas."** "É no Congresso Nacional que se deve debater se a chamada '**antecipação do parto**', **neste caso, deve ser, ou não, considerada excludente de ilicitude."** **"Não se pode tampouco, em segundo lugar, pedir a esta Corte que, atuando indevidamente como legislador positivo, tenha a ousadia de criar hipótese de exclusão de punibilidade do aborto, ou de desnaturar-lhe a tipicidade, quando carece de legitimidade e competência constitucionais para tanto."** "Não temos, deveras, legitimidade para criar, judicialmente essa hipótese legal. A ADPF não pode ser transformada em remédio absoluto que franqueie ao STF a prerrogativa de resolver todas as questões cruciais da vida nacional, responsabilizando-se por **inovação normativa** que a arguente e os adeptos de sua tese sabem muito bem que, na via própria da produção de lei, **talvez não fosse adotada pelo Congresso Nacional, como intérprete autorizado dos interesses e das aspirações da maioria silenciosa do povo, que representa!"**	**"Diante das razões expostas, pesando-me, desta feita, não poder dar razão à douta maioria, julgo totalmente improcedente a ADPF."**

Continua

Continuação

Ministro do STF	Questionamentos relacionados ao papel de legislador positivo do STF	Como Votou:
Ministro Ricardo Lewandowski p. 238-252	"Permito-me insistir nesse aspecto: **caso o desejasse, o Congresso Nacional, intérprete último da vontade soberana do povo, considerando o instrumental científico que se acha há anos sob o domínio dos obstetras, poderia ter alterado a legislação criminal vigente para incluir o aborto eugênico, dentre as hipóteses de interrupção da gravidez isenta de punição. Mas até o presente momento, os parlamentares, legítimos representantes da soberania popular, houveram por bem manter intacta a lei penal no tocante ao aborto**, em particular quanto às duas únicas hipóteses nas quais se admite a interferência externa no curso regular da gestação sem que a mãe ou um terceiro sejam apenados." "É que, como explica Luís Roberto Barroso, o postulado da independência e harmonia entre os Poderes, 'ao lado do princípio da presunção de constitucionalidade dos atos do Poder Público, um e outro atuam como mecanismos de autolimitação Poder Judiciário (judicial self-restraint)'. E enfatiza: **'Deveras, foi ao Poder Legislativo, que tem o batismo da representação popular e não ao Judiciário, que a Constituição conferiu a função de criar o direito positivo e reger as relações sociais'.** Na sequência, o citado constitucionalista, apoiado na lição de Gomes Canotilho, repisa que essa técnica hermenêutica 'só é legítima quando existe um espaço de decisão', não se admitindo jamais uma exegese contra legem." Nessa mesma direção, o já mencionado Paulo Bonavides, forte no magistério da Corte Constitucional alemã, adverte 'que o juiz, em presença de uma lei cujo texto e sentido seja claro e inequívoco, não deve nunca dar-lhe sentido oposto, mediante o emprego do método de interpretação conforme a Constituição'. Logo depois acrescenta: 'Não deve por consequência esse método servir para alterar conteúdos normativos, pois 'isso é tarefa do legislador e não do tribunal constitucional' (Das ist Sache des Gesetzgebers, nich des BVerfG)'." **"De fato, como é sabido e ressabido, o Supremo Tribunal Federal, à semelhança do que ocorre com as demais Cortes Constitucionais, só pode exercer o papel de legislador negativo, cabendo-lhe a relevante – e por si só avassaladora - função de extirpar do ordenamento jurídico as normas incompatíveis com o Texto Magno."**	**"Por todo o exposto, e considerando, especialmente, que a autora, ao requerer ao Supremo Tribunal Federal que interprete extensivamente duas hipóteses restritivas de Direito, em verdade pretende que a Corte elabore uma norma abstrata autorizadora do aborto eugênico nos casos de suposta anencefalia fetal, em outras palavras, que usurpe a competência privativa do Congresso Nacional para criar, na espécie, outra causa de exclusão de punibilidade ou, o que é ainda pior, mais uma causa de exclusão de ilicitude, julgo improcedente o pedido."**

Continua

Continuação

Ministro do STF	Questionamentos relacionados ao papel de legislador positivo do STF	Como Votou:
Ministra Cármen Lúcia p. 178-236	**"Também faço questão de frisar que este Supremo Tribunal Federal, nesta tarde, não está decidindo nem permitindo o aborto. Essa é uma questão posta à sociedade.** **O que estamos tratando aqui é fundamentalmente de saber se a interpretação que é possível de ser dada aos dispositivos do Código Penal são compatíveis ou não com a interpretação que vem sendo dada no sentido de se considerar crime também a interrupção de gravidez de feto anencéfalo.** Por tudo isso, senhor Presidente, considero que na democracia a vida impõe respeito, e neste caso há um feto que não tem perspectiva de vida; e outras vidas que dependem da decisão que possa ser tomada livremente por esta família, por esta mulher, por este pai, exatamente no sentido de garantir a continuidade livre de uma vida digna precisam ser relevadas e terem sua dignidade garantida".	**"Pelo exposto, voto no sentido de julgar procedente a presente Argüição de Descumprimento de Preceito Fundamental garantir à gestante, devidamente esclarecida e informada, o direito de manter ou interromper a gravidez de feto anencéfalo."**
Ministro Gilmar Mendes p. 271-309	**"Não há dúvida, também, de que a participação de diferentes grupos em processos judiciais de grande significado para toda a sociedade cumpre uma função de integração extremamente relevante no Estado de Direito.** Por outro lado, é preciso ressaltar, como o fez Schmitt ao tratar do conceito do político, que **todo assunto capaz de mobilizar ou dividir uma comunidade convola-se imediatamente em matéria afeita à política,** deixando de se referir, portanto, apenas à saúde, ao crime etc. **Por essa razão, ressalto a minha posição em defesa da possibilidade de manifestação da sociedade, sobretudo em ações delicadas como a presente.** É evidente, pois, que o debate sobre a possibilidade de realização de aborto, de um modo geral, e, em especial, de interrupção da gravidez de um feto com anencefalia é tema recorrente na sociedade moderna. Cada ordenamento jurídico, ao apreciar essa questão, utiliza-se de sua própria perspectiva histórico constitucional para ponderar **quais valores devem receber maior atenção do legislador** e em quais hipóteses esses bens podem ser relativizados."	**"Com essas considerações, voto no sentido da procedência da Arguição de Descumprimento de Preceito Fundamental, para dar interpretação conforme a Constituição, com efeitos aditivos, ao art. 128 do Código Penal, para estabelecer que, além do aborto necessário (quando não há outro meio de salvar a vida da gestante) e do aborto no caso de gravidez resultante de estupro, "não se pune o aborto praticado por médico, com o consentimento da gestante, se o feto padece de anencefalia comprovada por junta médica competente, conforme normas e procedimentos a serem estabelecidos no âmbito do Sistema Único de Saúde (SUS)".** **Para o cumprimento desta decisão, é indispensável que o Ministério da Saúde regulamente adequadamente, com normas de organização e procedimento, o reconhecimento da anencefalia. Enquanto pendente regulamentação, a anencefalia deverá ser atestada por no mínimo dois laudos diagnósticos, produzidos por médicos distintos, e segundo técnicas de exame atuais e suficientemente seguras."**
Ministro Ayres Britto p. 254-266	Não se posicionou quanto ao papel de legislador positivo do STF.	**"Ante o exposto, julgo procedente o pedido formulado na inicial para declarar a inconstitucionalidade de da interpretação segundo a qual a interrupção da gravidez de feto anencéfalo é conduta tipificada nos artigos 124, 126, 128, incisos I e II, do Código Penal Brasileiro. É como voto, data venia do entendimento contrário."**

Continua

Continuação

Ministro do STF	Questionamentos relacionados ao papel de legislador positivo do STF	Como Votou:
Ministro Celso de Mello p. 313-366	"Relembrando o saudoso Ministro LUIZ GALLOTTI e considerando o alto significado da decisão a ser tomada por esta Suprema Corte, nesta Ação de Descumprimento de Preceito Fundamental, sobre o pretendido direito, em favor de gestantes, à antecipação terapêutica de parto, nas situações excepcionais de anencefalia fetal, tenho presente a grave advertência, por ele então lançada, de que, em casos emblemáticos como este, **o Supremo Tribunal Federal, ao proferir o seu julgamento, poderá ser, ele próprio, 'julgado pela Nação' (RTJ 63/299, 312).** É por essa razão, Senhor Presidente, que cabe destacar a relevantíssima circunstância de que, no contexto de uma sociedade fundada em bases democráticas, torna-se imperioso reconhecer que temas de caráter teológico ou concepções de índole filosófica – que busquem atribuir densidade teórica a ideias propagadas pelos seguidores de qualquer fé religiosa - estão, necessariamente, fora do alcance do poder censório do Estado, sob pena de gravíssima frustração e aniquilação da liberdade constitucional de crença e de disseminação (sempre legítima) das mensagens inerentes às doutrinas confessionais em geral. **A opção do legislador constituinte pela concepção democrática do Estado de Direito não pode esgotar-se numa simples proclamação retórica. A opção pelo Estado democrático de direito, por isso mesmo, há de ter consequências efetivas no plano de nossa organização política, na esfera das relações institucionais entre os Poderes da República e no âmbito da formulação de uma teoria das liberdades públicas e do próprio regime democrático.** Em uma palavra: **"Ninguém se sobrepõe, nem mesmo os grupos majoritários, aos princípios superiores consagrados pela Constituição da República".**	**"Em consequência, dou interpretação conforme à Constituição aos artigos 124, 126, "caput", e 128, incisos I e II, todos do Código Penal, para que seja declarada a inconstitucionallidade, com eficácia "erga omnes" e efeito vinculante, de qualquer interpretação que obste a realização voluntária de antecipação terapêutica de parto do feto anencefálico, desde que essa malformação fetal seja diagnosticada e comprovadamente identificada por profissional médico legalmente habilitado, reconhecendo-se à gestante o direito de se submeter a tal procedimento sem necessidade de prévia obtenção de autorização judicial ou de permissão outorgada por qualquer outro órgão do Estado."**
Ministra Rosa Weber	No inteiro teor da decisão não consta o Voto da Ministra.	**"Eu temo que, em um Brasil continental, e justamente para as mulheres mais desprotegidas, essas recomendações terminem dificultando, no mínimo, o objetivo que me levou a votar da forma como votei. Então, respeitosamente, acompanho o eminente Relator na íntegra, Senhor Presidente."**

Continua

Continuação

Ministro do STF	Questionamentos relacionados ao papel de legislador positivo do STF	Como Votou:
Ministro Luiz Fux p. 154-171	"Os jusfilósofos que trataram do direito do feto com maior profundidade, como Habermas e Dworkin, condenaram uma postura beligerante, pro-life versus pro-choice, como se fosse uma verdadeira batalha do aborto. Deve-se aceitar, como aqui foi destacado da tribuna, o pluralismo das visões do mundo e propor uma plausível perspectiva de mediação entre esses extremos que estão sendo colocados agora. **Seria, no meu modo de ver, extremamente prematuro que o Supremo Tribunal Federal buscasse solucionar, como se legislador fosse, todas as premissas de um intenso debate que apenas se inicia na nossa sociedade, fruto do pluralismo que lhe caracteriza.** **Então, este caso é um caso típico em que se exige do Judiciário uma "passividade virtuosa", na célebre expressão de Alexander Bickel no famoso estudo The Least Dangerous Branch e, também, na expressão utilizada por Cass Sustein sobre o minimalismo na Suprema Corte.** O professor Cass Sustein, nessa publicação de Harvard, em tradução livre, preconiza que nesses casos - em que, diferentemente da Suprema Corte Americana, nós não podemos pronunciar o non liquet, ainda que haja o desacordo moral na sociedade **- nós somos obrigados a dar uma palavra final. A trilha minimalista faz muito sentido quando o tribunal está lidando com a questão constitucional de alta complexidade, sobre a qual muitas pessoas possuem sentimentos profundos e sobre a qual a nação está dividida, em termos morais ou outros quaisquer."**	**"Voto pela procedência da Arguição de Descumprimento de Preceito Fundamental, a fim de conferir interpretação conforme a Constituição ao art. 128 do Código Penal, para reconhecer não configurado o crime de aborto nas hipóteses de interrupção voluntária da gravidez de feto anencefálico."**
Ministro Joaquim Barbosa p. 147-153	Não se posicionou quanto ao papel de legislador positivo do STF.	**Pelas razões expostas, voto pela procedência do pedido formulado na presente arguição de descumprimento de preceito fundamental, a fim de que seja dada interpretação conforme a Constituição ao art. 124 do Código Penal, de forma que seja excluída do âmbito de sua incidência a antecipação terapêutica do parto de feto anencéfalo.**

Fonte: elaboração própria

A decisão[215] foi formulada, então, nos seguintes termos, *verbo ad verbum*:

> Decisão: O Tribunal, por maioria e nos termos do voto do Relator, julgou procedente a ação para declarar a inconstitucionalidade da interpretação segundo a qual a interrupção da gravidez de feto anencéfalo é conduta tipificada nos artigos 124, 126, 128, incisos I e II, todos do Código Penal, contra os votos dos Senhores Ministros Gilmar Mendes e Celso de Mello que, julgando-a procedente, acrescentavam condições de diagnóstico de anencefalia especificadas pelo Ministro Celso de Mello; e contra os votos dos Senhores Ministros Ricardo Lewandowski e Cezar Peluso (Presidente), que a julgavam improcedente. Ausentes, justificadamente, os Senhores Ministros Joaquim Barbosa e Dias Toffoli. Plenário, 12.04.2012.

Como visto linhas acima, o Ministro Cezar Peluso, à época Presidente da Corte, foi enfático na defesa do papel de legislador negativo do STF, por entender que cabe aos setores organizados da sociedade demandar do Poder Legislativo a atualização normativa de questões cruciais para a vida nacional, como a antecipação do parto de feto anecéfalo.

O Ministro Ricardo Lewandowski insistiu que se o Congresso Nacional figura como o Órgão Constitucional que interpreta a última vontade soberana do povo é ele que teria a competência de alterar a legislação criminal vigente para incluir o aborto eugênico entre as hipóteses de interrupção de gravidez isentas de punição. Acentuou, pois, nessa perspectiva, que o Poder Judiciário tem que se autolimitar (*self-restraint*), haja vista que é do Legislativo a função de representação popular.

O Ministro Gilmar Mendes, mesmo sendo favorável à tese encampada pelo Relator, salientou a importância da participação popular em matéria tão polêmica enfrentada pela sociedade moderna, capaz de mobilizar e dividir a comunidade que, em última análise, é representada pelo Parlamento.

O Ministro Celso de Mello também ressaltou o alto significado da decisão a ser tomada pela Suprema Corte do Brasil. A despeito de se filiar ao posicionamento do Relator do feito, invocou ensinamentos outrora proferidos pelo Ministro Luiz Gallotti para mostrar sua preocupação com o "julgamento da Nação". Noutros termos, nas entrelinhas de seu voto, reporta-se à ideia de que teria que ser a sociedade a responsável direta por decisões dessa natureza.

O Ministro Luiz Fux, mesmo destacando que o Tribunal tem que adotar uma postura minimalista quando lida com questão constitucional de alta

---

215 ADPF 54-DF, Rel. Min. Marco Aurélio, *DJe* – 080, DIVULG 29-04-2013, PUBLIC 30-04-2013 (Disponível em: http://redir.stf.jus.br/paginadorpub/paginador.jsp?docTP=TP&docID=3707334. Acesso em: 20 mar. 2018).

complexidade, terminou aderindo à tese do Relator no sentido de que a interrupção da gestação em caso de gravidez de feto anencéfalo não caracteriza ação *contra legem*.

A Ministra Cármen Lúcia, ao colocar que o STF não está "decidindo nem permitindo o aborto", pois essa é uma questão posta à sociedade, na verdade, entra em contradição, pois a decisão final do STF foi no sentido de permitir a livre escolha pela gestante de interromper a gravidez do feto anencéfalo. Mesmo se considerarmos que houve a participação de setores organizados da sociedade, diante da realização de audiência pública e da participação de *amicus curiae*, não podemos dizer que a escolha adotada tem natureza democrática.

Muitas das discussões travadas no decorrer desse julgamento histórico vem corroborar a finalidade da presente obra, que é, justamente, diante da tensão entre constitucionalismo e democracia, pensar sobre o modelo de "Guarda Compartilhada da Constituição", já que mesmo estando inseridos num contexto de Supremacia Judicial, precisamos encontar caminhos que se possa conferir maior concretude ao princípio democrático.

4.2.2 O caso da união homoafetiva e as discussões em torno da atuação da Suprema Corte como legislador positivo

A polêmica questão da União Homoafetiva foi decidida no âmbito do Supremo Tribunal Federal quando da apreciação da Ação Direta de Inconstitucionalidade/ADIn 4277 e da Arguição de Descumprimento de Preceito Fundamental/ADPF 132 (ajuizada pelo então Governador do Rio de Janeiro, Sérgio Cabral).

A ADIn 4277[216] foi de início protocolada na Corte como ADPF 178/DF[217]. A ação, ajuizada pela Procuradoria-Geral da República, buscou a declaração de reconhecimento da união entre pessoas do mesmo sexo como entidade familiar, bem assim que os mesmos direitos e deveres dos companheiros nas uniões estáveis fossem estendidos aos companheiros nas uniões entre pessoas do mesmo sexo.

Já na ADPF 132, ajuizada pelo Governo do Estado do Rio de Janeiro/RJ, alegou-se que o não reconhecimento da união homoafetiva contraria preceitos fundamentais como igualdade, liberdade e o princípio da dignidade da pessoa humana, todos constantes da Constituição Federal. Assim, a solicitação foi no

[216] ADIn 4277, Rel. Min. Carlos Ayres Britto, *DJe* nº 198, Publicação 14/10/2011.

[217] ADPF 178/DF, Min. Presidente, *DJe* nº 146, Publicação 05/08/2009.

sentido de que o STF aplicasse o regime jurídico das uniões estáveis, previsto no artigo 1.723 do Código Civil, às uniões homoafetivas de funcionários públicos civis do Rio de Janeiro.

O Relator das ações, Ministro Ayres Britto, votou no sentido de dar interpretação conforme à Constituição Federal, de forma a excluir qualquer significado do artigo 1.723 do Código Civil que não reconheça a união estável entre pessoas do mesmo sexo como uma entidade familiar. Para reforçar seu posicionamento, frisou que o artigo 3º, inciso IV, da CF veda qualquer discriminação em virtude de sexo, raça, cor, o que faz com que ninguém possa ser diminuído ou discriminado em função de sua preferência sexual.

Os Ministros Luiz Fux, Ricardo Lewandowski, Joaquim Barbosa, Gilmar Mendes, Marco Aurélio, Celso de Mello e Cezar Peluso, e as Ministras Cármen Lúcia Antunes Rocha e Ellen Gracie, acompanharam o entendimento do Ministro Ayres Britto, pela procedência das ações, com efeito vinculante, para dar interpretação conforme à Constituição.

Quadro 3 – Votos dos Ministros do STF no caso da União Homoafetiva

Ministro do STF	O papel de legislador positivo do STF	Como Votou:
Ayres Brito (Relator) p. 625-656	Com referência à análise meritória da questão, o Relator colocou que o termo "homoafetividade", utilizado para identificar o vínculo de afeto e solidariedade entre os pares ou parceiros do mesmo sexo, sequer constava dos dicionários da língua portuguesa. Rememorou que o texto constitucional é bem claro quanto à vedação ao tratamento discriminatório (artigo 3º, inciso IV da CF/88). A combinação do dispositivo constitucional com leis e políticas públicas significa a plena aceitação e a subsequente experimentação do pluralismo sócio-político-cultural. Em relação ao conceito de família, contido no caput do artigo 226 da Constituição de 1988, acentuou que a interpretação não pode ser feita de forma reducionista e que: "a nossa Magna Carta não emprestou ao substantivo 'família' nenhum significado ortodoxo ou da própria técnica jurídica. Recolheu-o com o sentido coloquial praticamente aberto que sempre portou como realidade do mundo do ser." **Não se posicionou quanto ao papel de legislador positivo do STF.**	**"Dando por suficiente a presente análise da Constituição, julgo, em caráter preliminar, parcialmente prejudicada a ADPF 132-RJ, e, na parte remanescente, dela conheço como ação direta de inconstitucionalidade. No mérito, julgo procedentes as duas ações em causa. Pelo que dou ao art. 1.723 do Código Civil interpretação conforme à Constituição para dele excluir qualquer significado que impeça o reconhecimento da união contínua, pública e duradoura entre pessoas do mesmo sexo como "entidade familiar", entendida esta como sinônimo perfeito de "família". Reconhecimento que é de ser feito segundo as mesmas regras e com as mesmas conseqüências da união estável heteroafetiva. É como voto."**

Continua

Continuação

Ministro do STF	O papel de legislador positivo do STF	Como Votou:
Ministro Ricardo Lewandowski p. 708-719	Primeiro fez um estudo do significado de família contido nas constituições anteriores. Buscou as discussões travadas sobre o tema nos anais da Constituição e percebeu que os constituintes, depois de vários debates, optaram pela impossibilidade de se abrigar a relação de pessoas do mesmo sexo no conceito jurídico de união estável. Enfatizou que não há como "escapar da evidência de que a união homossexual, em nossos dias, é uma realidade de elementar constatação empírica, a qual está a exigir o devido enquadramento jurídico", e que por todo o mundo, ao lado da tradicional família patriarcal, outras formas de família estão surgindo.	**"Isso posto, pelo meu voto, julgo procedente as presentes ações diretas de inconstitucionalidade para que sejam aplicadas às uniões homoafetivas, caracterizadas como entidades familiares, as prescrições legais relativas às uniões estáveis heterossexuais, excluídas aquelas que exijam a diversidade de sexo para o seu exercício, até que sobrevenham disposições normativas específicas que regulem tais relações."**
	Assim, diante da existência do vácuo normativo, **o Judiciário não pode ficar alheio à realidade social e precisa decidir a questão mesmo que de forma provisória até que o Parlamento possa dar a ela o adequado tratamento legislativo.** Noutros termos, as relações homoafetivas que ocorrem no plano fático, precisam ser retiradas da 'clandestinidade jurídica' e serem reconhecidas no plano legal, mediante o enquadramento no conceito abrangente de entidade familiar." Reconheceu, ao final, a união homoafetiva como entidade familiar e que a ela poderiam ser aplicadas as regras do instituto que lhe é mais próximo, qual seja, a união estável heterossexual, mas apenas nos aspectos semelhantes.	
Ministro Joaquim Barbosa p. 723-727	Destacou, ab initio, a elevada significância social do tema e a necessidade de discuti-lo com base na dignidade da pessoa humana, sempre buscando a efetividade dos preceitos constitucionais. Referiu-se a um descompasso entre o Direito e as rápidas mudanças sociais, ao mesmo tempo em que reconheceu que parcerias homoafetivas existem desde sempre. Com um olhar sobre os preceitos constitucionais, acredita que o silêncio da Constituição em relação à questão em pauta não significa indiferença, desprezo ou hostilidade e que **a Corte Constitucional precisa desempenhar uma de suas mais nobres missões que é justamente "impedir o sufocamento, o desprezo, a discriminação pura e dura de um grupo minoritário pelas maiorias estabelecidas."** Para ele tem que se levar em conta que **a Constituição acolheu generosamente o princípio da vedação de todo tipo de discriminação e que todos, sem exceção, têm direito a uma igual consideração e respeito, conforme Ronald Dworkin.** Sustentou, ao final, que o fundamento constitucional para o reconhecimento da união homoafetiva não está no art. 226, §3° da Constituição, mas na proteção constitucional dos direitos fundamentais, do princípio da dignidade da pessoa humana, do princípio a igualdade e da não-discriminação.	**"Com essas considerações, Senhor Presidente, acompanho o relator. É como voto."**

Continua

Continuação

Ministro do STF	O papel de legislador positivo do STF	Como Votou:
Ministro Gilmar Mendes p. 728-806	Destacou a importância do debate constitucional sobre o tema, das sustentações orais apresentadas e da participação do amici curiae. Todavia, mostrou-se preocupado com o pedido de interpretação conforme formulado, haja vista que o texto legal (Código Civil) não fez nada mais do que reproduzir a norma constitucional que prevê a união estável entre homem e mulher. Mas enfatizou: "Mas me curvo – como já disse também – ao argumento trazido aqui de que essa norma tem servido para fundamentar decisões no sentido negativo à pretensão formulada em juízo, com o objetivo de se reconhecer a formalização da união. Então, ela está tendo esse tipo de aplicação de forma generalizada – tanto é que, no pedido do Governador do Estado do Rio, formula-se a impugnação das próprias decisões judiciais. E eu comemoro também essa decisão. **Os senhores sabem que sou um crítico muito ferrenho daquele argumento de que, quando em vez, lançamos mão: essa coisa de que não podemos fazer isto porque estamos nos comportando como legislador positivo ou coisa que o valha."** (...) **"Não há nenhuma dúvida de que aqui o Tribunal está assumindo um papel, ainda que provisoriamente, pode ser que o legislador venha a atuar, mas é inequívoco que o Tribunal está dando uma resposta de caráter positivo.** Na verdade, essa afirmação – eu já tive oportunidade de destacar – tem de ser realmente relativizada diante de prestações que envolvem a produção de norma ou a produção de um mecanismo de proteção; tem de haver aí uma resposta de caráter positivo. **E se o sistema, de alguma forma, falha na composição desta resposta e se o Judiciário é chamado, de alguma forma, a substituir ao próprio sistema político, óbvio que a resposta só poderá ser esta de caráter positivo."** Em seu Voto, ao fazer um levantamento sobre as proposições legislativas que trataram da matéria, **percebeu que embora o Poder Legislativo trate do tema há mais de 15 anos, não chegou a consenso básico acerca da aprovação de qualquer regulamentação. Reconheceu, entretanto, que em termos de legislação dos demais entes federativos, há importantes referências do amadurecimento contínuo dos contornos dos efeitos do reconhecimento jurídico da união homoafetiva, a exemplo da Lei 5.034/2007.** Essa demora legislativa gera, sem dúvida, uma angústia nos interessados e um sentimento de desproteção, razão pela qual a proteção é buscada no âmbito do Judiciário.	**"Então, com essas considerações, assentando, portanto, minhas divergências pontuais quanto à fundamentação e apontando a distinta perspectiva de leitura, mas, em convergência quanto ao resultado básico, acompanho o Relator. Gostaria apenas de destacar, mais uma vez, o magnífico trabalho por ele realizado e, também, o de todos os votos aqui proferidos. É como voto."**

Continua

Continuação

Ministro do STF	O papel de legislador positivo do STF	Como Votou:
	Ao reconhecer que o tema em questão trata de direito de minoria, o Ministro destacou que o que se pedia era uma proteção mínima do Judiciário a fim de se evitar uma situação continuada de discriminação. Arrematou: **"Nós estamos a falar, realmente, do reconhecimento do direito de minorias, de direitos fundamentais básicos. E, nesse ponto, não se trata de ativismo judicial, mas de cumprimento da própria essência da jurisdição constitucional."** Considerando que a **proteção não foi feita pelo Congresso Nacional, diante das reconhecidas dificuldades inerentes a um processo decisório que envolve tema social tão polêmico, reconheceu a necessidade de o STF adotar uma postura mais ativista diante da inércia legislativa.** Destacou que diante de um texto constitucional aberto e da existência de lacunas normativas de caráter axiológico, muitas vezes a norma não pode ser aplicada da forma que está posta. Nesse ponto, pode-se fazer uso da perspectiva analógica. Arrematou, pois, que o fato de a Constituição proteger a união estável entre homem e mulher não significa a negativa de proteção à união civil e estável entre pessoas do mesmo sexo. Com base no pensamento de Peter Häberle destacou que: "uma teoria constitucional das alternativas pode converter-se numa teoria constitucional da tolerância." Entendeu, pois, que "**as escolhas aqui são de fato dramáticas, difíceis. De modo que eu, neste momento, limito-me a reconhecer a existência dessa união, por aplicação analógica, ou, se não houver outra possibilidade, mesmo extensiva, da cláusula constante do texto constitucional, sem me pronunciar sobre outros desdobramentos.**" Destacou a importância da atuação do Tribunal em quadros semelhantes a este, pois a omissão representaria um agravamento no quadro de desproteção de minorias. **Ponderou, todavia, que a decisão do STF não significa óbice à atuação do Poder Legislativo, mas precisa ser entendida como um imperativo de regulação da união homoafetiva, como decorrência da necessidade de concretização de um dever de proteção de direitos fundamentais relacionados a essa relação jurídica.**	

Continua

Continuação

Ministro do STF	O papel de legislador positivo do STF	Como Votou:
	Em relação ao diálogo institucional entre esses Poderes, ressaltou que a atuação da jurisdição constitucional é marcada por dilemas, pois depara-se sempre com críticas relacionadas a interferência, em demasia, nas competências do sistema político. Concluiu a esse respeito que: "Contudo, no presente julgamento, nós temos outra singularidade: há um tipo de inércia legislativa relacionada a um dever de proteção de direitos fundamentais básicos, de direitos de minoria. Isso reivindica, então, a atuação da Corte. E me parece que a pretensão está formulada de maneira correta. Seria muito fácil responder que essa matéria deveria ser regulada por norma a ser editada pelo Congresso Nacional como única condição possível. Nós sabemos quais seriam os resultados, tal como tem ocorrido com tantas decisões que temos proferido em sede de mandado de injunção, por exemplo."	
Ministro Marco Aurélio p. 808-822	A partir de um discurso que parte do pressuposto de que não é possível conceber o Direito e a Moral como esferas independentes, como queria Kelsen, o Ministro Marco Aurélio enfatizou que Moral e Direito devem ter critérios distintos, mas caminharem juntos. Defendeu, pois, que a afirmação peremptória de que o discurso jurídico não pode incorporar razões morais para justificar proibições, permissões ou formatar instituições mostra-se equivocada, caso contrário a referência constitucional ao princípio da moralidade seria ilegítima (artigo 37, caput, CF/88). **No que concerne à inércia legislativa acentuou que: "A ausência de aprovação dos diversos projetos de lei que encampam a tese sustentada pelo requerente, descontada a morosidade na tramitação, indica a falta de vontade coletiva quanto à tutela jurídica das uniões homoafetivas."** Em relação à modificação paradigmática do direito de família e à alteração da visão tradicional de família, frisou que este passa a ser o direito "das famílias", das famílias plurais, e não só da família matrimonial, resultante do casamento e que, em detrimento do patrimônio, elegeram-se o amor, o carinho e a afetividade entre os membros como elementos centrais de caracterização da entidade familiar. Nesses termos, colocou que a homoafetividade é um fenômeno que se encontra fortemente visível na sociedade.	**"Extraio do núcleo do princípio da dignidade da pessoa humana a obrigação de reconhecimento das uniões homoafetivas. Inexiste vedação constitucional à aplicação do regime da união estável a essas uniões, não se podendo vislumbrar silêncio eloquente em virtude da redação do § 3º do artigo 226. Há, isso sim, a obrigação constitucional de não discriminação e de respeito à dignidade humana, às diferenças, à liberdade de orientação sexual, o que impõe o tratamento equânime entre homossexuais e heterossexuais. Nesse contexto, a literalidade do artigo 1.723 do Código Civil está muito aquém do que consagrado pela Carta de 1988. Não retrata fielmente o propósito constitucional de reconhecer direitos a grupos minoritários. Por isso, Senhor Presidente, julgo procedente o pedido formulado para conferir interpretação conforme à Constituição ao artigo 1.723 do Código Civil, veiculado pela Lei nº 10.406/2002, a fim de declarar a aplicabilidade do regime da união estável às uniões entre pessoas de sexo igual."**

Continua

Continuação

Ministro do STF	O papel de legislador positivo do STF	Como Votou:
	Quanto ao papel contramajoritário do STF, salientou que: "... **o caráter tipicamente contramajoritário dos direitos fundamentais. De nada serviria a positivação de direitos na Constituição, se eles fossem lidos em conformidade com a opinião pública dominante. Ao assentar a prevalência de direitos, mesmo contra a visão da maioria, o Supremo afirma o papel crucial de guardião da Carta da República.**"	
Ministro Celso de Mello p. 823-872	Destacou, inicialmente, que o tema trouxe a oportunidade para que o debate constitucional fosse pluralizado, o que proporcionou a superação da grave questão atinente à legitimidade democrática das decisões emanadas do STF. Para ele, foi justamente essa abertura da interpretação constitucional, **diante da participação de vários representantes de grupos minoritários da sociedade civil, que permitiu que não se instaurasse, no âmbito do controle normativo abstrato, um déficit de legitimidade das decisões da Suprema Corte.** Após tecer considerações aprofundadas sobre a perspectiva histórica do tema sob enfoque, o Ministro enfatizou que com o julgamento, o Brasil daria um passo significativo contra a discriminação e contra o tratamento excludente que têm marginalizado grupos minoritários. **Com referência ao papel contramajoritário do STF, destacou que há uma clara resistência das correntes majoritárias de opinião, representadas no Congresso Nacional, para que se materializem no sistema de direito as inovações que retratam as transformações por que passa a sociedade.** **Destacou que o "Poder Legislativo, certamente influenciado por valores e sentimentos prevalecentes na sociedade brasileira, tem se mostrado infenso, no que se refere à qualificação da união estável homoafetiva como entidade familiar, à necessidade de adequação do ordenamento nacional a essa realidade emergente das práticas e costumes sociais. Tal situação culmina por gerar um quadro de submissão de grupos minoritários à vontade hegemônica da maioria, o que compromete, gravemente, por reduzi-lo, o próprio coeficiente de legitimidade democrática da instituição parlamentar, pois, ninguém o ignora, o regime democrático não tolera nem admite a opressão da minoria por grupos majoritários.**	**"Concluo o meu voto, Senhor Presidente. E, ao fazê-lo, julgo procedente a presente ação constitucional, para, com efeito vinculante, declarar a obrigatoriedade do reconhecimento, como entidade familiar, da união entre pessoas do mesmo sexo, desde que atendidos os mesmos requisitos exigidos para a constituição da união estável entre homem e mulher, além de também reconhecer, com idêntica eficácia vinculante, que os mesmos direitos e deveres dos companheiros nas uniões estáveis estendem-se aos companheiros na união entre pessoas do mesmo sexo. É o meu voto."**

Continua

Continuação

Ministro do STF	O papel de legislador positivo do STF	Como Votou:
	É evidente que o princípio majoritário desempenha importante papel no processo decisório que se desenvolve no âmbito das instâncias governamentais, mas não pode legitimar, na perspectiva de uma concepção material de democracia constitucional, a supressão, a frustração e a aniquilação de direitos fundamentais, como o livre exercício da igualdade e da liberdade, sob pena de descaracterização da própria essência que qualifica o Estado democrático de direito." Nesses termos, enfatizou que as **decisões proferidas pelo STF no desempenho da jurisdição constitucional têm um nítido caráter contramajoritário e buscam preservar valores constitucionais relacionados com as demandas de grupos minoritários.** **Em relação ao ativismo judicial alegou que o comportamento afirmativo do Poder Judiciário resulta da necessidade de fazer prevalecer a primazia da Constituição e que o STF ao suprir as omissões inconstitucionais, o faz para restaurar a Constituição, violada pela inércia dos poderes do Estado.** Para ele, **as práticas ativistas são uma necessidade institucional, quando os órgãos públicos se omitem ou retardam, excessivamente, o cumprimento das suas obrigações.** Noutros termos, o Judiciário não pode se reduzir a uma posição de pura passividade. Ao afirmar a plena legitimidade jurídico-constitucional da decisão do STF, ressaltou: **"Esse protagonismo do Poder Judiciário, fortalecido pelo monopólio da última palavra de que dispõe o Supremo Tribunal Federal em matéria constitucional** (MS 26.603/DF, Rel. Min. CELSO DE MELLO, v.g.), **nada mais representa senão o resultado da expressiva ampliação das funções institucionais conferidas ao próprio Judiciário pela vigente Constituição**, que converteu os juízes e os Tribunais em árbitros dos conflitos que se registram no domínio social e na arena política, considerado o relevantíssimo papel que se lhes cometeu, notadamente a esta Suprema Corte, em tema de jurisdição constitucional."	

Continua

Continuação

Ministro do STF	O papel de legislador positivo do STF	Como Votou:
Ministro Cezar Peluso (Presidente) p. 873-878	Ao mostrar concordância com a postura consensual da Corte, o Ministro concordou com a preocupação já exposta pelo Ministro Gilmar Mendes em relação à impossibilidade de previsão dos desdobramentos advindos da decisão da Corte Constitucional. **Entendeu que sobraria espaço para a intervenção do Poder Legislativo no sentido de regulamentar as situações jurídicas decorrentes da aplicação da decisão da Suprema Corte.** O Ministro Presidente, na verdade, convocou os parlamentares brasileiros a assumirem a tarefa de regulamentar a equiparação. Assim pontuou: **"Acho que convocar o Poder Legislativo, o Congresso Nacional a colaborar com a decisão da Suprema Corte para superar todas as situações que são, na verdade, situações dramáticas do ponto de vista social, porque resultantes de uma discriminação absolutamente injustificável."**	
Ministro Luiz Fux[218] p. 659-693	Ao acompanhar de pronto o Relator, o Ministro Luiz Fux, com base na doutrina alemã da perspectiva objetiva dos Direitos fundamentais, ressaltou que a "mais-valia" jurídica vem trazer um reforço da juridicidade das normas de direitos fundamentais. Considerou que por não haver inconstitucionalidade ou ilegalidade no estabelecimento de uniões homoafetivas, o tratamento jurídico a ser conferido, de modo constitucionalmente adequado, é estender o tratamento jurídico dado à união estável entre homem e mulher. Considerou, pois, que não pode haver compreensão constitucionalmente adequada do conceito de família que aceite o amesquinhamento de direitos fundamentais. Tomando por base os princípios da igualdade, liberdade e dignidade, o Ministro destacou que: "surge no cenário jurídico um novel princípio, principalmente em relação a essas minorias que não gozam de uma posição majoritária socialmente - daí a discriminação e afronta a essas cláusulas pétreas -, que não é senão o princípio do reconhecimento. **O Estado tem de empreender o reconhecimento a essas minorias, no afã, exatamente, de propiciar-lhes jurisdicidade na situação fática em que elas se encontram para que possam ser atendidas nas suas pretensões, em caso, a pretensão da equiparação da união homoafetiva à união estável."**	**"É por essas tantas razões que voto pela procedência dos pedidos formulados na Ação de Descumprimento de Preceito Fundamental nº 132 – nesta, o respectivo pedido subsidiário – e na Ação Direta de Inconstitucionalidade nº 4277, de modo a que seja o art. 1.723 do Código Civil vigente (Lei nº 10.406, de 10 de janeiro de 2002) interpretado conforme a Constituição, para determinar sua aplicabilidade não apenas à união estável estabelecida entre homem e mulher, como também à união estável constituída entre indivíduos do mesmo sexo."**

Continua

218 Pronunciamento do Ministro Luiz Fux, ao defender o ativismo judicial, em material denominada "Meteoro da Paixão": "Os momentos denominados de ativismo judicial são marcados exatamente pela defesa das liberdades, entre as quais a liberdade de imprensa, a igualdade dos homens, bem como outras garantias pétreas arrancadas entre lutas e barricadas contra o nazi-facismo". (Fonte: Estado de São Paulo, edição de 29/01/2012. Disponível em: http://www.osconstitucionalistas.com.br/meteoro-da-paixao. Acesso em: 7 maio 2018).

Continuação

Ministro do STF	O papel de legislador positivo do STF	Como Votou:
	Ressaltou que a sociedade tem evoluído e que a Suprema Corte não pode deixar de acompanhar essa evolução. Chamou a atenção para o fato de que a Lei nº 13, de 1/7/2005, que alterou o Código Civil espanhol, consagrou, até de maneira mais enfática, a união homoafetiva. Arrematou, então, **em relação ao papel de legislador positivo desempenhado pela Corte** que: **"De sorte que, esse momento, que não deixa de ser de ousadia judicial - mas a vida é uma ousadia, ou, então, ela não é nada -, é o momento de uma travessia. A travessia que, talvez, o legislador não tenha querido fazer, mas que a Suprema Corte acenou, por meio do belíssimo voto do Ministro Carlos Ayres, que está disposta a fazê-lo."**	
Ministra Cármen Lúcia p. 695-704	Consignou que o pedido contido na petição inicial foi no sentido de que a união entre pessoas do mesmo sexo fosse respeitada e assegurada pelo Estado, razão pela qual se solicitou interpretação conforme à Constituição, para fins de definir que a união estável entre homem e mulher não pode excluir outras opções, sob pena de contrariar preceitos constitucionais fundamentais. No que concerne à liberdade de escolha sexual do indivíduo e às responsabilidades inerentes ao Estado Democrático de Direito, arrematou que: **"Para ser digno há que ser livre. E a liberdade perpassa a vida de uma pessoa em todos os seus aspectos, aí incluído o da liberdade de escolha sexual, sentimental e de convivência com outrem. O que é indigno leva ao sofrimento socialmente imposto. E sofrimento que o Estado abriga é antidemocrático. E a nossa é uma Constituição democrática."**	**"Na esteira, assim, da assentada jurisprudência dos tribunais brasileiros, que já reconhecem para fins previdenciários, fiscais, de alguns direitos sociais a união homoafetiva, tenho como procedentes as ações, nos termos dos pedidos formulados, para reconhecer admissível como entidade familiar a união de pessoas do mesmo sexo e os mesmos direitos e deveres dos companheiros nas uniões estáveis serem reconhecidos àqueles que optam pela relação homoafetiva. É como voto."**

Fonte: elaboração própria

O Acórdão, emitido em 5/5/2011, foi prolatado nos seguintes termos, *litteris*:

> Decisão: "Vistos, relatados e discutidos estes autos, acordam os Ministros do Supremo Tribunal Federal em conhecer da Argüição de Descumprimento de Preceito Fundamental 132 como ação direta de inconstitucionalidade, e julgá-la em conjunto com a ADI 4277, por *votação unânime*. Prejudicado o primeiro pedido originariamente formulado na ADPF, por votação unânime. Rejeitadas todas as preliminares, por votação unânime. *Os ministros desta Casa de Justiça, ainda por votação unânime, acordam em julgar procedentes as ações, com eficácia erga omnes e efeito vinculante, com as mesmas regras e consequências da união estável heteroafetiva, autorizados*

os Ministros a decidirem monocraticamente sobre a mesma questão, independentemente da publicação do acórdão. Tudo em sessão presidida pelo Ministro Cezar Peluso, na conformidade da ata do julgamento e das notas taquigráficas. Votou o Presidente." (os grifos são nossos).
Presidência do Senhor Ministro Cezar Peluso. Presentes à sessão os Senhores Ministros Celso de Mello, Marco Aurélio, Ellen Gracie, Gilmar Mendes, Ayres Britto, Joaquim Barbosa, Ricardo Lewandowski, Cármen Lúcia, Dias Toffoli e Luiz Fux.
Procurador-Geral da República, Dr. Roberto Monteiro Gurgel Santos.

É importante perceber que, tal como aconteceu quando da apreciação do caso do aborto do feto anencéfalo, os Ministros do STF buscam justificar a atuação do STF como legislador positivo. Os muitos arrazoados contidos nos votos, representam, a nosso ver, uma clara preocupação com a tensão que existe entre constitucionalismo e democracia. Por outro lado, não demonstram, em geral, tentativas de estabelecer um diálogo interinstitucional com o Legislativo para que a questão levada à apreciação da Corte possa receber um tratamento legislativo mais adequado e completo.

Apenas o Ministro Cezar Peluso, na qualidade de Presidente da Corte Constitucional à época da Decisão, chamou a atenção para o fato de que ainda restava muito espaço para o Legislativo regulamentar situações jurídicas decorrentes da aplicação da decisão da Suprema Corte. Convocou, pois, o Poder Legislativo a colaborar no sentido de superar situações dramáticas que levam a injustificáveis discriminações.

O Relator da ação, Ministro Ayres Britto, tratou a questão de forma mais filosófica e sociológica, reconhecendo a união homoafetiva como entidade familiar, mas não se posicionando quanto ao papel de legislador positivo do STF.

O Ministro Gilmar Mendes, de seu lado, assumiu que o STF precisa dar uma resposta de caráter positivo, acentuando que se o sistema legislativo falha, o Judiciário termina tendo que se substituir ao sistema político. Assim sendo, colocou que em se tratando de direitos de minorias é da própria essência da jurisdição constitucional garantir direitos fundamentais básicos.

O Ministro Marco Aurélio, num primeiro momento, reconheceu a inércia legislativa, destacando a falta de vontade coletiva de tutelar, juridicamente, as uniões homoafetivas. Ressaltou, por isso, a importância do reconhecimento de direitos de grupos minoritários e do papel contramajoritário da Suprema Corte para conferir efetividade a direitos fundamentais constitucionalmente estabelecidos, os quais precisam prevalecer, mesmo contra a visão da maioria.

Na mesma linha, o Ministro Luiz Fux salientou que se faz necessário dar concretude aos direitos fundamentais, os quais não podem ser amesquinhados.

Para isso, o STF precisa acompanhar a evolução social e, de forma ousada, atuar como legislador positivo, diante da travessia que o legislador não quis fazer.

Os Ministros Celso de Mello e Cármen Lúcia observaram como devem ser tratadas maiorias e minorias em uma democracia. O primeiro acentuou que em um regime democrático não se admite a opressão[219] de minorias por grupos majoritários, razão pela qual o Judiciário não pode ocupar uma posição de passividade. A segunda destacou que o Estado Democrático de Direito precisa garantir a liberdade de escolha dos indivíduos, para evitar que minorias sejam submetidas a um sofrimento socialmente imposto.

Também pensando em termos de direitos de maiorias e minorias, o Ministro Joaquim Barbosa destacou que, para dar efetividade a preceitos constitucionais, o STF precisa desempenhar uma de suas mais nobres funções que é a de impedir que haja o sufocamento, o desprezo, a discriminação pura e dura de minorias por maiorias estabelecidas.

Finalmente, o Ministro Ricardo Lewandowski frisou que o Judiciário não pode ficar alheio à realidade social das uniões homoafetivas e precisa decidir as questões trazidas à apreciação, mesmo que de forma provisória, até que o Parlamento possa dar a ela o adequado tratamento normativo.

Diante de todas as discussões travadas no âmbito do Supremo Tribunal Federal e da necessidade de dar concretude a direitos de minorias não garantidos por normas advindas do Legislativo, entendemos como legítimas as justificativas trazidas à baila por alguns Ministros relativas à atuação da Corte como legislador positivo.

No nosso sentir, em casos como o do aborto do feto anencéfalo e da união homoafetiva, o STF não tinha outra saída a não ser se substituir ao sistema político, a fim de ver garantidos direitos de minorias que, muito provavelmente, não seriam reconhecidos no âmbito legislativo por serem deveras polêmicos, já que estão intrinsecamente ligados a questões culturais, religiosas, sociais que estão longe, muito longe, de qualquer tipo de consenso por parte das maiorias.

Nesses termos, mesmo diante da convocação do Ministro Cezar Peluso (à época Presidente do STF) para que o Poder Legislativo colabore com a decisão da Suprema Corte e dê o adequado tratamento normativo à questão da união homoafetiva, a realidade atual mostra que os Ministros vão continuar a decidir

---

[219] Habermas assim acentuou: "Nesse autoentendimento coletivo aparece também um motivo para a superação do egocentrismo e do autointeresse, ou seja, a experiência de que a exclusão e a opressão de alguns traz consequência a alienação de todos" (HABERMAS, 2003, p. 348-349).

monocraticamente sobre o mesmo assunto, considerando a eficácia *erga omnes* da decisão, seu efeito vinculante e a aplicação das mesmas regras da união estável heteroafetiva à união estável homoafetiva.

Destarte, o ativismo judicial do STF é justificável quando busca garantir a concretização de direitos fundamentais básicos de minorias, afinal, a defesa destas minorias está, sem dúvida alguma, inserida no escopo das competências da Corte Constitucional. Nesse cenário, a adoção de uma postura omissiva, representaria um agravamento do já preocupante quadro de desproteção de minorias.

A saída mais fácil, que seria responder que a matéria deveria ser regulada por normas produzidas pelo Parlamento, não se coadunaria com o dever constitucional que a Corte tem de dar proteção a direitos fundamentais básicos de minorias. Nesses termos, o ativismo judicial, numa justa medida, é necessário. O problema aparece quando a Suprema Corte ultrapassa os limites fronteiriços de suas competências e vai além do que se solicita dela, chegando a traçar políticas públicas que fogem não só do seu escopo de competências, como também de sua própria *expertise* na área jurídica.

4.3 Casos práticos no Canadá: a aplicabilidade da Cláusula *Notwithstanding* implica na afirmação do modelo de *weak judicial review*?

Veremos, adiante, que o uso da Cláusula *Notwithstanding* (*legislative override clause*), na prática, pode ser formal e informal. O primeiro uso pode ser notado no caso *Ford v. Quebec*, enquanto que o segundo tem sido mais comum e denominado *Notwithstanding-by-stealth*[220].

[220] Ao estudar especificamente "Constitutional Amendment by Stealth", o Professor Richard Albert destacou que: "Constitutional amendment by stealth is an innovative but illegitimate method of constitutional change. It occurs where political actors consciously establish a new political practice whose repetition is intended to create an expectation that successors will have to comply with that practice as it matures into a constitutional convention. Constitutional amendment by stealth is driven by the political reality that formally amending the constitution is difficult if not improbable. In light of the near or actual impossibility of formal amendment, political actors choose to ignore the formal rules of the constitution and instead pursue their reform objectives through informal and irregular procedures, all with the intent of submitting their successors into compliance. Constitutional amendment by stealth, therefore, deliberately evades the public, transparent, and predictable formal amendment procedures that are designed precisely to express the informed aggregated choices of multiple political actors rather than the preferences of a few" (ALBERT, 2015, p. 712).

4.3.1 Uso formal da Cláusula *Notwithstanding* (Caso *Ford v. Quebec* [1988] 2 SCR 712)

No caso *Ford v. Quebec*[221], quando chamada a avaliar o *status* constitucional da liberdade de expressão comercial, a Suprema Corte canadense fez uma análise profunda sobre o real significado de importantes provisões da Carta Canadense de Direitos e Liberdades de 1982, da Carta de Direitos Humanos e Liberdades de Quebec e da Carta de Língua Francesa de Quebec. Na ocasião, enfrentou-se o objetivo regional da Província de Quebec[222] de preservar sua identidade cultural francófona expressa na *Bill* 101 em face da liberdade de expressão protegida pelo artigo 2(B)[223] da Carta Canadense. O Parlamento de

---

221 *Ford v. Quebec* (AG) [1988] 2 SCR 712.

222 Russel chama a nossa atenção para o fato de a cláusula de sobreposição ter sido usada só uma vez fora da província de Quebec. Destaca que "That was in the Charter's early years, when Saskatchewan's legislature used the override in legislation ordering striking civil servants back to work. As it turned out there is no need to imunize that kind of legislation from judicial review, because in subsequent cases the Supreme Court of Canada ruled that the Charter's right to 'freedom association' does not embrace the right to strike (Russell, Knopff, and Morton 1989, 5). Quebec, however, used the legislative override in a massive way, applying it to all past legislation and all new legislation. It did this for symbolic reasons as a way of protesting the fact that the Charter and the other 1982 constitutional changes were imposed on Quebec without the consent of its National Assembly. But in 1988, after a Liberal government led by Robert Bourassa had replaced a separatista government and the override's five-year period had run out, Quebec's National Assembly used to override clause to conter a Supreme Court decision. The court had ruled that a section of Bill 101, Quebec's Charter of the French Language, requiring French-only advertising signs, violated the Charter's guarantee of 'freedom of expression.' The court's decision provoked the largest nationalist rallies in Quebec since the 1980 referendum. 'Ne toucher pas la loi 101'('Don't touch law 101') was their slogan. Responding to this pressure, the Bourassa government, which in its election campaign had promissed to restore bilingual signs, decided now to use the override to restore French-only comercial signs outdoors but allow multilingual signs indoors" (RUSSELL, 1995, p. 138-139).

223 Fundamental freedoms
"2. Everyone has the following fundamental freedoms:
(...)
(b) freedom of thought, belief, opinion and expression, including freedom of the press and other media of communication; (...)".
Tradução livre: Liberdades fundamentais
"2. Todos têm as seguintes liberdades fundamentais:
(...)
(b) liberdade de pensamento, crença, opinião e expressão, incluindo liberdade de imprensa e de outros meios de comunicação; (...)".

Quebec incluiu uma disposição de substituição no estatuto (*an override provision*), quando ele foi novamente promulgado após a adoção da Carta.

Em fevereiro de 1984, empresas da Província de Quebec (entre elas a Ford, principal apelante na Suprema Corte Canadense), inconformadas com dispositivos da *Quebec's Charter of the French Language* (legislação provincial) que previam que os sinais públicos, a publicidade comercial e o nome das empresas deveriam estar em Francês, solicitaram que o Tribunal Superior tornasse os artigos 58 e 69, e 205 a 208 inoperantes e, portanto, sem efeito. O Tribunal Superior admitiu parcialmente a solicitação e declarou o artigo 58 inoperante. O Procurador-Geral de Quebec (*Attorney General*) apelou e, na sequência, as empresas entraram com um recurso incidental contra o não cumprimento da decisão adotada pelo Tribunal Superior e para declarar os artigos 69 e 205 a 208 também sem efeito.

O Tribunal de Recurso rejeitou o recurso do Procurador-Geral de Quebec e admitiu o recurso incidental das empresas. Entendeu, então, que os artigos 58 e 69 violaram a liberdade de expressão garantida pelo artigo 2(B) da Carta Canadense dos Direitos e Liberdades e pelo artigo 3º da Carta de Direitos Humanos e Liberdades de Quebec e que os artigos 58 e 69 infringiam, outrossim, a garantia contra a discriminação contida no artigo 10 da *Quebec's Charter of the French Language.*

Naquela oportunidade, diante da tensão entre os valores da livre circulação de informação comercial e da proteção do consumidor e o discurso comercial prejudicial e do apelo advindo do *Attorney General of Quebec* (*Appellant*), a Corte Constitucional precisava clarificar o que era o discurso comercial e qual era a sua relação com a liberdade de expressão, garantida pelo artigo 2(B) da Carta.

A questão principal contida no recurso impetrado perante a Suprema Corte canadense era saber se os artigos 58 e 69 da *Quebec's Charter of the French Language*, que exigiam que os sinais e cartazes públicos e publicidade comercial fossem apenas em língua francesa, infringiam a liberdade de expressão garantida pelo artigo 2(B) da Carta Canadense dos Direitos e Liberdades e pelo artigo 3º da Carta de Direitos Humanos e Liberdades de Quebec. Outra questão correlata era saber se os artigos 58 e 69 da *Quebec's Charter of the French Language* violavam a garantia contra a discriminação contida no artigo 10 da *Quebec Charter of Human Rights and Freedoms.*

Questionava-se, outrossim, se a cláusula *notwithstanding*, prevista no artigo 33 da Carta Canadense de Direitos e Liberdades (1982), poderia ser aplicável para fazer com que os artigos 58 e 69 da *Quebec's Charter of the French*

Language continuassem a ter validade, em detrimento do disposto no artigo 2(B) da Carta Canadense.

Os pedidos do Procurador-Geral de Quebec basearam-se em contextos linguísticos, filosóficos e históricos bem particulares da Província de Quebec. Destacou que embora a liberdade de expressão aparecesse tanto na Carta do Canadá quanto na Carta de Quebec no título das "Liberdades Fundamentais", não haveria nada de específico acerca da expressão comercial. Frisou, então, que a garantia da liberdade de expressão que abarca a publicidade comercial está relacionada com a proteção de um direito econômico e que as Cartas aqui mencionadas, claramente, não estavam preocupadas com a proteção de direito dessa natureza. Arrematou, então, que as decisões americanas que reconhecem que a proteção da Primeira Emenda é limitada para a fala comercial devem ser vistas no contexto de uma Constituição que protege o direito à propriedade, enquanto esse direito foi deliberadamente omitido da proteção oferecida pelo artigo 7º da Carta Canadense.

Ponderou, ademais, que estender a liberdade de expressão para além das expressões política, artística e cultural, a banalizaria e levaria, inevitavelmente, à adoção de diferentes padrões de justificação ao abrigo do artigo 1º, de acordo com o tipo de expressão envolvida. Para ele, a liberdade de expressão comercial e, em particular, a liberdade de publicidade comercial, não atenderiam nenhum dos valores que justificariam sua proteção constitucional. Enfatizou, pois, que:

> Commercial advertising is manipulative and seeks to condition or control economic choice rather than to provide the basis of a truly informed choice. As the American experience shows, the recognition of a limited protection for commercial expression involves an evaluation of regulatory policy that is better left to the legislature. Academic criticism of the American approach to commercial speech and judicial expression of misgivings concerning it provide sufficient reason for declining to follow it.[224]

Noutros termos, argumentou, de forma vigorosa, que a liberdade de expressão protegia a mensagem e não o meio pelo qual essa mensagem seria repassada. Rememorou que o *Constitutional Act* de 1867 representou um

[224] Tradução livre: "O anúncio comercial é manipulador e procura condicionar ou controlar opções de escolhas econômicas em vez de providenciar a base de uma escolha verdadeiramente informada. Conforme a experiência americana, o reconhecimento de uma proteção limitada para a expressão comercial envolve uma avaliação da política regulatória que é mais adequada para a legislatura. A crítica acadêmica da abordagem americana da fala comercial e da expressão judicial duvidosa fornece razões suficientes para se recusar a segui-la".

compromisso político com a questão dos direitos linguísticos e que a *Canadian Charter* não poderia desprezar esse compromisso.

Invocou, outrossim, decisões proferidas no âmbito da *European Comission of Human Rights* e da *European Court of Human Rights* para embasar sua posição de que não poderia ser dado um *status* constitucional para questões que envolvem a escolha de uma língua.

Em relação aos argumentos trazidos à baila pelo Procurador-Geral de Quebec para justificar a correção das disposições questionadas, a Suprema Corte do Canadá colocou que a Carta não tinha o objetivo de prejudicar os direitos linguísticos que os cidadãos querem desfrutar ao lidar com o Estado e que nada na jurisprudência limita a aplicabilidade da Carta à liberdade que as pessoas querem ter para usar a língua de sua escolha ao lidarem umas com as outras. Em relação às decisões das Cortes Europeias, o Tribunal aceitou o argumento de que um indivíduo não tem o direito de usar o idioma da sua escolha ao lidar com o Estado, mas ponderou que a liberdade de expressão inclui a livre escolha da linguagem quando da comunicação privada entre indivíduos.

Os comerciantes, de seu lado, argumentaram que a disposição de substituição (*the override provision*) não especificou com clareza quais os direitos ou liberdades garantidos pela Carta que a legislação iria substituir. Colocaram, em adição, que quando uma legislatura faz algo tão sério quanto substituir proteções constitucionais, deve levar o público a ter uma visão do que realmente está em jogo. Defenderam, pois, que para que proteções constitucionais sejam substituídas por previsões legais, há necessidade de que os cidadãos tomem conhecimento, previamente, do que se trata e possam exercer o poder inerente à democracia deliberativa.

Importa enfatizar que, para resolver a questão constitucional surgida no Canadá acerca da liberdade de expressão, a Corte Canadense recorreu, em alguns pontos, a debates travados no âmbito da Suprema Corte dos Estados Unidos, para fins de realizar um estudo comparado. Analisou casos como *Valentine v. Chrestensen* [316 U.S. 52 (1942)], em que Chrestensen, dono de um submarino da Primeira Guerra Mundial que tinha ancorado em um cais do East River, na cidade de New York, tentou distribuir folhetos que anunciavam uma exposição e solicitavam aos visitantes uma taxa de admissão. Nesse caso, havia uma lei municipal (Seção 318 do Código Sanitário) que proibia a distribuição de folhetos impressos nas ruas com matéria publicitária comercial. A Suprema Corte recusou a proteção da Primeira Emenda ao discurso comercial feito nas vias públicas, por entender que esse tipo de discurso não é protegido constitucionalmente.

A Corte canadense verificou, doravante, que no caso *Virginia State Board of Pharmacy v. Virginia Citizens Consumer Council Inc.*, [425 U.S. 748 (1976)], cerca de trinta e quatro anos mais tarde, a Suprema Corte Americana repudiou o entendimento de que o discurso comercial estaria excluído da proteção da Primeira Emenda e deixou claro que o Estado não poderia suprimir completamente a publicidade não enganosa de produtos legais, sob o argumento de que a informação a ser transmitida teria um efeito nocivo. Naquele momento, defendeu-se a tese que equiparou a liberdade de expressão comercial à autonomia individual dos consumidores. Ficou claro que o fluxo livre de informações comerciais é indispensável para conceder ao consumidor a quantidade máxima de autonomia e de livre escolha.

Em 1980, quando o Tribunal Americano decidiu o caso *Central Hudson Gas & Electric Corp. v. Public Service Commission of New York* [447 U.S. 557 (1980)], restou evidente a legitimidade do Estado para promover algum controle de publicidade, por meio de regulamento que avançasse diretamente num interęsse substancial do Estado, mas essa regulação da fala comercial deveria estar compatível com os propósitos da Primeira Emenda[225] (liberdade de expressão). Noutros termos, o que permanece em jogo é a tentativa de equilibrar a legitimidade das regulamentações governamentais destinadas a proteger os consumidores de discursos comerciais prejudiciais com a crença de que um mercado livre de ideias e informações se faz necessário para produzir um consumidor informado e autônomo.

É importante que se diga que a teoria mencionada no parágrafo retro não foi recebida de forma consensual, situação que restou bem clara quando da análise do caso *Posadas de Puerto Rico Associates v. Tourism Co. of Puerto Rico* [478 US 328 (1986)]. O caso revelou a tensão entre os valores da livre circulação de informações comerciais e da proteção do consumidor contra o discurso comercial prejudicial. A experiência americana com a proteção constitucional do discurso comercial indica ainda as dificuldades inerentes à aplicação dessa proteção, em particular o grau em que os tribunais estão envolvidos na avaliação da política de regulamentação desenvolvida no campo de proteção do consumidor.

---

225 Amendment I: "Congress shall make no law respecting an establishment of religion, or prohibiting the free exercise thereof; or abridging the freedom of speech, or of the press; or the right of the people peaceably to assemble, and to petition the government for a redress of grievances".
Tradução livre: "O congresso não deverá fazer qualquer lei a respeito de um estabelecimento de religião, ou proibir o seu livre exercício; ou restringindo a liberdade de expressão, ou da imprensa; ou o direito das pessoas de se reunirem pacificamente, e de fazerem pedidos ao governo para que sejam feitas reparações de queixas".

A jurisprudência americana relacionada à regulamentação do discurso comercial, por ter sido objeto de diversas análises, atraiu muitas críticas diante da pouca ou quase nenhuma demonstração por parte do Estado de que o Legislativo avançou diretamente no interesse substancial afirmado ou, minimamente, nos interesses da Primeira Emenda. A pergunta que ainda permanece no ar diz respeito aos limites para determinar a extensão efetiva da proteção da fala comercial por restrição legislativa. O fato é que a abordagem americana acerca do discurso comercial e da aplicabilidade da Primeira Emenda mostra que é ônus do governo estabelecer quais são os interesses governamentais substanciais existentes que justificam as restrições legislativas impostas.

Rememorou-se, no âmbito da Suprema Corte canadense, que o Juiz Callaghan, da *Ontario High Court of Justice - Divisional Court* [*Re Grier and Alberta Optometric Association* (1987), 1987 ABCA 149 (CanLII), 42 D.L.R. (4th) 327], ao falar pela maioria, após uma ampla discussão acerca da jurisprudência da Suprema Corte americana e da consequente experiência com respeito à aplicação da proteção da Primeira Emenda ao discurso comercial, expressou a opinião de que havia bons motivos para não seguir os precedentes americanos, vez que a referida proteção colocava o Tribunal em uma situação difícil, pois tinha que rever, caso a caso, a política de regulamentação questionada. Conferiu, assim, uma interpretação restritiva ao artigo 2(B) da Carta, por entender que há que se fazer uma diferenciação entre as esferas política e comercial. Ele colocou o seguinte, a título de conclusão:

> I would conclude that there is no reason to expand the meaning of the word 'expression' in s. 2(b) of the Charter to cover pure commercial speech. Commercial speech contributes nothing to democratic government because it says nothing about how people are governed or how they should govern themselves. It does not relate to government policies or matters of public concern essential to a democratic process. It pertains to the economic realm and is a matter appropriate to regulation by the Legislature.[226]

O Juiz Henry, dissidente, no mesmo caso citado acima, baseou seu raciocínio nas decisões tomadas no âmbito da Suprema Corte Americana relacionadas à proteção da expressão comercial. Enfatizou, pois, o papel indispensável

---

[226] Tradução livre: "Eu concluiria que não há razão para expandir o significado da palavra 'expressão' contida na seção 2 (b) da Carta para cobrir discurso comercial puro. O discurso comercial não contribui para o governo democrático porque não diz nada sobre como as pessoas são governadas ou como devem se governar. Não se relaciona com políticas governamentais ou assuntos de interesse público essenciais para um processo democrático. Pertence ao domínio econômico e é uma questão apropriada para a regulamentação da Legislatura".

desempenhado pela publicidade comercial no funcionamento da economia de mercado, cujo desempenho é vital para o corpo político.

Com base em todas as considerações que trouxe à baila, o Tribunal Constitucional canadense pontuou que era evidente que a garantia de liberdade de expressão contida no artigo 2(B) da Carta do Canadá e no artigo 3º da Carta de Quebec não poderia limitar-se à expressão política, mas que, sem dúvida, essa é uma importante forma de expressão numa sociedade livre e democrática. Destarte, para os fins da abordagem das questões apresentadas no caso *Ford v. Quebec*, entendeu que não se fazia necessário que o Tribunal delimitasse os limites da ampla gama de expressões que merecem proteção nos termos dos artigos das Cartas aqui mencionadas. Precisava, sim, decidir se os "respondents" tinham um direito constitucionalmente protegido de usar a língua inglesa nos sinais comerciais que exibiam na Província de Quebec.

Com base em pronunciamentos anteriores no sentido de que os direitos e liberdades garantidos na Carta canadense deveriam receber uma interpretação ampla e liberal, entendeu-se que não existia uma base sólida sobre a qual a expressão comercial pudesse ser excluída da proteção do artigo 2(B) da Carta. Ressaltaram que os tribunais aplicaram uma interpretação generosa e ampla para incluir a expressão comercial dentro da proteção da liberdade de expressão contida no artigo 3º da Carta de Quebec. Além do seu valor intrínseco, a expressão comercial termina protegendo ouvintes e oradores e desempenha um papel importante na capacitação dos indivíduos para fazer escolhas econômicas informadas, o que põe em destaque não só a autorrealização individual como também a autonomia pessoal.

Em sendo assim, a Suprema Corte rejeitou a opinião do Procurador-Geral de Quebec no sentido de que a expressão comercial não serviria de valor individual ou societário numa sociedade livre e democrática e, por esta razão, não mereceria qualquer proteção constitucional.

Entenderam, assim, que a expressão contemplada pelos artigos 58 e 69 da Carta da Língua Francesa não se coadunava com a acepção do artigo 2(B) da Carta Canadense e do artigo 3º da Carta de Quebec. Chegou-se, pois, à conclusão de que o artigo 58 violava a liberdade de expressão garantida pelo artigo 3º da Carta de Quebec e que o artigo 69 violava a liberdade de expressão garantida pelo artigo 2 (B) da Carta Canadense e pelo artigo 3º da Carta de Quebec.

Destacou-se, na ocasião, que a Corte não estava lidando com a questão do alcance permitido por regulamentações de publicidade, mas, sim, com os limites impostos à liberdade de expressão contidos nos artigos 58 e 69 e como eles poderiam ou não ser justificados nos termos do artigo 1º da Carta Canadense ou 9.1 da Carta de Quebec.

A Decisão unânime (5 a 0) da Suprema Corte Canadense foi no sentido de que o recurso deveria ser rejeitado, pois os artigos 58 e 69 e 205 a 208 da *Charter of the French Language*, também conhecida como "*Bill* 101", infringiam os artigos 3, 9.1 e 10 da *Quebec Charter* e os artigos 1 e 2(B) da Carta Canadense de Direitos e Liberdades.

Assim, basicamente, a decisão da Suprema Corte do Canadá tornou sem efeito alguns artigos da *Charter of the French Language*, declarando-os inconstitucionais, por entender que houve violação à liberdade de expressão garantida na Carta Canadense.

É importante ter em conta que a declaração de inconstitucionalidade de artigos da "*Bill* 101", que tornavam o francês o idioma exclusivo para nomes de firmas comerciais e empresas, baseou-se não em direitos linguísticos específicos, mas no direito à liberdade de expressão – um direito encontrado não só no artigo 2 (B) da Carta Canadense, mas também na Carta dos Direitos Humanos e Liberdades de Quebec. A análise do Tribunal deixou claro que a lei dos sinais seria inconstitucional nos termos da Carta, uma vez que expirou o prazo de vencimento de 5 anos da *override provision*[227] em fevereiro de 1989, a menos de dois meses da data em que a decisão foi anunciada.

A nosso ver, a Corte parece não ter tido muita dificuldade em chegar à conclusão de que o sentido da liberdade de expressão é fazer com que haja liberdade para escolher a linguagem a ser usada nas expressões comerciais. Nessa linha, acentuou que:

> Language is so intimately related to the form and content of expression that there cannot be true freedom of expression by means of language if one is prohibited from using the language of one's choice. Language is not a merely a means or medium of expression; it colors the content and meaning of expression.[228] [Ford, (1988) 2 SCR at 748].

---

[227] Importa rememorar que a Seção 33 da Carta Canadense dos Direitos e Liberdades além de ser conhecida, comumente, como cláusula *notwithstanding* ou "la clause dérogatoirel" (em francês), é também conhecida como *override provision*, por permitir que o Parlamento ou os Poderes Legislativos das Províncias possam manter dispositivos normativos que tenham sido declarados inconstitucionais pela Suprema Corte Canadense.

[228] Tradução livre: "A linguagem está tão intimamente relacionada com a forma e o conteúdo da expressão que não pode haver verdadeira liberdade de expressão se alguém for proibido usar o idioma de sua escolha. A linguagem não é apenas um significado ou um meio de expressão; ela traz cores ao conteúdo e ao significado da expressão".

Registrou-se, ainda, que "(...) there is no sound basis on which comercial expression can be excluded from protection of section 2(B) of the Charter"[229] [Ford, (1988) 2 SCR at 767]. Destacou-se, então, que a liberdade de expressão, garantida pelo artigo 2(B) da Carta Canadense, não poderia ser limitada por uma previsão de fundo político. Destarte, com base em decisões anteriores sobre os direitos e liberdades garantidos pela Carta e na teoria dos direitos fundamentais, a Corte entendeu que a melhor interpretação deveria ser a mais extensa e liberal possível.

Assim, nos casos em que a liberdade de expressão restasse violada, caberia ao governo o ônus de provar que a infração seria razoável e que poderia ser justificada numa sociedade democrática. Nessa linha de raciocínio, a Corte elevou a livre expressão comercial para um *status* de liberdade fundamental por entender que ela "plays a significant role in enabling individuals to make informed economic choices, an important aspect of individual self-fulfillment and personal autonomy"[230] [Ford, (1988) 2 SCR at 767].

Mas é relevante notar que nas entrelinhas de sua decisão, a Suprema Corte Canadense colocou que o governo de Quebec poderia, legitimamente, exigir que o francês tenha uma maior visibilidade ou mesmo predomínio nos sinais comerciais externos, o que não implicava que o uso do francês deveria ser exclusivo. Noutros termos, o Tribunal admitiu que o legislador provincial era livre para usar o artigo 33 da Carta para anular o efeito do artigo 2(B), o que o governo provincial de Quebec fez prontamente, haja vista que três dias após a decisão da Suprema Corte ter sido anunciada, o *Premier* de Quebec, Robert Bourassa, anunciou a intenção governamental de introduzir uma nova lei de sinais que iria incorporar a Cláusula *Notwithstanding* (artigo 33 da Carta).

Após a decisão da Suprema Corte (1988), o Partido Liberal do *Premier* Robert Bourassa (*Parti Libéral du Québec*) aprovou a *Bill* 178, que fez pequenas emendas à *Bill* 101 (Carta da Língua Francesa). O Francês foi mantido como o único idioma a ser colocado em letreiros públicos, cartazes e propagandas comerciais ao ar livre, bem assim dentro dos centros comerciais e do sistema de trânsito público.

As únicas exceções foram feitas em relação aos sinais de "língua estrangeira" em ambientes fechados, sujeitos à aprovação do Escritório de Língua

---

229 Tradução livre: "não há base sólida que justifique a exclusão da expressão comercial da proteção do artigo 2(B) da Carta".

230 Tradução livre: "a expressão comercial desempenha um papel importante na capacidade dos indivíduos de fazerem escolhas econômicas informadas, o que representa um aspecto importante da auto-realização individual e da autonomia pessoal".

Inglesa, e para propagandas transportadas em mídias não francesas, como as veiculadas pelo *Montreal Gazette*. Ao mesmo tempo em que reconheceram que as alterações não seguiram a decisão da Suprema Corte (*override the Supreme Court's ruling*), os legisladores da Província invocaram o artigo 33 da *Canadian Charter* e da *Quebec Charter* para proteger a lei de revisão pelos tribunais por cinco anos.

Essa ação parlamentar foi considerada politicamente controversa, tanto por parte dos nacionalistas de Quebec, que ficaram descontentes com as mudanças na Carta da Língua Francesa, quanto por parte dos quebequenses de língua inglesa, que se opuseram ao uso da cláusula 33 (*notwithstanding*). Nesse caso, a cláusula foi usada para imunizar a lei da revisão judicial, o que é realmente questionável, já que com as mudanças provocadas pela emenda, a nova lei poderia ser apreciada pela Suprema Corte para avaliação da sua compatibilidade com a Constituição canadense, tal como foi feito anteriormente com a *Bill* 101.

Em junho de 1993, a Carta da Língua Francesa (*Charter of the French Language*) foi alterada novamente, desta feita levando em consideração as sugestões advindas da Suprema Corte do Canadá. A *Bill* 86, promulgada pelo governo de Bourassa para alterar a referida Carta, determinou que o francês deve ser predominante em sinais comerciais, mas um idioma diferente do francês também pode ser usado. Dessa maneira, o inglês-francês retornou rapidamente nos sinais externos depois de 1993, especialmente em Montreal.

A decisão sobre a constitucionalidade de artigos da *Bill* 101 (*Charter of French Language established by the National Assembly of Quebec in 1977*) é uma das mais importantes já proferidas pela Corte Constitucional canadense, pois ao mesmo tempo em que deixou assente que a interpretação do termo "liberdade de expressão" contido na Carta de 1982 deveria ser ampla, terminou estabelecendo que as legislaturas podem usar o poder conferido pelo artigo 33 da Carta para colocar de lado direitos e liberdades constitucionais, em prol de questões políticas amplamente significativas para a sociedade local.

A liberdade de expressão é, sem dúvida, protegida na Carta, mas deve observar limites razoáveis que possam ser justificados em uma sociedade livre e democrática (artigo 1º da Carta). Sujeita-se, ademais, à cláusula *notwithstanding* (artigo 33 da Carta), que permite que os Legisladores Provinciais e o Parlamento Federal mantenham válidas provisões legais, mesmo que estejam em desacordo com certos direitos de Carta, incluindo a liberdade de expressão. No caso *Ford v. Quebec*, a referida cláusula foi invocada porque o parlamento provincial discordou da maneira como o Tribunal interpretou a liberdade de expressão ou permitiu limitações na interpretação desse princípio.

É importante deixar assente que a decisão de invocar a cláusula prejudicial não está sujeita à revisão judicial, tampouco requer autorização judicial ou aprovação posterior. Como o próprio Tribunal reconheceu, o principal ponto da cláusula prejudicial é limitar o alcance da revisão judicial sobre questões constitucionais.

O que não se pode perder de vista é que, embora a Legislatura tenha invocado a cláusula, o que impediu a revisão judicial da legislação em confronto com dispositivos da Carta, a liberdade de expressão continuou sendo fundamental para a ordem constitucional canadense – pois é um princípio subjacente a essa ordem, o que foi reconhecido pela *Bill* 86. É bom que se diga que o Tribunal continua tendo a autoridade para derrubar qualquer legislação que esteja em desacordo com o princípio da liberdade de expressão contido na Carta.

Essa decisão paradigmática teve um grande impacto com relação à invocação da inovadora cláusula *notwithstanding*. O uso da cláusula no âmbito da província de Quebec[231], particularmente para imunizar a controversa lei dos sinais da revisão judicial, terminou chamando a atenção do público de forma negativa. O real significado de se sobrepor proteções constitucionais não foi notado só pelos cidadãos de Quebec, mas especialmente pelos do resto do Canadá. Mark Tushnet acentuou em relação a essa questão que:

> Even without constitutional protections of entrenched rights, some legislative proposals will be controversial on the merits because they infringe on the values that entrenched rights, some legislative proposals will be controversial on the merits because they infringe on the values that entrenched rights would protect if the system had such rights. If we add entrenched rights and the override power to the system, the same controversies will arise on the merits. The argument for section 33 is that legislatures will incur some special costs, beyond those associated with adopting controversial legislation, when they use their power to override constitutional protections. Anglophones in Quebec and elsewhere in Canadá objected to the sign law on the merits; indeed, three anglophone members of the Quebec Government resigned to protect the new law. The degree to which the protests were direct at Section 33's invocation, as opposed to the statute's substance, though, is unclear.[232] (TUSHNET, 2003, p. 56)

231 A tensão gerada em torno dessa questão foi, sem dúvida, um fator que contribuiu para o fracasso do Meech Lake Accord, uma tentativa do Governo Nacional Canadense de fazer um acordo com os governos provinciais para alterar a Constituição, fortalecendo os poderes provinciais e declarando Quebec como uma "sociedade distinta".

232 Tradução livre: "Mesmo sem a proteção constitucional conferida a alguns direitos, algumas propostas legislativas serão controversas, no mérito, porque infringem valores contidos em direitos constitucionais, algumas propostas legislativas serão controversas

Tushnet percebeu muito bem que a repercusão de um caso como esse (*Ford v. Quebec*), pode interferir de maneira negativa na aplicação formal de uma cláusula constitucional que, podemos dizer, guarda em si "boas intenções", na medida em que busca dar concretude ao princípio democrático (democracia deliberativa) e limitar a intervenção do Judiciário na arena política, de forma a conferir ao Parlamento a possibilidade de dar a "palavra final" sobre questões constitucionais que geram polêmicas interpretativas. Trata-se de uma deferência à vontade da legislatura que, em última instância, representa o *popular will*, sem que se perca de vista a importância do *judicial review*.

Resta claro que o poder que o Legislativo tem de sobrepor proteções constitucionais, mesmo que temporarimente, gera polêmicas, pois o *status* social dessas proteções é tão grande (justamente pelas lutas históricas para conquistá-las) que para que sejam sobrepostas o Parlamento tem que empreender um esforço hercúleo para justificar a prevalência de normas infraconstitucionais em detrimento de direitos constitucionais fundamentais.

Mesmo diante das dificuldades de uso da cláusula *notwithstanding*, o fato é que num sistema como o do Canadá, a partir das decisões adotadas no âmbito da Suprema Corte, o caminho está sempre aberto para a inclusão dos cidadãos no debate constitucional. Essa inclusão, entretanto, vai depender do desejo parlamentar de levar adiante discussões constitucionais polêmicas. O processo de dissuadir os cidadãos sobre a importância de manter disposições legais válidas que estão em dissonância com direitos constitucionais pode ser mais trabalhoso do que se pensa, daí a pouca aplicação da multicidada cláusula na realidade prática do constitucionalismo canadense.

O que percebemos é que embora o mecanismo *notwithstanding* possa nos dar a ideia de supremacia parlamentar, o uso direto ou indireto da cláusula mostra que essa supremacia tem sido dividida com a Corte Constitucional, diante do respeito imposto pelas decisões por ela adotadas.

---

no mérito porque infringem valores que seriam protegidos constitucionalmente se o sistema tivesse tais direitos. Se nós adicionarmos direitos constitucionais (arraigados) e o poder de substituição do sistema, as mesmas controvérsias irão surgir com relação ao mérito. O uso do artigo 33 faz com que as legislaturas incorram em custos especiais, além daqueles que estão associados à adoção de uma legislação polêmica, quando elas usam seu poder para sobrepor proteções constitucionais. Os anglófonos de Quebec e de outros lugares do Canadá criticaram justamente os méritos da lei de sinais. Na verdade, três membros anglófonos do Governo de Quebec renunciaram proteger a nova lei. O grau em que os protestos foram diretos em relação à invocação da Seção 33, em oposição à substância do estatuto, não está claro".

Mas não vemos, como Tushnet, que o *weak judicial review* canadense está se convertendo em *strong judicial review*, haja vista que a Carta de Direitos e Liberdades deixa sempre em aberto a possibilidade de submissão ao escrutínio público da necessidade de se manter válidas disposições legais, mesmo que estas não se coadunem com determinadas garantias constitucionais[233].

4.3.2 Uso informal da Cláusula Notwithstanding (*Notwithstanding-by-stealth*)

A pesquisa realizada acerca da aplicabilidade prática da previsão constitucional contida no artigo 33 da Carta Canadense de Direitos e Liberdades mostrou-nos alguns exemplos práticos do *weak judicial review* e de como a Cláusula *notwithstanding* vem sendo usada no âmbito do Parlamento canadense.

A seguir iremos retratar os casos mais interessantes para os propósitos da presente pesquisa.

4.3.2.1 1° Caso [1999] 3 S.C.R. 668: R. V. Mills (Brian Joseph Mills *versus* Her Majesty The Queen)

No primeiro caso, apreciou-se a questão da ofensa sexual, tendo o acusado questionado a constitucionalidade dos artigos 278.1 a 278.91, que alteraram o Código Penal canadense para incluir a produção de provas em processos dessa natureza. Afirmou que as disposições legais violaram os artigos 7° e 11(D) da Carta Canadense de Direitos e Liberdades.

Os juízes L'Heureux-Dubé, Gonthier, McLachlin, lacobucci, Major, Bastarache e Binnie, entenderam que há itens que podem ser considerados inconstitucionais [artigos 278.3(3)(B) e 278.5(1)(B)], pois falharam quando não protegeram a privacidade e a igualdade de direitos de denunciantes e testemunhas em julgamentos de agressão sexual e prejudicaram, minimamente, o direito de o acusado elaborar uma resposta completa para a sua defesa.

Falando pelos demais juízes com posicionamentos semelhantes, os Juízes McLachlin e lacobucci ressaltaram que para desafiar a constitucionalidade da legislação impugnada, o acusado não precisava provar que a legislação violou seu direito de resposta. Registraram que o questionamento sobre a constitucionalidade de novos dispositivos do Código Penal não foi prematuro e exige uma avaliação de seus efeitos em circunstâncias hipotéticas que possam ser tidas como razoáveis.

---

233 Artigo 2° e Artigos 7° a 15 da Carta Canadense de Direitos e Liberdades.

Frisaram que embora os procedimentos que regularam a produção de provas a partir de registros privados de queixosos em processos de agressão sexual, estabelecidos no Projeto de Lei nº C-46, sejam significativamente diferentes do que restou decidido no caso O'Connor[234], isso não leva a uma assunção imediata de que os dispositivos legais em questão são inconstitucionais. Em sendo assim, colocaram que o Parlamento pode aproveitar a decisão do Tribunal e desenvolver um esquema diferente, desde que este esteja em consonância com os padrões constitucionais exigidos.

Destacaram que uma postura de respeito ao Parlamento foi adotada pelo Tribunal e que, em verdade, a relação entre o Tribunal e o Legislativo deve ser de diálogo. Frisaram que os Tribunais Constitucionais não detêm o monopólio da proteção e promoção dos direitos e liberdades, haja vista que também o Parlamento desempenha um papel importante nesse sentido, por ser capaz de atuar como aliado de grupos vulneráveis, especialmente no contexto da violência sexual. Ao mesmo tempo em que reconheceram que o papel dos Tribunais é especificar padrões constitucionais, destacaram que pode haver uma série de regimes permissivos capazes de atender a esses mesmos padrões.

Reconhecem que ao adotar o Projeto de Lei nº C-46, que levou à inserção dos dispositivos considerados inconstitucionais pelo acusado, o Parlamento procurou: reconhecer que há uma prevalência de violência sexual contra mulheres e crianças e um consequente impacto desvantajoso sobre seus direitos; incentivar a denúncia de incidentes de violência sexual; reconhecer o impacto da produção de informações pessoais na eficácia do julgamento; e, conciliar a justiça para os queixosos com os direitos do acusado.

Após essas considerações, buscaram verificar se os procedimentos estabelecidos no Projeto de Lei nº C-46 violaram os princípios da justiça fundamental. Entenderam que dois princípios de justiça fundamental parecem entrar em conflito: o direito de oferecer uma defesa completa e o direito à privacidade. Considerando que nenhum dos princípios é absoluto e capaz de superar os outros e que devem ser definidos à luz de reivindicações concorrentes,

---

[234] No caso O'Connor {*R. v. O'Connor*, [1995] 4 S.C.R. 411} a Suprema Corte do Canadá pronunciou-se sobre a divulgação de provas médicas em casos relacionados com crimes de ofensa sexual. O Tribunal considerou que, em caso de agressão sexual, os registros médicos de um queixoso que estão em posse de um terceiro podem ser divulgados, desde que haja ordem expressa do juiz do caso e sejam cumpridos os seguintes requisitos: o requerente deve provar que os registros médicos serão relevantes para o deslinde do caso; o juiz, com base nos registros médicos, deve decidir considerando a necessidade de equilibrar o direito da defesa de produzir uma resposta completa e o direito de privacidade da vítima.

ressaltaram a importância de ser adotada uma abordagem conforme o contexto em relação à interpretação dos direitos. Também seria importante distinguir as diferenças entre equilibrar os princípios da justiça fundamental, nos termos do artigo 7º, e os interesses de equilíbrio, nos termos do artigo 1º[235], ambos da Carta Canadense de Direitos e Liberdades.

Enquanto o artigo 7º trata da delimitação dos limites dos direitos em questão, o artigo 1º trata de perceber até que ponto a violação desses limites pode ser justificada. Neste contexto, salientaram os Juízes que os direitos ao contraditório e a ampla defesa, à privacidade e à igualdade devem ser muito bem definidos.

Destacaram que o direito de um acusado de elaborar uma defesa que possa ser considerada a mais completa possível é crucial para assegurar que inocentes não sejam condenados. Nessa linha, o direito de apresentar uma defesa completa deve ser entendido à luz de outros princípios de justiça fundamental, que podem abranger interesses e perspectivas que vão além do acusado.

Ao analisarem a correlação do artigo 278.1 a 278.91 do Código Penal com o artigo 8º[236] da Carta, os magistrados colocaram que além de incluir a capacidade de controlar a divulgação de informações confidenciais, o direito à privacidade está diretamente relacionado com relações humanas fundamentais. Nesse contexto, a relação terapêutica pode ser caracterizada pela confiança e, por conseguinte, pela expectativa de que haja privacidade das informações contidas nos registros terapêuticos. A quebra dessa segurança, por uma ação estatal, pode resultar em abalos na integridade mental dos queixosos e testemunhas, e em violação à segurança das pessoas.

Destacaram que o direito à privacidade pode ser limitado pela possibilidade aberta pelo artigo 8º da Carta, que aborda uma aplicação específica dos princípios da justiça fundamental, podendo daí se concluir que buscas e apreensões são consistentes com os princípios da justiça fundamental e acomodam não só a capacidade do arguido de produção de uma defesa completa,

---

235 "1. The Canadian Charter of Rights and Freedoms guarantees the rights and freedoms set out in it subject only to such reasonable limits prescribed by law as can be demonstrably justified in a free and democratic society".
Tradução livre: "A Carta Canadense de Direitos e Liberdades garante garante os direitos e as liberdades nela estabelecidos, sujeito apenas aos limites razoáveis previstos na lei que possam ser demonstradamente justificados em uma sociedade livre e democrática".

236 "8. Everyone has the right to be secure against unreasonable search or seizure".
Tradução livre: "Todos têm o direito de ser protegidos contra buscas ou apreensões não razoáveis".

como também o direito à privacidade do queixoso. Todavia, o acusado não terá direito aos registros em questão se eles contiverem informações irrelevantes ou que possam causar distorções na busca da verdade. Por outro lado, se a falta de divulgação do registro terapêutico trouxer para o acusado empecilhos à produção de uma prova completa, ele terá o direito de acesso aos registros em comento. O que se tem que buscar é o equilíbrio entre os direitos concorrentes nos contextos particulares apresentados.

Não se deve deixar de lado as preocupações com a questão da igualdade, que é ressaltada, ainda mais, nos casos de violência sexual, justamente pela necessidade de equilibrar de um lado a privacidade e de outro a necessidade de produção de uma defesa completa. Ressaltaram que a legislação se aplica, apenas, a registros em que exista uma expectativa razoável de privacidade, por isso é consistente com a definição de direitos de privacidade, nos termos do artigo 8º da Carta. Os documentos abrangidos pelo âmbito de aplicação do Projeto de Lei nº C-46 podem ou não ser divulgados ao acusado, desde que observados os procedimentos estabelecidos. É isso que, na visão dos Juízes, determinará a equidade ou a constitucionalidade da legislação.

Destacaram que o fato de o artigo 278.2 do Código Penal prevenir a divulgação automática de todas as informações relevantes que estiverem na posse da Coroa não priva o acusado do seu direito a uma completude da defesa. A disposição não nega, de imediato, o acesso aos documentos a que a defesa é constitucionalmente autorizada, tampouco fornece à Coroa uma vantagem inconstitucional. A vantagem desta de ter acesso a registros privados por meio de uma ordem de busca ou apreensão, não implica na perda do direito do acusado de ter acesso aos mesmos documentos para que possa elaborar uma resposta completa.

Qualquer injustiça contra o acusado pode ser compensada pela disposição que exige a divulgação, para a defesa, dos documentos que se encontram com o Promotor. Repisam que o fato de a Coroa poder possuir documentos em relação aos quais o acusado não teve acesso, não viola o artigo 7º da Carta, vez que, em vários pontos, a lei confere ao acusado acesso suficiente a todos os documentos considerados relevantes.

O artigo 278.3(4) do Código Penal enumera uma série de afirmações que não podem, por si só, estabelecer que um registro é relevante, por isso, ao ver dos magistrados não viola o artigo 7º da Carta. O objetivo da disposição é evitar pedidos de produção de provas especulativos e que não digam respeito ao mérito da questão. Em sendo assim, o juiz é o principal árbitro que vai decidir sobre a relevância do pedido e seus possíveis limites.

O artigo 278.5(1)[237] do Código Penal identificou o que seria um padrão relevante para a produção de prova, com base na proposta contida em O'Connor, tendo em conta o requisito de que essa produção seja necessária aos interesses da justiça. Nesse ponto, os juízes colocaram que esse novo padrão resultou de longo processo de consulta e é um exemplo do diálogo que ocorreu entre os ramos judicial e legislativo.

Ressaltaram que, de acordo com essa nova disposição legal, num primeiro momento, é o juiz de primeira instância que vai considerar tanto os efeitos salutares quanto os deletérios da produção de provas: de um lado, o acusado que pretende fazer uma resposta completa em sua defesa; de outro lado, o direito à privacidade e igualdade do queixoso ou de testemunha. Ele deve considerar, com a prudência necessária, toda a gama de direitos e interesses em questão, antes de ordenar a produção de provas, de forma respeitosa às exigências da Carta.

O que não se pode perder de vista é o fato de que a falta de divulgação de registros de terceiros, baseada na necessidade de manter a privacidade, não compromete a justiça do julgamento quando essa falta de divulgação não prejudica o direito do arguido de produzir uma resposta completa em sua defesa, tampouco implica em tornar a legislação, forçosamente, inconstitucional.

Ao determinar se a produção da prova requerida é necessária ao interesse da justiça, o juiz não precisa se envolver em uma análise conclusiva e aprofundada de cada um dos fatores listados no artigo 278.5(2), mas, apenas, levá-los em consideração. Os juízes, de posse de informações consideradas suficientes, além de levarem em consideração os fatores listados no artigo 278.5(2), têm que cumprir os requisitos do art. 278.5(1).

---

[237] "Judge may order production of record for review
278.5 (1) The judge may order the person who has possession or control of the record to produce the record or part of the record to the court for review by the judge if, after the hearing referred to in subsection 278.4(1), the judge is satisfied that
(a) the application was made in accordance with subsections 278.3(2) to (6);
(b) the accused has established that the record is likely relevant to an issue at trial or to the competence of a witness to testify; and
(c) the production of the record is necessary in the interests of justice".
Tradução livre: "O Juiz pode ordenar a produção de registro para revisão
278.5 (1) O juiz pode ordenar que a pessoa que tenha posse ou controle do registro apresente-o no todo ou em parte ao tribunal para apreciação do juiz se, após a audiência referida na subseção 278.4(1), o juiz estiver convencido que
(a) o pedido foi feito de acordo com as subseções 278.3 (2) a (6);
(b) o acusado demonstrou que o registro é provavelmente relevante para o julgamento ou para que uma testemunha seja competente para testemunhar; e
(c) a produção do registro é necessária ao interesse da justiça".

O esquema, criado pelo Parlamento, permite que os juízes exerçam grande discrição e considerem uma variedade de fatores relacionados não só com a preservação dos direitos de privacidade e de igualdade do reclamante, mas também com a garantia de que o acusado tenha acesso aos documentos necessários para fazer uma defesa a mais completa possível. A inclusão, na análise judicial, de fatores de interesse social é uma realidade factível e não altera o equilíbrio constitucional que restou estabelecido em O'Connor. Além da integridade do processo de julgamento, essa análise requer a busca da verdade livre de preconceitos e de crenças discriminatórias.

Enfatizaram que a questão foi muito bem estudada no âmbito do Parlamento, que terminou por concluir que tanto os direitos do queixoso quanto os do acusado deveriam ser considerados. As conclusões a que chegou resultaram de muitas consultas e longos anos de estudo e de debates parlamentares. Embora a decisão adotada no caso O'Connor date de 14 de dezembro de 1995, o Parlamento, diante da importância do caso, já iniciou consultas sobre a divulgação de registros privados dos queixosos em casos de agressão sexual em junho de 1994, as quais continuaram até março de 1997.

Lembraram que quando desenvolveu o Projeto de Lei nº C-46, o Parlamento teve a vantagem de contar com informações não disponíveis para o Tribunal na época da discussão travada em O'Connor. Destarte, a despeito da existência de poucos dados estatísticos no momento da redação do citado Projeto, o Parlamento mostrou-se aberto a dar o peso adequado às evidências apresentadas nas consultas. Foi só a partir do resultado do processo de consulta, que o Parlamento decidiu completar o padrão considerado como relevante para que o Juiz decidisse que a produção da prova será necessária para garantir o interesse da justiça (o resultado foi o artigo 278.5).

Diante desse quadro, os juízes da Suprema Corte ressaltaram que processo de produção legislativa em comento pode ser considerado com um exemplo notável do diálogo entre o Parlamento e a Suprema Corte, pois se de um lado o Tribunal constitucional agiu em O'Connor, o Legislador respondeu com o projeto de Lei nº C-46. Demais disso, repisaram que mesmo que a alteração no Código Penal não tenha refletido, exatamente, o que restou decidido em O'Connor, isso não torna a legislação inconstitucional.

Assim, os Juízes McLachlin e lacobucci, que falaram também em nome dos Juízes L'Heureux-Dubé, Gonthier, Major, Bastarache e Binnie, acolheram o recurso, anularam os julgamentos do Juiz Belzil e confirmaram a constitucionalidade do Projeto de Lei nº C-46. Entenderam que os artigos 278.1 a 278.91 do Código Penal Canadense (R.S.C., 1985, c. C-46), não infringiram o artigo 7º da Carta Canadense de Direitos e Liberdades, tampouco o artigo 11(D).

O Juiz Lamer C., ao apresentar Voto em que mostrou sua dissidência parcial, argumentou que embora o Projeto de Lei nº C-46 tenha observado os artigos 7º[238] e 11 (D)[239] da Carta, na medida em que se aplica à divulgação de registros na posse de terceiros, os artigos 278.3(3)(B)[240] e 278.5(1)(B)[241] do Código Penal infringiram estas mesmas disposições, na medida em que se aplicam a registros

---

238 "Artigo 7º: Everyone has the right to life, liberty and security of the person and the right not to be deprived thereof except in accordance with the principles of fundamental justice (tradução livre: Todas as pessoas têm direito à vida, à liberdade e à segurança e o direito de não ser privado delas, exceto de acordo com os princípios da justiça fundamental)."

239 "11. Any person charged with an offence has the right
(...)
(d) to be presumed innocent until proven guilty according to law in a fair and public hearing by an independent and impartial tribunal (Tradução livre: 11. Qualquer pessoa acusada de uma infração tem o direito: (d) de ser presumido inocente até que seja provado culpado, de acordo com a lei, em uma audiência pública e justa por um tribunal independente e imparcial)."

240 "Application for production
278.3 (1) An accused who seeks production of a record referred to in subsection 278.2(1) must make an application to the judge before whom the accused is to be, or is being, tried.
No application in other proceedings
(2) For greater certainty, an application under subsection (1) may not be made to a judge or justice presiding at any other proceedings, including a preliminary inquiry.
Form and content of application
(3) An application must be made in writing and set out
(a) particulars identifying the record that the accused seeks to have produced and the name of the person who has possession or control of the record; and
(b) the grounds on which the accused relies to establish that the record is likely relevant to an issue at trial or to the competence of a witness to testify."

241 "Judge may order production of record for review
278.5 (1) The judge may order the person who has possession or control of the record to produce the record or part of the record to the court for review by the judge if, after the hearing referred to in subsection 278.4(1), the judge is satisfied that
(...)
(b) the accused has established that the record is likely relevant to an issue at trial or to the competence of a witness to testify; and
(...)."
Tradução livre: "O juiz pode ordenar a produção do registro para revisão
278.5 (1) O juiz pode ordenar à pessoa que tenha posse ou controle do registro para produzir o registro ou parte do registro para o tribunal para revisão pelo juiz se, após a audiência referida na subsecção 278.4 (1), se está convencido de que
(b) o acusado conseguiu demonstrar que o registro é igualmente relevante para a questão em julgamento ou a competência de uma testemunha para testemunhar em juízo".

na posse ou controle da Coroa. Frisou que o Parlamento era indubitavelmente livre para criar um esquema legislativo para abordar a questão do procedimento aplicável à divulgação de registros na posse da Coroa na ausência de uma renúncia expressa. Contudo, os meios legislativos escolhidos não foram, a seu ver, impecavelmente consistentes com os artigos 7 e 11(D) da Carta.

Acentuou, assim, que o dever constitucional e ético da Coroa é o de divulgar todas as informações que estão em sua posse e são capazes de afetar o direito do acusado de elaborar uma defesa completa segundo os princípios de justiça fundamental protegidos pelos artigos 7º e 11(D) da Carta. Esse dever é baseado na presunção de que o material que se encontra com a Coroa tem valor probatório. O requisito do Projeto de Lei nº C-46 de que é o acusado quem deve provar a relevância dos registros relacionados ao caso, ao ver do Magistrado, traz uma séria restrição ao exercício do contraditório e da ampla defesa.

Ao deslocar a prova de presunção de relevância para o acusado, os artigos 278.3(3)(B) e 278.5(1)(B) do Código Penal forneceram à Coroa uma vantagem distinta em relação à defesa. Em sendo assim, considerou que as disposições violaram o direito do arguido a um julgamento justo.

Ressaltou, então, que os artigos 278.3(3)(B) e 278.5(1)(B) não protegem os direitos de privacidade e igualdade dos queixosos e testemunhas em julgamentos de agressão sexual e prejudicam, minimamente, o direito que o acusado tem de produzir uma resposta completa em sua defesa. O ônus sobre o acusado para demonstrar a provável relevância da prova é mais intrusivo do que o que pode se considerar razoável para atingir os objetivos que o legislador considerou importantes.

Em sendo assim, acentuou que o risco de supressão de evidências relevantes e de condenação de uma pessoa inocente supera os efeitos salutares das disposições impugnadas em matéria de privacidade e de direitos à igualdade.

Assim, o Juiz Lamer entendeu que os princípios existentes para a divulgação de informações pela Coroa, tal como os enunciados em O'Connor, aplicar-se-iam parcialmente, de modo que a Coroa teria a oportunidade de mostrar ao juiz a irrelevância dos documentos para a solução do caso concreto. Caso a Coroa não pudesse fazer a prova necessária para proteger os direitos de privacidade do queixoso, os registros deveriam ser divulgados antes do julgamento, o que poderia beneficiar o acusado, se o juiz estivesse convencido de que os requisitos do art. 278.5(1) e (2) foram atendidos. A segunda etapa do regime legislativo – exame judicial dos documentos para determinar se e em que medida eles devem ser liberados para o acusado – teria andamento de acordo com os critérios dos artigos 278.6 a 278.91.

O Chefe de Justiça, de seu lado, colocou que a questão recursal é verificar se o Projeto de Lei nº C-46 (agora SC 1997, c. 30) atinge o equilíbrio constitucional apropriado entre proteger o direito do acusado a um julgamento justo e os direitos de privacidade e igualdade dos queixosos e testemunhas, nos casos em que um acusado procura acessar registros confidenciais, que entende importantes para a sua defesa, em processos de agressão sexual.

Colocou que embora concordasse com McLachlin e lacobucci que a Bill C-46 estava em conformidade com os artigos 7º e 11(D) da Carta Canadense dos Direitos e Liberdades, adotou uma abordagem diferenciada sobre os registros que fazem parte do caso, a fim de encontrar caminhos que levem ao equilíbrio entre o direito à privacidade da vítima e testemunha e o direito do arguido de fazer uma defesa completa.

Rememorou que, como já havia sido explicado pelos Juízes McLachlin e lacobucci, o artigo 278.2(2) do Código Penal (R.S.C., 1985, c. C-46) alargou a previsão legislativa para a produção de provas relacionadas com os documentos de registros terapêuticos na posse da Coroa. Ressaltou, ademais, a possibilidade de o queixoso ou a testemunha renunciar, expressamente, à proteção da legislação, e que, nesses casos, os registros poderiam ser produzidos para o acusado, como acontece no direito comum, de acordo com os princípios que restaram estabelecidos em *R. v. Stinchcombe*[242] (1991 3 S.C.R. 326).

No entanto, em casos de ausência da renúncia, a Lei exige que o acusado cumpra duas etapas para acesso a documentos detidos por terceiros: na primeira etapa, precisa demonstrar que o registro documental, que se encontra na posse da Coroa, é relevante para o seu julgamento [artigo 278.3(3)(B) e 278.5(1)(B)]. Nesse caso, o juiz precisa decidir se a divulgação é necessária ao interesse da justiça, bem assim considerar os efeitos salutares e deletérios da produção da prova, tanto sobre o direito do arguido de organizar uma resposta completa para a sua defesa, quanto sobre os direitos à privacidade e igualdade do queixoso ou da testemunha [(artigos 278.5 (1) (C) e 278.5 (2)]; na segunda etapa, satisfeito o primeiro passo, há que se realizar uma inspeção judicial dos documentos, a fim de se determinar em que medida eles podem ser disponibilizados para o acusado (artigos 278.6 a 278.91).

242 No caso *R. v. Stinchcombe* {[1991] 3 S.C.R. 326} a Suprema Corte Canadense tratou da divulgação de provas em julgamento penal. Na Decisão, considerada uma das mais importantes da década, o Tribunal entendeu que era dever da Coroa fornecer a defesa todas as provas relevantes para o deslinde do caso, independentemente de a Coroa ter a pretensão ou não de apresentar essas provas em julgamento.

Como na decisão tomada por maioria no caso *R. v. O'Connor* (1995 4 S.C.R. 411) não houve comentários sobre qual seria o procedimento aplicável à produção de registros que a Coroa possuía, na ausência de uma renúncia expressa, o Chefe de Justiça frisou que o Parlamento ficou livre para criar um esquema legislativo que pudesse abordar devidamente a questão, avaliando os impactos daí advindos. Discordou, todavia, dos colegas por entender que os meios legislativos escolhidos não foram impecavelmente consistentes com as seções 7 e 11(D) da Carta.

Ponderou que nunca se deve esquecer que o direito de o acusado fazer uma resposta e defesa completa é um dos principais pilares da justiça criminal, porque tem o intuito, justamente, de evitar a condenação de inocentes, devidamente protegidos pelos artigos 7 e 11(D) da Carta. Para garantir o direito de produção de uma prova completa, a Coroa tem o dever constitucional e ético de divulgar todas as informações que estiverem em sua posse e que possam ser capazes, mesmo que de forma razoável, de afetar a capacidade do acusado de suscitar dúvidas sobre a sua inocência [*R. v. Egger*, (1993) 2 S.C.R. 451, p. 466)]. Esse dever baseia-se na previsão de que o material na posse da Coroa tem valor probatório.

Ao mesmo tempo em que rememorou que os Juízes McLachlin e Iacobucci enfatizaram que o dever de divulgação da Coroa não é absoluto, colocou que a Carta assegura o direito a um julgamento justo e que os princípios de justiça fundamental não garantem a aplicação dos procedimentos mais favoráveis possíveis. Entendeu, entretanto, que os juízes subestimaram a importância da divulgação das informações pela Coroa para o alcance da equidade do julgamento. Para ele, essa divulgação é essencial, pois permite a busca da verdade e que a defesa impugne, com precisão, as acusações que pesam contra o acusado. Nessa linha, a capacidade que tem o acusado de acessar informações relevantes, que podem até privá-lo de sua liberdade, atinge o cerne dos princípios da justiça fundamental.

Com base nesses argumentos, o Chefe de Justiça entendeu que a exigência para que o acusado comprove que, de fato, os registros terapêuticos são relevantes para a sua defesa, pode representar uma séria incursão no exercício de produzir uma defesa completa. Além disso, não concordou com a afirmação dos Juízes McLachlin e Iacobucci de que os requisitos de notificação contidos no art. 278.2(3) fornecem ao acusado a assistência necessária para verificar a real importância, para a sua defesa, de um documento que esteja na posse da Coroa. Expressou, pois, a preocupação, também colocada pela maioria em O'Connor, de o acusado ter que persuadir o Juiz de que os documentos são relevantes, sem possuir conhecimento de seus conteúdos.

O deslocamento para o acusado da atribuição de provar (ônus da prova) a relevância do documento [ss. 278.3(3)(B) e 278.5(1)(B)] dá para a Coroa, na visão do Chefe de Justiça, uma vantagem distinta em relação à defesa, fazendo com que as disposições violem o direito do arguido a um julgamento justo, e por conseguinte os artigos 7º e 11(D) da Carta.

Destarte, observou que o Projeto de Lei nº C-46 foi adotado para abordar um objetivo importante e urgente, qual seja: proteger os direitos de privacidade e igualdade de reclamantes e testemunhas em julgamentos que tratam de agressão sexual. O esquema legislativo avançou, racionalmente, para a consecução desse objetivo, mas as seções 278.3(3)(B) e 278.5(1)(B) não lograram proteger esses direitos, pois terminaram por prejudicar o direito de o acusado preparar uma defesa completa, vez que pesa sobre ele o enorme ônus de demonstrar a relevância de registros que estão na posse da Coroa. Considerou, assim, que o risco de supressão de evidências relevantes e de condenação de uma pessoa inocente ultrapassa os efeitos salutares das disposições impugnadas, que buscam garantir a privacidade e os direitos à igualdade de reclamantes e testemunhas.

Embora tenha concluído que as violações não são justificadas quando confrontadas com os objetivos do artigo 1º da Carta e que os artigos 278.3(3)(B) e 278.5(1)(B) são inconstitucionais, permaneceu sensível ao fato de que a divulgação de registros terapêuticos para a defesa pode ser prejudicial aos direitos de privacidade do queixoso, e pode ser ainda mais invasiva para a dignidade e a integridade psicológica de denunciantes. Não está descartada a situação em que a Coroa também pode tentar resistir à divulgação, demonstrando que os registros são privilegiados. Nesse sentido, entende que o exame judicial dos documentos para determinar em que medida eles devem ser apresentados ao acusado deve prosseguir de acordo com os critérios dos artigos 278.6 a 278.91.

Ao fim e ao cabo, considerou que o alívio do acusado do ônus de mostrar a relevância da prova atinge um equilíbrio mais adequado entre os vários direitos em jogo. Ele remove uma barreira significativa à capacidade de o acusado suscitar uma dúvida razoável em relação à sua inocência, preservando uma ampla proteção dos direitos de privacidade e igualdade de reclamantes e testemunhas.

4.3.2.2 2º Caso [2000] 2 S.C.R. 443: R. v. Darrach (Andrew Scott Darrach *versus* Her Majesty The Queen)

Diante da concordância dos Juízes, o Voto do Tribunal foi proferido pelo Juiz Gonthier, que, inicialmente, destacou que o uso da história sexual pregressa de um denunciante em processos penais de agressão sexual foi analisado, por último, no caso *R. v. Seaboyer*[243] {[1991] 2 S.C.R. 577}. Na ocasião, a

---

[243] É importante destacar que no caso *Seaboyer* foi questionada a constitucionalidade dos artigos 276 e 277 do Código Penal Canadense, por violarem princípios fundamentais da justiça. Em uma decisão majoritária (sete a dois), relatada pelo Juiz McLachlin em 1991, a Suprema Corte confirmou a constitucionalidade do artigo 277, ocasião em que tornou nulo o artigo 276, por considerar que este violava o direito do acusado de produzir uma resposta completa em sua defesa. A maioria dos Juízes mostrou preocupação acerca das circunstâncias estritas em que provas relacionadas com a história sexual anterior da vítima poderiam ser usadas no processo pela defesa. Para atingir o objetivo constitucional de que o acusado pudesse ter direito a um julgamento justo, os Juízes forneceram diretrizes para o uso de evidências da conduta sexual anterior da vítima a seu favor.

Mesmo resistindo a utilizar a Seção 33 da Carta Canadense de Direitos e liberdades, o Parlamento respondeu aos questionamentos traçados em *Seaboyer* por meio da Lei C-49, que teve a evidente preocupação de proporcionar um julgamento justo para o acusado, sem perder de vista os direitos da vítima de poder manter em sigilo sua história sexual anterior, nos casos em que esta seja irrelevante para a defesa. Ou seja, o uso desse tipo de prova continuou a ser restrito, mas foram codificadas as linhas mestras em que essas provas podem ser acessíveis para os propósitos da defesa, o que antes parecia uma tarefa quase impossível.

A Lei C-49 trouxe uma abordagem acerca da admissibilidade de provas relacionadas com a conduta sexual anterior da vítima, afastando-se das diretrizes definidas pelo Juiz McLachlin no caso *Seaboyer*. Assim, provas relacionadas com o comportamento sexual da vítima podem ser admitidas pelo Juiz do caso, desde que o valor probatório seja significativo para o processo de julgamento. Embora no preâmbulo da Lei C-49 se afirmasse que a história sexual do queixoso raramente é relevante, o artigo 276(3) introduziu 8 fatores que devem ser considerados pelo juiz quando da admissibilidade da prova, enquanto que o Código Penal foi alterado pelo artigo 273.1 para definir não só o significado de consenso, mas também situações em que não é permitido o consentimento. Essa análise criteriosa tem que estar em consonância com o interesse da sociedade que é, justamente, o de encorajar que crimes dessa natureza possam ser denunciados sem o temor de que possa ser afastado o direito à privacidade do reclamante.

O significado de consenso é o seguinte:

"273.1 (1) Subject to subsection (2) and subsection 265(3), consent means, for the purposes of sections 271, 272 and 273, the voluntary agreement of the complainant to engage in the sexual activity in question.

Where no consent obtained

(2) No consent is obtained, for the purposes of sections 271, 272 and 273, where

(a) the agreement is expressed by the words or conduct of a person other than the complainant;

(b) the complainant is incapable of consenting to the activity;

(c) the accused induces the complainant to engage in the activity by abusing a position of trust, power or authority;

(d) the complainant expresses, by words or conduct, a lack of agreement to engage in the activity; or

(e) the complainant, having consented to engage in sexual activity, expresses, by words or conduct, a lack of agreement to continue to engage in the activity".

maioria entendeu que a versão anterior do artigo 276 do Código Penal (R.S.C., 1985, c. C-46) era inconstitucional porque excluia evidências da história sexual anterior, com apenas três exceções categóricas. Por não permitir a potencial multiplicação da evidência, tampouco o exercício de um critério judiciário para determinar a relevância da prova, a lei foi considerada inconstitucional, tendo o Tribunal, à época, estabelecido diretrizes para a admissão de provas destinadas a remediar os defeitos encontrados, de maneira a preservar a intenção original do artigo 276.

A maioria entendeu que o artigo 276 poderia excluir evidências importantes, tendo o Parlamento, doravante, aprovado o artigo 276 no Projeto de Lei nº C-49 em 1992 (agora R.S.C., 1992). Codificou, essencialmente, a decisão adotada pela Suprema Corte em *Seaboyer* e buscou fornecer mecanismos hábeis para que o Juiz, diante da análise do caso concreto, pudesse determinar a admissibilidade ou não de provas relacionadas com a história sexual anterior da vítima.

É importante destacar que em *Seaboyer*, o Tribunal afirmou, por unanimidade, que os propósitos do art. 276 eram legítimos para proteger a integridade do julgamento, pois ao excluir evidências consideradas enganosas, protegia os direitos dos acusados, incentivava a denúncia de crimes sexuais e defendia a segurança e a privacidade dos queixosos.

O Juiz ressaltou, então, que o atual artigo 276 proíbe, categoricamente, que a evidência da história sexual do um queixoso possa ser usada para suportar argumentos no sentido de que houve o consentimento por parte da vítima e de que ela não tem credibilidade para testemunhar em virtude de sua história sexual passada. Mas essa proibição admite exceções, as quais dizem respeito, justamente, à necessidade de comprovação de outras inferências importantes para a solução do caso concreto. Os artigos 276.1 e 276.2 fornecem, assim, as linhas mestras para determinar a admissibilidade de provas relacionadas com a história sexual anterior do queixoso.

Para buscar a admissibilidade desse tipo de prova, a defesa deve entregar uma declaração por escrito, que busque convencer o juiz de que a prova é relevante para o deslinde do caso tratado no processo [artigo 276(2) do Código Penal]. A partir de uma decisão, o juiz pode determinar a admissibilidade da evidência que a defesa pretende adotar como prova.

Diante das novas regras trazidas pelo Projeto de Lei ao Código Penal e com base nas interpretações produzidas pelo juiz de primeira instância e pelo Tribunal de Recurso, o acusado impugnou a constitucionalidade do novo art. 276[244], com base em provisões constitucionais contidas na Carta Canadense dos Direitos e Liberdades. Foram dois os motivos utilizados: ressaltou que as seções substantivas que excluem as evidências violam o artigo 7º (direito de fazer uma defesa completa) e o artigo 11(D) (direito a um julgamento justo e de presunção de inocência); destacou que as seções processuais violam seu direito de não ser condenado a testemunhar contra

---

[244] "Evidence of complainant's sexual activity
276(1) In proceedings in respect of an offence under section 151, 152, 153, 153.1, 155 or 159, subsection 160(2) or (3) or section 170, 171, 172, 173, 271, 272 or 273, evidence that the complainant has engaged in sexual activity, whether with the accused or with any other person, is not admissible to support an inference that, by reason of the sexual nature of that activity, the complainant
(a) is more likely to have consented to the sexual activity that forms the subject-matter of the charge; or
(b) is less worthy of belief.
276(2) In proceedings in respect of an offence referred to in subsection (1), no evidence shall be adduced by or on behalf of the accused that the complainant has engaged in sexual activity other than the sexual activity that forms the subject-matter of the charge, whether with the accused or with any other person, unless the judge, provincial court judge or justice determines, in accordance with the procedures set out in sections 276.1 and 276.2, that the evidence
(a) is of specific instances of sexual activity;
(b) is relevant to an issue at trial; and
(c) has significant probative value that is not substantially outweighed by the danger of prejudice to the proper administration of justice.
Factors that judge must consider
276(3) In determining whether evidence is admissible under subsection (2), the judge, provincial court judge or justice shall take into account
(a) the interests of justice, including the right of the accused to make a full answer and defence;
(b) society's interest in encouraging the reporting of sexual assault offences;
(c) whether there is a reasonable prospect that the evidence will assist in arriving at a just determination in the case;
(d) the need to remove from the fact-finding process any discriminatory belief or bias;
(e) the risk that the evidence may unduly arouse sentiments of prejudice, sympathy or hostility in the jury;
(f) the potential prejudice to the complainant's personal dignity and right of privacy;
(g) the right of the complainant and of every individual to personal security and to the full protection and benefit of the law; and
(h) any other factor that the judge, provincial court
judge or justice considers relevant."

si mesmo (autoincriminação), como garantido pelos artigos 7º[245] e 11(C)[246] da Carta.

O Juiz destacou que, de fato, a Carta Canadense de Direitos e Liberdades protege o acusado de produzir provas contra si mesmo e que foi com base nessa proteção constitucional que o recorrente, acusado de agressão sexual, tentou apresentar, em seu julgamento, provas da história sexual passada do queixoso.

Questionou-se a constitucionalidade dos seguintes itens do Código Penal: artigo 276.1(2)(A), que exige que a declaração contenha detalhes sobre a evidência; artigos 276(1) e 276(2)(C), que regem a admissibilidade de provas de conduta sexual em geral; e artigo 276.2(2), que prevê que o queixoso não é uma testemunha obrigatória na audiência que determina a admissibilidade de provas de sua atividade sexual anterior à agressão.

No julgamento, o queixoso testificou e foi contraexaminado, enquanto o acusado, de seu lado, quis apresentar evidências sobre a história sexual passada do queixoso. Naquela oportunidade, o Juiz não permitiu que o acusado apresentasse tais evidências e terminou o condenando, posteriormente, por agressão sexual. O recurso apresentado perante o Tribunal de Recurso foi rejeitado, diante da conclusão de que as disposições impugnadas não violaram: o direito do arguido de fazer uma defesa completa; o direito de não ser obrigado a testemunhar contra si próprio; o direito a um julgamento justo, como garantido pelos artigos 7º, 11(C) e 11(D)[247] da Carta Canadense de Direitos e Liberdades.

Frisou que a atual versão do artigo 276 do Código Penal é, em essência, uma codificação feita pelo Parlamento que teve por base as diretrizes definidas pelo Tribunal Constitucional no caso *Seaboyer*. Referido dispositivo legal contém uma parte substantiva, que impede que a história sexual passada do

---

245 "Legal Rights
Marginal note: Life, liberty and security of person
7. Everyone has the right to life, liberty and security of the person and the right not to be deprived thereof except in accordance with the principles of fundamental justice."

246 "11. Any person charged with an offence has the right
(...)
(c) not to be compelled to be a witness in proceedings against that person in respect of the offence; (...)."

247 "Proceedings in criminal and penal matters
11. Any person charged with an offence has the right
(...)
(d) to be presumed innocent until proven guilty according to law in a fair and public hearing by an independent and impartial tribunal; (...)."

queixoso seja usada para fins impróprios (276.1), e uma parte processual que indica exceções em que essa história pode ser utilizada (276.2). Assim, em vista do que restou decidido em *Seaboyer*, as regras que tratam das exceções foram estabelecidas num nível mais geral. O artigo 276 foi, então, elaborado para garantir a observância dos princípios da justiça fundamental e para proteger a integridade do processo judicial, de forma a respeitar os direitos de todos os envolvidos.

O caso é interessante porque se de um lado temos o direito do queixoso de não querer que sua história sexual passada seja usada para fins processuais impróprios (direito estabelecido nos artigos 276(1) e 276(2)(C) do Código Penal canadense), de outro lado, vemos que o artigo 11(D) da Carta Canadense de Direitos e Liberdades estabeleceu que o acusado tem o direito de elaborar uma resposta completa para se defender das acusações que lhe são imputadas, a fim de obter um julgamento justo. Como o artigo 276(1) do Código Penal proíbe, em regra, o uso de evidências da história sexual passada da vítima, isso pode ser entendido como uma restrição ao direito de defesa do acusado.

Todavia, a partir do desenvolvimento dos itens 276.2 e 3, percebemos que a intenção do legislador foi que o artigo 276.1 do Código Penal pudesse ser lido de acordo com os artigos 7º e 11(D), e que o julgamento justo protegido por esses dispositivos constitucionais pudesse ser perfeitamente alcançado. Embora, muitas vezes, o acusado tente provar que houve o consentimento da vítima e que ela não tem credibilidade, deve se levar em consideração que esses argumentos, por serem normalmente a base das defesas apresentadas, não têm valores probatórios significativos e que a admissibilidade da prova tem que ser analisada com muita prudência, caso a caso. Assim, acentuou o Magistrado que a evidência da história sexual anterior pode ser admitida, mas em situações muito restritas.

Entendeu que o aspecto substantivo do artigo 276 não infringiu o artigo 7º que trata do direito de fazer uma resposta completa para defender-se, tampouco o artigo 11(D), que trata do direito de ter um julgamento justo. Percebeu que o artigo 276(1) não estabeleceu uma exclusão geral, mas apenas proibiu o uso de evidências de história sexual passada, quando esse uso é feito para apoiar duas inferências específicas ilegítimas, quais sejam: que o queixoso deu seu consentimento para a atividade sexual e que não tem credibilidade para testemunhar sobre a agressão sexual, em virtude de sua história sexual anterior. Consideram que esses argumentos são "mitos gêmeos", sem relevância, pois podem distorcer, gravemente, o processo de julgamento.

Nessa linha de raciocínio, frisou que o artigo 276(1) traçou apenas uma regra probatória, que teve por objetivo excluir material que não tem relevância, o que, em essência, não representa uma infração ao direito de o acusado elaborar uma defesa completa. Ressaltou que os acusados nunca tiveram o direito de apresentar provas irrelevantes ou enganosas. Dessa maneira, a exigência de que a evidência apresentada tenha valor probatório significativo, contida no artigo 276(2)(C), não incrementa a possibilidade de admissibilidade da prova, razão pela qual se encontra em consonância com os artigos 7º e 11(D) da Carta, por permitir uma adequada administração da justiça.

Entendeu, pois, que o artigo 276(1) terminou por melhorar a imparcialidade da audiência, vez que possibilitou a exclusão de evidências erradas nos julgamentos relacionados com ofensas sexuais. Assim, o direito do arguido de apresentar provas relevantes permanece, mas precisa atender certos critérios que permitam a produção de uma defesa com as características da completude e da verdade.

Com relação ao aspecto processual contido no artigo 276, considerou que a exigência de que o acusado apresente uma "declaração jurada" e comprove que a prova é admissível, de acordo com os critérios estabelecidos, não infringe seu direito a um julgamento justo e de não ser obrigado a ser testemunha em processos contra ele. Consignou, pois, que o procedimento exigido pelo artigo 276 é consistente com a Carta Constitucional e com a decisão adotada no caso *Seaboyer*. Nesse particular, enfatizou que é uma regra básica das provas que a parte que pretende apresentá-las deve estar preparada para satisfazer as exigências do Tribunal. Por fim, ressaltou que o artigo 276 não ofende a presunção de inocência, uma vez que a Coroa continua a ter o dever básico de estabelecer quais os reais elementos de uma ofensa sexual que perpassam uma mera dúvida razoável.

Acrescentou que se, de um lado, o artigo 276.1(2)(A) do Código exige que a defesa insira uma declaração detalhada das evidências que pretende usar, ela não viola o direito do acusado ao silêncio. O direito ao silêncio, previsto no artigo 7º, compreende a fase anterior ao julgamento, bem assim o privilégio de não produzir prova contra si mesmo na fase de julgamento. Ressaltou, ainda, dois pontos importantes: que o direito ao silêncio não é absoluto e que se a defesa for levantar a história sexual anterior do queixoso, não pode fazê-lo de forma a causar surpresa.

Se o Juiz se convencer de que a declaração atende aos requisitos do artigo 276.1, o acusado tem o direito, nos termos do artigo 276.2 do Código Penal, a ter uma audiência perante a Câmara para decidir se a prova é admissível. As regras básicas da produção de evidência exigem que o acusado, ao produzir seu pedido, submeta-se ao interrogatório, mesmo porque o direito a um contra-interrogatório é essencial para dar qualquer peso a uma declaração jurada. A recusa de um acusado de se submeter ao exame cruzado em sua declaração juramentada reduz o seu peso ao de uma declaração não juramentada, e já restou resolvido que um acusado não pode fazer uma declaração desse tipo.

Declarou, pois, que o direito da Coroa ao contrainterrogatório sobre a declaração, nos termos do artigo 276, é essencial para proteger a equidade do julgamento. Esse exame cruzado é necessário por permitir que o Juiz determine a relevância da prova e avalie a credibilidade do sujeito e do uso que ele pretende fazer das provas. O contrainterrogatório vai determinar se a prova é admissível. Além disso, colocou que não se pode desconsiderar que o artigo 13[248] da Carta protege os acusados contra a autoincriminação.

Ao rememorar que o julgamento justo, protegido pelo artigo 11(D) da Carta, é aquele que faz justiça a todas as partes, colocou que não se pode perder de vista os sólidos objetivos da produção legislativa, que foram a não invasão da privacidade do queixoso e o não desencorajamento da denúncia por crimes de violência sexual. Repisou que em *Seaboyer* o Tribunal considerou que os princípios da justiça fundamental incluem os três propósitos do art. 276, quais sejam: proteger a integridade do julgamento; excluir evidências enganosas; proteger os direitos dos acusados e incentivar a denúncia de violência sexual, de maneira a providenciar a segurança e a privacidade das pessoas.

Recordou que em Mills (caso anterior analisado linhas acima), o Tribunal confirmou a constitucionalidade das disposições do Código Penal que controlam o uso de registros pessoais e terapêuticos das vítimas em julgamentos de ofensas sexuais. Colocou, então, que o uso desses registros é análogo ao uso de evidências da história sexual anterior da vítima e que as proteções contidas no Código Penal acerca da utilização dessas provas no julgamento possuem motivos políticos semelhantes.

Para o Juiz Gonthier, a questão constitucional em Mills foi análoga à do presente caso, porque a não utilização de registros terapêuticos pode excluir, potencialmente, informações e evidências relevantes para que haja um julgamento justo. Também em Mills, o Tribunal lidou com um conflito entre os mesmos três princípios da Carta em questão no caso em apreço: resposta completa e defesa, privacidade e igualdade. Destarte, deixou consignado que o Tribunal definiu esses direitos de forma relacional, ao determinar que o escopo

---

[248] "Self-incrimination:

13. A witness who testifies in any proceedings has the right not to have any incriminating evidence so given used to incriminate that witness in any other proceedings, except in a prosecution for perjury or for the giving of contradictory evidence."

do direito de resposta e defesa completa deve ser determinado à luz dos direitos de privacidade e de igualdade dos queixosos e das testemunhas.

Relembrou, outrossim, que em relação ao princípio da autoincriminação, o Tribunal também adotou uma abordagem contextual no caso *White* {[2010]3 S.C.R. 374}, que exige que as questões sejam analisadas a fundo, de acordo com suas especificidades. Nessa linha, destacou que o princípio da justiça fundamental deve ser interpretado à luz de outros interesses individuais e sociais. Nesse caso, o uso de declarações feitas pelo acusado sob a compulsão da Lei do Veículo Motorizado em seu julgamento criminal foi considerado violador do princípio da autoincriminação.

Destarte, tanto em *Mills* quanto em *White*, o Tribunal definiu o alcance dos direitos do acusado de forma contextual, de forma a conciliar os princípios da justiça fundamental. Enquanto em *Mills*, a legislação que exclui a evidência foi confirmada como constitucional, em benefício da Coroa, em *White*, a evidência foi excluída em benefício do acusado, com base no fato de que foi obtida de forma injusta, mediante compulsão. Em *Seaboyer*, a regra geral de exclusão de evidências da história sexual anterior foi considerada inconstitucional, restando em seu lugar o entendimento judicial a favor da admissão discricionária de provas no julgamento. O velho artigo 276 do Código violava, pois, os artigos 7 e 11(D) da Carta, além de não poder ser justificado nos termos do artigo 1º.

No caso em apreço, o Juiz afirmou, então, as justificativas contidas em *Seaboyer* e considerou que nenhum dos direitos do acusado foi violado pelo artigo 276. Frisou que em *Seaboyer* forneceu-se uma justificativa básica para a produção legislativa no artigo 276, incluindo a importância de determinar a relevância da prova, bem como se a evidência tem valor prejudicial ou probatório. Já os casos *Mills* e *White* mostraram que o impacto do artigo 276 sobre os princípios da justiça fundamental invocados pelo acusado devem ser avaliados à luz dos outros princípios da justiça fundamental protegidos pelo artigo 276. Salientou que os motivos tratados em *Mills* são muito apropriados, pois demonstram como os princípios da igualdade, privacidade e justiça podem ser conciliados.

Considerando que o Código Penal exclui todas as generalizações discriminatórias sobre o consentimento de um queixoso ou sobre sua credibilidade, com base na sua história sexual passada, o Juiz percebeu a importância das descobertas da Corte em *Seaboyer* sobre como as crenças sexistas sobre as mulheres terminam distorcendo o processo de julgamento. Para ele, o texto da regra de exclusão contido no artigo 276(1) diverge muito pouco das diretrizes traçadas em *Seaboyer*. O simples fato de a redação dada pelo Parlamento diferir das diretrizes do Tribunal não torna a legislação inconstitucional. Em *Mills*, o Tribunal afirmou que não existe uma conformidade servil do Parlamento em relação aos pronunciamentos judiciais, o que significa um respeito mútuo que sustenta a relação entre essas instituições. Considerou, assim, que neste caso a nova legislação penal seguiu as sugestões do Tribunal de forma muito próxima.

Finalmente, ao ver do Juiz Gonthier, a versão atual do artigo 276 foi cuidadosamente elaborada para conviver com os princípios da justiça fundamental[249] delineados na Carta, pois ao mesmo tempo em que protege a integridade do processo judicial, respeita os direitos das pessoas envolvidas. A privacidade e a dignidade do queixoso são protegidas por um procedimento que também leva em consideração o direito do arguido de elaborar uma resposta completa em sua defesa. Assim, os procedimentos estabelecidos não violam: o artigo 7º da Carta de Direitos, que trata de um julgamento justo; o artigo 11(C), que trata do direito de não produzir provas contra si; e o artigo 11(D), que trata do direito a uma audiência justa. Considera, pois, que os artigos questionados da lei são constitucionais e que a sua aplicação pelo Juiz foi irrepreensível.

4.3.2.3. 3º Caso [2002] 3 S.C.R. 309: R. v. Hall (David Scott Hall versus Her Majesty The Queen)

O homicídio de uma mulher em 1999 gerou na sociedade canadense um temor de que o assassino ficasse em liberdade. Uma vez solicitada a fiança, o juiz a negou com base no artigo 515(10)(C) do Código Penal, alegando que a custódia do réu era necessária para "manter a confiança na administração da justiça". Levou em consideração as consequências do assassinato, as fortes evidências contra o acusado, além da forte comoção social. O Juiz do Tribunal Superior, por sua vez, rejeitou o recurso de *habeas corpus* do acusado que impugnava a constitucionalidade do artigo 515(10)(C), tendo a *Court of Appeal* confirmado a decisão.

No recurso feito perante a Suprema Corte canadense, os Juízes lacobucci, Major, Arbour e LeBel foram dissidentes. As razões apresentadas por eles serão mostradas mais adiante.

---

[249] Como o McLachlin J. escreveu em Seaboyer:
"Os princípios da justiça fundamental refletem um espectro de interesses, dos direitos do acusado a preocupações sociais mais amplas ... A questão final é se a legislação, vista de forma intencional, se conforma aos preceitos fundamentais subjacentes nosso sistema de justiça".

Os Juízes McLachlin C., L'Heureux-Dubé, Gonthier, Bastarache e Binnie, por sua vez, entenderam que a negativa da fiança para manter a confiança na administração da justiça era constitucional.

Ao analisar a constitucionalidade do artigo 515(10)(C)[250] do Código Pe-

---

[250] Order of release – Previous Provision
(...)
"(a) where the detention is necessary to ensure [the accused's] attendance in court in order to be dealt with according to law;
(b) where the detention is necessary for the protection or safety of the public . . . including any substantial likelihood that the accused will, if released from custody, commit a criminal offence or interfere with the administration of justice; and
(c) on any other just cause being shown and, without limiting the generality of the foregoing, where the detention is necessary in order to maintain confidence in the administration of justice, having regard to all the circumstances, including the apparent strength of the prosecution's case, the gravity of the nature of the offence, the circumstances surrounding its commission and the potential for a lengthy term of imprisonment". (grifamos)
Order of release – Actual Provision
"515 (1) Subject to this section, where an accused who is charged with an offence other than an offence listed in section 469 is taken before a justice, the justice shall, unless a plea of guilty by the accused is accepted, order, in respect of that offence, that the accused be released on his giving an undertaking without conditions, unless the prosecutor, having been given a reasonable opportunity to do so, shows cause, in respect of that offence, why the detention of the accused in custody is justified or why an order under any other provision of this section should be made and where the justice makes an order under any other provision of this section, the order shall refer only to the particular offence for which the accused was taken before the justice.
Justification for detention in custody
(10) For the purposes of this section, the detention of an accused in custody is justified only on one or more of the following grounds:
(a) where the detention is necessary to ensure his or her attendance in court in order to be dealt with according to law;
(b) where the detention is necessary for the protection or safety of the public, including any victim of or witness to the offence, or any person under the age of 18 years, having regard to all the circumstances including any substantial likelihood that the accused will, if released from custody, commit a criminal offence or interfere with the administration of justice; and
(c) if the detention is necessary to maintain confidence in the administration of justice, having regard to all the circumstances, including
(i) the apparent strength of the prosecution's case,
(ii) the gravity of the offence,
(iii) the circumstances surrounding the commission of the offence, including whether a firearm was used, and
(iv) the fact that the accused is liable, on conviction, for a potentially lengthy term of

nal Canadense, o Juiz McLachlin C. falou pelos juízes supracitados, diante da concordância que expressaram, e entendeu que o artigo tinha que ser analisado como um todo. Acentuou que a negação de fiança com base no mandamento legal que determina a necessidade de "manter a confiança na administração da justiça" cumpre o disposto no artigo 11(E) da Carta e que a nova previsão contida no artigo 515(10)(C) é mais precisa que a antiga, que era baseada no interesse público e foi declarada inconstitucional em 1992, por estabelecer um padrão não inteligível para o exercício do poder discricionário.

O Juiz McLachlin C. destacou que os meios escolhidos não foram além do que se fazia necessário para alcançar o propósito do Parlamento de manter a confiança do público no sistema de fiança e no sistema de justiça como um todo. Ao ver do magistrado, a previsão legal não foi abrangente e atingiu um equilíbrio adequado entre os direitos do acusado e a necessidade de manter a justiça no seio da comunidade. Destarte, afirmaram que para um juiz negar a fiança precisa estar convencido de que diante dos quatro fatores especificados no item "C" [artigo 515(10)(C)] e das circunstâncias a eles relacionadas seria fácil convencer um membro da comunidade de que a negação de fiança se fazia necessária para manter a confiança na administração da justiça. Registrou, assim, que não houve erro no raciocínio do Juiz que negou a fiança.

Assim, o remédio apropriado para o questionamento da constitucionalidade seria apenas cortar a frase "em qualquer outra causa justa mostrada", mas sem colocar limites à generalidade do exposto no artigo 515(10)(C), de forma a manter a intenção do Parlamento da funcionalidade da previsão legal como um todo.

Ao se pronunciar em nome dos juízes dissidentes (Major, Arbour e LeBel), o Juiz Iacobucci argumentou que numa sociedade que se diz livre e democrática, o sistema de justiça deve minimizar as negativas injustificadas de liberdade. Essa liberdade, vista na perspectiva do direito penal, deve estar diretamente relacionada com a presunção de inocência.

Advertiu que segundo o artigo 11(E)[251] da Carta Canadense de Direitos e Liberdades qualquer pessoa acusada de uma infração tem o direito de não ter a fiança recusada, sem que haja justa causa. É precisamente essa "justa causa"

---

imprisonment or, in the case of an offence that involves, or whose subject-matter is, a firearm, a minimum punishment of imprisonment for a term of three years or more." (grifamos).

[251] Carta dos Direitos e Liberdades Canadense:
"11. Any person charged with an offence has the right
(...)
(e) not to be denied reasonable bail without just cause; (...)".

que exige que a fiança só seja negada em um conjunto bem estreito de circunstâncias, ou seja, quando for necessário para promover o bom funcionamento do sistema de justiça.

O artigo 515(10)(C) do Código Penal, portanto, deve ser examinado como um todo e à luz desses requisitos constitucionais. Demais disso, mesmo que os dois componentes do artigo 515(10)(C) sejam avaliados separadamente, de forma independente, ambos precisam ser submetidos ao escrutínio constitucional.

Ressaltou que o Juiz chamado a conceder a fiança já seria capaz de proteger o público e providenciar o funcionamento do sistema de fiança, mesmo antes da previsão contida no item "C", adicionada ao artigo 515(10) do Código Penal em 1997, cinco anos depois que a previsão de motivo de "interesse público" para negar fiança foi considerada inconstitucional pela sua vagueza. Vislumbrou, assim, que a redação do artigo 515(10) já continha a amplitude necessária para englobar ameaças à "proteção ou segurança do público".

A negação da fiança sob o fundamento "qualquer outra causa justa" mostrou-se, para o Juiz, como uma previsão deliberadamente aberta e ainda mais vaga do que a antiga previsão que autorizava a negativa de fiança com base no "interesse público". Para ele, um critério judicial aberto dessa natureza para negar a fiança não promove o bom funcionamento do sistema de fiança, haja vista que quanto mais amplos são os termos sob os quais a fiança pode ser negada, mais a presunção de inocência fica comprometida.

Tampouco o componente "manter a confiança na administração da justiça", inserto na norma do artigo 515(10)(C), contém um padrão suficientemente preciso. As previsões contidas nessa norma fornecem, portanto, apenas uma fachada de precisão. Ao ver do magistrado, a previsão legal aqui mencionada é vaga devido à incapacidade de estabelecer uma justificativa que seja considerada plausível e válida para negar a fiança e que, de fato, sirva à administração adequada do sistema de justiça.

Destarte, a negativa de fiança não promoveu o bom funcionamento do sistema de fiança, vez que não restou demonstrado que o acusado representava uma ameaça para a segurança pública. Ao fim e ao cabo, o Juiz colocou que o artigo 515(10)(C) terminou por reavivar, só que com outros termos, o antigo fundamento de "interesse público", ao invocar noções bastante vagas do que deveria ser a imagem pública do sistema de justiça criminal.

Para ele, o uso indevido da Cláusula permitiu que os temores irracionais do público fossem elevados acima dos direitos do acusado. Percebeu, assim, que o juiz que negou a fiança cometeu um erro quando deu importância acentuada aos medos subjetivos do público, mesmo tendo percebido que não havia risco de fuga, nem qualquer outra iminente ameaça para esse mesmo público. Alertou, em seu Voto, que não se pode permitir que o artigo 515(10)(C) seja usado para permitir que os impulsos emocionais de um público mal informado sejam usados como única base para a negativa de fiança.

Na percepção do Juiz, quando o artigo 515(10)(C) do Código Penal era posto em confronto com o artigo 1º[252] da Carta Canadense de Direitos e Liberdades, ele não poderia ser considerado como válido, uma vez que o Parlamento não parece ter sido motivado por evidências de deficiências no sistema de fiança.

Destacou que o amplo poder de apreciação concedido ao juiz por meio do artigo 515(10)(C) não poderia prejudicar, minimamente, a correta interpretação do artigo 11(E) e que não há proporcionalidade entre os efeitos deletérios e salutares do artigo 515(10)(C) do Código Penal. A detenção preventiva tem efeitos prejudiciais mais concretos e profundos sobre o acusado do que possíveis efeitos salutares que podem existir para a manutenção da confiança na administração da justiça.

Em sendo assim, considerou que o único remédio disponível era considerar inconstitucional o artigo 515(10)(C) na sua totalidade. Entendeu, outrossim, que embora o artigo pudesse abranger casos em que a fiança pudesse ser negada sem ofender o artigo 11(E) da Carta, o Tribunal Constitucional não pode restringir, suficientemente, o alcance do artigo sem interferir, seriamente, na esfera legislativa. A este respeito, mesmo que a parte da disposição da administração da justiça fosse constitucional, o artigo 515(10)(C) não poderia ser lido para incluir apenas esta parte. Para ele, o segundo componente do artigo 515(10)(C) é apenas mais um exemplo da possibilidade de se negar a fiança "por qualquer outra causa justa".

O Chefe de Justiça (*The Chief Justice*), de seu lado, após fazer um breve relato sobre o crime que aconteceu em 3 de maio de 1999, destacou que o assassinato teve muita repercussão na mídia e causou uma preocupação pública geral. Registrou que o Código Penal, em seu artigo 515(10), previa que a fiança poderia ser negada em três situações[253], mas destacou a previsão contida no item C:

---

[252] "Guarantee of Rights and Freedoms
Marginal note: Rights and freedoms in Canada
1. The Canadian Charter of Rights and Freedoms guarantees the rights and freedoms set out in it subject only to such reasonable limits prescribed by law as can be demonstrably justified in a free and democratic society."

[253] "(a) where the detention is necessary to ensure [the accused's] attendance in court in order to be dealt with according to law;

> (...) (c) por qualquer outra causa justa que seja mostrada e, sem limitar a generalidade do acima exposto, onde a detenção é necessária para manter a confiança na administração da justiça, tendo em conta todas as circunstâncias, incluindo a força aparente da acusação, a gravidade e a natureza da infração, as circunstâncias em torno da sua incumbência e o potencial ofensivo de um longo período de prisão. (grifamos)

Rememorou que a despeito de o Juiz Bolan ter considerado que a negativa de fiança não deveria ser apoiada nos dois primeiros fundamentos [artigo 515(10) (A)(B)], pois a comunidade, os laços familiares do acusado, e a segurança proposta assegurariam o comparecimento do acusado ao julgamento, apoiou-se no seguinte argumento: que diante da repercussão do caso, a detenção do acusado era necessária para "manter a confiança na administração da justiça" e para que o medo não prevalecesse no seio da comunidade [artigo 515(10)(C)]. O Juiz Bolan enfatizou o seguinte:

> Esta cidade, como qualquer outra pequena cidade, olha para seus tribunais para pedir proteção. Os sentimentos da comunidade foram expressos por certas testemunhas. Algumas pessoas têm medo, e algumas pessoas expressaram suas preocupações. Este é um fator que levarei em consideração quando eu avaliar a terceira provisão. (2002, p. 319)[254]

Com base nas análises traçadas pelo Juiz Bolan, a negação de fiança foi mantida tanto no julgamento do Tribunal Superior (Juiz Caputo) quanto no Tribunal de Recurso de Ontário (Juiz Osborne A.C.). Confirmou-se, no âmbito desses Tribunais, que o artigo 515(10)(C) era constitucional, tendo sido o recorrente condenado por assassinato, em segundo grau, em 10 de novembro de 2000.

Mesmo assim, o Chefe de Justiça considera que a discussão sobre o cerne da questão da constitucionalidade do dispositivo do Código Penal, que trata da possibilidade de negativa de fiança [artigo 515(10)(C)], continua a ser

---

(b) where the detention is necessary for the protection or safety of the public . . . including any substantial likelihood that the accused will, if released from cus- tody, commit a criminal offence or interfere with the administration of justice; and
(c) on any other just cause being shown and, without limiting the generality of the foregoing, where the detention is necessary in order to maintain confidence in the administration of justice, having regard to all the circumstances, including the apparent strength of the prosecution's case, the gravity of the nature of the offence, the circumstances surrounding its commission and the potential for a lengthy term of imprisonment."

[254] Tradução livre: "This City, like any other small cities, looks to its courts for protection. The feelings of the community have been expressed by certain witnesses. Some people are afraid, and some people have voiced their concerns. This is a factor which I will accordingly take into consideration when I assess the third ground".

importante, senão para o acusado, ao menos para outros acusados de ofensas e para os cidadãos canadenses.

Para ele, a questão em aberto continua sendo analisar se o Juiz Bolan cometeu um erro ao negar a fiança, com base na alegação de que a negativa seria necessária "para manter a confiança na administração da justiça". Nesse cenário, é essencial analisar a posição do recorrente que defendeu, com contundência, a inconstitucionalidade da disposição do Código Penal, utilizada pelo Juiz para embasar sua decisão [artigo 515(10)(C)], por violar a presunção de inocência e o direito de não se recusar uma fiança razoável, exceto nos casos em que há "justa causa" prevista pela Carta Canadense de Direitos e Liberdades.

Destacou que ao fazer referência à previsão que fala sobre "qualquer outra causa justa", o recorrente afirmou que a inclusão da previsão contida no artigo 515(10)(C) era desnecessária, vez que terminou por representar uma tentativa de reavivar o antigo "motivo de interesse público" para negar a fiança, que outrora foi considerado inconstitucional pelo fato de constituir uma discricionariedade judicial demasiadamente aberta[255]. Para reforçar seus argumentos contrários a esse dispositivo legal, enfatizou que um dos princípios fundamentais da justiça é que um indivíduo não pode ser detido em virtude de uma disposição legal vaga.

Ao analisar os fatos em confronto com os argumentos trazidos à baila pelo recorrente, o Chefe de Justiça terminou por concordar que a frase inicial contida no artigo 515(10)(C) conferia ao juiz um amplo poder discricionário para negar a fiança por "justa causa", razão pela qual poderia ser considerada inconstitucional. Com relação à parte contida na mesma previsão legal que permitia a negativa de fiança para manter "a confiança na administração da justiça", considerou que esta desempenha um papel vital na preservação do sistema de fiança e na boa administração da justiça, por isso não a considerou indevidamente vaga, tampouco excessiva.

Ao analisar os antecedentes legislativos relacionados com o caso em discussão, o Chefe de Justiça (*Le Juge en Chef*) deixou assente que o artigo 11(E) da Carta Canadense estipula que só pode ser negada a fiança a uma pessoa acusada de praticar uma infração se houver uma razoável justa causa. Frisou, então, que se trata de um direito básico (já analisado em Pearson), baseado na presunção de inocência de um acusado, e que tem que ser garantido até que este seja considerado culpado no julgamento.

---

[255] Questionamentos semelhantes foram analisados nos casos: *R. v. Pearson* [1992] 3 SCR 665; *R. v. Morales* [1992] 3 S.C.R. 711.

Salientou que embora no artigo 11(E) haja uma defesa da presunção de inocência, há uma abertura limitada que reconhece que nos casos onde houver "justa causa" a liberdade pode ser negada para um acusado cujo julgamento ainda encontra-se pendente. A questão é saber o que é afinal essa "justa causa" que pode embasar a negativa da fiança?

Para entender os questionamentos supramencionados, o Chefe de Justiça salientou que é importante rememorar o histórico do instituto legal da fiança no Canadá.

Em 1869, o Governo Federal promulgou uma legislação que tornou a fiança discricionária para todas as infrações, assim, eram considerados fatores como a natureza da ofensa, a gravidade da pena, a prova contra o acusado e o caráter do acusado.

Em 1972, a lei de fiança foi recodificada (*Bail Reform Act*, S.C. 1970-71-72, c. 37), ocasião em que foram consideradas duas situações para a recusa da fiança: 1ª) quando a detenção do acusado era necessária para assegurar sua presença no Tribunal; 2ª) quando a detenção era necessária para garantir a satisfação do interesse público ou para a proteção ou segurança do público. Esses fundamentos foram promulgados no artigo 457(7)(A) e (B) do Código Penal, os quais se tornaram, mais tarde, o artigo 515(10)(A) e (B).

Anos mais tarde, em 1992, o Tribunal foi chamado a apreciar questão constitucional da aplicação da Lei da Fiança em confonto com a previsão constitucional contida no artigo 11(E) da Carta (Casos Pearson e Morales).

Rememorou que em Pearson, o Juiz Lamer C., considerou que o artigo 11(E) continha dois elementos distintos: 1º) o direito à "fiança razoável" em termos de componente monetário; e 2º) o direito de não ser recusado o pagamento da fiança sem "justa causa". Ao interpretar o termo "justa causa", considerou que a fiança só poderia ser negada em um conjunto estreito de circunstâncias e para a promoção do bom funcionamento do sistema de fiança.

No caso Morales, ao analisar a constitucionalidade do artigo 515(10)(B), o Tribunal considerou inconstitucional a parte que autorizava a detenção de um acusado com base no "interesse público", vez que se tratava de uma disposição vaga, imprecisa e que autorizava prisões que dependiam da conveniência do julgador.

Só após cinco anos, o Parlamento Canadense substituiu a previsão "interesse público" para negar a fiança pela nova previsão contida no artigo 515(10)(C) que estabeleceu que a fiança poderia ser negada "por qualquer outra causa justa mostrada" ou nos casos em que fosse necessário "manter a confiança no sistema de justiça", levando em conta, é claro, todas as circunstâncias relacionadas ao caso concreto.

Foi a partir das críticas traçadas pelo Tribunal Constitucional no caso Morales que o Parlamento percebeu que havia necessidade de substituição do termo "interesse público", por outro termo que contivesse critérios mais precisos.

Nesse ponto da análise, a questão a se examinar era a constitucionalidade da totalidade do artigo 515(10)(C) ou apenas da porção do parágrafo que permitia a negação da fiança para "manter a confiança na administração da justiça". Para o Chefe de Justiça tinha que se levar em consideração que o Parlamento pretendia duas coisas com o artigo 515(10)(C): conceder um amplo poder discricionário para negar a fiança por "qualquer outra causa justa"; destacar que a negativa da fiança pode ser necessária para "manter a confiança na administração da justiça". Destarte, ambas as partes da nova previsão legal têm que ser consideradas, pois não há motivo para separá-las.

Entendeu que a primeira frase do artigo 515(10)(C), que permitiu a negação da fiança com base "em qualquer outra causa justa mostrada" era inconstitucional, pois o Parlamento não poderia conferir poder discricionário tão amplo aos juízes para negar a fiança, e sim circunstâncias mais estreitas e precisas para a negativa. Demais disso, a previsão legal mostrava-se inconsistente quando confrontada com a presunção de inocência contida no artigo 11(E) da Carta[256].

Ao rememorar a previsão contida no artigo 52[257] da Constituição de 1982, que prevê que uma lei é nula na medida em que é incompatível com a Carta, frisou que também a disposição "sem limitar a generidade do exposto" (*without limiting the generality of the foregoing*) é nula por servir somente para justificar a generalidade da frase que permite ao juiz negar a fiança "em qualquer outra justa causa mostrada" (*on any other just cause*).

Isso não quer dizer que todo o artigo 515(10)(C) seja inconstitucional. Mesmo com a retirada das frases acima especificadas, as demais prescrições do artigo 515(10)(C) podem ser mantidas, para colocar a salvo ao menos uma parte das intenções do Parlamento, que era manter a confiança na administração da justiça, tendo em conta os quatro fatores especificados.

---

[256] Mesmo assumindo um objetivo legislativo premente e substantivo para a frase "por qualquer outra causa justa mostrada", a generalidade da frase impulsiona seu fracasso no ramo de proporcionalidade do teste de *Oakes* [*R. v. Oakes*, (1986) 1 RCS 103).

[257] PART VII – GENERAL – Primacy of Constitution of Canada
52. (1) The Constitution of Canada is the supreme law of Canada, and any law that is inconsistent with the *provisions of the Constitution is, to the extent of the inconsistency, of no force or effect.* (grifamos).

Registrou que análises pretéritas de casos semelhantes[258] mostraram que, em algumas circunstâncias, pode ser necessário, para o bom funcionamento do sistema de fiança e do próprio sistema de justiça, negar a fiança, mesmo quando não há risco que o acusado não compareça ao julgamento. Rememorou que o Juiz Bolan, com base em provas fortes e convincentes, mesmo tendo concluído que a fiança não poderia ser negada pelos motivos colocados no artigo 515(10)(A)(B), concluiu que a detenção era necessária para manter a confiança na administração da justiça, conforme previsão contida no artigo 515(10)(C), já que o crime foi considerado odioso, inexplicável e as evidências contra o acusado eram muito fortes. Salientou, assim, que a disposição em questão tem o firme propósito de manter a confiança na administração da justiça em circunstâncias como essas.

Destacou que nesse caso, a permissão para que um acusado fosse libertado, mesmo tendo praticado crime hediondo, poderia prejudicar a confiança do público na administração da justiça e ainda ensejar o surgimento de perigos como a agitação pública e o vigilantismo.

Como contraponto a esse posicionamento, destacou que o Juiz lacobucci mesmo reconhecendo esses argumentos rejeitou-os por dois motivos: 1º) por entender que o artigo 515(10)(B) já era bem vasto e poderia abarcar quaisquer ameaças à proteção ou segurança do público, 2º) por entender que ao falar de detenção necessária para a proteção ou segurança do público, o restante do parágrafo, assim como a jurisprudência já abriam a possibilidade de saber se o acusado é susceptível de cometer crimes enquanto sob fiança ou se, de outra forma, é susceptível de interferir na boa administração da justiça[259].

Relembra que o recorrente argumentou que a Suprema Corte, tanto no caso Morales quanto no caso Pearson enfatizou os dois primeiros motivos para a negação de fiança, sugerindo que outros motivos devem ser vistos como suspeitos. Embora em Morales tenha ficado claro que os fundamentos para negação de fiança não estão congelados, pois leis advindas do Parlamento podem aumentar os casos em que se faz necessária a negativa, também ficou registrado que as previsões legais têm que estar em consonância com os requisitos constitucionais.

---

[258] Citou os seguintes casos decididos no Canadá: *R. v. MacDougal* [1998] 3 SCR 45 [Supreme Court Judgments]; *R. v. Dakin* (1995), 80 O.A.C. 253 (CA) [*Ontario Court of Appeal*].

[259] Veja, por exemplo, *R. v. Morales* [1992] 3 SCR 711; *R. v. Coles* [2012] 3 SCR 34; *R. v. Smith* [2015] 2 SCR 602.

Negar fiança para manter a confiança na administração da justiça representa uma base separada e distinta para a recusa de fiança não coberta pelas outras duas categorias, mas isso não anula a distinção dos três motivos. Destarte, com base nas considerações que delineou, o Chefe de Justiça concluiu que a disposição que permite que a fiança seja negada com base na necessidade de manter a confiança na administração da justiça não é supérflua, tampouco injustificada, por atender a uma necessidade real de permitir que um juiz de fiança detenha um acusado com pendência de julgamento com o objetivo de manter a confiança do público se as circunstâncias do caso assim o justificarem. Sem confiança pública, o sistema de fiança e o sistema de justiça, geralmente, ficam comprometidos, embora não seja frequente o recurso a este fundamento para a negação de fiança. Trata-se de mais um meio disponível para a recusa da fiança.

A questão principal é, pois, analisar se a negativa da fiança "para manter a confiança na administração da justiça", tendo em conta os fatores estabelecidos no artigo 515(10)(C), está em conformidade com o artigo 11(E) da Carta, que prevê que a fiança só pode ser negada apenas por "justa causa".

Enfatizou que embora o recorrente defenda com veemência que manter a confiança na administração da justiça é uma prescrição legal vaga e por demais abrangente e terminou por substituir a prescrição legal do "interesse público", já considerada inconstitucional na análise do caso Morales, entende que o fundamento de manter a confiança na administração da justiça[260] [artigo 515(10)(C)] é muito mais estreito e preciso que o antigo fundamento do "interesse público", vez que se baseia em conceitos considerados justificáveis.

Para embasar seu raciocínio, coloca que as leis são, necessariamente, declarações gerais que devem cobrir uma variedade de situações. Por conseguinte, um grau de generalidade é essencial e não deve ser confundido com vagueza, o que ocorre quando a lei é tão imprecisa que não permite o debate jurídico sobre o seu significado e aplicação. Insiste no ponto em que exigir precisão absoluta seria criar um padrão constitucional impossível.

---

[260] A frase "administração adequada da justiça" foi escrita para fornecer um padrão inteligível e, portanto, não excessivamente abrangente na *Canadian Broadcasting Corp. v. New Brunswick* (Procurador-Geral), [1996] 3 S.C.R. 480, no contexto da preservação da abertura na administração da justiça. Nesse caso, o juiz La Forest definiu a frase como incluindo um poder desproporcionado dos tribunais para controlar seu próprio processo. Ele afirmou que: "a frase 'administração da justiça' aparece em toda a legislação no Canadá, incluindo a Carta. Assim, 'administração adequada da justiça', que, necessariamente, foi objeto de interpretação judicial, fornece ao judiciário um padrão viável".

Percebe que o termo "interesse público" abarca um terreno mais amplo e vago do que "manter a confiança na administração da justiça". Esta última previsão é mais estreitamente definida do que o padrão de "interesse público" discutido exaustivamente no caso Morales. A direção para considerar todas as circunstâncias e os critérios colocados delineiam uma base mais sólida para o exercício da discricionariedade. Entendeu, por isso, que a disposição não é inconstitucionalmente vaga e que o padrão adotado fornece um padrão inteligível para o debate.

Com isso, vislumbrou que os fundamentos para a negação da fiança não são excessivos e que os meios escolhidos pelo Estado não vão além do necessário para atingir o objetivo público que é, exatamente, manter a confiança na administração da justiça. Enfatizou, porém, que a provisão da fiança não deve colocar obstáculos infundados que possam retirar a liberdade do acusado, tampouco afastar sua presunção de inocência. A recusa de fiança deve, sim, limitar-se a um "conjunto estreito de circunstâncias" relacionado ao bom funcionamento do sistema de fiança, conforme outrora discutido nos casos Pearson e Morales.

Em sendo assim, o artigo 515(10)(C) estabeleceu fatores específicos que terminaram por delimitar um conjunto restrito de circunstâncias sob as quais a fiança pode ser negada, com base na manutenção da confiança no sistema de fiança e de administração da justiça como um todo.

Repisou, então, que podem surgir situações em que mesmo não havendo o risco de fuga do acusado ou de cometer outros crimes enquanto aguarda julgamento, a simples presença dele no seio da comunidade irá desencadear uma desconfiança do público no sistema de administração da justiça. Foi por isso que o Parlamento estabeleceu os quatro fatores contidos no artigo 515(10)(C).

Ao buscar resgatar quais foram os propósitos do Parlamento para a inserção da previsão contida no artigo 515(10)(C), registrou que é importante perceber se os meios escolhidos vão ou não além do necessário para atingir o objetivo de manter a "confiança na administração da justiça". Entendeu que o Parlamento protegeu a disposição de fiança com salvaguardas importantes o que não dispensa que o juiz[261] esteja atento a todos os fatos que envolvem o caso e avalie, a partir daí, se a detenção realmente se faz necessária para manter a confiança na administração da justiça.

---

[261] Além disso, como McEachern C.J.B.C. (em Câmaras) observado em *R. v. Nguyen* (1997), 119 C.C.C. (3d) 269, a pessoa razoável que faz esta avaliação deve ser devidamente informada sobre "a filosofia das disposições legislativas, os valores da Carta e as circunstâncias reais do caso".

A avaliação judicial precisa ser a mais objetiva possível e para isso considerar, com a prudência devida, os quatro fatores especificados pelo Parlamento. Entendeu, assim, que o dispositivo legal em questão não autoriza uma discrição judicial aberta e atinge um equilíbrio adequado entre os direitos dos acusados e a necessidade de manter a justiça na comunidade. Em suma, não é excessivo.

Diante das considerações traçadas, salientou que o Juiz Bolan aplicou um raciocínio correto ao negar a fiança, pois considerou não só o alto nível de preocupação da comunidade, mas a natureza hedionda do crime, o que o fez manter a confiança do público no sistema de administração da justiça.

Finalizou seu raciocínio colocando que com a introdução da Carta Canadense dos Direitos e Liberdades, os tribunais incrementaram o diálogo constitucional com o Parlamento e que o caso ora analisado demonstra, claramente, como essa interação institucional vem sendo realizada. A história começou quando o Parlamento aprovou uma legislação que permitia que o juiz pudesse deter um acusado quando essa ação fosse "necessária ao interesse público". Ao analisar a constitucionalidade dessa previsão legal, a Suprema Corte entendeu qua a parte da previsão legal [artigo 515(10)(B)] que autorizava a negativa de fiança com base em razões de interesse público deveria ser considerada inconstitucional (Morales, Lamer C.). Assim, o fundamento do "interesse público" foi retirado do resto do artigo 515(10)(B), visto que a provisão ainda poderia funcionar como um todo.

Só depois de considerar os motivos do Tribunal analisados nos casos Pearson e Morales, o Parlamento substituiu o "interesse público" pela nova linguagem inserida no artigo 515(10)(C), o qual contém frases separadas: a primeira frase confere um amplo poder discricionário aos juízes para negar a fiança por "qualquer outra causa justa" e é inconsistente com a presunção de inocência contida no artigo 11(E) da Carta Canadense de Direitos e liberdades, podendo ser declarada nula em conformidade com o art. 52 da Constituição de 1982; a segunda frase fornece um exemplo do que pode ser considerado justa causa e é capaz de ficar sozinha na prescrição legal questionada, sem prejudicar a intenção do Parlamento[262], por ser constitucionalmente válida.

Destarte, ao responder se o artigo 515(10)(C) do Código Penal (R.S.C. 1985, c. C-46), infringia o artigo 11(E) da Carta Canadense de Direitos e Liberdades, a resposta do Chefe de Justiça foi sim, em parte, em razão da vagueza da frase "por qualquer outra causa justa que seja mostrada e, sem limitar a generalidade do exposto".

---

262 Schachter c. Canadá, [1992] 2 S.C.R. 679.

O Juiz lacobucci falou pelos dissidentes (Major, Arbor e LeBel J.), acentuando, inicialmente, que numa sociedade livre e democrática a liberdade é um tema essencial e que uma vez perdida nunca pode ser totalmente compensada, razão pela qual o sistema de justiça deve minimizar ao máximo as chances de uma negação de liberdade injustificada.

Esta liberdade, vista num contexto de direito penal, é fundamentada na presunção de inocência e no direito respectivo ao pagamento de fiança para a manutenção da preciosa liberdade. Negar fiança a um indivíduo acusado de cometer uma infração penal significa violar a presunção de inocência. Para ele, é nesse contexto de valorização da liberdade do indivíduo que as leis que autorizam a detenção preventiva devem ser examinadas.

Não é por acaso que o artigo 11(E) da Carta de Direitos e Liberdades do Canadá exige particular atenção dos tribunais na guarda da liberdade. Por isso, a detenção preventiva deve ser aplicada em circunstâncias restritas, nas quais os direitos e liberdades do acusado devem ser sopesados com a necessidade de preservação do interesse da sociedade. Nessa linha, os tribunais têm que assumir a responsabilidade constitucional de examinar, com profundidade, em que circunstâncias o legislador autorizou a detenção do acusado na ausência de uma condenação.

Vislumbrou, então, que por não dar a importância fundamental à presunção de inocência e permitir grande arbítrio judicial para retirar a liberdade do acusado, o artigo 515(10)(C) deve ser derrubado na sua totalidade, por inconstitucional.

Após traçar uma visão geral sobre o sistema de fiança e reconhecer que, originalmente, num contexto de *common law*, o único motivo para negar a fiança era garantir o comparecimento do acusado no julgamento[263], rememorou que na década de 1960, vários estudos sobre o sistema de fiança canadense foram realizados, dentre eles o trabalho inovador do professor M. L. Friedland, "Detenção antes do julgamento: estudo de casos criminais julgados nos tribunais de magistrados de Toronto (1965)". O estudo empírico do sistema de fiança mostrou que ele ficava muito aquém de qualquer padrão razoável e que, muitas vezes, representava uma forma de punição antes do julgamento.

---

263 *R. v. Rose* [1898], 18 Cox C.C. 717 (Cr. Cas. Res.); G. T. Trotter, *The Law of Bail no Canadá* (2ª edição, 1999). Em *R. v. Phillips* (1947), 32 Cr. Aplicativo. R. 47, a Corte de Recurso de Inglaterra reconheceu que a fiança também poderia ser negada quando havia uma grande probabilidade de que o acusado cometesse a uma ofensa sob fiança. Como resultado, veio a existir dois fundamentos comuns e distintos para recusar a fiança: garantir o comparecimento do juizado e proteger o público.

De particular importância para os fins do estudo mencionado no parágrafo retro foi a descoberta de uma relação clara entre custódia pendente de julgamento e o próprio julgamento. Verificou-se que aqueles que não estavam sob custódia eram mais propensos a serem absolvidos do que aqueles que estavam sob custódia e, se condenados, eram mais propensos a receber sentenças mais leves. Essas evidências levaram o pesquisador a concluir que os efeitos prejudiciais da custódia de um acusado com julgamento pendente exigem que o sistema que determina se ele será ou não liberado antes do julgamento seja muito bem avaliado. Noutros termos, a pesquisa[264] mostrou que a negação de fiança tem um efeito prejudicial sobre a presunção de inocência e os direitos de liberdade do acusado e que a prisão preventiva pode ter sérios efeitos práticos sobre a capacidade de o acusado se defender.

À luz de suas descobertas, uma das principais recomendações do Professor Friedland foi dar uma maior atenção ao aspecto discricionário das decisões de fiança, devido às conseqüências prejudiciais da custódia e ao possível uso indevido de critérios vagos. Esse estudo argumentou fortemente que os critérios definidos a serem usados para a negação da fiança sejam claros e inequívocos.

Com vários argumentos a favor de uma reforma no sistema de fiança, o Parlamento respondeu em 1972 com o *Bail Reform Act*[265]. A Lei, ao eliminar a abordagem inflexível de tudo ou nada, deu ao juiz responsável pela concessão da fiança a capacidade de conceder a liberação com base em determinadas condições. A Lei aderiu às sugestões feitas no estudo citado, quando estipulou critérios específicos para negar a fiança antes do julgamento. Assim, o artigo 515(10) do Código Penal (R.S.C. 1985, c. C-46), previu o seguinte[266]:

---

264 A partir do estudo do professor Friedland, a conexão entre a detenção preventiva e a condenação foi apontada em vários estudos: Relatório da Comissão sobre Racismo Sistêmico no Sistema de Justiça Criminal de Ontário (1995), p. 113-16; Justice and the Poor: Uma publicação do National Council of Welfare (2000), p. 28-50.

265 S.C. 1970-71-72, c. 37.

266 Tradução livre:
"515 ....
(10) Para os fins desta seção, a detenção de um acusado sob custódia é justificada apenas por qualquer dos seguintes motivos:
(a) no fundamento primário de que a sua detenção é necessária para garantir a sua presença no tribunal para ser tratada de acordo com a lei; e
(b) no terreno secundário (cuja aplicabilidade só deve ser determinada no caso de e após a determinação de que a sua detenção não se justifica pelo motivo principal referido na alínea (a) que a sua detenção é necessária no interesse público ou para a proteção ou segurança do público, tendo em conta todas as circunstâncias, incluindo qualquer probabilidade substancial de que o acusado, se for libertado, cometa uma infração penal ou interfira com a administração da justiça."

> 515....
> (10) For the purposes of this section, the detention of an accused in custody is justified only on either of the following grounds:
> (a) on the primary ground that his detention is necessary to ensure his attendance in court in order to be dealt with according to law; and
> (b) on the secondary ground (the applicability of which shall be determined only in the event that and after it is determined that his detention is not justified on the primary ground referred to in paragraph (a) *that his detention is necessary in the public interest* or for the protection or safety of the public, having regard to all the circumstances including any substantial likelihood that the accused will, if he is released from custody, commit a criminal offence or interfere with the administration of justice. (grifamos)

É interessante perceber que além dos critérios tradicionais de *common law*, o "interesse público" apareceu como um fundamento independente para negar a fiança. Em 1992, no caso *R. v. Morales* (1992 3 S.C.R. 711), o Tribunal anulou o componente de "interesse público" do artigo 515(10)(B) por considerá-lo inconstitucionalmente vago e, portanto, contrário ao artigo 11(E) da Carta Canadense de Direitos e Liberdades e injustificável nos termos do artigo primeiro dessa mesma Carta.

Após uma demora de cinco anos, o Parlamento respondeu ao posicionamento da Suprema Corte adotado no caso *R. v. Morales*. Alterou o art. 515 (10) por intermédio da Lei de Melhoria do Direito Penal[267], que passou a ter a seguinte redação:

> 515....
> (10) For the purposes of this section, the detention of an accused in custody is justified only on one or more of the following grounds:
> (a) where the detention is necessary to ensure his or her attendance in court in order to be dealt with according to law;
> (b) where the detention is necessary for the protection or safety of the public, having regard to all the circumstances including any substantial likelihood that the accused will, if released from custody, commit a criminal offence or interfere with the administration of justice; and
> (c) on any other just cause being shown and, without limiting the generality of the foregoing, where the detention is necessary in order to maintain confidence in the administration of justice, having regard to all the circumstances, including the apparent strength of the prosecution's case,

[267] *Criminal Law Improvement Act*, 1996, S.C. 1997, c. 18, s. 59.

> the gravity of the nature of the offence, the circumstances surrounding its commission and the potential for a lengthy term of imprisonment.[268]

Como se pode perceber, a alteração envolveu duas alterações mais significativas: na primeira, o Parlamento removeu a linguagem que indicava uma ordem dos motivos, para possibilitar que a fiança pudesse ser negada de forma independente de acordo com qualquer dos parágrafos (A), (B) ou (C); na segunda, foi adicionado o parágrafo (C) ao artigo 515(10), como um terceiro motivo autorizador da detenção preventiva.

Para o Juiz Iacobucci, o motivo de recusa da fiança baseado no artigo 515 (10)(C), questionado perante a Suprema Corte, ocupou uma categoria residual ampla, por permitir a negação de fiança por razões diferentes da necessidade de assegurar o comparecimento do acusado ao julgamento e de prevenir atividades criminosas. A seu ver, a previsão legal de negar fiança com base em "qualquer outra causa justa" representou uma regressão parlamentar, pois terminou por reavivar uma situação semelhante àquela existente antes da promulgação da Lei de Reforma da Obrigação em 1972, quando discricionariedade judicial era bastante irrestrita para a negativa da fiança.

Alertou, assim, que os estudos e reformas na lei penal em relação à fiança não podem ser esquecidos e devem proporcionar uma valiosa lição ao Parlamento sobre os perigos de uma abordagem discricionária. O advento da Carta, que trouxe consigo a presunção de inocência e o direito à fiança, sobreleva o dever de a Suprema Corte supervisionar a atividade legislativa, de forma a garantir a sua adesão aos direitos fundamentais. Noutros termos, o Juiz destacou que o direito à fiança está consagrado no artigo 11(E) da Carta, que estipula que a fiança só pode ser negada quando há "justa causa" para fazê-lo.

---

[268] Tradução livre:
"515 ....
(10) Para os fins desta seção, a detenção de um acusado em custódia é justificada somente em um ou mais dos seguintes motivos:
(a) onde a detenção é necessária para garantir a sua presença no tribunal para ser tratada de acordo com a lei;
(b) quando a detenção for necessária para a proteção ou a segurança do público, tendo em conta todas as circunstâncias, incluindo qualquer probabilidade substancial de que o acusado, se for liberado, cometa uma infração penal ou interfira com a administração da justiça; e -
(c) por qualquer outra causa justa que seja mostrada e, sem limitar a generalidade do acima exposto, onde a detenção é necessária para manter a confiança na administração da justiça, tendo em conta todas as circunstâncias, incluindo a força aparente da acusação caso, a gravidade da natureza da infração, as circunstâncias em torno da sua comissão e o potencial para uma longa pena de prisão (p. 35)".

Assim, a fim de responder sobre a constitucionalidade ou não de uma frase amorfa, o Juiz examinou não só os fundamentos históricos da fiança e alguns desenvolvimentos mais recentes que ajudaram a formular o sistema de fiança canadense moderno, mas também casos já analisados no âmbito da Suprema Corte, como Pearson and Morales.

Destacou que o artigo 11(E) foi analisado pela Suprema Corte Canadense pela primeira vez em *R. v. Morales* {[1992] 3 SCR 711} e em seu caso complementar *R. v. Pearson* {[1992], 3 S.C.R. 665}, ocasião em que foram assentadas as bases da sua interpretação e estabelecidos os princípios constitucionais subjacentes ao direito questionado. No caso Morales foi discutido, especificamente, o artigo 515(10) do Código Penal e no caso Pearson, o Juiz Lamer, ao falar pela maioria do Tribunal, considerou que os artigos 11(D) e 11(E) eram direitos paralelos na medida em que serviam para definir o conteúdo processual do direito substantivo de ser presumido inocente nas fases de julgamento e fiança do processo criminal, respectivamente. Considerou, outrossim, que o componente "justa causa" do artigo 11(E) servia como um padrão constitucional em relação ao qual a fiança pode ser concedida ou negada, enquanto que a parcela de "fiança razoável" governava os termos de fiança.

Para o Juiz Iacobbuci, o legado constitucional mais importante deixado a partir das discussões travadas nos casos supramencionados foi a análise da definição que foi dada ao termo "justa causa". Relembrou que o Juiz Lamer confirmou que o requisito de "justa causa" implicava na observância das seguintes condições: (1) que a fiança só poderia ser negada em um conjunto restrito de circunstâncias; (2) que a negativa de uma fiança deve se basear na promoção do bom funcionamento do sistema de fiança e não ser realizada para propósitos estranhos a esse sistema. Na realidade, o Tribunal, chamado a moldar o conteúdo de um direito da Carta, estabeleceu os elementos constitucionais fundamentais para a interpretação do artigo 11(E).

Nesse contexto, destacou que o Tribunal se depara, desta feita, com a necessidade de examinar o artigo 515(10)(C) à luz destes dois requisitos constitucionais outrora estabelecidos quando da análise dos casos Morales e Pearson.

Em Morales, a constitucionalidade do dispositivo contido no artigo 515(10) (B) foi questionada, tendo em vista as previsões de "interesse público" e "segurança pública" neles contidas. O juiz Lamer observou que "não pode haver justa causa para negação da fiança, quando o critério estatutário para negação é vago e impreciso", ocasião em que destacou o importante papel desempenhado pelo princípio da imprecisão no contexto da fiança. Ao analisar casos em que foi negada a fiança, o Juiz Lamer identificou situações em que o fundamento do "interesse público" foi usado, tendo concluído que o termo não delineou um padrão suficientemente preciso, pois uma lei vaga e imprecisa não pode fornecer uma base sólida para o debate jurídico.

Nessa linha, o termo "interesse público" mostrava-se incapaz de enquadrar o debate legal de maneira significativa ou estruturante e dava aos tribunais uma liberdade irrestrita para definir qualquer circunstância como suficiente para justificar a detenção preventiva. A conclusão foi, então, no sentido de que o fundamento do "interesse público" era muito vago, violava o artigo 11(E) e também não poderia ser justificado nos termos do artigo 1º da Carta Canadense de Direitos e Liberdades.

Já o componente de "segurança pública", contido no artigo 515(10)(B), foi considerado constitucionalmente válido, pois suas condições eram mais estreitas para satisfazer o requisito do artigo 11(E). Em assim sendo, a liberdade de um indivíduo só pode ser negada quando houver uma "probabilidade substancial" de que ele cometa uma ofensa ou interfira na administração da justiça, e somente quando essa "probabilidade substancial" põe em perigo a "proteção ou segurança do público". Noutros termos, a detenção só é justificada quando se faz necessária para a garantia da segurança pública.

Esse terreno da "segurança pública" foi considerado necessário para promover o bom funcionamento do sistema de fianças, porque este não funciona adequadamente se um acusado interfere na administração da justiça ou comete uma infração que ameace o público, enquanto está sob fiança. O Juiz Gonthier, dissidente da conclusão do Juiz Lamer no caso Morales, entendeu que, embora amplo, o "interesse público" não era indevidamente vago, razão pela qual não violava o artigo 11(E) da Carta.

Já em Pearson, o Tribunal examinou a validade constitucional do artigo 515 (6)(D), que tratava do ônus inverso que, para certas ofensas envolvendo a distribuição de narcóticos, ordenava que o acusado fosse detido e demonstrasse a causa por que a detenção não seria justificável. Novamente, falando pela maioria do Tribunal, o Juiz Lamer declarou que o artigo 515(6)(D) não ofendeu o artigo 11(E) da Carta. Em primeiro lugar, deu destaque ao pequeno número de infrações a que a disposição foi aplicada e a oportunidade que é dada ao acusado de demonstrar que a detenção não é justificada, ressaltando que o artigo se aplicava apenas a um conjunto restrito de circunstâncias.

Além disso, com referência às características específicas das infrações listadas no artigo 515(6)(D) e ao tratamento diferencial justificado no processo de fiança, o Juiz Lamer observou que o tráfico de drogas geralmente envolvia um ambiente comercial sofisticado que criava enormes incentivos para que um ofensor continuasse o comportamento criminal, mesmo após a prisão e a liberação sob fiança. À luz desses riscos, ele entendeu que o artigo 515(6)(D) era, de fato, necessário para promover o bom funcionamento do sistema de fiança e não era usado para propósitos estranhos a esse mesmo sistema.

O Juiz McLachlin, dissidente da conclusão do Juiz Lamer no caso Pearson, entendeu que as ofensas relacionadas com os narcóticos a que o artigo 515(6)(D) se referia abrangia traficantes de grande escala e de pequena escala e era excessivamente amplo. Na opinião do Magistrado, os riscos identificados pelo Juiz Lamer C., utilizados para justificar o propósito do artigo 515(6)(D), não se aplicariam a pequenos traficantes. Assim, a provisão poderia resultar na negação de fiança a esses indivíduos, mesmo na ausência de justa causa.

Com relação ao artigo 1º da Carta, mesmo reconhecendo a importância dos objetivos de evitar reincidências e fuga, ele entendeu que o artigo 515(6)(D) ia além do necessário, incluindo todos os tipos de traficantes em situação semelhante. Por conseguinte, o Juiz McLachlin considerou inconstitucional a disposição impugnada.

Com isso, ao analisar mais detidamente a previsão legal questionada [artigo 515(10)(C)], o Juiz Iacobbuci entendeu necessário se reportar ao contexto legislativo que levou à expedição da previsão legal em questão. Relembrou que o Parlamento se baseou na decisão tomada pela Suprema Corte no caso Morales, ocasião em que restou assente que o "interesse público" contido no artigo 515(10)(B) era inconstitucional e que a prisão preventiva do acusado só poderia ser justificada para assegurar a participação do arguido em tribunal ou proteger a segurança do público. Ao adicionar a letra "C" ao artigo 515(10), após uma demora de cinco anos para reagir ao que restou decidido no caso Morales, a intenção do Parlamento foi deixar claro que a fiança agora poderia ser negada com base em qualquer um dos parágrafos (A), (B) ou (C) do artigo 515(10).

No sentir do Magistrado, a delonga na ação parlamentar pode ter resultado do fato de que no decorrer dos cinco anos não se ter compreendido que haveria indicação para a criação de mais um dispositivo legal que incrementasse os fundamentos tradicionais que já permitiam a negação da fiança.

Mesmo buscando entender o contexto legislativo em que houve o acréscimo da previsão contestada, o magistrado acentuou que a redação do artigo 515(10)(B) já era suficientemente ampla para abranger qualquer tipo de ameaça à proteção ou à segurança do público. Para ele, havia sempre uma possibilidade de se considerar a "proteção ou segurança do público", independentemente da probabilidade de o acusado reincidir ou interferir na administração da justiça.

Noutros termos, entendeu que o artigo 515(10)(B) já era bem amplo para cobrir os possíveis cenários em que a detenção se fazia necessária. Considerou, ademais, o poder discricionário que tem o juiz para conceder a fiança em condições particulares, vez que estão aptos a entender as especificidades dos casos que lhe são submetidos, flexibilidade esta que ajuda a reduzir as situações em que a detenção é necessária. Assim, o receio do Parlamento de que possa surgir uma situação em que o juiz de fiança não tenha condições de providenciar a proteção do público, com base no terreno residual que restou após a decisão adotada em Morales, não pode ser considerado razoável.

Destarte, apesar de concordar com a opinião da Suprema Corte de que o artigo 515(10)(C) deve ser lido e avaliado como um todo, discordou que o artigo poderia ser lido de forma a separar, simplesmente, a parcela inconstitucional da previsão legal. Defendeu, portanto, que a estrutura do dispositivo não permitia uma análise fragmentada.

Ao resgatar, novamente, a previsão parlamentar, o Juiz ressaltou que a intenção da promulgação do artigo 515(10)(C) foi conceder ao Juiz poder discricionário, contestado pela parte justamente pela sua textura demasiadamente aberta. Assim, as previsões de "justa causa" e de "manutenção da confiança na administração da justiça" devem ser adequadamente enfrentadas.

Recordou que no caso *R. v. Morales*, a Corte Constitucional considerou que a restrição ao direito de fiança contido no artigo 11(E) da Carta só seria válida se atendesse às seguintes condições: negar a fiança apenas com base em um conjunto estreito de circunstâncias; e, negar a fiança quando necessária a promoção do bom funcionamento do sistema de fiança e não por propósitos estranhos a esse sistema.

Ao concordar com o Chefe de Justiça no sentido de que a frase "qualquer outra causa justa" não é suficientemente restrita para cumprir os padrões constitucionais impostos nos casos Pearson e Morales, alertou que não se pode esquecer que a razão de ser do sistema de fiança é a presunção de inocência e o direito geral de fiança, e quanto mais amplos os termos sob os quais a fiança pode ser negada, mais esta presunção fundamental pode estar comprometida.

Destacou que os fatores listados no artigo 515(10)(C), quais sejam: "a força aparente do caso da acusação, a gravidade da natureza da infração, as circunstâncias que envolvem sua comissão e o potencial de um longo período de prisão", eram relevantes para determinar se a fiança deveria ou não ser concedida. Assim, seria preciso assumir que a decisão não está sendo tomada para garantir que o acusado compareça ao julgamento ou para proteger o público, nos termos do artigo 515(10)(A) ou (B).

Repisa que não vê como a confiança na administração da justiça pode ser promovida pela detenção de um acusado que não corre o risco de fugir nem de provocar qualquer tipo de ameaça para a segurança pública. A detenção, com base na gravidade do crime e para ressaltar a força da Coroa, serviria apenas para minar a confiança na administração da justiça, quando se tem em mente a importância da presunção de inocência para a administração adequada da justiça.

Destarte, mesmo tendo em conta as intenções de parlamentares para emitir a provisão e que os tribunais devem abster-se de invadir a esfera legislativa para além do necessário, destacou que o remédio adequado diante da amplitude intencional do dispositivo em questão era atacar o artigo 515(10)(C) na sua totalidade.

Fez, finalmente, uma interessante análise sobre a relação entre tribunais e legislaturas, levando em consideração o necessário processo de diálogo que deve existir entre as instituições. Salientou que ao mesmo tempo em que o trabalho da legislatura é revisado pelos tribunais, as decisões do tribunal podem ter reação por parte do legislador quando da aprovação de uma nova legislação, com base no artigo 33 da Carta. É precisamente esse diálogo institucional e a responsabilidade de cada um dos poderes que têm o efeito de aprimorar o processo democrático.

Destacou que um bom exemplo para perceber como este processo se desenrola pode ser encontrado nos casos de *R. v. O'Connor* [1995] 4 S.C.R. 411 e *R. v. Mills*, [1999] 3 S.C.R. 668. Em O'Connor, o Tribunal traçou um procedimento de direito comum a ser seguido por um acusado que solicitava a divulgação de registros terapêuticos que estavam nas mãos de terceiros. Estabeleceu, assim, um processo em duas etapas por meio das quais a produção de tais registros poderia ser determinada. A primeira etapa verificava se o documento solicitado pelo acusado poderia ser apresentado ao juiz, enquanto que na segunda etapa o juiz poderia determinar se o registro deveria ser divulgado para o acusado. O Parlamento respondeu à decisão adotada no caso O'Connor com a promulgação de uma legislação que visava manter a estrutura básica em duas etapas do regime de *common law*, mas divergia em vários aspectos principais.

Já em Mills, a constitucionalidade da legislação foi contestada com base nas prescrições legais contidas nos artigos 7º e 11(D) da Carta. Em resposta ao argumento de que a legislação era inconstitucional na medida em que não era conforme ao posicionamento adotado em O'Connor, a maioria do Tribunal considerou que não é pelo fato de uma lei aprovada pelo Parlamento diferir de um regime previsto pela Suprema Corte na falta de um regime legal, que a lei do Parlamento é inconstitucional. Para ele, o Parlamento pode aproveitar uma decisão do Tribunal para desenvolver um esquema diferente, desde que permaneça atento à necessidade de manter a constitucionalidade. Nessa linha, da mesma forma que o Parlamento deve respeitar as decisões do Tribunal, o Tribunal deve respeitar a posição do Parlamento de que o regime judicial pode ser melhorado. Não se pode, pois, aceitar uma postura servil que termina por desconsiderar o respeito mútuo que deve sustentar a relação entre os tribunais e as legislaturas e que é tão essencial numa democracia constitucional.

Destacou, assim, que o caso *R. v. Mills* demonstra, justamente, o respeito mútuo que deve existir entre tribunais e legislaturas e a importância do diálogo constitucional entre essas instituições. Em Mills, o Parlamento considerou os padrões constitucionais estabelecidos em O'Connor e respondeu promulgando um regime de produção de provas coerente com essas normas.

Em resposta, a Suprema Corte examinou a legislação à luz de preocupações específicas da sociedade enfrentadas pelo Parlamento, e levando em consideração a visão do Parlamento de como a produção de prova deveria ser estruturada, terminando por entender que a legislação era constitucional.

Todavia, com referência ao artigo 515(10)(C), esse diálogo constitucional restou enfraquecido à medida que ao responder à decisão adotada no caso Morales, o Parlamento não ficou atento para as normas constitucionais discutidas e terminou reavivando o "interesse público", outrora considerado inconstitucional pela Corte. O fato de o Parlamento ter respondido a uma decisão constitucional deste Tribunal não é motivo para se adiar uma resposta, nos casos em que não reste demonstrada uma correta interpretação de requisitos constitucionais impostos por essa decisão.

Concluiu, pois, deixando assente que o papel da Corte Constitucional, assim como dos demais tribunais do País é respeitar, firmemente, os padrões constitucionais. Devem, assim, ser baluartes contra as marés da opinião pública que ameaçam invadir os valores apreciados. Embora isso possa custar a popularidade dos tribunais em alguns lugares, não pode justificar falhas na defesa das liberdades fundamentais.

Finalizou defendendo que a despeito da condenação do recorrente, a constitucionalidade da aplicação do artigo 515(10)(C) precisa ser discutida. Entendeu, pois, que o artigo 515(10)(C) do Código Penal (R.S.C. 1985, c. C-46), infringiu o artigo 11(E) da Carta Canadense de Direitos e Liberdades e que por isso deveria ser considerado inconstitucional em sua totalidade.

4.4 O diálogo interinstitucional entre a Suprema Corte e o Parlamento canadense permite a concretização do constitucionalismo democrático?

Inicialmente, quanto ao caso prático estudado no subitem 4.3.1 *supra*, vimos que o uso formal da cláusula *notwithstanding* trouxe muitas discussões não só quanto à necessidade de preservar a identidade cultural francófona da Província de Quebec, mas também quanto ao real significado da liberdade de expressão protegida pelo artigo 2(B) da Carta Canadense. A Corte precisou deixar claro o que era o discurso comercial e qual a sua relação com a liberdade de expressão, para isso recorreu a precedentes extraídos da jurisprudência da Suprema Corte Americana.

Tinha que decidir sobre a possibilidade de usar a língua inglesa nos sinais comerciais exibidos na Província de Quebec. Acentuou-se, então, que a liberdade de expressão comercial mereceria também a proteção constitucional numa sociedade livre e democrática. Destarte, a decisão da Suprema Corte foi unânime no sentido de declarar inconstitucionais os artigos 58 e 69 e 205 a 208 da *Charter of the French Language* (*Bill* 101), por entender que violaram a liberdade de expressão garantida na Carta canadense.

Assim, a Corte elevou a livre expressão comercial a um *status* de liberdade fundamental por entender que ela desempenha um importante papel na liberdade de escolha dos indivíduos. Mas o fez deixando em aberto a possibilidade de o legislador da Província de Quebec exigir que a língua francesa tivesse maior visibilidade ou mesmo predomínio nos sinais comerciais externos. Noutros termos, mesmo agindo para preservar sua competência de garantir a observância de preceitos constitucionais fundamentais, mostrou respeito para com os demais poderes e pela própria força cultural e social que o Francês exerce em Quebec.

Ocorre que a invocação do artigo 33 da Carta Canadense para proteger a nova lei da revisão dos Tribunais por cinco anos gerou controvérsias na medida em que a cláusula foi usada como meio de imunização e não para gerar uma discussão social sobre os termos em que a *Bill* 101 foi alterada para a *Bill* 178.

Mas, merece destaque a atuação da Corte Constitucional, pois, ao mesmo tempo em que defendeu que a interpretação da liberdade de expressão deveria ser ampla, deixou assente a importância de o Parlamento considerar que questões são realmente relevantes para a sociedade local e que podem justificar o uso da prerrogativa constitucional contida no artigo 33.

Nesse ponto é importante registrar que a percepção que temos é que a Suprema Corte Canadense deu sinais claros de sua deferência ao princípio democrático e, por consequência, à vontade da legislatura que representa o desejo popular. Mesmo demonstrando plena consciência de que por meio do *judicial review* são protegidas normas constitucionais fundamentais para a Nação, parece não mostrar inquietude com o fato de a palavra final acerca da interpretação de proteções constitucionais poder ser dada pelo Parlamento.

Com relação aos três casos práticos citados no subitem 4.3.2 supra, importa destacar que o Parlamento Canadense optou por não fazer o uso formal do artigo 33 da Carta Canadense de Direitos e Liberdades (*notwithstanding clause*). Ao invés, fez uso de emendas parciais a artigos do Código Penal canadense que tiveram, novamente, sua constitucionalidade questionada perante a Suprema Corte.

Diante dessa realidade prática[269], Kelly ressalta que o *weak-form review* no Canadá continua a existir, mas sem a dependência do uso formal de mecanismos prescritos constitucionalmente, como a cláusula "notwithstanding", ou seja, sem se alinhar a forma desenhada pelos seus idealizadores. Destaca que:

> While we disagree with Tushnet's characterization of Canada functioning as a strong-form system, we are concerned with the manner in which the cabinet can displace judicial and parliamentary scrutiny without recourse to the recognized weak-form mechanisms within the Canadian legal system.[270] (KELLY, 2012, p. 38)

---

[269] Com referência à experiência prática canadense, Russell destaca, já em conclusão ao seu artigo "Social Progress and Judicial Power in Canada", contido no livro "The Global Expansion of Judicial Power", que: "What we see, then, in the Canadian experience with a new constitutional bill of rights is a judiciary constraining the growth of its power. Most of the members of the country's highest court are conscious of the political reasons for exercising this constraint. This is very evidente in the following passage from an interview with the current chief justice, Antonio Lamer, published in a leading national newspaper on the tenth anniversary of the Charter of Rights: 'In 1982 when the Charter came in, governments were watching the courts to see what they would do. I think now they realize we haven't gone berserk with the Charter and we aren't striking down laws right and left. They know how far we'll go anf how far we're not going to go because we've said so' (*Toronto Globe and Mail 1992*). Lamer reflects the desire of most members of the Court not to push their power of judicial review so far as to antagonize leaders in other branches of government or the mainstream of public opinion" (RUSSELL, 1995, p. 145).

[270] Tradução livre: "Embora discordemos de Tushnet quando coloca que o Canadá tem funcionado como um sistema de revisão judicial forte, estamos preocupados com a maneira como o gabinete tem deslocado o escrutínio judicial para o parlamento sem recorrer aos mecanismos reconhecidos de forma fraca contidos dentro do sistema constitucional canadense".

Noutros termos, considera que o *weak judicial review* continua a prevalecer no sistema canadense, só que tem adotado caminhos diferentes para reestabelecer a constitucionalidade de cláusulas legais previamente declaradas inconstitucionais pela Suprema Corte.

O caminho natural para manter a supremacia parlamentar que permanece válida em sistemas que adotam o modelo *Westminster* seria o uso formal da cláusula *notwithstanding*. Isso requer que uma resolução parlamentar indique, explicitamente, que um estatuto continua a vigorar apesar de uma declaração judicial prévia de inconstitucionalidade.

Mas o que vimos nos casos pretéritos estudados linhas acima [*R. v. Mills*[271] (1999), *R. v. Darrach*[272] (2000) e em *R. v. Hall*[273] (2002)], todos questionando a constitucionalidade de dispositivos acrescidos ao Código Penal canadense, foram substituições legislativas (*legislative override*) sem o uso formal do artigo 33 da Carta canadense, episódios denominados de "notwithstanding-by-stealth", o que gerou a necessidade de uma segunda revisão judicial denominada de "second-look cases" (KELLY; HENNIGAR, 2012, p. 36).

No caso *R. v. Mills* (1999), o acusado, como visto, questionou a constitucionalidade dos artigos 278.1 a 278.91, que alterou o Código Penal canadense, alegando que os artigos 7º e 11(D) da Carta foram violados. A alteração no Código Penal foi feita para regulamentar a produção de provas nos casos que tratam de delitos sexuais e para permitir ou não o acesso a registros terapêuticos da vítima. Trata-se de uma questão sensível, porque se por um lado temos o direito do acusado de produzir prova completa (*fair trial*), por outro lado temos o direito à privacidade do queixoso.

A maioria[274] dos juízes da Suprema Corte canadense reconheceu que os tribunais constitucionais não têm o monopólio da proteção e promoção dos direitos e liberdades, porque o Parlamento também desempenha um papel importante a esse respeito. Registraram que as alterações legislativas criadas pelo Parlamento não prejudicaram o direito de defesa do acusado, tampouco alteraram o equilíbrio constitucional estabelecido como parâmetro pelo Supremo Tribunal em casos anteriores.

---

271 [1999] 3 S.C.R. 668.

272 [2000] 3 S.C.R. 443.

273 [2002] 3 S.C.R. 309.

274 Nesse caso, como já colocado no subitem 4.3.2.1, a maioria dos juízes da Suprema Corte confirmou a constitucionalidade do Projeto de Lei C-46, por entenderem que os artigos 278.1 a 278.91 do Código Penal Canadense (R.S.C., 1985, c. C-46) não infringiram os artigos 7º e 11(D) da Carta Canadense de Direitos e Liberdades.

Acentuaram, pois, que o Parlamento pode aproveitar a decisão do Tribunal e desenvolver um esquema diferente, desde que esteja em consonância com os padrões constitucionais exigidos.

Levaram em consideração que quando o Parlamento adotou o Projeto de Lei nº C-46 (*Bill C-46*), que representou uma reversão direta da Decisão adotada no caso O'Connor, inseriu dispositivos que foram considerados inconstitucionais pelo acusado. Todavia, procurou o Parlamento: reconhecer que há uma prevalência de violência sexual contra mulheres e crianças e um consequente impacto desvantajoso sobre seus direitos; incentivar a denúncia de incidentes de violência sexual; reconhecer o impacto da produção de informações pessoais na eficácia do julgamento; e, conciliar a justiça para os queixosos com os direitos do acusado.

Destacaram, ademais, que o artigo 278.5(1)[275] do Código Penal identificou o que seria um padrão relevante para a produção de prova, com base na proposta da Suprema Corte contida em O'Connor, tendo em conta o requisito de que essa produção se faz necessária para os interesses da justiça. Nesse ponto, os juízes colocaram que esse novo padrão resultou de longo processo de consulta pública e é um exemplo do diálogo que ocorreu entre os poderes Judiciário e Legislativo.

Ressaltaram que o esquema, criado pelo Parlamento, permite que os juízes exercitem sua discricionariedade e possam considerar fatores relacionados não só com a preservação dos direitos de privacidade e de igualdade do reclamante, mas também com a garantia de que o acusado tenha acesso aos documentos necessários para fazer uma defesa completa. Demais disso, consideraram que a inclusão de fatores de interesse social na análise judicial é uma realidade factível e não altera o equilíbrio constitucional que restou estabelecido pela Suprema Corte ao decidir no caso O'Connor.

O Juiz Lamer, mesmo mostrando sua dissidência parcial, por entender que os artigos 278.3(3)(B) e 278.5(1)(B) do Código Penal infringiram os artigos 7º e 11(D) da Carta, frisou que o Parlamento era indubitavelmente livre

---

275 Judge may order production of record for review
"278.5 (1) The judge may order the person who has possession or control of the record to produce the record or part of the record to the court for review by the judge if, after the hearing referred to in subsection 278.4(1), the judge is satisfied that
(a) the application was made in accordance with subsections 278.3(2) to (6);
(b) the accused has established that the record is likely relevant to an issue at trial or to the competence of a witness to testify; and
(c) the production of the record is necessary in the interests of justice."

para criar um esquema legislativo que abordasse a questão do procedimento aplicável à divulgação de registros terapêuticos em posse da Coroa. Mas, a seu ver, os meios legislativos escolhidos não foram impecavelmente consistentes com os artigos da Carta aqui mencionados.

O Chefe de Justiça, por sua vez, destacou que como na decisão tomada por maioria no caso *R. v. O'Connor* {[1995] 4 S.C.R. 411} não houve comentários sobre qual seria o procedimento aplicável à divulgação de registros que estavam na posse da Coroa, o Parlamento ficou livre para criar um esquema legislativo que pudesse abordar devidamente a questão, avaliando os impactos advindos da divulgação.

Mencionou, assim, que o esquema legislativo avançou, racionalmente, para a consecução desse objetivo, mas que os artigos 278.3(3)(B) e 278.5(1)(B) terminaram por prejudicar o direito de o acusado preparar uma defesa completa, vez que pesa sobre ele o enorme ônus de demonstrar a relevância de documentos que estão na posse da Coroa para a sua defesa.

Já no caso *R. v. Darrach* (2000), o acusado questionou a constitucionalidade dos artigos 276.1(2)(A), 276(1), 276(2)(C), 276.2(2) que alteraram o Código Penal canadense alegando que os artigos 7º e 11(C)(D) da Carta foram violados. A alteração do Código Penal, como visto, foi feita para regulamentar em que casos o histórico da atividade sexual do queixoso (vítima) pode ser usado para permitir a produção de uma defesa mais completa pelo acusado.

O Juiz Gonthier falou pela maioria e ressaltou que o uso da história sexual anterior da vítima, em casos criminais de agressão sexual, foi analisado no caso *R. v. Seaboyer* {[1991] 2 S.C.R. 577}. Naquela ocasião, o Tribunal anulou a versão anterior do artigo 276 do Código Penal (R.S.C., 1985, c-46), porque excluía todas as provas da história sexual do queixoso no processo judicial e colocava apenas três exceções a essa regra.

Mais adiante, o Parlamento codificou a decisão adotada no caso *Seaboyer* e procurou fornecer ferramentas processuais úteis para o juiz, na análise do caso específico, determinar a admissibilidade de provas relacionadas à história sexual anterior da vítima.

Ao tratar do papel do Parlamento na produção de uma legislação que se coadune com os anseios da sociedade, o Juiz Gonthier reconheceu que a atual versão do artigo 276 do Código Penal é uma codificação feita pelo Parlamento que teve por base as diretrizes definidas pelo Tribunal Constitucional no caso *Seaboyer*. Acentuou que o artigo 276 foi cuidadosamente projetado para atender aos princípios de justiça fundamental delineados na Carta, ao mesmo tempo que protege a integridade do processo judicial, respeitando os direitos dos envolvidos. A privacidade e a dignidade da vítima são protegidas por um procedimento que também leva em consideração o direito do réu de fazer uma defesa completa.

Ao repisar a importância da atuação legislativa, colocou, finalmente, que os procedimentos estabelecidos no artigo 276 não violaram: o artigo 7º da Carta, que trata de um julgamento justo; o artigo 11(C) que trata do direito de não produzir provas contra si próprio; e o artigo 11(D), que trata do direito a uma audiência justa. Considerou, portanto, que os artigos questionados da lei são constitucionais e que a sua aplicação pelo juiz de primeira instância foi correta.

Finalmente, no caso *R. v. Hall* (2002), o acusado questionou a constitucionalidade do artigo 515(10)(C) que alterou o Código Penal Canadense alegando que o artigo 11(E) da Carta foi violado. Como visto linhas acima, a alteração do Código Penal foi feita para adicionar outra previsão legal com base na qual a fiança poderia ser negada. Já havia disposições legais sobre a negação de fiança no artigo 515(10)(A)(B).

Depois de examinar as decisões do Tribunal Constitucional adotadas, também sobre fiança, nos casos Pearson e Morales, o Parlamento substituiu o termo "interesse público" pela nova linguagem contida no artigo 515(10)(C), que estabeleceu que a fiança poderia ser negada "por qualquer outra causa justa mostrada" ou nos casos em que fosse necessário "manter a confiança no sistema de justiça".

A maioria entendeu, então, que o artigo 515(10)(C) do Código Penal (RSC 1985, c-46) violava o artigo 11(E) da Carta Canadense dos Direitos e Liberdades, devido à imprecisão da frase "por qualquer outra justa causa que seja mostrada e sem limitar a generalidade do precedente".

O Juiz McLachlin, que falou em seu Voto também em nome dos Juízes L'Heureux, Gontier, Bastarache e Binnie, destacou que o propósito do Parlamento ao acrescentar o item "C" ao artigo 515(10) do Código Penal foi o de manter a confiança do público não só no sistema de fiança, mas também no sistema de justiça como um todo. Para ele a provisão não foi abrangente e atingiu um equilíbrio adequado entre os direitos do acusado e a necessidade de manter a justiça no seio da comunidade. Destarte, o remédio apropriado para o questionamento da constitucionalidade do artigo 515(10)(C) seria excluir a frase "em qualquer outra causa justa mostrada". Na visão judicial era importante manter a intenção do Parlamento de preservar a funcionalidade da previsão legal como um todo.

Vê-se, pois, que o Juiz levou muito a sério a necessidade de o Tribunal Constitucional não interferir na esfera legislativa, ou seja, a intenção do Parlamento de estabelecer uma outra cláusula de limitação do direito de fiança.

O Chefe de Justiça, de seu lado, colocou que, só após cinco anos, o Parlamento canadense substituiu a previsão "interesse público" para negar a fiança pelas novas previsões contidas no artigo 515(10)(C). Relembrou que foi a partir das críticas traçadas pelo Tribunal Constitucional no caso *R. v. Morales* que o Parlamento percebeu que havia necessidade de substituição do termo "interesse público", por outra expressão que contivesse critérios mais precisos. Destacou, outrossim, a importância de levar em conta as intenções Parlamentares quando da elaboração do artigo 515(10)(C).

Por entender que essas novas previsões legais teriam que ser consideradas como um todo, enfatizou que a primeira frase do artigo 515(10)(C), que permitiu a negação da fiança com base "em qualquer outra justa causa mostrada" era inconstitucional, pois o Parlamento não poderia conferir poder discricionário tão amplo aos juízes para negar a fiança. Demais disso, a imprecisão da previsão legal mostrava-se inconsistente quando confrontada com a presunção de inocência prevista no artigo 11(E) da Carta. Isso não significava, porém, que todo o artigo 515(10)(C) fosse inconstitucional, pois ao retirar as frases consideradas inconsistentes com a Carta, as demais prescrições do artigo 515(10)(C) poderiam ser mantidas. Com isso, o Chefe de Justiça buscou manter, ao menos parcialmente, as intenções do Parlamento de resguardar a confiança na administração da justiça, tendo em conta os fatores que foram especificados.

Restou claro que o Chefe de Justiça buscou sempre resgatar os propósitos do Parlamento para a inserção das previsões contidas no artigo 515(10)(C), tendo concluído, a despeito da divergência parcial, que o Parlamento protegeu o instituto da fiança com salvaguardas importantes o que, certamente, não dispensa que o juiz esteja atento a todos os fatos que envolvem o caso e avalie, a partir daí, se a detenção realmente se faz necessária para manter a confiança na administração da justiça.

Destacou que a Carta Canadense dos Direitos e Liberdades trouxe maiores possibilidades para o incremento do diálogo constitucional entre o Parlamento e a Corte Constitucional e que o caso ora analisado demonstra, claramente, como essa interação institucional vem sendo realizada. Diante da importância de preservar as intenções parlamentares, entendeu que a segunda frase fornece um exemplo do que pode ser considerado justa causa e pode ficar sozinha na prescrição legal questionada por ser constitucionalmente válida.

Finalmente, o Juiz Iacobucci, representando os Juízes dissidentes, colocou que os tribunais têm que assumir a responsabilidade constitucional de examinar, com profundidade, em que circunstâncias o legislador autorizou a detenção do acusado na ausência de uma condenação. Para ele, a previsão legal de negar fiança com base em "qualquer outra causa justa" representou uma regressão parlamentar, pois reavivou uma situação semelhante à existente antes da promulgação da Lei de Reforma da Obrigação em 1972, quando a discricionariedade judicial era bastante irrestrita para a negativa da fiança.

Salientou que o Parlamento tem que ficar atento sobre os perigos de uma abordagem discricionária, bem assim aos estudos e reformas na lei penal que já foram feitos em relação à fiança. Destacou que o dever da Suprema Corte é supervisionar a atividade legislativa, colocando em confronto a presunção de inocência e o direito à fiança com o artigo 515(10)(C). Para isso, faz-se necessário ter em conta o contexto legislativo que levou à expedição da previsão legal em questão.

Relembrou que ao adicionar a letra "C" ao artigo 515(10), após uma demora de cinco anos para reagir ao que restou decidido pela Suprema Corte no caso Morales, a intenção parlamentar foi deixar claro que a fiança agora poderia ser negada com base em qualquer um dos parágrafos (A), (B) ou (C) do artigo 515(10).

Ao buscar entender o contexto legislativo em que houve o acréscimo da previsão contestada, o magistrado acentuou que a redação do artigo 515(10)(B) já era suficientemente ampla para abranger qualquer tipo de ameaça à proteção ou à segurança do público. Entendeu, pois, não ser plausível o receio do Parlamento de que pudesse surgir uma situação em que o juiz, chamado a conceder a fiança, não tivesse condições de providenciar a proteção do público, com base no terreno residual que restou após a decisão adotada no caso Morales.

Ao defender que a estrutura do dispositivo não permitia uma análise fragmentada, destacou, novamente, que a intenção parlamentar com o artigo 515 (10)(C) foi conceder ao Juiz amplo poder discricionário. Todavia, diante da textura demasiadamente aberta das previsões de "justa causa" e de "manutenção da confiança na administração da justiça", considerou que esses pontos devem ser adequadamente enfrentados.

Mesmo entendendo que os tribunais devem abster-se de invadir a esfera legislativa para além do necessário (*self-restraint*), destacou que o remédio adequado, diante da amplitude intencional do dispositivo questionado, seria atacar o artigo 515(10)(C) na sua totalidade.

Ao fazer uma interessante análise sobre a relação entre o Tribunal Constitucional e o Parlamento, levou em consideração o necessário processo de diálogo que deve existir entre as instituições, salientando que ao mesmo tempo em que o trabalho da legislatura é revisado pelos tribunais, as decisões do tribunal podem ter reação por parte do legislador quando da aprovação de uma nova legislação, com base no artigo 33 da Carta. É precisamente esse diálogo interinstitucional e a responsabilidade de cada um dos poderes que têm o efeito de aprimorar o processo democrático.

Destacou que um bom exemplo para perceber como este processo dialógico se desenvolve pode ser encontrado nos casos de *R. v. O'Connor* {[1995] 4 S.C.R. 411} e *R. v. Mills* {[1999] 3 S.C.R. 668}. O Parlamento respondeu à decisão adotada no caso O'Connor com a promulgação de uma legislação que visava manter a estrutura básica em duas etapas do regime de *common law*, mas divergia em vários aspectos principais. Já em Mills, a constitucionalidade da legislação foi contestada com base nas prescrições legais contidas nos artigos 7º e 11(D) da Carta.

Em resposta ao argumento de que a legislação era inconstitucional na medida em que não era conforme ao posicionamento adotado em O'Connor, a maioria do Tribunal considerou que não é pelo fato de uma lei aprovada pelo Parlamento diferir de um direcionamento previsto pela Suprema Corte na falta de um regramento legal, que a lei do Parlamento é inconstitucional. Para ele, o Parlamento pode aproveitar uma decisão do Tribunal para desenvolver um esquema diferente, desde que permaneça atento à necessidade de manter a constitucionalidade.

Nessa linha, frisou que da mesma forma que o Parlamento deve respeitar as decisões do Tribunal, o Tribunal deve respeitar a posição do Parlamento de que o regime judicial pode ser melhorado. Não se pode, pois, aceitar uma postura servil que termina por desconsiderar o respeito mútuo que deve sustentar a relação entre os tribunais e a legislatura e que é tão essencial numa democracia constitucional.

Destacou, assim, que o caso *R. v. Mills* demonstra, justamente, o respeito mútuo que deve existir entre tribunais e legislaturas e a importância do diálogo constitucional entre essas instituições. Em Mills, o Parlamento considerou os padrões constitucionais estabelecidos em O'Connor e respondeu promulgando um regime de produção de provas coerente com essas normas.

Todavia, com referência ao artigo 515(10)(C), esse diálogo constitucional restou enfraquecido à medida em que ao responder à decisão adotada no caso Morales, o Parlamento não ficou atento para as normas constitucionais que restaram estabelecidas, pois reavivou em outros termos o "interesse público", outrora considerado inconstitucional pela Corte. O fato de o Parlamento ter respondido a uma decisão constitucional deste Tribunal não é motivo para se adiar uma resposta, nos casos em que não reste demonstrada uma correta interpretação de requisitos constitucionais impostos por decisão outrora adotada.

Concluiu, pois, deixando assente que o papel da Corte Constitucional, assim como dos demais tribunais do País é respeitar, firmemente, os padrões constitucionais. Devem, assim, ser baluartes contra as marés da opinião pública que ameaçam invadir os valores apreciados. Embora isso possa custar a popularidade dos tribunais em alguns lugares, não pode justificar falhas na defesa das liberdades fundamentais.

Percebemos, então, a partir do resgate das principais discussões travadas no âmbito da Suprema Corte canadense em *R. v. Mills*, *R. v. Darrach* e *R. v. Hall*, que nos casos em que o Poder Legislativo reverteu decisões adotadas no âmbito da Suprema Corte a partir do uso da cláusula *notwithstanding-by-stealth*, os Juízes da Suprema Corte Canadense, ao analisarem as novas legislações produzidas a partir de decisões adotadas no controle de constitucionalidade de normas, sempre buscaram ressaltar o papel do Parlamento na produção legislativa e destacar quais os objetivos específicos para a produção de cada provisão legal questionada. Isso nos mostra, claramente, que a Suprema Corte aceitou as respostas legislativas que foram dadas por meio da produção de novas regras, considerando as decisões previamente adotadas em seu âmbito de competência.

No caso *R. v. Mills*, a maioria reconheceu que a proteção e promoção dos direitos e liberdades não é monopólio dos tribunais constitucionais, visto que o Parlamento também desempenha um importante papel nesse sentido e que não precisa ficar adstrito, rigorosamente, ao que restou estabelecido pela Suprema Corte em decisões anteriores, desde que siga os padrões constitucionais. Frisaram, de forma elogiosa, que o esquema legislativo criado pelo Parlamento, no caso de permissão de acesso a registro terapêutico de vítima de agressão sexual, permitiu não só a preservação dos direitos de privacidade e igualdade do reclamante, como também a garantia de que o acusado possa produzir uma defesa mais completa.

No caso *R. v. Darrach*, destaca-se que o que o Parlamento fez foi, em verdade, codificar a decisão adotada em *Seaboyer*, de forma a fornecer ferramentas processuais adequadas para que o juiz determinasse, com mais confiança, a admissibilidade de provas relacionadas à história sexual anterior da vítima. De forma elogiosa, defendeu-se, no âmbito da Suprema Corte, que o artigo 276, outrora considerado inconstitucional por decisão majoritária (7 a 2), foi cuidadosamente elaborado pelo Parlamento para atender aos princípios de justiça fundamental da Carta, proteger a integridade do processo judicial e respeitar os direitos dos envolvidos, sendo, por isso, constitucional.

Destarte, entendemos que a aceitação pelo Tribunal Constitucional canadense da postura adotada pelo Parlamento de considerar os fundamentos da decisão adotada em *Seaboyer*, mas ir além dela na recodificação de aspectos importantes relacionados à produção de provas em processos de "sexual assault", significa um respeito institucional entre os poderes, na medida em que se reconheceu que o Legislativo tem que fornecer uma resposta que esteja apropriada não só com os valores constitucionais estabelecidos na Carta, já identificados pela Corte Judicial, mas que esteja também em consonância com valores sociais e morais que prevalecem no seio da sociedade.

Em *R. v. Hall*, o Juiz Iacobucci traçou críticas ao Parlamento por entender que: a abordagem discricionária contida na cláusula penal contestada ficou muito ampla e não observou, com a devida atenção, os estudos e reformas já feitos na Lei Penal em relação à fiança; o artigo questionado terminou por reavivar o "interesse público" já considerado inconstitucional pelo Tribunal em outra ação de controle de constitucionalidade. O fez, porém, de uma forma respeitosa, sempre buscando entender quais foram as verdadeiras intenções parlamentares quando da elaboração do artigo 515(10)(C) e destacando a necessidade de os Tribunais exercerem o *self-restraint* para não invadir a esfera de competência legislativa.

Nessa situação específica, a estratégia legislativa adotada resultou em divergências interpretativas da Corte sobre o que, de fato, constitui uma apropriada resposta legislativa para uma prévia declaração de inconstitucionalidade de uma previsão legal. O desacordo entre o Juiz McLachlin e o Juiz Iacobucci, no caso *R. v. Hall*, ilustra um certo mal-estar judicial com as alterações legislativas promovidas. Enquanto o Presidente da Suprema Corte considerou as tentativas parlamentares de restabelecer a negação da fiança como um "excelente exemplo" do constitucionalismo dialógico, o Juiz Iacobucci questionou a aceitação passiva do Tribunal em relação à reversão legislativa promovida, sem que o Parlamento recorresse formalmente aos instrumentos de *weak judicial review* estabelecidos na Carta Canadense de Direitos e Liberdades.

Como se viu, nos três casos aqui estudados, há uma defesa da atividade legislativa desenvolvida pelo Parlamento, mesmo quando são adotadas posturas mais críticas. Isso mostra não só um respeito institucional, mas que, em linhas gerais, a Suprema Corte do Canadá tem aceitado a reversão legislativa das decisões de controle de constitucionalidade adotadas sem maiores questionamentos quanto à falta de aplicação formal do artigo 33 da Carta Canadense de Direitos e Liberdades.

Ficou evidente, nesses casos em que foram analisadas questões específicas relacionadas ao "criminal law", que a relação entre o Tribunal Constitucional e o Parlamento canadense baseou-se no diálogo e que é justamente a aceitação judicial da estratégia legislativa de emendar/reestruturar normas outrora consideradas inconstitucionais pela Suprema Corte que vem permitindo que o *weak judicial review* possa se consolidar no Canadá, mesmo sem a aplicação formal da cláusula "notwithstanding".

Percebemos, outrossim, que mesmo no caso em que houve demora de 5 (cinco) anos para acrescentar o item C ao artigo 515(10), o que foi feito para dar uma resposta à Decisão Judicial adotada em *Pearson* e *Morales*[276], não podemos dizer que restou caracterizada a omissão legislativa, pois quando chamado para dar um novo significado a valores da Carta defendidos pela Suprema Corte em decisões de controle de constitucionalidade, o Parlamento buscou acomodar em novos preceitos legais os pontos outrora questionados, numa clara demonstração de que a decisão final foi adotada pela instituição que representa a maioria democrática, mas sempre levando em consideração as discussões travadas no âmbito da Corte e as diretrizes daí advindas.

Assim, é importante notar que as discussões que ocorreram na Suprema Corte canadense, acerca da necessidade de resolver problemas constitucionais e de conceder o peso necessário aos valores/princípios contidos na Carta, serviram como um ponto de partida para que o Corpo Legislativo pudesse repensar questões importantes e revisar as decisões da Corte num processo de feição mais democrática do que o que ocorre em sistemas de *strong judicial review*. Nessa linha, podemos considerar que o *judicial review* não representa um empecilho para o processo democrático de construção política de uma Nação, mas incentiva um diálogo interinstitucional no qual os valores individuais da Carta são reconciliados com a realização de valores sociais, econômicos, culturais, e que terminam trazendo benefícios para a sociedade e concretizando o princípio democrático.

A observância dessa prática dialógica por parte do Parlamento brasileiro e do Supremo Tribunal Federal pode trazer, sem dúvida, um grande

---

[276] Nesse caso, mesmo com um atraso de 5 (cinco) anos, pois os casos *Pearson* and *Morales* foram decididos em 1992, o Parlamento introduziu, em 1997, uma legislação que emendou o artigo 515(10) do Código Penal. A emenda previa que a fiança poderia ser negada "*on any other just cause being shown and, without limiting the generality of the foregoing, where the detention is necessary in order to maintain confidence in the administration of justice*." A resposta legislativa veio para substituir o termo "*public interest*", que foi invalidado em *Pearson/Morales*.

aprendizado institucional, pois enquanto a prática institucional canadense de proteção de preceitos constitucionais nos mostra que a regra é o diálogo e não a omissão, no Brasil temos caminhado, justamente, no sentido contrário. A omissão legislativa reina entre nós, como restou bem demonstrado nos casos analisados no primeiro capítulo deste livro acerca da omissão em mandados de injunção.

Um sistema de *strong judicial review* não precisa se pautar no protagonismo do Judiciário em detrimento da importância dos demais poderes. Precisa, sim, ter em conta que a interferência judicial é um ponto de partida para que questões importantes no seio de uma sociedade possam ser rediscutidas, o que minimiza o impacto antidemocrático do *judicial review*.

A percepção colhida da análise dos casos práticos resolvidos pela Corte canadense é que o diálogo interinstitucional termina contribuindo para a concretização do constitucionalismo democrático, pois se de um lado a Suprema Corte atua firmemente como guardiã das garantias e liberdades fundamentais, por outro lado resta aberta ao Parlamento a possibilidade da dar a "última palavra" acerca da interpretação constitucional dessas mesmas garantias e liberdades, ora por meio da utilização direta da cláusula *notwithstanding*, ora fazendo emendas e modificações em dispositivos legais outrora considerados inconstitucionais pela Suprema Corte (*notwithstanding-by-stealth*).

CONSIDERAÇÕES ADICIONAIS

É importante explicar, antes de mais nada, o uso do termo "guarda compartilhada". No Direito Civil brasileiro a expressão é utilizada para garantir que, em caso de separação, os filhos possam ter o tempo de convívio dividido de forma equilibrada entre pai e mãe, sempre tendo em conta o interesse dos filhos (§2º do artigo 1.583 do Código Civil, alterado pela Lei nº 13.058/2014).

Foi pensando nesse intuito legislativo de formatar um equilíbrio entre direitos paternos e maternos, que fizemos uma analogia com a necessidade de também se estabelecer um equilíbrio entre as atribuições do Parlamento e da Suprema Corte no que diz respeito à guarda da Constituição. Da mesma forma que o pai não tem primazia sobre a mãe e vice-versa, pensamos que essas esferas de poder não precisam, necessariamente, ter primazia uma sobre a outra, pois além de serem independentes e harmônicas entre si, cada uma desempenha papéis de extrema relevância no que diz respeito à observância de direitos e garantias fundamentais contidos na Carta Política.

Feitas essas considerações, enfatizamos, no Capítulo 1, a tensão que existe entre o Legislativo e a Suprema Corte brasileira, tensão essa, diga-se de passagem, plenamente reforçada pelo modelo de *strong judicial review*. Buscamos encontrar caminhos para reduzir essa tensão e meios para incrementar a concretização do constitucionalismo democrático. Pensamos em qual seria a alternativa para a "última palavra" do STF. Encontramos, no *design* constitucional canadense, um novo paradigma de revisão judicial no qual a "última palavra" acerca da interpretação constitucional pode ser dada pelo Parlamento. A partir daí, compreendemos que, para obtermos respostas para as nossas indagações, teríamos que empreender um estudo mais aprofundado no campo do Direito Constitucional Comparado.

Destarte, ainda nesse capítulo, acentuamos que o protagonismo do Judiciário não é uma realidade local, mas um fenômeno de nível mundial, devido à judicialização da vida e da política. Destacamos que o contexto político de transição em que foi desenhada a nossa Carta Política de 1988 exigia uma Corte Constitucional forte, que pudesse afastar os perigos da instauração de novos regimes ditatoriais e garantir a observância de direitos e liberdades fundamentais. Mas ressaltamos que, ao se apropriar de tanto poder, a Suprema Corte brasileira termina desconsiderando o *judicial self-restraint* e, não raro, ultrapassa os limites de suas competências constitucionais, o que tem gerado um evidente desequilíbrio no sistema de tripartição de poderes.

Ao analisarmos casos concretos relacionados a mandados de injunção, percebemos que, a despeito da adoção inicial de uma postura mais contida, a jurisprudência do STF sofreu ressignificações, na medida em que posturas mais ativistas foram sendo adotadas, o que permitiu a superação paulatina de uma posição de neutralidade e a aberta assunção do papel de legislador positivo. Expandiu-se, pois, o alcance normativo do remédio constitucional aqui mencionado, a fim de tornar viável o exercício de direitos individuais e coletivos que restavam obstaculizados diante da falta de normas regulamentadoras.

A mudança do discurso jurídico não só provocou o rompimento da autocontenção inicial, como também trouxe à pauta uma discussão sobre se a inércia legislativa justificaria a postura ativista da Suprema Corte. Deixamos consignado que, no caso específico dos mandados de injunção, não houve improvisações nas decisões adotadas, haja vista que as interpretações realizadas, embora inovadoras, não fugiram do padrão dworkiano de conferir integridade ao Direito.

Seguimos mostrando que o STF, em muitos *hard cases* que lhe foram submetidos à apreciação, tornou-se coparticipante do processo criativo de leis e vem adotando uma visão expansionista de suas competências, numa clara demonstração de seu papel político e não só jurídico. Essa ampliação do poder jurídico para o terreno da política tem gerado, inclusive, críticas no sentido de que se instaurou no Brasil uma tirania do Judiciário.

Na sequência, fizemos uma abordagem referente ao Poder Legislativo, onde se instala parte da tensão aqui já mencionada. Começamos a refletir sobre a Proposta de Emenda à Constituição/PEC 33/2011 e acabamos percebendo que ela foi resultado de uma insatisfação do Parlamento com a Supremacia Judicial e com o ativismo judicial que tem se instalado no Supremo Tribunal Federal brasileiro.

Mesmo tendo sido a PEC posteriormente arquivada, as proposições nela contidas mostram que a tentativa foi a de reduzir os poderes do Supremo, ora alterando a quantidade mínima de votos para a declaração de inconstitucionalidade de leis, ora condicionando o efeito vinculante das súmulas à prévia aprovação legislativa, ora impedindo o controle judicial da constitucionalidade de emendas à Constituição.

A despeito de a tentativa de imprimir limites às competências da Suprema Corte não ter sido bem-sucedida no âmbito parlamentar, o caminho para a discussão de assunto de tamanha relevância continua aberto e instigou a investigação, na presente obra, sobre a importância do Poder Legislativo para o Estado Democrático de Direito.

A partir de uma incursão nos estudos desenvolvidos por importantes filósofos do Direito, chegamos à conclusão que, a despeito das críticas direcionadas ao Poder Legislativo, especialmente relacionadas ao déficit de eficiência da função legiferante, todos defendem a essencialidade do papel por ele desempenhado. Destarte, se de um lado confirmamos a importância da atividade legislativa, do outro nos deparamos com a supremacia judicial e com um ativismo crescente que vem acentuando a tensão entre o Parlamento e a Suprema Corte. A pergunta que surgiu foi: como reduzir essa tensão?

Fomos buscar respostas em Habermas que nos mostra, a partir de uma teoria que tem forte base no processo comunicativo, que tanto o Parlamento quanto a Suprema Corte têm que estar atentos para a necessidade de privilegiar o processo inclusivo de formação democrática da vontade e a auto-organização. Ademais, o processo político de formação da vontade não pode só considerar a vontade das maiorias e discriminar minorias éticas e religiosas. Em casos de discriminação, o controle abstrato de normas é a saída para conter eventuais irracionalidades legislativas, o que põe em destaque o importante papel da jurisdição constitucional.

O papel do Tribunal Constitucional na guarda e promoção da autodeterminação democrática também foi ressaltado. Ao enfatizar a importância tanto do Parlamento quanto das Cortes Constitucionais, Habermas salienta que a autorreflexão institucional é a saída para a redução da permanente tensão entre essas instituições.

A partir daí, novamente com suporte teórico na obra de Habermas, vimos que o agir comunicativo, que leva ao entendimento discursivo entre sujeitos capazes de falar e agir, pode ser uma saída para a busca do entendimento entre instituições tão importantes para a democracia como o Parlamento e a Suprema Corte. Essa competência comunicativa, caso bem utilizada, pode contribuir não só para o desenvolvimento social e das instituições públicas, como também para o avanço do constitucionalismo democrático.

O potencial da teoria da racionalidade comunicativa tem que ser utilizado para a compreensão do sentido dos processos de modernização da sociedade e outrossim para a compreensão de que o constitucionalismo democrático encontra-se em evolução e precisa estar aberto ao experimentalismo, para que possa se aperfeiçoar dentro de uma perspectiva discursiva. Noutros termos, a aprendizagem depende, em grande medida, de um processo racional argumentativo-comunicativo.

Numa democracia complexa e plural como a brasileira, impõe-se ao Legislativo e à Suprema Corte o grande desafio de buscar meios para dar maior concretude ao constitucionalismo democrático. Nesse particular, o efetivo diálogo interinstitucional poderia trazer novas conquistas pautadas na maior concretização da soberania popular. Há, pois, que existir um equilíbrio entre os poderes e não atitudes "vaidosas" de um querer se sobrepor ao outro. O que importa é que as ações sejam direcionadas ao êxito das pretensões democráticas e, por conseguinte, do próprio constitucionalismo.

No Capítulo 2, buscamos obter uma visão mais abrangente dos propósitos do *judicial review* e estabelecer uma relação deste com o constitucionalismo democrático. Constatamos, a partir de pesquisa empírica desenvolvida por David S. Law e Mila Versteeg, que a implantação do mecanismo de revisão judicial é uma tendência constitucional que pode ser observada em nível mundial.

A revisão judicial ocupa um papel de suma importância tanto em antigas quanto em novas democracias e tem funcionado como um mecanismo facilitador do processo de transição de regimes autoritários para a democracia, dando mais estabilidade à política e à democracia, além de permitir a observância de compromissos constitucionais e proteger a própria política dos excessos democráticos.

Enfatizamos que a revisão judicial forte (*strong judicial review*) é o padrão normalmente encontrado em antigas e novas democracias e acentua a realidade de supremacia judicial. A revisão judicial fraca (*weak judicial review*), de seu lado, é um novo paradigma que surge como uma alternativa viável para reduzir a tensão entre o Legislativo e a Suprema Corte.

Há muitas críticas direcionadas à revisão judicial forte, pois ela permite que um só Órgão, no caso a Suprema Corte, dê a "última palavra" sobre princípios, valores e regras contidos nas Cartas, interpretações que nem sempre se revelam as mais acertadas e tampouco são inquestionáveis. Tushnet, então, pergunta-se se há chances para driblar essa supremacia judicial tão intensa? Defende, com base no exemplo da Grã-Bretanha, que é possível um mundo sem revisão judicial, conclusão que, diga-se de passagem, é contraditada pelos dados empíricos levantados por Mila Versteeg, que mostra a expansão do modelo de *judicial review* mundo afora.

Mas as reflexões críticas (Tushnet, Bork, Kramer) nos levaram a pensar sobre novos modelos, novas possibilidades de revisão judicial que permitam maior participação democrática e que retiram da Suprema Corte a autoridade absoluta de dar a "última palavra" sobre questões que precisam ser discutidas no âmbito de uma democracia deliberativa, para que o poder de autogoverno possa dar o direcionamento de que tipo de sociedade que os cidadãos pretendem construir. Ou seja, estes precisam ser engajados, ao máximo, no diálogo para que a democracia deliberativa não fique só no campo das ideias, mas de uma realidade prática.

Outros autores, como Shapiro e Dworkin, reconhecem a face política das Cortes e entendem que há muitos casos em que a passividade precisa dar lugar a uma postura mais ativista, diante da necessidade da resolução de conflitos de difícil solução (*hard cases*).

Nessa linha, ao confrontarmos a realidade de *judicial review* com a ideia de democracia deliberativa, percebemos que para que esta ideia se concretize faz-se necessário que o debate produzido na esfera pública seja incentivado. A Legislatura é, assim, o local mais apropriado para que esse incentivo ocorra, pois lá estão presentes maiorias, minorias, grupos de interesses, enfim, o pluralismo encontra-se em seu âmago e é lá onde podem ser aprimoradas decisões de cunho moral, social, político, cultural, econômico. O critério da legitimação democrática é absorvido completamente e não há que se fazer questionamentos quanto à deslegitimação, tão comuns no âmbito da atuação judicial.

A despeito das dificuldades relacionadas à captura da espontaneidade da decisão popular por grupos de interesses, Jeremy Waldron mostra uma visão confiante quanto à autonomia dos cidadãos e a sua capacidade de exercer o encargo do autogoverno. Portanto, os indivíduos são confiáveis tanto como portadores de direitos, quanto para assumir responsabilidades políticas.

Assim, mesmo diante dos prós e contras relacionados ao exercício da democracia deliberativa, esta funcionará tanto melhor quanto maior for o grau de organização, maturidade democrática e confiabilidade das instituições deliberativas. O grande problema é que, em sistemas constitucionais que adotam o *strong judicial review*, a democracia deliberativa termina não encontrando espaço para se expressar. Nesse contexto, consignamos que é essencial que a Suprema Corte e o Legislativo pensem na importância de agir no sentido de providenciar meios que possibilitem a melhor escuta de discursos populares produzidos na esfera pública.

Deixamos assente, ademais, que a Suprema Corte, ao legislar com frequência, termina enfraquecendo o processo democrático, o que maximiza os conflitos e as tensões no âmbito da democracia deliberativa. Mesmo assim, enfatizamos a importância do papel contramajoritário da Corte e que a defesa das minorias é tão importante quanto a defesa das maiorias, pois o poder destas não pode ser exercido de forma ilimitada. Mas ainda é difícil justificar o papel das Supremas Cortes em face do princípio democrático e da falta de legitimidade que lhe é atribuída. Porém, essas instituições não devem ficar alheias às necessidades de constitucionalismo democrático, mesmo diante da sua competência de defesa de minorias.

No Capítulo 3 escolhemos estudar o modelo canadense de *weak judicial review*, implantado com o advento da Carta Canadense de Direitos e Liberdades de 1982 (*Canadian Charter of Rights and Freedoms*), que previu em seu artigo 33 que a "última palavra" sobre a interpretação de direitos e garantias fundamentais previstos nos artigos 2º e 7º a 15 da Carta seria dada pelo Parlamento. Trata-se de uma saída viável para a redução da tensão entre constitucionalismo e princípio democrático.

Abre-se, pois, a possibilidade para que o Parlamento possa ressignificar direitos e liberdades básicas contidos na Carta, o que requer participação do público, afinal, deixar de observar um preceito constitucional com a finalidade de que um estatuto infraconstitucional permaneça válido requer não só justificativas plausíveis do Parlamento, como também a abertura para a participação efetiva da esfera pública no processo discursivo.

O *weak judicial review* desponta para nós como uma possibilidade para que a "última palavra" não caiba, exclusivamente, à Suprema Corte, mas seja construída de forma dialógica para conferir maior efetividade ao constitucionalismo democrático. Verificamos, ademais, que embora o *judicial review* seja de forma fraca, a Corte Constitucional canadense tem se mostrado forte pela respeitabilidade das decisões que que tem adotado em casos paradigmáticos submetidos a sua apreciação.

Finalmente, no Capítulo 4, buscamos, em casos práticos decididos no âmbito das Supremas Cortes brasileira e canadense, verificar se a guarda compartilhada da Constituição pode se revelar um caminho adequado para a concretização do constitucionalismo democrático e facilitar o diálogo interinstitucional entre o Parlamento e a Suprema Corte.

A partir do estudo dos casos do "aborto do feto anencéfalo" e da "união homoafetiva", resolvidos pela Suprema Corte brasileira, confirmamos: que houve uma afirmação da judicialização da política; que delicadas questões de identidade coletiva, intrinsecamente relacionadas com os processos de construção da Nação, terminam sendo resolvidas na Suprema Corte; que o Legislativo, dificilmente, resolveria questões dessa natureza, dadas as polêmicas morais que as envolvem, as quais, em geral, levam as legislaturas a não quererem se indispor com os eleitores. Em casos como esses, entendemos que a saída é que as Cortes legislem e garantam direitos que minorias pouco provavelmente veriam assegurados pelo Legislativo.

Nessa linha de pensamento, asseveramos que o ativismo judicial do STF é justificável quando busca garantir a concretização de direitos fundamentais básicos de minorias, dificilmente garantidos no âmbito legislativo. Consignamos que uma postura omissiva da Corte Constitucional terminaria por agravar o quadro de desproteção de minorias.

Com referência aos estudos de casos resolvidos pela Suprema Corte canadense, deixamos registrado, num primeiro momento, que o Parlamento pode fazer uso de um mecanismo denominado *overriding* para reeditar texto legislativo que limita o exercício de direitos garantidos nos artigos 2º e de 7º a 15 da Carta. Salientamos que a aplicação da cláusula *notwithstanding* (artigo 33 da Carta Canadense de 1982) permite que seja valorizada a democracia deliberativa, na medida em que há uma abertura para a participação popular no processo de interpretação constitucional.

Partindo do pressuposto que o novo perfil de controle de constitucionalidade canadense permite que este seja compartilhado entre os dois poderes políticos, direcionamos nosso esforço para a análise de casos práticos resolvidos no âmbito da Suprema Corte. Constatamos que o uso da cláusula *notwithstanding* se dá de duas formas: formal e informal.

No caso *Ford v. Quebec*, a Corte foi chamada a avaliar o *status* constitucional da liberdade de expressão comercial, oportunidade em que procedeu a um exame aprofundado do real significado de provisões da Carta Canadense de Direitos e Liberdades de 1982, da Carta de Direitos Humanos e Liberdades de Quebec e da Carta de Língua Francesa de Quebec. Após longa discussão, a decisão unânime adotada foi no sentido de que os artigos 58 e 59 e 205 a 208 da Carta de Língua Francesa de Quebec (*Bill* 101) eram inconstitucionais por infringirem os artigos 3º, 9.1 e 10 da *Quebec Charter* e os artigos 1º e 2(B) da *Canadian Charter*, os quais garantem a liberdade de expressão.

Mesmo diante dessa decisão, a Suprema Corte levou em consideração os motivos sócio-culturais que levaram a exigência que o Francês fosse usado de forma exclusiva para fins comerciais e colocou que o Legislador da Província era livre para usar o artigo 33 para anular o efeito do artigo 2(B) da Carta. Em assim sendo, doravante, o Partido Liberal de Quebec aprovou a nova lei de sinais (*Bill* 178), ocasião em que utilizou a cláusula *notwithstanding*. A língua francesa foi mantida como o único idioma a ser colocado em sinais comerciais.

A ação dos legisladores provinciais de invocar o artigo 33 para proteger a lei da revisão judicial por um período de 5 (cinco) anos trouxe controvérsias, na medida em que gerou insatisfação tanto por parte dos nacionalistas de Quebec, quanto por parte dos quebequenses de língua inglesa, pois terminou não satisfazendo as pretensões de ambas as partes e, além disso, deixou em aberto a discussão sobre qual o limite razoável de aplicabilidade do preceito constitucional da "liberdade de expressão", tão discutido no âmbito da Suprema Corte. Nesse caso, observamos que o uso formal da cláusula *notwithstanding* chamou a atenção do público de uma forma negativa.

Destacamos que embora a cláusula *notwithstanding* guarde em si "boas intenções", uma vez que busca dar concretude ao princípio democrático e limitar a atuação do Judiciário na arena política, o seu uso gera polêmicas justamente pelo fato de dar ao Poder Legislativo a possibilidade concreta de sobrepor proteções constitucionais que, normalmente, são relacionadas a garantias que conseguiram um *status* constitucional após muitas lutas históricas e a custa de aprendizados sociais alcançados, não raro, por experiências dolorosas.

A percepção que temos, a partir dos estudos empreendidos, é que, num primeiro momento, o mecanismo de *notwithstanding* pode passar a ideia isolada de supremacia parlamentar, todavia, num segundo momento, vemos que essa supremacia, no caso canadense, tem sido dividida com a Corte Constitucional diante da respeitabilidade de suas decisões.

Um exame mais aprofundado acerca da jurisprudência constitucional canadense, fez-nos perceber que o artigo 33 (cláusula *notwithstanding*) da Carta Canadense não vem sendo aplicado com muita frequência. Ao invés disso, surgiu uma maneira mais informal de o Parlamento fazer uso da cláusula, a qual vem sendo denominada pelos estudiosos do direito constitucional canadense de "notwithstanding-by-stealth". Essas constatações advêm do estudo dos seguintes casos, todos relacionados com a Lei Penal canadense: *R. v. Mills* (1999); *R. v. Darrach* (2000); *R. v. Hall* (2002). Em todos eles houve substituições legislativas (*legislative override*) que terminaram gerando a necessidade de uma segunda revisão judicial por parte da Suprema Corte (*second-look cases*).

Foi a partir da segunda revisão judicial, feita após os ajustes e reformulações da legislação ocorridas no âmbito do Parlamento, que notamos que o *weak judicial review* continua a prevalecer no sistema judicial canadense, mas o caminho para que isso aconteça não tem sido exatamente a maneira formal prevista no artigo 33 da Carta Canadense de 1982.

Para reestabelecer a constitucionalidade de normas penais previamente declaradas inconstitucionais pela Suprema Corte, o Parlamento procedeu a alterações no Código Penal, com vistas a conferir observância a padrões constitucionais exigidos pela Corte. Com isso, o desgaste que poderia surgir perante a sociedade praticamente desapareceu, pois não foram deixados de lado direitos e liberdades fundamentais garantidos pela Carta, mas sim levados em plena consideração quando da produção de novas previsões normativas.

Por conseguinte, enfatizamos que a despeito da necessidade de novas avaliações judiciais acerca da constitucionalidade dos dispositivos alterados, as ações da Suprema Corte foram, em regra, tendentes a aceitar os novos esquemas legais criados pelo Parlamento, a partir do reconhecimento de que as produções legislativas se coadunavam com os anseios da sociedade. Em sendo assim, mesmo reconhecendo que em alguns pontos a atuação legislativa não se restringiu ao que outrora fora discutido no âmbito da Suprema Corte, nos posicionamentos dos magistrados levou-se muito a sério a necessidade de a Corte não interferir na esfera de atuação legislativa (*judicial self-restraint*).

A importância do estabelecimento de um processo dialógico foi sempre ressaltada, levando em conta que ao mesmo tempo em que o trabalho da legislatura é revisado pelo Tribunal, as decisões do Tribunal podem ter a reação do legislador, com base no que consta do artigo 33 da Carta. É justamente esse diálogo e a responsabilidade compartilhada de ambos os poderes de guardar a Constituição que alavanca, a nosso ver, um concreto desenvolvimento do processo democrático e reduz a multicitada tensão.

Além do respeito institucional, notamos que a Suprema Corte do Canadá tem aceitado as mudanças legislativas que resultam das decisões de controle de constitucionalidade adotadas, sem maiores questionamentos quanto à falta de aplicação formal do artigo 33 da Carta Canadense de Direitos e Liberdades.

Destarte, em relação ao estudo de casos do Canadá, concluímos que é o diálogo interinstitucional que vem contribuindo para o processo de concretização do constitucionalismo democrático e não necessariamente a existência da cláusula *notwithstanding*. A Suprema Corte tem atuado firmemente como guardiã das garantias e liberdades fundamentais, mas resta aberta ao Parlamento a possibilidade de dar a "última palavra" acerca da interpretação dessas garantias e liberdades, ou fazendo uso formal do artigo 33, ou fazendo emendas e modificações em dispositivos legais outrora considerados inconstitucionais, por meio da utilização da cláusula "notwithstanding-by-stealth".

Nessa linha, é importante frisar que a despeito de Mark Tushnet asseverar que o *weak judicial review* no Canadá está se convertendo em *strong judicial review*, as evidências encontradas nos casos práticos estudados nos mostram que a forma fraca ainda vigora no sistema constitucional canadense, uma vez que não só depende da utilização formal da cláusula *notwithstanding*, mas do efetivo diálogo interinstitucional entre Parlamento e Suprema Corte.

Sem dúvida, o processo comunicativo restou caracterizado, nos casos em que a cláusula *notwithstanding* foi aplicada formal ou informalmente (*notwithstanding-by-stealth*), na medida em que o Parlamento e a Suprema Corte, ora na qualidade de emissor, ora de receptor da mensagem, conseguiram estabelecer diálogos que trouxeram resultados profícuos não só para o aperfeiçoamento da legislação canadense (nos casos estudados, a legislação penal e a legislação da Província de Quebec), como também do constitucionalismo democrático.

É importante repisar que o uso restrito da cláusula *notwithstanding* está associado ao fato de que com a sua aplicação a legislatura pode declarar que uma lei continua sendo válida, não obstante ter sido declarada inconstitucional pela Suprema Corte. Essa declaração não só ressalta que no sistema constitucional canadense vigora a ideia de supremacia parlamentar, como também exige que o Parlamento incentive uma ampla discussão pública sobre as questões constitucionais levantadas pelo uso da cláusula.

Essa abertura para a discussão pública, por um lado aperfeiçoa o constitucionalismo democrático, mas por outro abre os olhos do público para o fato de que os legisladores podem estar impondo privações ao exercício de direitos e garantias fundamentais. A percepção do público pode trazer à tona posicionamentos desfavoráveis às pretensões parlamentares e consequentes conflitos políticos.

Considerando que a não sintonia de previsões legais infraconstitucionais com direitos fundamentais garantidos pela Carta pode gerar desgastes políticos não desejáveis, faz-se necessário que, no âmbito parlamentar, sejam traçadas justificativas bastante fundamentadas para que uma norma permaneça válida, mesmo estando em desacordo com preceitos constitucionais arraigados na Carta.

Noutros termos, mesmo tentando fornecer as melhores explicações sobre a essencialidade da validade do estatuto, a partir de um amplo registro investigativo sobre a importância histórica, social, econômica, cultural da legislação, e alegando que a Suprema Corte não deu o devido peso a considerações relevantes para a validez da legislação questionada, o desacordo interpretativo pode gerar uma desconfiança no seio da sociedade e uma desarmonia política.

Não se pode negar que as escolhas feitas pelo Parlamento são muito mais políticas que jurídicas e isso chama a atenção do público para possíveis descompassos entre os desejos sociais e os políticos. Em sendo assim, as explicações parlamentares sobre a necessidade de sobreposição de normas constitucionais (*override*) devem ser bastante plausíveis, pois podem gerar o efeito contrário de terminar fortalecendo o *judicial review*, mesmo diante da tarefa da Suprema Corte de, muitas vezes, ter que agir de forma contrária às opiniões da maioria.

É esse desgaste trazido pela abertura ao público de discussões que giram em torno das características essenciais de uma sociedade livre e democrática que o Parlamento canadense vem evitando. Destarte, ao invés de invocar o artigo 33, termina emendando ou acrescentando dispositivos legais, para buscar afastar inconstitucionalidades já detectadas pela Suprema Corte. Essa ação, embora reduza a participação do público nas discussões, não implica sua exclusão do processo interativo relacionado com as modificações legislativas. Demais disso, acentua-se a necessidade de serem levadas em consideração pelo Parlamento todas as discussões travadas pela Suprema Corte relacionadas à validade/invalidade da legislação questionada.

Destarte, o uso do artigo 33 pode ocasionar o surgimento de dois efeitos: um deles é ressaltar a importância da atuação judicial na garantia da observância de direitos e liberdades básicas previstas na Carta; o outro é ressaltar a necessidade de pôr em movimento as políticas majoritárias, a partir de uma maior discussão sobre o real significado de direitos definidos na Carta e se esses podem ser sobrepostos, mesmo que temporariamente, por previsões legais que sejam consideradas importantes para a vida social, política, cultural, econômica de um País.

De uma forma ou de outra, percebemos que as discussões acerca de valores fundamentais da sociedade terminam contribuindo para melhorar a compreensão pública de valores democráticos e de normas constitucionais. Apesar do pouco uso do artigo 33 da Carta Canadense de Direitos e Liberdades, ele continua abrindo o caminho para que o diálogo interinstitucional aconteça, tanto pelo seu uso formal, quanto pelo uso informal, aqui denominado "notwithstanding-by-stealth".

CONCLUSÃO

Diante da tensão instalada entre o Supremo Tribunal Federal e o Parlamento brasileiro, buscamos, no Direito Constitucional Comparado, observar outros modelos de jurisdição constitucional que possibilitassem a redução dessa tensão. Percebemos que o *design* constitucional canadense de *weak judicial review* tem uma influência positiva sobre a performance do constitucionalismo democrático, haja vista que se apresenta como uma solução mais concreta e ágil para criar uma barreira contra o processo de debilitação democrática por que passam muitas Nações que se autodenominam "Estados Democráticos de Direito".

Ao invés da debilitação democrática, no caso do Canadá temos uma Nação em que o *design* constitucional e a prática institucional de respeito recíproco pelas soluções constitucionais adotadas no âmbito do Parlamento e da Suprema Corte permitem que a definição de características essenciais de uma sociedade livre e democrática possam ser decididas em última instância ("última palavra") pelo Parlamento, que possui ampla legitimidade e assim máxima autoridade para falar sobre o *popular will.*

Esse mesmo *design* constitucional permite que se leve em alta consideração as interpretações realizadas no âmbito da Corte Constitucional, haja vista que seus membros, além de gozarem de respeitabilidade cada vez mais elevada, demonstram grande seriedade quando buscam traduzir quais os reais valores da Carta e o que, de fato, significam os princípios e regras nela contidos.

Nesse ponto, é importante frisar que essa respeitabilidade está relacionada com o fato de que a sede da razão tende a estar nas cortes constitucionais, mas estas têm que, de certa forma, dialogar com o desejo popular (*popular will*). O grande desafio desse modelo de constitucionalismo democrático é, ainda, incrementar o diálogo entre a razão e o desejo popular.

Já num sistema de *strong judicial review* como o brasileiro, a tendência é que haja uma baixa performance do constitucionalismo democrático, pois é confiada à Suprema Corte a tarefa de resolver complicados problemas constitucionais (*hard cases*), com possibilidades restritas para que o público participe de discussões sobre temas sociais relevantes.

Demais disso, o Legislativo ora ataca a Supremacia Judicial (como aconteceu com a proposição da PEC 33/2011), ora se fecha para a possibilidade de estabelecer um diálogo interinstitucional, na medida em que as tentativas advindas da Suprema Corte nesse sentido são, em regra, infrutíferas, como demonstramos no Capítulo 1 desta obra, quando abordamos a evolução da interpretação judicial acerca do Mandado de Injunção.

A partir dos casos práticos estudados, percebemos que o *design* constitucional brasileiro de *strong judicial review* termina incrementando o processo de debilitação democrática. O que ocorre é que instituições como o Legislativo e a Suprema Corte, de suma importância para o fortalecimento democrático, praticamente não se comunicam e quando o fazem parecem querer demonstrar o poder que têm e não uma real disposição em melhorar a performance do constitucionalismo democrático.

No caso do "aborto do feto anencéfalo", por exemplo, os discursos advindos de muitos dos Ministros da Suprema Corte foram no sentido de que não era dever do Judiciário agir como legislador positivo, pois questões dessa natureza deveriam ser tratadas no âmbito do Legislativo, intérprete adequado dos valores sociais e culturais da sociedade. Paradoxalmente, muitos Ministros pareciam não se sentir à vontade para atuarem como legisladores positivos, quando, na verdade, já o fizeram em muitas outras ocasiões, criando inclusive, em alguns casos, políticas públicas que foram muito além do que o caso exigia e das competências constitucionais da Corte (*vide*, no Capítulo 1, o caso da demarcação de terras indígenas da Reserva Raposa Serra do Sol).

Já na solução da questão da "união homoafetiva", os Ministros assumiram uma postura mais coerente com a atuação ativista adotada a partir da Constituição Federal de 1988 e terminaram asseverando que a Suprema Corte não poderia ficar alheia à realidade social questionada na ADIn 4277 e na ADPF 132 e que precisaria desempenhar sua nobre missão de evitar que grupos minoritários fossem sufocados por grupos majoritários, mesmo que isso implicasse em dar uma resposta de caráter positivo.

Em sendo assim, os discursos judiciais assumiram uma postura política em virtude da realidade de a Suprema Corte ser chamada a se substituir ao Legislativo, mesmo diante da possibilidade que essa substituição pudesse se convolar em fator de deslegitimação. Reconheceram, ademais, que em se tratando de direitos de minorias, o ativismo representa, em essência, o cumprimento da missão da jurisdição constitucional.

No nosso entender, é em casos em que se reinvindicam direitos de minorias (aborto de feto anencéfalo e união homoafetiva, por exemplo) que a Suprema Corte pode, legitimamente, atuar como legislador positivo, justamente com o fito de assegurar o exercício de tais direitos, os quais dificilmente seriam garantidos no âmbito do Legislativo, por gerarem grandes polêmicas e discussões sociais. Quando resolve questões de minorias, o STF está garantindo direitos a parcelas da população geralmente excluídas e marginalizadas.

Assim, embora compreendamos que são legítimas as explicações colocadas por alguns Ministros para justificar a atuação ativista do Supremo Tribunal Federal, percebemos que os discursos que tratam da importância de incrementar o diálogo interinstitucional entre Parlamento e Suprema Corte são vazios de significado, pois não há ações concretas nesse sentido, o que interfere, sobremaneira, na concretização do constitucionalismo democrático.

Destarte, em termos comparativos, quando analisamos as decisões adotadas no Brasil e no Canadá, vislumbramos nas relações interinstitucionais Corte/Parlamento as seguintes situações: no âmbito da Suprema Corte canadense destaca-se a racionalidade comunicativa; no âmbito da Suprema Corte brasileira destaca-se a racionalidade estratégica/instrumental. Isso não quer dizer que o STF não faça uso da racionalidade comunicativa e que a Suprema Corte do Canadá não faça uso da racionalidade estratégica. Explicamos, com base nas lições colhidas da Teoria do Agir Comunicativo de Habermas.

As interações entre a Suprema Corte canadense e o Parlamento estão voltadas para uma intersubjetividade comunicativa, na medida em que são abertas oportunidades de entendimento de forma abrangente e não restritiva na intenção de encontrar soluções para problemas constitucionais detectados. Nesse cenário, o entendimento discursivo interinstitucional é sempre buscado com pretensões claras de intelegibilidade, verdade e correção normativa, ou seja, a comunicação interinstitucional é feita para resolver problemas constitucionais concretos da sociedade. A racionalidade comunicativa é utilizada, então, para atingir o consenso.

Esse agir comunicativo permite que entendimentos e enunciações sejam relativizados diante da validade lógica das constatações interpretativas. As interações terminam permitindo que se busque um consenso, que embora não seja absoluto e universal, representa um entendimento mútuo conseguido de forma dinâmica e ética, a partir de um processo discursivo, o que gera maior legitimidade das decisões adotadas perante a sociedade.

Nessa linha, considerando que o consenso é essencial para que o conceito democrático reste ainda mais vibrante, podemos dizer que o constitucionalismo democrático saudável está relacionado com o consenso sobre a importância de direitos individuais e sobre o valor da democracia. Destarte, o *design* constitucional que mais favorece o consenso é o que incentiva o diálogo interinstitucional, portanto, o *weak judicial review*.

Noutros termos, nas interações geradas pelo agir comunicativo as ações são coordenadas pelo entendimento, para que possam ser devidamente explorados os potenciais de solução consensual de determinado problema. Há, pois, um desprendimento do semanticismo, o que dá lugar ao novo paradigma comunicativo tão bem estudado por Habermas, no qual as situações de fala são levadas em consideração. É justamente a ação comunicativa que permite a relativização de enunciações, na medida em que abre a possibilidade para contestações, sempre com o objetivo de obter o consenso.

Essa disposição para a relativização permite o reconhecimento da importância de outros participantes no processo comunicativo. Ao encontrar soluções, surge um conhecimento racional que é resultado do intercâmbio linguístico entre os sujeitos. Destarte, a partir do estudo de casos resolvidos no âmbito da Suprema Corte e do Parlamento canadense observamos que o uso da linguagem e da comunicação é orientado para o entendimento e para a solução de desacordos interpretativos. Os juízes constitucionais se engajam num tipo de racionalidade comunicativa dialógica, pois tentam persuadir uns aos outros pelo uso da razão.

Assim, inferimos que a Cláusula *Notwithstanding*, embora pouco usada em sua concepção original, termina forçando a concretização de um diálogo interinstitucional. Podemos dizer que a referida cláusula traz um "incentivo constitucional" ao diálogo. Destarte, no Canadá, a prática comunicativa interna da Corte Constitucional rompe as barreiras intrainstitucionais e atinge outros atores institucionais, no caso em pauta, o Parlamento. Isso implica num processo comunicacional mais saudável, no qual os argumentos valorativos, expressivos e as crenças são construídos por meio de um intenso diálogo interinstitucional.

Sob um outro prisma de observação, percebemos que quando a Suprema Corte do Canadá usa a racionalidade estratégica parece querer mostrar a importância de seus poderes constitucionais, sem deixar de privilegiar o modelo de supremacia parlamentar para a sociedade canadense. O modo estratégico mais eficiente para atingir esses fins é usar o modelo de *weak judicial review*, que é um meio disponibilizado na própria Carta Canadense de Direitos e Liberdades de 1982.

É bom rememorar que a importância da atividade parlamentar e das discussões travadas no âmbito legislativo para a adequação da legislação penal a direitos e garantias individuais previstos na Carta foi salientada por diversas vezes nos posicionamentos dos Juízes da Suprema Corte, analisados nos casos *R. v. Mills*, *R. v. Darrach* e *R. v. Hall*.

Já no âmbito da Suprema Corte Brasileira, a nosso ver, predomina a racionalidade estratégica, na qual as ações são movidas para conservar e ressaltar a supremacia judicial. Noutras palavras, para afirmar seu poder e para capturar competências de outros poderes (captura cumulativa), a nossa Corte Constitucional utiliza como meio o *strong judicial review*. Essa postura só acentua os desacordos interinstitucionais, o que provoca atrasos na pauta de desenvolvimento do constitucionalismo democrático e incrementa a repulsa do Legislativo em relação a qualquer possibilidade de implementação de ações comunicativas voltadas ao entendimento, tampouco ao consenso.

Não podemos negar a existência de uma racionalidade comunicativa no âmbito do STF, mas essa pode ser observada nos processos comunicativos que ocorrem no nível intrainstitucional (*interna corporis*). A prática dialógica interna não é extrapolada para as relações interinstitucionais, como ocorre no Canadá, o que não só dificulta a implementação de ações comunicativas, como também obstaculiza as possibilidades de concretização do constitucionalismo democrático. Noutras palavras, as interações tendem a ser um instrumental de manutenção do poder, na medida em que os Ministros da Corte mostram-se interessados com a alocação de um grande poder da República no âmbito do STF.

Nesse ponto, rememoramos Kant, que nos ensinava que a racionalidade é uma condição humana inata, é um construto. Em Hegel, a racionalidade humana já ganha uma dimensão cultural no quadro da modernidade. Max Weber, quando trata de Estado e de Direito, já vem falar-nos sobre a racionalidade instrumental moderna (estratégica) de adequação de meios a fins. Enquanto Marx denuncia a racionalidade estratégica econômica, Weber assevera que não se trata só de uma racionalidade estratégica da economia, mas do Estado de Direito. Habermas, de seu lado, vai nos dizer que a racionalidade moderna não é só estratégica, mas comunicativa, reconhecendo que não só a política, mas também o direito é regido pelo poder.

Destarte, com base nas lições brevemente relembradas no parágrafo supra, compreendemos que a Suprema Corte brasileira, ao utilizar-se de uma racionalidade estratégica (instrumental) não se defronta, verdadeiramente, com o Legislativo para encontrar soluções conjuntas para tantos problemas sociais que surgem e termina nos mostrando uma abertura muito tímida para a possibilidade de diálogo. Ou seja, nesse caso, a racionalidade estratégica/instrumental de que nos fala Marx e Weber tende a colonizar a racionalidade comunicativa habermasiana.

Quando Suprema Corte e Parlamento não tomam iniciativas concretas para que os canais de comunicação entre as instituições permaneçam abertos, há uma perda significativa para o processo inclusivo de formação da opinião e da vontade. Não havendo espaços para a formação democrática da vontade, tão ressaltada por Habermas em sua obra "Direito e Democracia: entre facticidade e validade", o constitucionalismo democrático resta enfraquecido. Se por um lado os juízes constitucionais apoiam-se na incapacidade do legislador em encontrar soluções para casos difíceis (*hard cases*), por outro os legisladores apostam na falta de legitimação democrática dos juízes, a despeito da racionalidade dos discursos profissionais trazidos à baila quando da prolação de decisões.

Assim, no caso brasileiro, o processo discursivo de formação de opinião e de vontade está longe de acontecer, tampouco qualquer tipo de consenso. O isolamento institucional não é desejável, na medida em que o Legislativo e o Judiciário têm que atuar cooperativamente para que um modelo de democracia deliberativa, de fato, funcione.

Diante das considerações aqui alinhadas, a guarda compartilhada da Constituição surge como uma alternativa para que, por meio de um processo dialógico concreto entre o Legislativo e a Suprema Corte, o constitucionalismo democrático deixe de ser uma promessa e passe a ser uma realidade no seio de sociedades democráticas. O fato é que nossas instituições parecem desconhecer o que significa dar concretude ao constitucionalismo democrático.

O que se tem que ter em mente é que uma democracia vai muito além do que tão somente permitir aos seus cidadãos o direito ao voto. Assim, observar com mais profundidade o novo paradigma do *weak judicial review* canadense dá-nos novo impulso para pensar no modelo de constitucionalismo democrático que queremos, desacomoda-nos, tira-nos do lugar comum de sempre termos como parâmetro de comparação os modelos americano e alemão de *strong judicial review*.

A implementação de um *design* institucional que privilegia o diálogo independe de mudanças formais na Constituição, mas só de uma mudança efetiva na postura comunicativa interinstitucional. Com base nessa linha de pensamento, assim como o *weak judicial review* pode converter-se, em certos momentos, em *strong judicial review*, o inverso pode acontecer, desde que o *judicial self-restraint* seja, efetivamente, praticado. Neste caso, uma postura judicial mais contida não representa fraqueza institucional ou perda de poder, mas, simplesmente, a adoção de uma atitude ética de respeito às competências dos demais poderes, o que pode incrementar, sobremaneira, a legitimidade da Suprema Corte perante a sociedade e as suas instituições democráticas.

REFERÊNCIAS

ABDELAAL, Mohamed. Constitutionality of constitution acts in egypt: can the egyptian supreme constitutional court extend its jurisdiction?. *JURIST*, Pittsburgh, PA, out. 2014. Disponível em: https://www.jurist.org/commentary/2014/10/mohamed-abdelaal-egyptian-court/. Acesso em: 18 out. 2018.

ACKERMAN, Bruce. Nós, o povo soberano: fundamentos do Direito Constitucional. Belo Horizonte: Del Rey, 2006.

ACKERMAN, Bruce. *Transformação do Direito Constitucional*. Belo Horizonte: Del Rey, 2009.

ADEODATO, João Maurício Leitão. *O problema da legitimidade*: no rastro do pensamento de Hanna Arendt. Rio de Janeiro: Forense, 1989.

ALBERT, Richard. Constitutional Amendment by Stealth. *Mcgill Law Journal*, [s.l.], v. 60, n. 4, p. 673-736, 2015 Disponível em: http://lawjournal.mcgill.ca/userfiles/other/25505-Article__4___Albert.pdf. Acesso em: 23 maio 2018.

ALBERT, Richard. Constitutional Handcuffs. *Research Paper*, [s.l.], n. 225, fev. 2010. Disponível em: https://ssrn.com/abstract=1476308. Acesso em: 18 out. 2018.

ALBERT, Richard. Counterconstitutionalism. *Research Paper*, [s.l.], n. 183, set. 2009. Disponível em: http://ssrn.com/abstract=1424055. Acesso em: 18 out. 2018.

ALBERTS, Susan; WARSHAW, Chris; WEINGAST, Barry R.. Democratization and Countermajoritarian Institutions: Power and Constitutional Design in Self-Enforcing Democracy. In: GINSBURG, T. *Comparative Constitutional Design*. Cambridge: Cambridge University Press, 2012, p. 69-100.

ALEXY, Robert. *Teoria dos Direitos Fundamentais*. São Paulo: Malheiros Editores, 2008.

ALMEIDA, Rodrigo de. Tirania do Judiciário não se limita ao STF, e fraudou democracia brasileira: há peso demais na Justiça, em detrimento do Legislativo. *Poder 360*, 27/09/2016, Opinião. Disponível em: https://www.poder360.com.br/opiniao/justica/tirania-do-judiciario-nao-se-limita-ao-stf-e-fraudou-democracia-brasileira/. Acesso em: 20 out. 2018.

ALVES, José Carlos Moreira. A evolução do controle da constitucionalidade no Brasil. In: TEIXEIRA, Sálvio de Figueiredo (Coord.). *As garantias do cidadão na justiça*. São Paulo: Saraiva, 1993.

APEL, Karl Otto. *Transformação da filosofia I*: filosofia analítica, semiótica, hermenêutica. São Paulo: Loyola, 2000.

ARABI, Abner Youssif Mota. Ascensão do Judiciário e Tensão Institucional: Judicialização, Ativismo e Reação do Poder Legislativo (PEC 33/2011). *E-Legis: Revista Eletrônica do Programa de Pós-Graduação da Câmara dos Deputados*, Brasília, n. 10, p. 42-55, jan./abr. 2013. Disponível em: http://bd.camara.gov.br/bd/handle/bdcamara/14457. Acesso em: 20 out. 2018.

BARBOSA, Claudia Maria. *Os novos oráculos da lei:* a experiência do modelo misto canadense e a proposta da súmula de efeito vinculante no Brasil. 2002. 272 f. Tese (Doutorado) - Curso de Direito, Universidade Federal de Santa Catarina, Florianópolis, 2002. Disponível em: https://repositorio.ufsc.br/handle/123456789/83567. Acesso em: 20 out. 2018.

BARBOSA, Estefânia Maria de Queiroz. *Stare Decisis, integridade e segurança jurídica*: reflexões críticas a partir da aproximação dos sistemas Common Law e Civil Law. 2005. 264 f. Tese (Doutorado) - Curso de Direito, Pontifícia Universidade Católica do Paraná, Curitiba, 2011. Disponível em: http://www.biblioteca.pucpr.br/tede/tde_busca/arquivo.php?codArquivo=1784. Acesso em: 20 out. 2018.

BARROSO, Luís Roberto. *Controle de constitucionalidade no direito brasileiro*. 5. ed. São Paulo: Saraiva, 2011.

BARROSO, Luís Roberto. *Interpretação e aplicação da Constituição:* fundamentos de uma dogmática constitucional transformadora. São Paulo: Saraiva, 1996.

BARROSO, Luís Roberto. Judicialização, ativismo e legitimidade democrática. *(Syn)thesis*, Rio de Janeiro, v. 5, n. 1, p. 23-32, 2012. Disponível em: http://www.e-publicacoes.uerj.br/index.php/synthesis/article/view/7433. Acesso em: 20 out. 2018.

BARROZO, Paulo D. The Great Alliance: Histort, Reason, and Will in Modern Law. *Law and Contemporary Problems*, [s.l.], v. 78, n. 1, p. 235-270, 2015. Disponível em: https://papers.ssrn.com/sol3/papers.cfm?abstract_id=2573812. Acesso em: 20 out. 2018.

BENITEZ, Gisela Maria Bester. O controle de constitucionalidade jurisdicional nos países do Mercosul e a amplitude democrática do acesso a justiça constitucional: análise comparativa no âmbito do direito processual internacional. In: ANUARIO de derecho constitucional latinoamericano: edición 2003. Montevideo, Uruguay, 2003. p. 255-279. Disponível em: http://historico.juridicas.unam.mx/publica/librev/rev/dconstla/cont/2003/pr/pr13.pdf. Acesso em: 20 out. 2018.

BENVINDO, Juliano Zaiden. Ativismo Judicial no Supremo Tribunal Federal: Um Debate sobre os Limites da Racionalidade. *In*: GUERRA, Luiz (Org.). *Temas Contemporâneos do Direito*: Homenagem ao Bicentenário do Supremo Tribunal Federal. Brasília: Guerra Editora, 2011, v. 1, p. 560-582.

BENVINDO, Juliano Zaiden. *On the limits of constitutional adjudication*: deconstructing balancing and judicial activism. New York: Springer, 2010.

BENVINDO, Juliano Zaiden. STF, separação de poderes e cassação de mandatos. *Constitucionalismo e Democracia*, 2012. Disponível em: http://goo.gl/uYHO2. Acesso em: 20 out. 2018.

BENVINDO, Juliano Zaiden. The Forgotten People in Brazilian Constitutionalism: Revisiting Strategic Behavior Analyses of Regime Transitions. *International Journal of Constitutional Law*, [s.l.], v. 15, n. 2, p. 332-357, abr. 2017. Disponível em: https://papers.ssrn.com/sol3/papers.cfm?abstract_id=2857987. Acesso em: 20 out. 2018.

BERMAN, José Guilherme. Supremacia judicial e controle de constitucionalidade. *Revista Direito Público*, [s.l.], v. 7, n. 32, p. 193-227, 2010. Disponível em: https://www.portaldeperiodicos.idp.edu.br/direitopublico/article/view/1742. Acesso em: 20 out. 2018.

BERTI, Marcio Guedes. O Supremo Tribunal Federal e o controle concentrado de constitucionalidade. *Revista Bonijuris*, Curitiba, v. 18, n. 513, p. 21, ago. 2006.

BICKEL, Alexander M. *The least dangerous branch*: The Supreme Court at the Bar of Politics. New Haven, Connecticut: Yale University Press, 1962.

BOBBIO, Norberto. *O Futuro da Democracia*: uma defesa das regras do jogo. São Paulo: Paz e Terra, 1987.

BOGART, W. A. Social Progress and Judicial Power in Canada. *In*: TATE, C. Neal; VALLINDER, Torbjörn (Ed.). *The Global expansion of Judicial Power*. New York: New York University Press, 1995. p. 117-136.

BORK, Robert. *Coercing Virtue*: The Worldwide Rule of Judges. Toronto: Vintage Canadá, 2002.

BRANCO, Paulo Gustavo Gonet. Experiências no controle de constitucionalidade: o diálogo institucional canadense e a constituição brasileira de 1937. *Direito Público,* Porto Alegre, v. 7, n. 31, p. 58-66, jan./fev. 2010. Disponível em: http://dspace.idp.edu.br:8080/xmlui/handle/123456789/386. Acesso em: 20 out. 2018.

BRASIL. Constituição (1824). *Constituição Política do Império do Brazil.* Rio de Janeiro, 1824. Disponível em: http://www2.camara.leg.br/legin/fed/consti/1824-1899/constituicao-35041-25-marco-1824-532540-publicacaooriginal-14770-pl.html. Acesso em: 20 out. 2018.

BRASIL. Constituição (1891). *Constituição da República dos Estados Unidos do Brasil.* Rio de Janeiro, 1891. Disponível em: http://www2.camara.leg.br/legin/fed/consti/1824-1899/constituicao-35081-24-fevereiro-1891-532699-norma-pl.html. Acesso em: 20 out. 2018.

BRASIL. Constituição (1934). *Constituição da República dos Estados Unidos do Brasil.* Rio de Janeiro, 1934. Disponível em: http://www2.camara.leg.br/legin/fed/consti/1930-1939/constituicao-1934-16-julho-1934-365196-norma-pl.html. Acesso em: 20 out. 2018.

BRASIL. Constituição (1937). *Constituição da República dos Estados Unidos do Brasil.* Rio de Janeiro, 1937. Disponível em: http://www2.camara.leg.br/legin/fed/consti/1930-1939/constituicao-35093-10-novembro-1937-532849-norma-pl.html. Acesso em: 20 out. 2018.

BRASIL. Constituição (1946). *Constituição dos Estados Unidos do Brasil.* Rio de Janeiro, 1946. Disponível em: http://www2.camara.leg.br/legin/fed/consti/1940-1949/constituicao-1946-18-julho-1946-365199-norma-pl.html. Acesso em: 20 out. 2018.

BRASIL. Constituição (1967). *Constituição do Brasil.* Brasília, 1967. Disponível em: http://www2.camara.leg.br/legin/fed/consti/1960-1969/constituicao-1967-24-janeiro-1967-365194-norma-pl.html. Acesso em: 20 out. 2018.

BRASIL. Constituição (1988). *Constituição da República Federativa do Brasil.* Brasília, 1988. Disponível em: http://www2.camara.leg.br/atividade-legislativa/legislacao/Constituicoes_Brasileiras/constituicao1988.html/constituicao-da-republica-federativa-do-brasil_texto-atualizado. Acesso em: 20 out. 2018.

BRASIL. Supremo Tribunal Federal. *Ação Direta de Inconstitucionalidade n. 4.815 DF.* Relator: Ministra Carmen Lúcia. Brasília, 27 de agosto de 2012. Disponível em: http://redir.stf.jus.br/paginadorpub/paginador.jsp?docTP=TP&docID=10162709. Acesso em: 20 out. 2018.

BRASIL. Supremo Tribunal Federal. *Ação Direta de Inconstitucionalidade 4.277 DF*. Relator: Ministro Ayres Britto. Brasília, 05 de maio de 2011. Disponível em: https://stf.jusbrasil.com.br/jurisprudencia/20627236/acao-direta-de-inconstitucionalidade-adi-4277-df-stf. Acesso em: 20 out. 2018.

BRASIL. Supremo Tribunal Federal. *Arguição de Descumprimento de Preceito Fundamental n. 190 SP*. Relator: Ministro Edson Fachin. São Paulo, 29 de setembro de 2016. Disponível em: http://redir.stf.jus.br/paginadorpub/paginador.jsp?docTP=TP&docID=12798565. Acesso em: 20 out. 2018.

BRASIL. Supremo Tribunal Federal. *Arguição de Descumprimento de Preceito Fundamental n. 54 DF*. Relator: Ministro Marco Aurélio. Brasília, 12 de abril de 2012. Disponível em: https://stf.jusbrasil.com.br/jurisprudencia/14738666/questao-de-ordem-na-arguicao-de-descumprimento-de-preceito-fundamental-adpf-54-df. Acesso em: 20 out. 2018.

BRASIL. Supremo Tribunal Federal. *Arguição de Descumprimento de Preceito Fundamental n. 178 DF*. Relator: Ministro Presidente Gilmar Mendes. Brasília, 08 de julho de 2009. Disponível em: https://stf.jusbrasil.com.br/jurisprudencia/19135746/arguicao-de-descumprimento-de-preceito-fundamental-adpf-178-df-stf. Acesso em: 20 out. 2018.

BRASIL. Supremo Tribunal Federal. *Mandado de Injunção n. 107*. Relator: Ministro Moreira Alves. Brasília, 21 de novembro de 1990. Disponível em: https://stf.jusbrasil.com.br/jurisprudencia/752372/mandado-de-injuncao-mi-107-df. Acesso em: 20 out. 2018.

BRASIL. Supremo Tribunal Federal. Mandado de Injunção n. 232. Relator: Ministro Moreira Alves. Rio de Janeiro, 02 de agosto de 1991. Disponível em: https://stf.jusbrasil.com.br/jurisprudencia/751779/mandado-de-injuncao-mi-232-rj. Acesso em: 20 out. 2018.

BRASIL. Supremo Tribunal Federal. *Mandado de Injunção n. 283*. Relator: Ministro Sepúlveda Pertence. Brasília, 20 de março de 1991. Disponível em: https://stf.jusbrasil.com.br/jurisprudencia/752112/mandado-de-injuncao-mi-283-df. Acesso em: 20 out. 2018.

BRASIL. Supremo Tribunal Federal. *Mandado de Injunção n. 284*. Relator: Ministro Marco Aurélio. Brasília, 22 de novembro de 1992. Disponível em: https://stf.jusbrasil.com.br/jurisprudencia/750361/mandado-de-injuncao-mi-284-df. Acesso em: 20 out. 2018.

BRASIL. Supremo Tribunal Federal. *Mandado de Injunção n. 670*. Relator: Ministro Maurício Corrêa. Vitória, 25 de outubro de 2007. Disponível em:

https://stf.jusbrasil.com.br/jurisprudencia/2926661/mandado-de-injuncao-mi-670-es. Acesso em: 20 out. 2018.

BRASIL. Supremo Tribunal Federal. *Mandado de Injunção n. 708*. Relator: Ministro Gilmar Mendes. Brasília, 25 de outubro de 2007. Disponível em: https://stf.jusbrasil.com.br/jurisprudencia/14725991/mandado-de-injuncao-mi-708-df. Acesso em: 20 out. 2018.

BRASIL. Supremo Tribunal Federal. *Mandado de Injunção n. 712*. Relator: Ministro Eros Grau. Belém, 25 de outubro de 2007. Disponível em: http://redir.stf.jus.br/paginadorpub/paginador.jsp?docTP=AC&docID=558553. Acesso em: 20. out. 2018.

BRASIL. Supremo Tribunal Federal. *Mandado de Injunção n. 721*. Relator: Ministro Marco Aurélio. Brasília, 30 de agosto de 2007. Disponível em: http://redir.stf.jus.br/paginadorpub/paginador.jsp?docTP=AC&docID=497390. Acesso em: 20 out. 2018.

BRASIL. Supremo Tribunal Federal. *Medida Cautelar na Reclamação n. 14.404 DF*. Relator: Ministro Presidente Ayres Britto. Brasília, 27 de agosto de 2012. Disponível em: http://www.stf.jus.br/arquivo/cms/noticiaNoticiaStf/anexo/rcl14404.pdf. Acesso em: 20 out. 2018.

BRASIL. Supremo Tribunal Federal. *Petição n. 3388 RR*. Relator: Ministro Carlos Britto. Boa Vista, 19 de março de 2009. Disponível em: https://stf.jusbrasil.com.br/jurisprudencia/14714880/peticao-pet-3388-rr. Acesso em: 20 out. 2018.

BRASIL. Supremo Tribunal Federal. *Recurso extraordinário n. 657.703 PR*. Relator: Ministro Luiz Fux. Curitiba, 29 de setembro de 2016. Disponível em: http://redir.stf.jus.br/paginadorpub/paginador.jsp?docTP=TP&docID=12788517. Acesso em: 20 out. 2018.

BUSS, William G. A Comparative Study of the Constitutional Protection of Hate Speech in Canada and the United States: a Search for Explanations. In: KENNEY, Sally J.; REISINGER, William M.; REITZ, John C. (Ed.). *Constitutional Dialogues in Comparative Perspective*. New York: Palgrave Macmillan, 1999. p. 193-219.

CANADA. Constitution Act (1982). Carta canadense dos direitos e liberdades. Ottawa, 1982. Disponível em: https://web.oas.org/mla/en/Countries_Intro/pt_can_const.pdf. Acesso em: 20 out. 2018.

CANADA. Criminal Code (1985). Criminal Code of Canada. Ottawa, 1985. Disponível em: https://laws-lois.justice.gc.ca/eng/acts/C-46/FullText.html. Acesso em: 22 out. 2018.

CANADA. Supreme Court of Canada. Andrews V. Law Society Of British Columbia, n. 19955-19956. Relatores: Juiz Dickson C. J. [et al]. 02 de fevereiro de 1989. *Supreme Court Judgments*. Ottawa, 1989. Disponível em: https://scc-csc.lexum.com/scc-csc/scc-csc/en/item/407/index.do. Acesso em: 22 out. 2018.

CANADA. Supreme Court of Canada. Chaoulli v. Quebec (Attorney General), n. 29272. Relatores: Juíza Beverly McLachlin [et al]. 09 de junho de 2005. *Supreme Court Judgments*. Ottawa, 2005. Disponível em: https://scc-csc.lexum.com/scc-csc/scc-csc/en/item/2237/index.do. Acesso em: 22 out. 2018.

CANADA. Supreme Court of Canada. Charkaoui v. Canada (Citizenship and Immigration), n. 30762, n. 30929, n. 31178. Relatores: Juíza Beverly McLachlin [et al]. 23 de fevereiro de 2007. *Supreme Court Judgments*. Ottawa, 2007. Disponível em: https://scc-csc.lexum.com/scc-csc/scc-csc/en/item/2345/index.do. Acesso em: 22 out. 2018.

CANADA. Supreme Court of Canada. Delgamuukw v. British Columbia, n. 23799. Relatores: Juiz Antonio Lamer [et al]. 11 de dezembro de 1997. *Supreme Court Judgments*. Ottawa, 1997. Disponível em: https://scc-csc.lexum.com/scc-csc/scc-csc/en/item/1569/index.do. Acesso em: 22 out. 2018.

CANADA. Supreme Court of Canada. Dunmore v. Ontario (Attorney General), n. 27216. Relatores: Juíza Beverly McLachlin [et al]. 20 de dezembro de 2001. *Supreme Court Judgments*. Ottawa, 2001. Disponível em: https://scc-csc.lexum.com/scc-csc/scc-csc/en/item/1936/index.do. Acesso em: 22 out. 2018.

CANADA. Supreme Court of Canada. Eldridge v. British Columbia (Attorney General), n. 24896. Relatores: Juiz Antonio Lamer [et al]. 09 de outubro de 1997. *Supreme Court Judgments*. Ottawa, 1997. Disponível em: https://scc-csc.lexum.com/scc-csc/scc-csc/en/item/1552/index.do. Acesso em: 22 out. 2018.

CANADA. Supreme Court of Canada. Ford v. Quebec (Attorney General), n. 20306. Relatores: Juiz Dickson C. J. [et al]. 15 de dezembro de 1988. *Supreme Court Judgments*. Ottawa, 1988. Disponível em: https://scc-csc.lexum.com/scc-csc/scc-csc/en/item/1835/index.do. Acesso em: 22 out. 2018.

CANADA. Supreme Court of Canada. Little Sisters Book and Art Emporium v. Canada (Minister of Justice), n. 26858. Relatores: Juíza Beverly McLachlin [et al]. 15 de dezembro de 2000. *Supreme Court Judgments*. Ottawa, 2000. Disponível em: https://scc-csc.lexum.com/scc-csc/scc-csc/en/item/1835/index.do. Acesso em: 22 out. 2018.

CANADA. Supreme Court of Canada. McKinley v. BC Tel, n. 27410. Relatores: Juíza Beverly McLachlin [et al]. 28 de junho de 2001. *Supreme Court*

Judgments. Ottawa, 2001. Disponível em: https://scc-csc.lexum.com/scc-csc/scc-csc/en/item/1876/index.do. Acesso em: 22 out. 2018.

CANADA. Supreme Court of Canada. Multani v. Commission scolaire Marguerite-Bourgeoys, n. 30322. Relatores: Juíza Beverly McLachlin [et al]. 02 de março de 2006. *Supreme Court Judgments*. Ottawa, 2006. Disponível em: https://scc-csc.lexum.com/scc-csc/scc-csc/en/item/15/index.do. Acesso em: 22 out. 2018.

CANADA. Supreme Court of Canada. R. v. Darrach, n. 26564. Relatores: Juíza Beverly McLachlin [et al]. 12 de outubro de 2000. *Supreme Court Judgments*. Ottawa, 2000. Disponível em: https://scc-csc.lexum.com/scc-csc/scc-csc/en/item/1810/index.do. Acesso em: 22 out. 2018.

CANADA. Supreme Court of Canada. R. v. Ewanchuk, n. 26493. Relatores: Juiz Antonio Lamer [et al]. 25 de fevereiro de 1999. *Supreme Court Judgments*. Ottawa, 1999. Disponível em: https://scc-csc.lexum.com/scc-csc/scc-csc/en/item/1684/index.do. Acesso em: 22 out. 2018.

CANADA. Supreme Court of Canada. R. v. Hall, n. 28223. Relatores: Juíza Beverly McLachlin [et al]. 10 de outubro de 2002. *Supreme Court Judgments*. Ottawa, 2002. Disponível em: https://scc-csc.lexum.com/scc-csc/scc-csc/en/item/2006/index.do. Acesso em: 22 out. 2018.

CANADA. Supreme Court of Canada. R. v. Marshall, n. 26014. Relatores: Juiz Antonio Lamer [et al]. 17 de setembro de 1999. *Supreme Court Judgments*. Ottawa, 1999. Disponível em: https://scc-csc.lexum.com/scc-csc/scc-csc/en/item/1739/index.do. Acesso em: 22 out. 2018.

CANADA. Supreme Court of Canada. R. v. Mills, n. 26358. Relatores: Juiz Antonio Lamer [et al]. 25 de novembro de 1999. *Supreme Court Judgments*. Ottawa, 1999. Disponível em: https://scc-csc.lexum.com/scc-csc/scc-csc/en/item/1751/index.do. Acesso em: 22 out. 2018.

CANADA. Supreme Court of Canada. R. v. Morgentaler, n. 19556. Relatores: Juiz Dickson C. J. [et al]. 28 de janeiro de 1988. *Supreme Court Judgments*. Ottawa, 1988. Disponível em: https://scc-csc.lexum.com/scc-csc/scc-csc/en/item/288/index.do. Acesso em: 22 out. 2018.

CANADA. Supreme Court of Canada. R. v. Stinchcombe, n. 21904. Relatores: Juiz Gérard La Forest [et al]. 07 de novembro de 1991. *Supreme Court Judgments*. Ottawa, 1991. Disponível em: https://scc-csc.lexum.com/scc-csc/scc-csc/en/item/808/index.do. Acesso em: 22 out. 2018.

CANADA. Supreme Court of Canada. Reference re Same-Sex Marriage, n. 29866. Relatores: Juíza Beverly McLachlin [et al]. 09 de dezembro de 2004. *Supreme Court Judgments*. Ottawa, 2004. Disponível em: https://scc-csc.lexum.com/scc-csc/scc-csc/en/item/2196/index.do. Acesso em: 22 out. 2018.

CANADA. Supreme Court of Canada. Vriend v. Alberta, n. 25285. Relatores: Juiz Antonio Lamer [et al]. 02 de abril de 1998. *Supreme Court Judgments*. Ottawa, 1998. Disponível em: https://scc-csc.lexum.com/scc-csc/scc-csc/en/item/1607/index.do. Acesso em: 22 out. 2018.

CAPPELLETTI, Mauro. Controle judicial de constitucionalidade das leis no direito comparado. Porto Alegre: Fabris, 1984.

CARVALHO NETTO, Menelick de. A hermenêutica constitucional e os desafios postos aos direitos fundamentais. *In*: SAMPAIO, Adércio Leite (Org.). *Jurisdição constitucional e os direitos fundamentais*. Belo Horizonte: Del Rey, 2003.

CARVALHO NETTO, Menelick de. Controle de constitucionalidade e democracia. *In*: MAUÉS, Antonio G. Moreira (Org.). *Constituição e democracia*. São Paulo: Max Limonad, 2001.

CARVALHO NETTO, Menelick de; SCOTTI, Guilherme. *Os direitos fundamentais e a (in)certeza do direito*: a produtividade das tensões principiológicas e a superação do sistema de regras. Belo Horizonte: Fórum, 2012.

CAVALCANTI, Temístocles Brandão. *O Voto Distrital no Brasil*. Rio de Janeiro: Editora FGV, 1975.

COELHO, Inocêncio Mártires. *Interpretação Constitucional*. Porto Alegre: Sergio Antonio Fabris, 1997.

COELHO, Inocêncio Mártires. Konrad Hesse/Peter Häberle: um retorno aos fatores reais de poder. *Revista de informação legislativa*, v. 35, n. 138, p. 185-191, abr./jun. 1998. Disponível em: http://www2.senado.leg.br/bdsf/item/id/376. Acesso em: 20 out. 2018.

CONSELHO NACIONAL DE JUSTIÇA. *Justiça em números 2017*: ano-base 2016. Brasília, 2017. Disponível em: http://www.cnj.jus.br/files/conteudo/arquivo/2017/12/b60a659e5d5cb79337945c1dd137496c.pdf. Acesso em: 16 out. 2018.

CONSELHO NACIONAL DE JUSTIÇA. *Justiça em números 2018*. Brasília, 2018. Disponível em: http://www.cnj.jus.br/files/conteudo/arquivo/2018/09/8d9faee7812d35a58cee3d92d2df2f25.pdf. Acesso em: 16 out. 2018.

COSSIO, Carlos. *El Derecho en el Derecho Judicial.* Buenos Aires: Libreria "El foro", 2002.

COVER, Robert M. The Origins of Judicial Activism in the Protection of Minorities. *The Yale Law Journal*, Yale, v. 91, n. 7, p. 1287-1316, jun. 1982. Disponível em: http://digitalcommons.law.yale.edu/cgi/viewcontent.cgi?article=3691&context=fss_papers. Acesso em: 20 out. 2018.

DAHL, Robert. *A Preface to Democratic Theory.*Expanded Ed. Chicago: Chicago University Press, 2006.

DAHL, Robert. Decision-making in a democracy: the supreme court as a national policy-maker. *Journal of Public Law*, v. 6, p. 279-295, 1957. Disponível em: http://epstein.wustl.edu/research/courses.judpol.Dahl.pdf. Acesso em: 20 out. 2018.

DAHL, Robert. *Democracy and Its Critics.* Yale: Yale University Press, 1989b.

DAHL, Robert. James Madison: Republican or Democrat? *Perspectives on Politics.* v. 3, n. 3. p. 439-448, 26 ago. 2005.

DAHL, Robert. *On Democracy.* Yale: Yale University Press, 1998.

DAHL, Robert. *Poliarquia.* São Paulo: EDUSP, 1997.

DAHL, Robert. *Sobre a democracia.* Brasília: Editora da Universidade de Brasília, 2001.

DAHL, Robert. Tomada de Decisão na Democracia: a Suprema Corte como Instituição Nacional de Tomada de Decisão Política. *Revista de Direito Administrativo*, Rio de Janeiro, v. 252, p. 25-43, 2009. Disponível em: http://bibliotecadigital.fgv.br/ojs/index.php/rda/article/view/7954. Acesso em: 20 out. 2018.

DAHL, Robert. *Um Prefácio à Teoria Democrática.* Rio de Janeiro: Jorge Zahar, 1989a.

DEBELJAK, Julie. Rights Protection without judicial supremacy: a review of the canadian and british models of bills of rights. *Melbourne University Law Review*, [s.l.], v. 26, p. 285-324, 2002. Disponível em: http://www.austlii.edu.au/au/journals/MULR/2002/17.html. Acesso em: 20 out. 2018.

DERRIDÁ, Jacques. *Força de Lei.* São Paulo: Wmf Martins Fontes, 2010.

DIAMOND, Larry. *The Spirit of Democracy*: the struggle to build free societies throughout the world. New York: Times Books, 2008.

DRYZEK, John S.; DUNLEAVY, Patrick. *Theories of the Democratic State*. London: Palgrave Macmillan, 2009.

DRYZEK, John S.; DUNLEAVY, Patrick. *Theories of the State*: The Politics of Liberal Democracy. London: Macmillan Press, 1987.

DWORKIN, Ronald. *A Virtude Soberana*: a teoria e a prática da igualdade. São Paulo: Martins Fontes, 2005.

DWORKIN, Ronald. *A Raposa e o Porco Espinho. Justiça e Valor.* São Paulo: Wmf Martins Fontes, 2014.

ELLIESIE, Hatem. Rule of Law in Egypt. *Rule of Law Working Paper Series*, Berlin, n. 5, 2010. Disponível em: http://wikis.fu-berlin.de/download/attachments/17138089/Elliesie+Egypt.pdf. Acesso em: 20 out. 2018.

ELY, John Hart. *Democracy and Distrust:* a theory of judicial review. Cambridge: Harvard University Press, 1980.

FEELEY, Malcolm M.; RUBIN, Edward L. *Judicial Policy Making and the Modern State*: How the Courts Reformed America's. Cambridge, U.K.: Cambridge University Press, 1998.

FERRAZ JÚNIOR, Tércio Sampaio. *Direito, retórica e comunicação*: subsídios para uma pragmática do discurso jurídico. 2. ed. São Paulo: Saraiva, 1997.

FERREIRA FILHO, Manoel Gonçalves. *Aspectos do Direito Constitucional Contemporâneo.* São Paulo: Saraiva, 2003.

FERREIRA FILHO, Manoel Gonçalves. *Curso de Direito Constitucional.* São Paulo: Saraiva, 2001.

GARAPON, Antoine. *O Juiz e a Democracia*: o Guardião das Promessas. Rio de Janeiro: REVAN, 2001.

GARDBAUM, Stephen. Are strong constitutional courts always a good thing for new democracies? *Columbia Journal of Transnational Law*, [s.l.], v. 53, p. 285-320, 2015. Disponível em: https://papers.ssrn.com/sol3/papers.cfm?abstract_id=2552816. Acesso em: 20 out. 2018.

GINSBURG, Tom; ELKINS, Zachary; BLOUNT, Justin. Does the Process of Constitution-Making Matter? *In*: GINSBURG, T. *Comparative Constitutional Design*. Cambridge: Cambridge University Press, 2012, p. 31-65.

GUTMANN, Amy; THOMPSON, Dennis. *Why Deliberative Democracy*? Princeton: Princeton University Press, 2004.

HÄBERLE, Peter. *Hermenêutica constitucional*: a sociedade aberta dos intérpretes da Constituição: contribuição para a interpretação pluralista e "procedimental" da Constituição. Porto Alegre: Sergio Fabris, 1997.

HABERMAS, Jürgen. *A ética da discussão e a questão da verdade*. São Paulo: Martins Fontes, 2004.

HABERMAS, Jürgen. *A teoria do agir comunicativo*. São Paulo: Wmf Martins Fontes, 2012.

HABERMAS, Jürgen. *Consciência moral e agir comunicativo*. Rio de Janeiro: Tempo Brasileiro, 1989.

HABERMAS, Jürgen. *Direito e Democracia*: entre faticidade e validade. Rio de Janeiro: Tempo Brasileiro, 2003.

HABERMAS, Jürgen. *Discurso filosófico da modernidade*. São Paulo: Martins Fontes, 2002.

HABERMAS, Jürgen. *Mudança estrutural da esfera pública*. Rio de Janeiro: Tempo Brasileiro, 2003.

HABERMAS, Jürgen. *Pensamento pós-metafísico*. 2. ed. Rio de Janeiro: Tempo Brasileiro, 2002.

HABERMAS, Jürgen. *Pensamento pós-metafísico. Estudos filosóficos*. Rio de Janeiro: Tempo Brasileiro, 1990.

HABERMAS, Jürgen. *Racionalidade e comunicação*. Lisboa: Edições 70, 2002.

HABERMAS, Jürgen. Soberania popular como procedimento: um conceito normativo de espaço público. *Novos Estudos CEBRAP*, São Paulo, v.26, p. 100-113, 1990. Disponível em: http://www.bolivare.unam.mx/cuadernos/cuadernos/contenido/CP.57/CP57.7JurgenHabermas.pdf. Acesso em: 20 out. 2018.

HABERMAS, Jürgen. *The theory of communicative action*: vol. 1: reason and the rationalization of society. Boston: Beacon Press, 1984.

HABERMAS, Jürgen. *The theory of communicative action*: vol. 2: lifeworld and system: A critique of functionalist reason. Boston: Beacon Press, 1987a.

HABERMAS, Jürgen. *Verdade e justificação: ensaios filosóficos*. São Paulo: Edições Loyola, 2004.

HAMILTON, Alexander. The Federalist No. 78: the judiciary department. *Federalist Papers*, New York, n. 78, jun. 1788. Disponível em: https://www.constitution.org/fed/federa78.htm. Acesso em: 20 out. 2018.

HEGEL, Georg W. F. *A Fenomenologia do Espírito*. São Paulo: Nova Cultural, 1989.

HESSE, Konrad. *A força Normativa da Constituição*. Porto Alegre: Sérgio Antônio Fabris, 1991.

HIRSCHL, Ran. *Comparative Matters*: the renaissance of Comparative Constitutional Law. Oxford: Oxford University Press, 2014.

HIRSCHL, Ran. The new constitutionalism and the judicialization of pure politics in the world. *Fordham Law Review*, [s.l.], v. 75, n. 2, p. 721-754, 2006. Disponível em: https://papers.ssrn.com/sol3/papers.cfm?abstract_id=951610. Acesso em: 20 out. 2018.

HIRSCHL, Ran. *Towards juristocracy*: the origins and consequences of the new constitutionalism. Cambridge: Harvard University Press, 2007a.

HOGG, Petter W.; BUSHELL, Allison A. The charter dialogue between courts and legislatures (or perhaps the charter of rights isn't such a bad thing after all). *Osgoode Hall Law School of York University*, [s.l.], v. 35, n. 1, p. 75-124, primavera 1997. Disponível em: https://digitalcommons.osgoode.yorku.ca/cgi/viewcontent.cgi?referer=https://www.google.com.br/&httpsredir=1&article=1612&context=ohlj. Acesso em: 20 out. 2018.

INGRAM, David. *Habermas e a dialética da razão*. Brasília: Editora UnB, 1994.

KANT, Immanuel. *A Metafísica dos Costumes*. 2. ed. São Paulo: Edipro, 2008.

KANT, Immanuel. *Crítica da Razão Prática*. São Paulo: Ícone, 2005.

KELLY, James B. Judicial and political review as limited insurance: the functioning of the New Zealand Bill of Rights Act in 'hard' cases. *Commonwealth & Comparative Politics*, [s.l.], v. 49, n. 3, p. 295-317, 2011.

KELLY, James B. Reconciling Rights and Federalism during Review of the Charter of Rights and Freedoms: The Supreme Court of Canada and the Centralization Thesis, 1982 to 1999. *Canadian Journal of Political Science / Revue Canadienne De Science Politique*, [s.l.], v. 34, n. 2, p. 321-355, jun. 2001.

KELLY, James B.; HENNIGAR, Matthew A. The Canadian Charter of Rights and the minister of justice: Weak-form review within a constitutional Charter of Rights. *International Journal of Constitutional Law*, [s.l.], v. 10, n. 1, p. 35-68, 2012.

KELLY, James B.; MURPHY, M. Shaping the Constitutional Dialogue on Federalism: Canada's Supreme Court as Meta-Political Actor. *Publius*, [s.l.], v. 35, n. 2, p. 217-243, primavera 2005.

KELSEN, Hans. *Jurisdição constitucional.* 2. ed. São Paulo: Martins Fontes, 2007.

KERTZMAN, Ricardo. O STF contra o Brasil: um país escravizado pela tirania da toga. *Uai*, 19/12/2017, Opinião sem medo! Disponível em: http://blogs.uai.com.br/opiniaosemmedo/2017/12/19/tirania-toga/. Acesso em: 20 out. 2018.

KRAMER, Larry D. Democracia deliberativa e constitucionalismo popular: James Madison e o "Interesse do Homem". *In*: BIGONHA, Antonio Carlos Alpino; MOREIRA, Luiz (Org.). *Limites do controle de constitucionalidade.* Rio de Janeiro: Lumen Juris, 2009.

KRAMER, Larry D. *The People Themselves*: Popular Constitutionalism and judicial review. New York: Oxford University Press, 2004.

LAW, David S.; VERSTEEG, Mila. The Evolution and Ideology of Global Constitutionalism. *California Law Review*, Califórnia, v. 99, p. 1163-1157, 2011.

LOCKE, John. *Segundo Tratado sobre o Governo*: ensaio relativo à verdadeira origem, extensão e objetivo do Governo Civil. São Paulo: Martin Claret, 2005.

LOEWENSTEIN, Karl. *Teoria de La Constitución.* 2. ed. Barcelona: Ariel Derecho, 1986.

MADISON, J. *et al. Who speaks for the constitution? The debate over interpretive autority.* Washington, D.C.: The Federalist Society for Law and Public Policy Studies, 1992.

MAGALHÃES, Agamenon. *Idéias e Lutas.* Recife: Editora Raiz/Fundarpe, 1985.

MARTINS, Robert Ivan. *The most dangerous branch*: How the Supreme Court of Canada has undermine our Law and our Democracy. Montreal: McGill, 2003.

MAUS, Ingeborg. Judiciário como Superego da Sociedade: O Papel da Atividade Jurisprudencial na "sociedade órfã". *Novos Estudos CEBRAP*, São Paulo, v. 58, p. 183-202, nov. 2000. Disponível em: https://bit.ly/2yQ9sNQ. Acesso em: 20 out. 2018.

MENDES, Conrado Hübner. *Constitutional Courts and Deliberative Democracy.* New York: Oxford University Press, 2013.

MENDES, Gilmar Ferreira. O papel do Senado Federal no controle de constitucionalidade: um caso clássico de mutação constitucional. *Revista de Informação Legislativa*, Brasília, v. 41, n. 162, 2004. Disponível em: http://www2.senado.leg.br/bdsf/item/id/953. Acesso em: 20 out. 2018.

MENDES, Gilmar Ferreira; BRANCO, Paulo Gustavo Gonet. *Curso de Direito Constitucional*. 7. ed., rev. e atual. São Paulo: Saraiva, 2012.

MENDES, Gilmar Ferreira; VALE, André Rufino do (Org.). *A jurisprudência do STF nos vinte anos de Constituição*. São Paulo: Saraiva, 2010.

MENDES, Gilmar Ferreira; COELHO, Inocêncio Mártires; BRANCO, Paulo Gustavo Gonet. *Curso de Direito Constitucional*. São Paulo: Saraiva, 2007.

MÍLOVIC, Míroslav. *Filosofia da Comunicação*. Brasília: Plano, 2002.

MONTESQUIEU. *O Espírito das Leis*. São Paulo: Nova Cultural, 2005.

MOUFFE, Chantal. Carl Schmitt and the paradox of liberal democracy. In: DYZENHAUS, David (Ed.). *Law as Politics*: Carl Schmitt's critique of liberalism. Durham/London: Duke University Press, 1998, p.159-178.

MOUFFE, Chantal. Pensando a democracia moderna com, e contra, Carl Schmitt. *Cadernos da Escola do Legislativo*. Belo Horizonte, v. 1, n. 2, p. 1-14, jul./dez., 1994. Disponível em: https://www.almg.gov.br/export/sites/default/consulte/publicacoes_assembleia/periodicas/cadernos/arquivos/pdfs/02/teoria.pdf. Acesso em: 20 out. 2018.

MÜLLER, Friedrich. O Novo Paradigma do Direito: introdução à Teoria e Metódica Estruturantes do Direito. São Paulo: Revista dos Tribunais, 2007.

NEGRI, Camilo. *Restrição de abrangência de conteúdos ideológicos da democracia*: uma análise sobre a não-consolidação de programas de governo de esquerda no Chile, Brasil e Uruguai. 2009. 237 f. Tese (Doutorado) - Curso de Programa de Pós-Graduação em Estudos Comparados Sobre As Américas, Universidade de Brasília, Brasília, 2009.

NEVES, José Roberto de Castro. *Medida por Medida*: o Direito em Shakespeare. 5. ed. Rio de Janeiro: Edições de Janeiro, 2016.

NEVES, Marcelo. *Entre Hidra e Hércules*: princípios e regras constitucionais. São Paulo: Wmf Martins Fontes, 2013.

OLIVEIRA, Cláudio Ladeira de. PEC 33, separação dos poderes e o aprisionamento judicial da Constituição. *O jornal de todos os jornais*, 2013. Disponível em: https://jornalggn.com.br/blog/adriano-de-bortoli/pec-33-separacao-de-poderes-e-o-aprisionamento-da-cf-88. Acesso em: 20 out. 2018.

PAOLI, Maria Célia. Movimentos sociais, cidadania e espaço público: perspectivas brasileiras para os anos 90. *Revista Crítica de Ciências Sociais,* [s.l.], v. 33, p. 115-133, out. 1991. Disponível em: https://bit.ly/2R48THM. Acesso em: 20 out. 2018.

PINTO, Marcos Barbosa. *Constituição e Democracia*. Rio de Janeiro: Renovar, 2009.

PIOVESAN, Flávia C. *Proteção judicial contra omissões legislativas*. São Paulo: Revista dos Tribunais, 1995.

POSNER, Eric A.; VERMEULE, Adrian. Tyrannophobia. *In*: GINSBURG, Tom (Ed). *Comparative Constitutional Design*. Cambridge: Cambridge University Press, 2012, p. 317-349.

POSNER, Richard. *Law, pragmatism and democracy*. Cambridge, MA: Harvard University Press, 2005.

RAWLS, John. *Liberalismo político*. México: Fondo de Cultura Económica, 1992.

RIGAUX, François. *A Lei dos Juízes*. São Paulo: Martins Fontes, 2003.

ROACH, Kent. *The Supreme Court on trial*: judicial activism or democratic dialogue. Toronto: Irwin Law, 2001.

ROESLER, Claudia. *Theodor Viehweg e a Ciência do Direito*: Tópica, Discurso, Racionalidade. 2. ed. Belo Horizonte: Arraes, 2013.

RORTY, Richard. *Verdade e progresso*. São Paulo: Manole, 2005.

ROSENFELD, Michael; ARATO, Andrew (Ed.) *Habermas on law and democracy: critical exchanges*. Bekerley, CA: University of California Press, 1998.

ROUSSEAU, Jean-Jacques. *Do contrato social*. São Paulo: Coleção Folha de São Paulo, 2010.

RUSSELL, Peter H. Canadian Constraints on Judicialization from Without. *In*: TATE, C. Neal; VALLINDER, Torbjörn (Ed.). *The Global expansion of Judicial Power*. New York: New York University Press, 1995. p. 27-37.

SANTAELLA, Lúcia. *Comunicação e pesquisa*: projetos para mestrado e doutorado. São Paulo: Hacker Editores, 2001.

SANTOS, Wanderley Guilherme dos. *A democracia impedida*: o Brasil no século XXI. Rio de Janeiro: FGV Editora, 2017.

SCALIA, Antonin. *A matter of interpretation*: Federal Courts and the law. New Jersey: Princenton, 1997.

SCHMITT, Carl. *Legalidade e legitimidade*. Belo Horizonte: Del Rey, 2007.

SCHMITT, Carl. *O guardião da Constituição*. Belo Horizonte: Del Rey, 2007.

SHAPIRO, Martin. The success of judicial review. *In*: KENNEY, Sally J.;

REISINGER, William M.; REITZ, John C. (Ed.). *Constitutional Dialogues in Comparative Perspective*. New York: Palgrave Macmillan, 1999. p. 193-219.

SHAPIRO, Martin. The United States in the global expansion of judicial power. *In*: TATE, C. Neal; VALLINDER, Torbjörn (Ed.). *The Global expansion of Judicial Power*. New York: New York University Press, 1995, p. 43-66.

SILVA, Artur Sinimbu. *Novas arenas na disputa em torno da construção democrática no âmbito da Câmara dos Deputados:* a comissão de legislação participativa e a comissão de direitos humanos e minorias. 2009. 177 f., il. Dissertação (Mestrado em Ciência Política) - Universidade de Brasília, Brasília, 2009.

SILVA, José Afonso da. *Aplicabilidade das normas constitucionais*. 8. ed. São Paulo: Malheiros, 2012.

SILVA, José Afonso da. *Curso de Direito Constitucional*. 7. ed. São Paulo: Revista dos Tribunais, 1991.

SOUZA, José Crisóstomo. *Filosofia, racionalidade, democracia*: os debates Rorty e Habermas. São Paulo: Editora UNESP, 2005.

TATE, C. Neal. Why the expansion of Judicial Power? *In*: TATE, C. Neal; VALLINDER, Torbjörn (Ed.). *The Global expansion of Judicial Power*. New York: New York University Press, 1995. p. 27-37.

TATE, C. Neal; VALLINDER, Torbjörn (Ed.). *The Global expansion of Judicial Power*. New York: New York University Press, 1995.

TOQUEVILLE, Alexis. *A Democracia na América:* Livro 1 – Leis e Costumes. São Paulo: Martins Fontes, 2005.

TRIGUEIRO, Oswaldo. *Problemas do Governo Democrático*. Brasília: Editora Senado Federal, 1976.

TUSHNET, Mark. Ceticismo sobre o Judicial review: uma perspectiva dos Estados Unidos. *In*: BIGONHA, Antonio Carlos Alpino; MOREIRA, Luiz (Org.). *Limites do controle de constitucionalidade*. Rio de Janeiro: Lumen Juris, 2009.

TUSHNET, Mark. *Taking the Constitution Away from the Courts*. Princeton: Princeton University Press, 1999.

TUSHNET, Mark. *The Migration of Constitutional Ideas*. Cambridge: Cambridge University Press, 2006.

TUSHNET, Mark. *The New Constitutional Order*. Princeton: Princeton University Press, 2003.

TUSHNET, Mark. *Weak Courts, Strong Rights*: Judicial Review and Social Welfare Rights in Comparative Constitutional Law. Princeton: Princeton University Press, 2008.

TUSHNET, Mark; JACKSON, Vicki. C. *Comparative Constitutional Law*. 3. ed. Havard: Foundation Press, 2006.

UNGER, Roberto Mangabeira. *Knowledge and Politics*. New York: The Free Press, 1975.

UNITED STATES. Supreme Court of the United States. Central Hudson Gas & Elec. v. Public Svc. Comm'n, n. 79-565. Relator: Juiz Lewis Franklin Powell Jr. [*et al.*]. 19 de junho de 1980. *U.S. Supreme Court*, Washington, DC, 1980. Disponível em: https://supreme.justia.com/cases/federal/us/447/557/. Acesso em: 22 out. 2018.

UNITED STATES. Supreme Court of the United States. Posadas de P.R. Assocs. v. Tourism Co., n. 84-1903. Recurso da Suprema Corte de Porto Rico. 30 de junho de 1986. *U.S. Supreme Court*, Washington, DC, 1986. Disponível em: https://supreme.justia.com/cases/federal/us/478/328/. Acesso em: 22 out. 2018.

UNITED STATES. Supreme Court of the United States. Posadas de P.R. Assocs. v. Tourism Co., n. 84-1903. Recurso da Suprema Corte de Porto Rico. 30 de junho de 1986. *U.S. Supreme Court*, Washington, DC, 1986. Disponível em: https://supreme.justia.com/cases/federal/us/478/328/. Acesso em: 22 out. 2018.

UNITED STATES. Supreme Court of the United States. Va. Pharmacy Bd. v. Va. Consumer Council, n. 74-895. Relator: Juiz Harry Andrew Blackmun [et al]. 23 de maio de 1976. *U.S. Supreme Court*, Washington, DC, 1976. Disponível em: https://supreme.justia.com/cases/federal/us/425/748/. Acesso em: 22 out. 2018.

VERMULE, Adrian. *Judging Under Uncertainty*: an institutional theory of legal interpretation. Cambridge: Harvard University Press, 2006.

VERRI, Enio. *A tirania do judiciário*. [s.l.], 2017. Disponível em: https://enioverri.com.br/tirania-do-judiciario. Acesso em: 20 out. 2018.

VIEIRA, Oscar. Supremocracia: vícios e virtudes republicanas. *Valor Econômico*, 06/11/2007, Opinião, p. A14. Disponível em: http://www2.senado.leg.br/bdsf/handle/id/481469. Acesso em: 20 out. 2018.

WALDRON, Jeremy. *A dignidade da legislação*. São Paulo: Martins Fontes, 2003.

WALDRON, Jeremy. *Law and disagreement*. New York: Oxford University Press, 2004.

WALDRON, Jeremy. The core of the case against judicial review. *The Yale Law Journal*, Yale, v. 115, n. 6, p. 1346-1406, abr. 2006. Disponível em: https://www.humanities.mcmaster.ca/~walucho/3Q3/Waldron.Core%20Case%20Judicial%20Review%20Yale%20LJ.pdf. Acesso em: 20 out. 2018.

WALDRON, Jeremy. *The dignity of Legislation*. New York: Cambridge University Press, 1999a.

WITTGENSTEIN, Ludwig. *Investigações Filosóficas*. 5. ed. Bragança Paulista: Editora Universitária São Francisco, 2008.

WOLFE, Christopher. *The rise of modern judicial review*: from constitutional interpretation to judge made law. Revised edition. Maryland: Rowman & Littlefield Publishers, 1994.

ZURN, Christopher F. *Deliberative Democracy and the Institutions of Judicial Review*. New York: Cambridge University Press, 2007.

Impresso em outubro de 2020